暨南史学丛书
暨南大学高水平建设经费资助丛书

陈文源 著

明代中越邦交关系研究

Study on Sino-Vietnamese Relations in Ming Dynasty

社会科学文献出版社
SOCIAL SCIENCES ACADEMIC PRESS (CHINA)

2013年教育部人文社会科学研究一般项目
课题名称:"危机与调适——明代中越邦交关系研究"
项目编号:13YJA770004

目　录

绪　论　/　1

第一章　明朝以前安南政治形态的蜕变　/　20
　　第一节　汉唐王朝治理安南的行政模式　/　21
　　第二节　安南地方豪族势力的形成　/　27
　　第三节　安南地方豪族与王朝边疆治理　/　33
　　第四节　安南自主意识的萌发　/　40
　　第五节　安南王国的建立及其国家意识的建构　/　45

第二章　明初与安南关系的确立与挫折　/　59
　　第一节　明太祖对南海诸国政策的形成　/　59
　　第二节　洪武时期明朝与安南关系的发展　/　71
　　第三节　明成祖对安南政策的演变　/　89

第三章　宣宗弃守安南与明、安邦交常态化　/　111
　　第一节　宣宗弃守安南的经过　/　111
　　第二节　战后明朝与安南关系常态化的交涉　/　129
　　第三节　百年和平时期的明、安关系　/　139

第四章　晚明与安南关系的演变　/　166
　　第一节　莫登庸事件与明、安关系的新模式　/　166
　　第二节　明朝对安南黎、莫政权的平衡政策　/　184
　　第三节　晚明"一个安南"政策的实践　/　196

第四节　安南对明清王朝更替的反应与抉择　/　209

第五章　明朝与安南宗藩关系的内涵与特征　/　220
　　第一节　明朝与安南宗藩关系的内容与形式　/　220
　　第二节　使臣来往的礼仪规范　/　241
　　第三节　宗藩体制下的明、安经济交流　/　250

第六章　明朝与安南关系的人文思考　/　259
　　第一节　安南的文化认同与自立意识　/　260
　　第二节　明朝精英阶层的安南观　/　270

附录　明朝与安南使臣交往纪事年表　/　283

参考文献　/　303

后　记　/　320

绪 论

今日越南乃以明代安南王国为基础，向南吞并占城王国，并逐步向周边地区扩张而成。明代安南之地古称交趾、交阯、交州，曾是中国王朝郡县之地。独立后，宋朝迫于形势，册封其国主为"安南国王"，历经元、明、清数朝，故中国文献多以"安南"称之。本书所探讨对象主要为明朝与安南王国的关系，因此，遵循古例，以"安南"为叙事主体。

宋开宝元年（968），安南丁部领平定各豪强势力，建"大瞿越"国，自封为大胜明皇帝，建都华闾城。从此，安南便以一个自主独立的封建国家与中国王朝发展关系。[①] 开宝八年（975），丁先皇帝接受宋朝册封为"交阯郡王"，宋朝与安南的宗藩关系初具雏形。这种宗藩关系的模式，经历与宋、元两朝多次的冲突与调适，逐渐稳定下来。洪武元年（1368），明王朝建立，明太祖在处理与安南关系上，采取了一系列措施，奠定了此后中越关系发展的基调：一是确认了安南作为独立王国的地位，将其与东亚、东南亚各国一视同仁，列入"不征之国"；二是确立了与安南关系的

[①] 关于越南立国时间，学界存在多种说法，归纳起来主要有以下五种说法：（1）始于雄王时代建立的文郎国，越南、法国、日本的一些学者支持此说；（2）越南旧史以赵佗建立南越国为其立国之始，并视为国家之正统，称之为赵朝，推尊赵佗为开国之君；（3）以吴权于后晋天福三年（938）建国为标志；（4）以丁部领于宋开宝元年（968）建国为标志；（5）以南宋王朝于宋淳熙元年（1174）册封李天祚为安南国王为标志。中国学者普遍认同第四种观点，第三、第五种观点亦各有支持者。可参见孔嘉《越南立国始于何时》，《东南亚纵横》1993年第3期；楚汉《五代宋初越南历史三题》，《东南亚纵横》1992年第4期；戴可来《越南历史述略》，《印支研究》1983年第1期；越南社会科学委员会编著《越南历史》，北京大学东语系越南语教研室译，北京人民出版社，1977。

基本原则，诚信是交往的基础，四海一家是与诸属国发展关系的最高理想；三是完善宗藩关系内容，使其走上规范化与制度化。永乐初年，因安南内乱，明成祖以"兴灭继绝"为号，行宗主国之义务，出兵安南，随后统治了近二十年。明宣宗继位后，鉴于安南地区的不利战局，决定弃守安南，并在与安南首领黎利交涉撤军事宜时确定了两国交往的原则。这一事件可视为中越关系的分水岭。在此前的四百五十年间，宋、元王朝虽不得不承认安南王朝的独立，但恢复汉唐旧疆的意念犹在。与此同时，安南不仅追求形式上的独立，而且在文化意识上也谋求与中国文化有所区别。明朝占领安南二十余年后，在撤军的交涉中，明朝确认了安南的自主与独立，同时维持对安南的宗主权，而安南此后的国家和文化发展不再聚焦于把自己与明朝区分开来，相反，将明朝的文化伦理与权力制度奉为圭臬，加以效仿，明、安之间也因此换来百年的和平时期，双方宗藩关系更加稳定。此后，两国又经历了领土纠纷、属国冲突、政权更替等问题，但均能在宗藩体制的框架内进行交涉与调适，为宗藩体制赋予更丰富的内容。这种交往模式得到了清朝的继承与发展。因此，可以说，明朝是中越关系发展史的重要时期。有鉴于此，本书以宗藩体系为视角，探讨明朝与安南邦交关系的建立与演进，揭示其内涵与特点。

一

由于中越山水相连，历史元素多元而复杂，无论是历史学者还是国际关系理论学者，均将中越关系作为研究古代中国邦交关系的一个典型案例，而中越关系史研究，宗藩关系是一个无法绕过的问题。早在19世纪末，法国为了更好地控制越南，就对中国历代王朝与越南的传统关系予以关注。远东研究院成立后，中越关系史成为其重要的研究课题之一。为了削弱或否定中越历史上的宗藩关系，部分法国学者曾以近代之国际关系理论与法律准则来审视之，认为中越之宗藩关系有名无实。如特维利亚（Devéria）认为："中国指越南为藩，意云藩篱，盖藉此防御外人之攻击。……中国政府一面常欲使其邻属处于积弱之状态，一面又故示宽大，使保持相当之实力，足以御外患。中国以为将欲维持其优越之地位于久远，不宜以严厉示人，故其宗主之地位仅为虚名。中国亦仅谋以种种方法证明其存在而已。"普弗维尔（Pouvourville）进一步阐述说："此国际怪象实源于中国之一种哲理，即四海一家之原则。中国常以黄族之道德上训导者自居，为其表率，而保障其安全，而诸小国亦思环附中国，如婴儿之依慈母，以求道德上之携助，与知识上之沟通，初未必有实际之物质资助也。中国封立各国不求报偿，亦即本此宗旨，故安南与中国之关系，仅为道德上之崇奉，吾人为缺乏适当名词，始以保护国称之，其性质则大异于是也。"德福赛（Desfosses）更是指出，15世纪以后至中法战争以前的中越关系，中国并不存在宗主权的问题。①

这些观点引起了中国学者的关注，近代著名学者蒋廷黻曾指出："新儒学经典在12世纪开始支配中国，关于国际关系方面也就衍生出一系列教义，这使得中国直到19世纪都在国际上发挥着巨大影响力。那种教义宣称谁想与中国发生联系，必须作为中国藩属国出现，承认中国皇帝至高无上的权威，接受他的命令。这就排除了平等地进行国际交往的所有可能性。"②在蒋氏的影响下，20世纪30年代，有两位中外青年学者沿着这一思路进行深入研究，一位是中国学者邵循正，他完成了博士学位论文《中法越南关系始末》，对法国学者的观点进行了反驳，认为："中越之宗藩关系，其历史根据至为充足，不生疑问。""至于严格之法律问题，以时代精神之不同，中西观念之异趣，当然与近日欧西之国际法不能不有冲突。若以此遂谓中越之宗藩关系为有名无实者，实不公之甚者也。"进而揭露了法国学者否认中越宗藩关系的目的，谓"列强欲取中国藩属，其第一步，常先设法否认其与中国之历史上法律关系"③。另一位则是著名的美国汉学家费正清（John King Fairbank）。30年代，费正清游学于清华大学，研习中国近代史，受蒋廷黻的影响，开始关注古代中国的宗藩制度，并完成博士论文《中国海关的起源》。④他以更为宏观的思维探讨古代宗藩关系内涵

---

① 参引邵循正《中法越南关系始末》，河北教育出版社，2002，第47-48页。
② John King Fairbank and Ssu-yu Teng, On the Ch'ing Tributary System, Harvard Journal of Asiatic Studies 6, June 1941.
③ 邵循正：《中法越南关系始末》，第48页。
④ 余英时：《费正清与中国》，载〔美〕费正清（John King Fairbank）《费正清自传》，黎明、贾玉文等译，天津人民出版社，1993，第590页。

与特征，通过与西方"条约体系（treaty system）"——"威斯特伐利亚体系"模式的比较，将古代中国对外关系提炼为"朝贡体制"。费正清认为朝贡体制源于中国古代的华夷观念，是以中国中心主义为导向，以礼仪制度为规范，以贸易为纽带，为谋求政权安全与周边有秩序的邻邦关系的一套邦交关系制度。其特点为中国王朝与藩国的关系是不平等的，而且藩国之间也存在等级性。并将藩国大致分为中国化地带、内陆亚洲地带、外围地带，而中国王朝的相应对策则是控制、吸引和应付三个层次。[①] 并指出朝贡体制在不同地区的差别化体现，具有明显的灵活性、变动性的特点。

费氏的朝贡体系学说提出后，引发中外学者的热烈讨论。关于朝贡体制或朝贡体系这个概念，存在不少争议。"朝贡"一词表示的似乎是一种单向的活动，会使人把"朝贡"活动误解成周边邻国对中国的单向行为，甚至会误认为"朝贡"方国家主导了这一关系。[②] 一些学者更乐于使用其他概念来代替，如"天朝礼治体系"[③]"册封关系"[④]"封贡关系"[⑤] 等，此外还有"宗藩制度""宗藩体制""华夷秩序"等说法。[⑥] 虽然学界因所考察的视角不同，关注的重点不尽一致，冠以别名，但总体的思考路径基本沿袭了费氏的取向，并对费氏的理论设想进行了深化与细化，从不同的视角探讨朝贡体系形成的文化根源、内涵以及功能。高明士从古代东亚历史发展的史实出发，提出"天下秩序"的概念，即把古代中国与周边国家作为一个整

[①] 〔美〕费正清（John King Fairbank）、赖肖尔（Edwin O. Reischauer）：《中国：传统与变革》，陈仲丹等译，江苏人民出版社，1992。
[②] 陈尚胜：《中国传统对外关系研究刍议》，载陈尚胜主编《中国传统对外关系的思想、制度与政策》，山东大学出版社，2007，第18页。
[③] 黄枝连：《亚洲的华夏秩序——中国与亚洲国家关系形态论》，《天朝礼治体系研究》（上卷），中国人民大学出版社，1992。
[④] 高明士把封贡地区再分为有贡有封地区、有贡无封地区。参见高明士《天下秩序与文化圈的探索》，上海古籍出版社，2008，第30页。
[⑤] 参见李金明《明朝中琉封贡关系论析》，该书认为与朝贡关系相比，封贡关系从概念上说既包括了朝贡，也包括了册封，似乎更好地体现了关系的双向性。载陈尚胜主编《儒家文明与中国传统对外关系》，山东大学出版社，2008，第260-270页。
[⑥] 参见张存武《清韩宗藩贸易（1637-1894）》，台北中研院近代史研究所，1978；何芳川《"华夷秩序"论》，《北京大学学报》1998年第6期；孙宏年《清代中越宗藩关系研究》，黑龙江教育出版社，2006。

体考察，并将其形容为"中国的天下秩序"。他分别从结合原理、统治原理、亲疏原理、德化原理来加以探析，然后套用孔子的"德、礼、政、刑"四要素的表现，认为："天下秩序，或说'天下法'，理论上在周代的封建制已达于完备；实际的施行，除秦代不采用封建的父子结合原理以外，各时代仍随着其国力的大小而时有调整。盛世时，如汉、唐、明、清等，这些要素与原理可获得充分实现；衰世时，如两宋以下各朝代末期，这些要素与原理只能实现一部分。但无论如何，充分实现这些要素与原理，可说是汉代以来各朝代努力的目标。""传统中国的天下秩序，实是一个同心圆的有机结构。"①黄枝连从华夏礼治的角度，系统研究了中国传统文化在东亚的影响，把中国王朝与周边政权的关系概括为"天朝礼治体系"。认为在这种体系内，以中国王朝的"华"在本地区内的强盛国力与优越文化为基础，以周边各国"夷"向中国王朝朝贡与接受册封为政治秩序的纽带，以朝贡贸易为经济秩序的保证。其明显的特征，一是体现了基于"礼治主义"的等级秩序，二是强调"慕化"与"输诚"，而非征服和强制的华夷关系。同时指出，朝鲜与安南都是中国王朝最亲近的藩国，但是两者对于这一礼治体系的认受却不尽相同，朝鲜完全接受了这一制度，而越南则不完全接受。②何芳川认为，朝贡关系、华夷秩序是古代国际关系中最完备的理论体系，认为"一"与"和"，是所有华夷秩序有关理念与原则最本质的东西。在华夷秩序之下，中华帝国与周边国家的关系是"治"与"奉"的关系，是"抚驭"与"事大"的关系，"中华帝国及其统治者，始终居于'华夷'秩序中居高临下、凌驾一切的地位。因此，在处理自己的对外关系时，一有机会，中华帝国那种傲然自大的大国主义的意识，就会在它的各种运作上打下深深的烙印"③。日本学者滨下武志则把亚洲历史看作"一个以中国为中心、以内部的纳贡关系和纳贡—贸易关系为特征的统一体系的历史"。他认为，这种在中国主导下的亚洲"朝贡秩序"，是将中国内部基本的统治关系（即地方分权）模式在对外关系上的延续和应用，在朝贡体系内，

---

① 高明士：《天下秩序与文化圈的探索》，第5页。
② 黄枝连：《亚洲的华夏秩序——中国与亚洲国家关系形态论》，《天朝礼治体系研究》（上卷）。
③ 何芳川：《"华夷秩序"论》，《北京大学学报》1998年第6期。

对小国的意义是重大，而中国并没有从中得到多少现实利益。①

此外，如张存武《清代中韩关系论文集》②、高伟浓《走向近世的中国与"朝贡"国关系》③、黎虎《汉唐外交制度史》④、陈尚胜《闭关与开放：中国封建晚期对外关系研究》⑤、李云泉《朝贡制度史论：中国古代对外关系体制研究》⑥等，这些论著基本也是沿着费氏学说的主要思路深化对古代中国王朝的邦交思想与实践活动的探讨。

中外学者关于朝贡体系理论的解读，虽然各人审视的角度不一，但目的是一致的，就是想通过对文本的解读，重新构建一个符合古代中国人思维，而且逻辑性强，易于操作的理论范式，希望以这样的理论范式解释所有古代中外关系所发生的事件。但是，费正清提出的朝贡体系学说，乃是相对于西方的"条约体制"而言，其目的只是为了更好地理解以中国为中心的东亚世界的外交模式，他在《一种初步的构想》一文中指出："中国人与其周围地区，以及与一般'非中国人'的关系，都带有中国中心主义和中国优越的色彩……中国的外交关系也像中国社会一样，是等级制的和不平等的。久而久之，便在东亚形成一个大致相当于欧洲国际秩序的中外关系网络。"⑦在他的思考中，朝贡体系或者只是中国王朝处理邦交关系的一种原则，一个努力的方向，中国士大夫并没有形成一个完整的、可验证的理论阐述。所以马克·曼考尔（Mark Mancal）认为，朝贡体系在成为一种事实描述对象之前首先是一个学术概念，它是"为便于描述而创设的一个词"⑧。因此，当学者们以实证主义的方法对"朝贡体系"进行历史辨证时，发现其存在诸多的不确定性。旅美学者杨联陞认为："对整个中国历

---

① 〔日〕滨下武志：《近代中国的国际契机：朝贡贸易体系与近代亚洲经济圈》，朱荫贵等译，中国社会科学出版社，1999。
② 张存武：《清代中韩关系论文集》，台北商务印书馆，1987。
③ 高伟浓：《走向近世的中国与"朝贡"国关系》，广东高等教育出版社，1993。
④ 黎虎：《汉唐外交制度史》，兰州大学出版社，1998。
⑤ 陈尚胜：《闭关与开放：中国封建晚期对外关系研究》，山东人民出版社，1993。
⑥ 李云泉：《朝贡制度史论：中国古代对外关系体制研究》，新华出版社，2004。
⑦ 〔美〕费正清（John King Fairbank）：《一种初步的构想》，载费正清编《中国的世界秩序：传统中国的对外关系》，杜继东译，中国社会科学出版社，2010，第2页。
⑧ 〔美〕马克·曼考尔（Mark Mancal）：《清代朝贡制度新解》，载费正清编《中国的世界秩序：传统中国的对外关系》，第58页。

史加以观察,即可以发现这个多面相的以中国为中心之世界秩序,是在不同的时间,由许多真假程度不同,有时甚至子虚乌有的'事实'构建的一个神话。"因此,"讨论中国的世界秩序,尽可能分清神话与事实是很重要的,两者都可彼此影响。有人也许更愿意把神话视为一个文化或心理问题,但是无论如何要与政治问题区分开来"。[①] 王赓武认为,朝贡体制有时是一种神话,有时分明是现实,是一种不仅孕育着文明的自豪感而且还要求作为道德克制的现实……国与国的关系永远不可能真正稳定不变,在不同的时期内这种关系的不平等程度会随着各国力量对比的变化而变动。他还认为"没有力量,没有持久的力量,无疑也就不存在什么稳定的制度"[②]。美国学者濮德培(Peter C. Perdue)也批评称:"这一假定可能忽略了中国与外界的政治关系因地域和时间的不同而存在的差异性。我们并不能断言存在一种连续不断而且线路固定的朝贡形式,同时也不能把空洞的礼仪文本及口头声明与实际情况混淆起来。"[③] 又认为:"与其把朝贡形式看成一种'体系'或'文化秩序',倒不如把与之有关的对话、礼节及经济活动看成是一种特殊的跨文化语言形态,其中的参与者可以各取所需。"[④] 卫思韩(John E. Wills)也指出:"如果我们把中国所有的外交传统都统称为'朝贡体系',那么我们就无法理解中国外交传统的所有重要方面及所有冲突的根源。"[⑤] 总而言之,在中国历史里,无法证明朝贡体系是一种持续、全面反映王朝对外关系的制度。庄国土研究东南亚各国对中国王朝的邦交文书后指出,经过转译成中文之后,这些文书的原意遭到扭曲,成了中国自欺欺人的一厢情愿,因此认为中国的"宗藩关系"实际上

[①] 杨联陞:《从历史看中国的世界秩序》,载费正清编《中国的世界秩序:传统中国的对外关系》,第18、20页。

[②] 王庚武:《明初与东南亚的关系——背景论述》,载朱庆葆主编《南京大学百年学术精品·历史学卷》,南京大学出版社,2002。

[③] 〔美〕濮德培(Peter C. Perdue):《中国的边界研究视角》,载〔美〕乔万尼·阿里吉(Giovanni Arrighi)等编《东亚的复兴——以500年、150年和50年为视角》,马援译,社会科学文献出版社,2006,第81页。

[④] 〔美〕濮德培(Peter C. Perdue):《中国的边界研究视角》,载〔美〕乔万尼·阿里吉(Giovanni Arrighi)等编《东亚的复兴——以500年、150年和50年为视角》,马援译,第82页。

[⑤] John E. Wills, *Embassies and Illusions: Dutch and Portuguese Envoys to K'ang-his, 1666–1687*, Harvard University Asia Center Press, 1984, p. 172.

源于华夷观念为代表的"中国中心主义",更多反映的是一种虚幻的精神上的自我满足,"基本上是中国统治者虚骄的自我标榜和官吏文人为取悦皇上的阿谀奉承",因此他认为朝贡体系是虚幻的。①

然而,颇引人注目的是,当朝贡体系学说逐渐被历史学者质疑、否定、淡化之时,一批中外国际政治学者对此却饶有兴趣,希望能从朝贡体系学说中寻觅到新的国际关系理论源泉,从现代国际关系发展的视角,对传统的"朝贡体系"进行反思与重构,②使得这一话题更具现实意义。

二

中国学者以现代史学方法研究中越关系史起步于20世纪30年代,大致分为三个阶段。第一阶段为民国时期,学者主要对中越关系的概貌做了比较粗线条的勾勒,如王辑五的《越南史述略》③、彭胜天的《中越关系之史的考察》④、张宗芳的《越南臣服中国考》⑤、刘伯奎的《中越关系之史的探讨》⑥、何炳贤的《中国与安南贸易问题的研究》⑦、逊之的《中国与安南贸易之观察》⑧ 等,这些成果主要从政治与经济两方面,对中越两国关系进行概述。此时期最经典之作乃邵循正的《中法越南关系始末》,叙述自16世纪至18世纪法国利用宗教干预越南政治始末,重点分析19世纪70、80年代中法关于越南地位的交涉与战争。第二阶段为中华人民共和国成立初期,在"同志加兄弟"的意识影响下,中越关系史的研究以宣扬中越两国的友好关系为主旨,强调两国共同反抗封建统治、抵御外国侵略的斗争史,其代表作有周一良的《中越两国人民的传统友好关系》⑨、陈修和

---

① 庄国土:《略论朝贡制度的虚幻:以古代中国与东南亚的朝贡关系为例》,《南洋问题研究》2005年第3期。
② 张锋:《解构朝贡体系》,《国际政治科学》2010年第2期。
③ 王辑五:《越南史述略》,《现代史学》1933年第1卷第2期。
④ 彭胜天:《中越关系之史的考察》,《南洋研究》1940年7月、10月第9卷第2、3期。
⑤ 张宗芳:《越南臣服中国考》,《河北第一博物院》(半月刊)1932年第10—15期。
⑥ 刘伯奎:《中越关系之史的探讨》,《新南洋》1943年第1卷第1期。
⑦ 何炳贤:《中国与安南贸易问题的研究》,《国际贸易导报》1934年5月第6卷第5期。
⑧ 逊之:《中国与安南贸易之观察》,《商业月报》1936年第16卷第3号。
⑨ 周一良:《中越两国人民的传统友好关系》,《新华月报》1955年7月。

的《中越两国人民的传统友谊和文化交流》①、洛明的《中国越南友好史话》②、邵循正的《十七—十八世纪中越人民在南圻的合作》③等。第三阶段乃 80 年代改革开放以来，国际上全球化的趋势日益凸显，研究中外关系史成为史学界的一个亮点。而中越关系史也越来越得到学者的关注，在老一辈学者的带领下，许多中青年学者也加入其中，科研成果显著。此阶段一个最大的特点是对中越关系史料的挖掘，如 20 世纪末有王玉德等编《明实录类纂》（涉外史料卷）④、中国社会科学院历史研究所编《古代中越关系史资料选编》⑤。近十余年来则重点搜寻越南方面的史料，如王小盾主编《越南汉喃文献目录提要》⑥，葛兆光、郑克孟主编《越南汉文燕行文献集成》⑦，孙逊、郑克孟、陈益源主编《越南汉文小说集成》⑧，牛军凯整理《钦定大南会典事例》⑨《大南一统志》⑩《皇越一统舆地志》⑪等，这些史料的整理与出版对深化国内中越关系史研究均起了积极作用。在专题研究方面，早期有张秀民《中越关系史论文集》⑫，其选题精到，论述深入，实为典范之作。黄国安、杨万秀、杨立冰、黄铮的《中越关系史简编》⑬对中越关系的历史脉络做了简略的描述。耿慧玲《越南史论：金石资料之历史文化比较》⑭则以金石资料为主，对中越关系史中的一些专

---

① 陈修和：《中越两国人民的传统友谊和文化交流》，史学双周刊社编《中国和亚非各国友好关系史论丛》，生活·读书·新知三联书店，1957。
② 洛明：《中国越南友好史话》，《羊城晚报》1965 年 4 月 2、4、5、8、13 日。
③ 邵循正：《十七—十八世纪中越人民在南圻的合作》，《进步日报》1951 年 4 月 27 日。
④ 王玉德等编《明实录类纂》（涉外史料卷），武汉出版社，1991。
⑤ 中国社会科学院历史研究所编《古代中越关系史资料选编》，中国社会科学出版社，1982。
⑥ 王小盾主编《越南汉喃文献目录提要》，台北中研院中国文哲研究所，2002。
⑦ 葛兆光、〔越〕郑克孟主编《越南汉文燕行文献集成》，复旦大学出版社，2009。
⑧ 孙逊、〔越〕郑克孟、陈益源主编《越南汉文小说集成》，上海古籍出版社，2010。
⑨ 越南阮朝国史馆编《钦定大南会典事例》（法国远东学院藏本），西南师范大学出版社、人民出版社，2015。
⑩ 越南阮朝国史馆编《大南一统志》（法国亚洲学会藏抄本），西南师范大学出版社、人民出版社，2015。
⑪ 〔越〕阮光定纂修《皇越一统舆地志》（法国亚洲学会藏抄本），西南师范大学出版社、人民出版社，2015。
⑫ 张秀民：《中越关系史论文集》，文史哲出版社，1992。
⑬ 黄国安、杨万秀、杨立冰、黄铮：《中越关系史简编》，广西人民出版社，1986。
⑭ 耿慧玲：《越南史论：金石资料之历史文化比较》，台北新文丰出版公司，2004。

题进行探讨,对认识中国在越南国家形成过程中的角色有较大的帮助。而郭振铎、张笑梅主编《越南通史》①,是国人第一部全面、系统的越南史著作。

国内学者对于中越关系史的研究,主要还是承袭传统的思路,重点关注两个方面的主题,一是中越宗藩关系的理论根源、内涵与特点,二是中国对越南政治、文化、宗教、经济发展的影响。如陈双燕在《试论历史上中越宗藩关系的文化心理基础》②一文中论述了中越宗藩关系形成的心理基础、理论基础和思想基础。在《中越宗藩关系的历史发展述论》③一文中,又将中越宗藩关系分为形成、稳固和发展三个阶段,认为中越宗藩关系有一步步地由随意性的越南向中国王朝"输诚"的方式逐渐走向具有特定内容的、制度化的朝贡关系的趋势,并且最终凝固成具有一定法律效力的藩属国对待宗主国的朝贡制度。戴可来在《略论古代中国和越南之间的宗藩关系》④一文中,对中越宗藩关系形成的文化基础与发展过程进行深入的探讨,认为:宗藩关系为主要内容的"华夷秩序"是中国社会、文化的产物,是一种不平等的关系,是儒家"君臣父子""忠孝节义"理念在对外关系中的延伸,要求周边国家对中国以臣事君和以小事大,而朝贡、册封是宗藩关系的核心内容。即使一些专题的研究,大多也是在宗藩关系的视野下进行探讨,如孙宏年《清代中越关系研究(1644-1885)》⑤,较全面地分析了清代中越宗藩关系的重新确立、发展与终结,以及在此框架下双方的经贸关系、人文交流、纠纷处理等;王志强《李鸿章与越南问题(1881-1886)》⑥,讨论在殖民背景下中越宗藩关系终结的挫败历程;陈文《越南科举制度研究》⑦,探讨中国科举制度移植越南后,因应当地政治、经济与社会的特点,此制度在实施的过程中衍生出明显的本地化元素。

越南历史学家总体上并不否认古代中越之间存在"宗藩关系",只是

---

① 郭振铎、张笑梅主编《越南通史》,中国人民大学出版社,2001。
② 陈双燕:《试论历史上中越宗藩关系的文化心理基础》,《历史教学问题》1994 年第 2 期。
③ 陈双燕:《中越宗藩关系的历史发展述论》,《南洋问题研究》2000 年第 4 期。
④ 戴可来:《略论古代中国和越南之间的宗藩关系》,《中国边疆史地研究》2004 年第 2 期。
⑤ 孙宏年:《清代中越关系研究(1644-1885)》,黑龙江教育出版社,2014。
⑥ 王志强:《李鸿章与越南问题(1881-1886)》,暨南大学出版社,2013。
⑦ 陈文:《越南科举制度研究》,商务印书馆,2015。

绪 论

在解读这种关系的性质时稍有不同而已。陈重金在《越南通史》中对古代越中关系的认识被认为较为平和持中，他认为越南"濡染中国文明"，双方的宗藩关系只是小国与大国之间的关系，越南向中国朝贡是"取小国必须尊敬大国之义"，其实质"并无多少损失，国家仍保持独立"[①]。陶维英的《越南古代史》对古代文本的考辨较为精深，对越南历史发展过程中与中国的关系具有独特的见地。[②] 明峥的《越南史略（初稿）》[③] 则重于中越之间的友好关系，共同反抗封建统治，抵御外来入侵。越南官方版《越南历史》则批评古代越南政权与中国王朝维持宗藩关系，认为历史上越南政权对中国王朝"盲目隶属的臣服态度"，乃"丧失了民族自尊心"[④]。在这种强烈的民族主义驱动下，越南史学界对待古代中越关系时，也存在一种较为偏激的认识，认为历史上中国王朝对越南实行"大国沙文主义"，因此将反抗外国军事侵略（主要针对古代中国王朝对越南的军事行动）视为越南历史上的两大主题之一。[⑤] 他们认为历史上中越宗藩关系乃是在中国的军事胁迫下不得不接受的行为。[⑥] 这种史观对于西方学术界也产生一定的影响，相当一部分学者以殖民史观研究历史上中国对越南的影响。[⑦]

此外，日本与欧美学者对于中越关系史亦有较大的关注。第二世界大战前，出于战略目的，日本学界对越南历史研究用力很深，其影响最大者是山本达郎的《安南史研究》，后来在他的主持下完成了《越中关系史——从曲氏抬头到清法战争》，两书重点探讨宗藩关系视野下中越之间的战与和，认为历史上中越政权对于邦交关系的认知并不同在一个频道上，中方主张越方必须臣服，而越方目的是摆脱中原的控制，争取更多的自主与独立，这是双方矛盾的症结所在。随着时局的发展，双方相对实力此消彼长，至

---

① 〔越〕陈重金：《越南通史》，戴可来译，商务印书馆，1992，第386页。
② 〔越〕陶维英：《越南古代史》，刘统文、子钺译，商务印书馆，1976。
③ 〔越〕明峥：《越南史略（初稿）》，范宏科译，生活·读书·新知三联书店，1958。
④ 越南社会科学委员会编著《越南历史》，北京大学东语系越南语教研室译。
⑤ 〔越〕潘辉黎等：《越南民族历史上的几次战略决战》，戴可来译，世界知识出版社，1980。
⑥ 黎蜗藤：《被扭曲的南海史：二十世纪前的南中国海》，台北五南图书出版股份有限公司，2016，第3页。
⑦ Nhung Tuyet Tran, Anthony J. Reid, eds, *Viet Nam: Boedless Histories*, Madison, The University of Wisconsins Press, 2006, p.3.

中法战争前，两国关系"几乎已经处于平等地位"[1]。在欧美，泰勒（Keith Weller Taylor）是一位著名的越南史研究学者，他的处女作《越南的诞生》（The Birth of Vietnam）[2]，阐述了越南国家的形成过程。后来又完成《越南历史》（A History of the Vietnamese）[3]一书，叙述上起南越国，下至1975年，强调中国对于越南社会发展的重要性，认为越南语言、政治结构、文化教育、社会伦理、社会生活、宗教、历史书写等深深烙下中华文明的印记。而最新出版的克里斯多佛·高夏（Christopher Goscha）的《越南：世界史的失语者》（The Penguin History of Modern Vietnam）[4]，虽然没有专门讨论越南与中国的关系，但是认为中国因素对越南国家演进过程的作用相当明显，无论是在北属时期还是独立时期，越南历代精英阶层均积极引进中国的制度与文化以加强和完善他们的社会治理。这两本著作对越南历史的解读有别于传统，强调越南的多样化，对统一性存有质疑，这对中越关系研究的深入均有极大的启示意义。

三

安南立国以后，经历宋、元、明初磨合，中越朝贡交往日趋规范化、制度化，使双方邦交关系能持续地、稳定地发展。毫无疑问，中外朝贡交往的原则与礼仪，乃中国王朝依照自身传统而设计的，并要求朝贡方遵守，这其实就有一个朝贡方对这些原则与礼仪如何理解与可操作性的问题，因此，在朝贡交往中难免产生一些冲突，如中越邦交活动中出现的"礼仪之争"，越南新旧政权对中国王朝行使"兴灭继绝"义务的应对，以及贡期修改等，对于这些问题，一般双方均能通过交涉来达成共识，个别极端的问题，有可能付诸军事或准军事行动。在明朝，与安南交往的内容相当丰富：（1）明朝应对安南的陈朝、胡朝、黎朝、莫朝、中兴黎朝五个

---

[1] 山本達郎編『ベトナム中国関係史』「結語」，山川出版社，1975。
[2] Keith Weller Taylor, *The Birth of Vietnam*, University of California Press, 1983.
[3] Keith Weller Taylor. *A History of the Vietnamese*. Cambridge University Press, 2013.
[4] 〔加拿大〕克里斯多佛·高夏（Christopher Goscha）：《越南：世界史的失语者》，谭天译，联经事业股份有限公司，2018。

政权的更替；（2）安南黎朝应对明清易代的抉择；（3）明朝与安南不断发生边界冲突与边境民事的纠纷；（4）明朝要面对同是藩属国的安南、占城之争。考察明朝与安南双方关于诸如此类事件的处理，可以更好地理解宗藩关系的理念与内涵。

目前学界关于明朝与安南关系的研究主要关注永乐出兵安南事件与嘉靖处理莫登庸篡权事件，并对事件的背景、经过与影响进行了深入的探讨，其中较为突出者如郑永常的《征战与弃守：明代中越关系研究》。该书探讨在宗藩关系视野下，明朝以"兴灭继绝"为旗号对安南政权更替进行军事干预，书中重点论述了永乐、宣德时期对安南的占领与弃守的经过，以及嘉靖年间因莫登庸的篡位所引发的准军事行动。认为明初还抱着一定的理想主义来处理中越关系，但明中期以后则更趋于现实，而理想的宗藩理念成为显示"明朝虚饰文化的一面"①。罗荣邦的《安南之役——明初对外政策的检讨》② 一文，分析明太祖、成祖、宣宗三朝对安南政策之理想与现实的矛盾，认为德化政策在外交中"未必有效，反而对中国有害"，实力才是决定性的因素。越南学者谢玉琏的《十五世纪至十六世纪初的中越关系》③ 主要探讨明朝与安南黎朝宗藩关系的发展与特点，认为黎利逼退明军后还向明朝求封，主要原因乃是其国内长期以来所形成的政治传统。同时，认为在这种关系中，就经济而言，明朝是获利者。薛玉萍的《明朝永乐年间对安南政策之演变》④，对明成祖出兵安南的背景做了深入的分析。

关于莫氏王朝的研究，日本学者山本达郎编的《越中关系史——从曲氏抬头到清法战争》第六、第七章，较完整地叙述了越南莫、黎政权更替与中国明、清王朝的关系，认为明朝承认黎氏政权是出于现实的考虑，而明清王朝保护莫氏残败政权则是试图"以莫制黎"。⑤ 自 20 世纪 80 年代

---

① 郑永常：《征战与弃守：明代中越关系研究》，成功大学出版社组，1997，第 180 页。
② 罗荣邦：《安南之役——明初对外政策的检讨》，《清华学报》（台湾）第 8 卷第 1-2 期，1970。
③ 谢玉琏：《十五世纪至十六世纪初的中越关系》，转引自牛军凯《王室后裔与叛乱者：越南莫氏家族与中国关系研究》，世界图书出版公司，2012，第 4 页。
④ 薛玉萍：《明朝永乐年间对安南政策之演变》，《史学会刊》（台湾）第 37 卷，1993 年 6 月。
⑤ 山本達郎編『ベトナム中国関係史』「結語」，山川出版社，1975。

起，莫氏王朝也逐渐受到越南学者的重视，主要研究成果有丁克顺的《莫朝碑文》《莫朝历史研究》，以及黄黎的《莫氏世谱合编》，对莫朝研究在资料和观点上都有重大突破。[①] 中国学者冷东的《明嘉靖朝之安南事件》[②]，探讨嘉靖年间莫登庸事件的缘由、明中央与地方官僚对此事处理的分歧，肯定了在事件的解决过程中两广地方官员的个人作用。钟小武的《明朝对安南莫氏的政策》[③]，认为明朝后期，统治者对安南采取较现实、灵活的措施，既承认黎氏又保护莫氏，邦交策略上是"以莫制黎"，最终目的是为了安边与驭远。彭国栋的《南明中越关系史话》[④]一文，通过分析徐孚远安南之行的遭遇，探讨安南黎氏政权在明清鼎革之际的转向。余定邦、喻常森在《近代中国与东南亚关系史》[⑤]一书中将明末清初处理莫、黎的政策定性为"双重承认"，这在学界得到许多学者的认同。牛军凯《王室后裔与叛乱者：越南莫氏家族与中国关系研究》一书，乃研究莫氏王朝最全面、深入的著作，该书以丰富的中、越史料进行史实考辨，针对安南黎、莫之争，考察了中越双方的王朝政权如何进行政治交涉，如何给新旧政治集团定位，如何处理旧政治集团衰落后的后续问题，深入细致地剖析在两国政权更替情形下，中越宗藩关系理念与现实的挣扎，认为明清王朝对越南的新旧贡臣实行"双重承认"政策，强调明清王朝承认实力派的现实主义是处理越南关系的核心要义。此外，张亦善的《明代的南海政略》《明朝与南海诸国使节考》、朱亚非的《明初中越关系与成祖征安南之役》、李福君《明嘉靖朝征安南之役述评》、普永贵《明末云南的"沙普之乱"》、张龙林《浅析明代中国对莫、黎朝并存时期安南政策的建立》等，对明朝与安南关系阐明了个人的看法，对相关专题的深入研究均有积极的参考意义。

---

① 参考牛军凯《王室后裔与叛乱者：越南莫氏家族与中国关系研究》，第18—19页。
② 冷东：《明嘉靖朝之安南事件》，《中国边疆史地研究》1998年第3期。
③ 钟小武：《明朝对安南莫氏的政策》，《江西师范大学学报》2002年第2期。
④ 彭国栋：《南明中越关系史话》，载郭廷以主编《中越文化论集》，台北中华文化出版事业委员会，1956。
⑤ 余定邦、喻常森：《近代中国与东南亚关系史》，中山大学出版社，1999。

四

　　古代中越关系研究，由于受历史认知与现实国家利益影响，杂糅着强烈的民族情绪而变得十分复杂，许多问题甚至难以以理性的学术探讨来凝成共识，这就需要学界在探讨双方关系时持更加审慎、平和的心态。笔者认为，目前研究中越关系史应注意两个大的方面。

　　首先，要弄清文本与史实的关系。文本史料是研究的基础，但是，古代中越典籍有关两国关系的记录存在不同程度的问题。作为中方史料的重要来源，政书、奏章等很多时候只是表明中国王朝对于邦交关系的框架设计，而这些构想仅反映统治者对未来的愿望或希望达至的理想，并不能代表事实。葛兆光就认为天下秩序的理想只存在于儒家文本中，并非历史事实。[1] 濮德培认为中国历史上并不存在一种连续不断而且线路固定的朝贡形式，并强调"不能把空洞的礼仪文本及口头声明与实际情况混淆起来"[2]。如果用这些政书、儒家经典的材料来说明中越关系史的某种常态，这将会产生一定的误导。如贡期问题，《明会典》记载安南为"三年一贡"，明太祖在诏书中也曾反复强调这点，但是一直没有落实，直至宣德以后才得以实施。而正德以后，由于越南国内政局动荡，也随之产生了一些变化，甚至出现"两贡合一"等情形。依照史实统计来看，在明朝二百七十年里，中越交往真正落实"三年一贡"的仅为近百年时间。又如贡赏问题，学界普遍引用政书的材料，沿袭传统的说法，认为中国王朝采用了"厚往薄来"政策，然考于史实可以发现，就整个明朝而言，安南王国并没有从两国的邦交关系中得到经济实惠。因此，在研究中越关系史时，硬套"三年一贡""厚往薄来"等政策，实属不宜。而越南的史籍在使用时同样必须审慎。越南自立国以后，精英阶层一直努力构建其国家历史的叙

---

[1] 葛兆光：《对"天下"的想象——一个乌托邦想象背后的政治、思想与学术》，《思想》第29期。

[2] 〔美〕濮德培（Peter C. Perdue）：《中国的边界研究视角》，载〔美〕乔万尼·阿里吉（Giovanni Arrighi）等编《东亚的复兴——以500年、150年和50年为视角》，马援译，第81页。

事，凝聚独立的国家意识，强调"自主"，宣扬邦交"平等"，所以对一些史事的叙述存在曲笔的情形。如关于进贡"代身金人"的问题，越南史籍记载是代偿元朝将领乌马儿、明朝将领柳升之命，但是，事实上在乌马儿、柳升战殁之前，双方已经交涉了进贡"代身金人"相关事宜。越南史籍的曲笔是否存在回避"臣服"的象征意义？因此，无论是中方史料还是越方的史料，在使用前均应进行严谨的勘比与甄别，以保障历史叙事的客观性。

其次，立场与观点的关联。史料勘比可以还原一定的历史真相，但是如果相关方总以"我者"的心态解读史料，亦会产生较大的歧见。历史上，宗藩体系乃中国王朝所订立的交往规则。在这种规则下，中国王朝与藩国之间是"君"与"臣"的关系，强调"字小以仁，事大以诚"，存在主次之分。中国士大夫习惯于以"中国"为中心的"天下主义"思维，自恃国力强大与文化优越，对于周边政权总是停留于夷狄蛮荒的认知，因此处理邦交关系时，总是站在道德的高地，以"仁义"之心，对周边政权进行经济与文化的"施舍"，要求对方必须诚心诚意地归化。稍有不从，虽不至于动辄军事攻击，但常以荒蛮而鄙夷之。而越南士人自立国以来，即寻求国家意识的论述，在构建国家意识的过程中，往往凸显其独立与平等的诉求。越南方面对于宗藩体系的内涵非常清楚，而且从形式上也按照中方的规则进行交往，甚至还将这种规则发展其与周边政权的关系，被称为"亚宗藩关系"，但在内心里，越南士大夫在解读中越宗藩关系时，其涵义与中方所理解有着明显的不同，认为中越只是"大"与"小"的兄弟国关系，是平等的关系。因为心态上不愿"臣服"，所以国王以"假名"上表。这种"表"与"里"的矛盾，正反映越南士大夫看待中国王朝的复杂心态。因此越南士大夫叙述与中国王朝所发生的历史事件，更多地从维护其"自主""自尊"的角度来进行加工，尽量地减少对中国王朝"臣服"的元素。

居于不同的立场，对中越历史上所发生的重大事件，自然产生不一样的看法。如永乐出兵征伐安南胡氏政权，明朝自认为挥仁义之师，行"兴灭继绝"之义务，是替天行道的义举。而越南方面虽然认为胡氏篡权，"人人得而诛之，而天讨之，在天下不容一日舍也。国人诛之不克，邻国人诛之可也。邻国人诛之不克,夷狄诛之可也。故夫明人得以诛之也",但对明朝之举却认为是"假仁义,荼毒生灵,则是一残贼耳"①,在他们看来,"天地既定,南北分治,北虽强大,不能轧南"②。双方认知的差距,以目前的态势,基本无法调和。因此,以特定立场解读历史,必然使人雾里看花,难以透彻。有鉴于此,笔者认为,鉴于越南国家演进的复杂性,在研究中越关系史时,首先应尊重人类历史发展的规律。"丛林法则"在哲学思考上应当受到批评,但强者主导,那是人类历史发展的一个事实,难以回避。中国王朝国力强大与文化领先,使之在东亚世界秩序上得以发挥统领地位,制定规则与监督规则的执行,乃历史所赋予的责任。就明朝而言,以其国力而主导东亚世界,是历史的必然。况且明初已经承认安南作为一个独立王国,在祖训中明确安南为十五个不征之国之一。明太祖所勾勒的国家交往规则,主张"来者不拒,去者不追",强调"诚"的重要性,颇有点"非诚勿扰"的意味,对安南并没有强制其"臣服"。在整个明朝时期,无论是越南内政纷争、藩国间的军事冲突,还是中越边境事务的矛盾,均是在宗藩体制下,坚持以交涉与劝解为原则处理各方矛盾。明朝干预安南内政多是因应其衰败的旧政权求援而动,明成祖出兵前,曾充任陈朝后裔与胡氏集团之间的"协调者",并无出兵之意。后来明军护卫队遭遇胡氏伏击,才引发大规模的军事行动,这种因果关系应当予以理解,而事后占领则另当别论。其次,在以前的中越关系史研究中,中国学者较少关注安南王国对中国王朝的真实态度及其内心的诉求,只是以一种强者的姿态考查安南的"顺"与"不顺",从而导致一些不完整的评述。由于有千年郡县的历史,安南立国以后,一直在凝聚其国家的独立意识,在强大的中国王朝面前谋取"自主"与"自尊",就成为其国家意志的一个重要内容。可以说,安南士大夫存在一个复杂的矛盾心理,有事则求援于中国王朝,无事则倡导双方兄弟"平等",甚至在许多交涉事件的叙事上强化对中国王朝的对抗性。因此,作为现代学者,如何做到"站在边界左顾右盼",理解双方的诉求,避免先入为主的思维,正如葛兆光教授所

---

① 〔越〕吴士连等撰,陈荆和整理《大越史记全书·本纪》卷9,东京大学东洋文化研究所,1986,第497页。

② 〔越〕吴士连等撰,陈荆和整理《大越史记全书·本纪》卷10,第550页。

言，应当"既恪守中国立场，又超越中国局限"①，综合思考历史发展的脉络以及双方诉求与利益，尽量做出较具有客观性的评述，这就考验研究者的立场与创新性思路。

鉴于上述的思考，本书在研究的过程中，希望能做到既尊重明朝在当时的东亚世界秩序中的主导地位，同时也兼顾安南王国在自主行政过程中的诉求以及心态的变化，尽可能地客观叙述这段历史的演进过程。其中重点考察以下几个问题：第一，明太祖的外交理想及其在安南的实践；第二，明成祖与安南胡氏关系恶化的背景及其出兵安南的原因；第三，宣宗弃守安南的抉择与明、安关系正常化的谈判；第四，明中叶在和平时期明、安处理纠纷的手法；第五，晚明对安南各分裂政权的态度与处置方式；第六，明朝与安南宗藩关系的独特性。通过对这些问题的探讨，揭示在明朝主导的东亚世界秩序中，明、安邦交关系发展的内涵与特点，希望能为更客观地理解传统的宗藩体系有所裨益。本书不讨论明朝管治安南的二十多年历史，主要基于两个方面的理由：一是在明朝管治的情形下，安南事实上已经是内属之地，其行政应属内政范畴；二是明治时期，安南虽然存在多股反明势力，但各势力指挥机构不具有政权的特性，它与明朝之关系很难理解为王朝政权之关系。

在研究的过程中，笔者尽可能挖掘更多中越双方的史料，但囿于客观条件，并不如愿。就目前的情形，本书的史料来源主要由以下两个部分构成。

第一，正史资料。中国史籍有《明实录》《明史》《明会典》等，越南方面有《大越史记全书》《钦定越史通鉴纲目》《历朝宪章类志》《蓝山实录》等。这是研究中越关系史的最主要史料来源。

第二，明代中越两国士大夫之私家史书、文集、笔记及方志等。近年来，随着中国文教事业的发展，《四库全书》《四库禁毁丛刊》《四库未收书辑刊》《四库全书存目丛书》《续修四库全书》等大型丛书相继影印出版，为搜索资料提供极大的便利，其中与本专题有关的明代史籍、文集是本人重点关注的对象。归纳起来，其内容大致可分为以下几个方面。首

---

① 葛兆光：《宅兹中国：重建有关"中国"的历史论述》，中华书局，2011，第4页。

先，对明、安交往史的记录，既有像李文凤《越峤书》那样的鸿篇巨著，也有如各种"安南考""安南志"等小篇幅的论文，像这类著作或文稿，有数十篇。明朝士大夫记事方式大多遵循"详今略古"的原则，对所处时代的事件记录得相对较为详细，这就补充了正史中的不足。其次，明代文集中保存了大量与安南有关的奏疏与文书、信函等，如杨寅秋的《临皋文集》、张岳的《小山类稿》、王世贞的《弇州四部稿》、王以宁的《东粤疏草》等最为典型，其对事件交涉的原委记录得更加详尽，是一般正史所无法比拟的。再次，在明代文集中保存了大量如"使交诗""墓志铭""行状"等作品，从中常常可以发现许多有价值的史料。越南方面，近年来，在法国、越南学术机构的合作下整理出版了《越南汉喃文献目录提要》，为了解与搜求越南的文献资料提供了极大的方便。随着越南经济的发展，整理古代汉文典籍已经提上议事日程，最近几年出版了一批著名文集，如《阮廌全集》《黎圣宗总集》等。而由越南及中国台湾地区学界联合整理的《越南汉喃铭文汇编》《越南汉文小说丛刊》陆续出版，则为本课题的研究提供了宝贵的资料。

宗藩体制乃中国王朝依照传统的对外关系理念所构思与设计，它体现了中国王朝统治者建构天下秩序的理想，但由于朝贡国的理解与接受程度不一，在实践的过程中必然产生一定的摩擦，迫使相关方不断地进行调适，其所展现出来的历史场景，与原本制度设计的初衷难免存在某种落差。而历史上中越关系即是一个典型的例子，历史的纠结、情感的反复、现实利益的平衡，为准确地把握历史上中越关系发展的脉搏增加了难度。笔者识浅见陋，学力有限，实难提出有建树的真知灼见。清人赵翼曾说："义理之说与时势之论往往不能相符，则有不可全执义理者。盖义理必参之以时势，乃为真义理也。"[①] 余将以先哲之睿识为警诫，站在中越边界，左顾右盼，努力思之，奉献千虑一得之见，希望不致有污读者之耳目。

---

① （清）赵翼撰，王树民校证《廿二史札记校证》第2册，中华书局，1984，第552页。

第一章

明朝以前安南政治形态的蜕变

安南主要指今越南中北部，在中国史籍中又曾称为交趾、交阯、交州。据学者考证①，秦朝统一岭南地区时，即将治理范围拓展到现今越南北部地区。随后经历汉唐各朝，管治机构与措施不断加强与完善，中国王朝的政治与文化也随之移植于这一地区，促进了该地区的社会转型与进步。然而一种较为先进的文化移植于这一地区之后，并没有转化成为王朝政治的凝聚力、向心力，相反，当地自主意识不断滋长，最后成为一个独立王国。关于早期安南地区的社会治理情况，越南学者从其国家史观出发进行剖析，将汉唐王朝的管治视为侵占与殖民行为。②中国史家则主要从中国王朝拓边与经略的视野，强调中国王朝在安南社会转型过程中的贡献，如早期的黎正甫《郡县时代之安南》③与吕士朋《北属时期的越南》④，近年来更多学者从行政设置、经济发展与文化传播等方面探讨中国

---

① 辛德勇：《秦汉象郡别议》，刘东主编《中国学术：清华国学院九十周年纪念专号》总第36辑，商务印书馆，2016。
② 关于汉唐时期安南地区的地位问题，在越南无论是个人还是官方论著，其观点大体相似，如陈重金《越南通史》、陶维英《越南古代史》、明峥《越南史略》及越南社会科学翰林院《越南历史》（越南社会科学出版社，2013）等。
③ 黎正甫：《郡县时代之安南》，商务印书馆，1945。
④ 吕士朋：《北属时期的越南》，香港中文大学，1964。

王朝对安南地区的经略活动。① 也有学者从中国王朝的边疆治理视角,将安南纳入大岭南地区的社会发展与进步中进行研究,如胡守为《岭南古史》②与王承文《唐代环南海开发与地域社会变迁研究》③等。而日本与西方学者一直以来也十分关注越南历史研究,但多集中探讨近世以后的历史,对于中古以前的历史较有代表性的著作主要有泰勒(Keith Weller Taylor)的《越南的诞生》(The Birth of Vietnam),④以"他者"的眼光对这时期安南社会所发生的历史事件进行较为客观的论述,试图解答"为什么中国的影响没有把越南人变成中国人"的问题。日本学者山本达郎的《安南史研究》⑤、桃木至朗的《中世纪大越国的成立与变迁》⑥对安南独立初期的社会发展以及与中国王朝的关系有较深入的分析。上述成果为考察安南从郡县走向王国的政治蜕变提供了有益的思考路径。本章正是在这些研究的基础上,就本地区政治、社会形态的演变以及本土意识的形成,阐述个人的思考心得。

第一节　汉唐王朝治理安南的行政模式

远古时期安南地区的社会形态,由于文物与典籍缺乏,只能做概貌性的描

---

① 关于汉唐王朝治理安南的研究成果很多,如吕名中《汉族南迁与岭南百越地区的早期开发》(《中国史研究》1984 年第 4 期),吴凤斌《关于任延、锡光在九真、交趾任内治绩的评价问题》(《印度支那研究》1980 年增刊),袁运福、尤建设《论秦汉时期汉文化对交趾的影响》(《天中学刊》2003 年第 3 期),秦佳《两汉交州官吏及相关人物研究》(郑州大学硕士学位论文,2007),赵大新《交、广分治考》(《唐都学刊》2008 年第 3 期),王承文《越南新出隋朝〈舍利塔铭〉及相关问题考释》(《学术研究》2014 年第 6 期),毛汉光《中晚唐南疆安南羁縻关系之研究》(《严耕望先生纪念论文集》,台北稻乡出版社,1998),乌小花、李大龙《有关安南都护府的几个问题》(《中国边疆史地研究》2003 年第 2 期),庞卫东、杨春雨《浅谈高骈收复安南的背景及对安南的经略》(《华北水利水电学院学报》2005 年第 3 期),陈保国《安南都护府与唐代边疆防御体系的构建及影响》(《中国边疆史地研究》2010 年第 3 期)、《安南都护府与唐代南疆羁縻州管理研究》(《广西师范大学学报》2013 年第 4 期)等等。
② 胡守为:《岭南古史》,广东人民出版社,1999。
③ 王承文:《唐代环南海开发与地域社会变迁研究》,中华书局,2018。
④ Keith Weller Taylor, *The Birth of Vietnam*, University of California Press, 1983.
⑤ 山本達郎『安南史研究』山川出版社,1950。
⑥ 桃木至朗『中世大越国家の成立と変容』大阪大学出版会,2011。

述，如《礼记》载："南方曰蛮，雕题交趾，有不火食者矣。"①秦统一岭南前，越南历史称之为文郎国时代，这地区的社会开始有所进化。《交州外域记》载："交趾昔未有郡县之时，土地有雒田，其田从潮水上下，民垦食其田，因名为雒民，设雒王、雒侯，主诸郡县。县多为雒将，雒将铜印青绶。"②此时开始从游猎逐步进化到农耕时代，社会开始组织化，形成部落或部落联盟，有部落首长，大者为王，次者为侯，下置雒将，乃各部直接领民的酋长。各部落的"雒侯"是帮助雄王办事的最高官职；"雒将"分别管理文郎国中的各个"部"。③从早期零星史料来看，传说中的文郎国时代，各部族社会内部已经开始产生分层与贫富差别，雄王乃部族联盟中的权威性领袖，形成了部族国家的状态。但是，血缘纽带仍然是社会秩序稳定的基础，族氏组织是社会结构的基石，族氏的分野远比阶级的分层更为重要。部族之间为争夺生存空间与人口而"好相攻击"④，因此族氏之间的联盟存在较大的不确定性。因此，越南史学家陶维英也认为，这个时期的社会形态仍然处于"氏族组织"阶段。⑤

秦统一岭南地区后，设郡县治之，其中象郡管辖了安南中北部地区。⑥

---

① 《礼记》卷4《王制第五》。
② （北魏）郦道元著，陈桥驿校证《水经注校证》卷37《叶榆河》，中华书局，2007，第861页。
③ 越南社会科学翰林院：《越南历史》，第34—36页。
④ 《汉书》卷1《高帝纪》载："粤人之俗，好相攻击。"中华书局，1962，第73页。
⑤ 〔越〕陶维英：《越南古代史》，第226—227页。据于向东、刘俊涛《"雄王"、"雒王"称谓之辩管见》（《东南亚研究》2009年第5期）一文介绍，越南的许多学者认为，雄王时代的建国过程为民族共同体向国家共同体的过渡奠定了基础。又认为雄王世袭，以父传子，既是"文郎国"的最高首领，又是军事指挥者和宗教仪式的主持者，雒侯、雒将也是父子相继。
⑥ 关于秦象郡地理位置，最早记载见于班固的《汉书·地理志》。班固在"日南郡"下附注云："故秦象郡。汉武帝元鼎六年开，更名。"此说一直在中国史籍中传承，近代法国学者马司帛洛（H. Maspero）在1916年发表《秦汉象郡考》一文，始予以否定，认为象郡的区域只局限在今中国广西、贵州境内部分地区。并得到日本、法国、中国乃至越南部分学者的认同，其中以〔越〕陶维英、谭其骧、〔日〕箭内亘、〔日〕和田清等最具代表。但另一位法国学者鄂卢梭（Leonard Aurousseau）于1923年发表《秦代初平南越考》一文，系统批驳了马司帛洛的观点，维护秦象郡即汉日南郡的旧说。同样也得到中国部分学者的支持，如冯承钧、陈修和、顾颉刚等。20世纪80年代，周振鹤发表《秦汉象郡新考》（《中华文史论丛》1984年第3辑）一文，对马司帛洛的观点进行了更深入全面的考辨，弥补了马司帛洛论证方面的许多不足。为此，辛德勇撰写《秦汉象郡别议》一文予以辨析，认为班固《汉书·地理志》关于"日南郡"附注史料不可轻易否定。笔者对照两者的论述，决定采纳辛德勇的观点。

秦朝对此地的治理，一是实施"以越治越"政策，任用原部族骆将充当地方行政首长，《史记》引《广州记》载，诸县自名为"骆将"，授以"铜印青绶"。① 设一郡守加以监督，实施间接统治。② 二是大量移民，杂居越地，《史记·秦始皇本纪》称："三十三年，发诸尝逋亡人、赘婿、贾人，略取陆梁地，为桂林、象郡、南海，以適遣戍。"③ "三十四年，適治狱吏不直者，筑长城及南越地。"④ 《史记·南越列传》认为，秦统一岭南时，"以谪徙民，与越杂处十三岁"⑤。《汉书·高帝纪》载："前时秦徙中县之民南方三郡，使与百越杂处。"⑥ 秦朝将大量中原百姓移居岭南，但因文化习俗差异太大，他们并没有真正与越人杂居，"实仍自为聚落"⑦。

秦末内乱，龙川县令赵佗割据岭南，建立南越国，实行"和集百越"⑧的政策，被称为"怀服百越之君"⑨，而自称"蛮夷大长老"。他一方面继续实行"以越治越"政策，在降服安阳王后，将安南地区分置交趾、九真二郡，"令二使典主"⑩。另一方面，整顿民风，使"粤人相攻击之俗益止"⑪。汉高祖十一年（前196），赵佗接受汉使陆贾劝说，归附汉朝，并从中原引进铁器牛马，改善越人的农耕方式。汉武帝时，南越王赵兴曾愿"除其故黥劓刑，用汉法，比内诸侯，使者皆留填抚之"⑫。

汉武帝收复岭南后，为稳定安南地区的社会秩序，仍沿袭赵氏政权的政策，伏波将军路博德"乃拜二使者为交趾、九真太守，诸雒将主民如故"⑬。并实行"以其故俗治，无赋税"⑭的政策。此时，汉王朝对交趾的

---

① 《史记》卷113《南越列传》，中华书局，1959，第2969页。
② 吕士朋：《北属时期的越南》，第47页。
③ 《史记》卷6《秦始皇本纪》，第253页。
④ 《史记》卷6《秦始皇本纪》，第253页。
⑤ 《史记》卷113《南越列传》，第2967页。
⑥ 《汉书》卷1《高帝纪》，第73页。
⑦ 吕思勉：《〈秦代初平南越考〉之商榷》，《吕思勉论学丛稿》，上海古籍出版社，2006，第37页。
⑧ 《史记》卷113《南越列传》，第2967页。
⑨ 《三国志》卷53《薛综传》，中华书局，1959，第1251页。
⑩ 《史记》卷113《南越列传》，第2970页。
⑪ 《汉书》卷1《高帝纪》，第73页。
⑫ 《史记》卷113《南越列传》，第2972页。
⑬ （北魏）郦道元著，陈桥驿校证《水经注校证》卷37《叶榆河》，第860页。
⑭ 《汉书》卷24下《食货志四》，第1174页。

治理依旧实施间接管理，从某种意义来讲，"主权"的宣誓意义更重一些，而治权仍由各骆将自主。随着岭南社会的日渐稳定，汉武帝开始尝试加强岭南地区行政体系建设，分置九郡，其中安南地区析分为交阯、九真、日南三郡。① 各郡太守改由朝廷任命，而大部分县令仍由骆将主理。元封五年（前106），设交州刺史部统属岭南各郡，由朝廷选派州牧监镇之，加快本地社会的转型。其中功绩卓越者如光武时期交阯太守锡光、九真太守任延，他们"教其耕稼，制为冠履，初设媒娉，始知姻娶，建立学校，导之礼仪"②。任延在九真还"令铸作田器，教之垦辟，田畴岁岁开广，百姓充给"。又"移书属县，各使男年二十至五十，女年十五至四十，皆以年齿相配。其贫无礼娉，令长吏以下各省奉禄以赈助之。同时相娶者二千余人。是岁风雨顺节，谷稼丰衍。其产子者，始知种姓。咸曰：'使我有是子者，任君也。'多名子为任"。因此，史籍称"岭南华风，始于二守焉"③。法国学者鄂卢梭（Leonard Aurousseau）认为，汉朝对安南地区的社会改造，"使从前一种原始民族，变为服从社会纪律的一种文明团体"④。

当时这种社会改造运动，在很大程度上损害了原来骆将集团的特权与利益，引发安南社会普遍不满。建武十六年（40），征侧因交阯太守苏定以汉法惩治其夫诗索，率兵起事，得到九真、日南、合浦"蛮俚"的集体响应。⑤ 建武十八年（42）马援奉命征讨。在平定二征起义后，马援一方面加强了郡县体系与秩序的建设，史载："援缘海而进，随山刊道千余里。"⑥ "所过辄为郡县，治城郭。穿渠灌溉，以利其民。"其后又"徙其渠帅三百余口于零陵"⑦。马援一方面迁移部落酋长，改任汉官治理；另一方面为了缓解社会变革对越人的冲击，做了一定的妥协，恢复部分越人旧俗，所谓"条奏越律与汉律驳者十余事，与越人申明旧制以约束之"⑧。马

---

① 《汉书》卷6《武文帝纪》，第188页。
② 《后汉书》卷86《南蛮西南夷列传》，第2836页。
③ 《后汉书》卷76《任延传》，第2462页。
④ 〔法〕鄂卢梭（Leonard Aurousseau）：《秦代初平南越考》，冯承钧译，商务印书馆，1934，第110页。
⑤ 《后汉书》卷86《南蛮西南夷列传》，第2836页。
⑥ 《后汉书》卷24《马援列传》，第838页。
⑦ 《后汉书》卷86《南蛮西南夷列传》，第2837页。
⑧ 《后汉书》卷24《马援列传》，第839页。

援的举措在一定程度上加速了安南地区向封建社会形态的转变。① 同年东汉王朝赋予交趾刺史"持节"管治的特权,② 实际是将岭南地区视为特别行政区。东汉建安八年（203）,应士燮之请,改交趾刺史部为交州,视为东汉的第十三州。

三国时,蜀国进踞益州,欲染指交州,曾任命建宁太守李恢遥领交州刺史。后孙吴政权控制岭南,并借助士燮家族势力稳定了当地社会秩序。但后来为遏制士燮家族的割据态势,将南海、苍梧、郁林、合浦等郡列置广州,交趾、九真、日南等统属为交州,实行交、广分治。后虽有所反复,但最终交州还是作为一个独立行政区固定下来。③ 这种州、县的行政体系在南朝宋、齐、梁、陈及隋、唐初均得以沿袭。④ 在三国南北朝时期,安南社会的一个显著变化,乃是越化汉人豪族崛起,并逐渐成为朝廷地方治理的重要依靠。史称"南州守宰多乡里酋豪"⑤,这些"酋豪"大多都是南迁越化的汉人家族。

唐朝初年,为遏制地方豪强的势力,加强朝廷的影响力,于武德五年（622）,设立交州总管府,任命邱和为大总管,统辖安南各州行政、军事。武德七年（624）,改交州总管府为交州都督府。高宗调露元年（679）又将交州都督府改为安南都护府,成为岭南五管之一。至德二年（757）改为镇南都护府,永泰二年（766）复名安南都护府,直属岭南节度使。咸通三年（862）南诏寇陷安南。咸通七年（866）安南恢复旧治,设置静海军节度使,以节度使兼领都护。唐朝在加强对安南军事防控的同时,又不断拆分细化行政区,最多时在本地区共设50余个经制州与羁縻州,以弱化地方势力对朝廷的抗衡力量。天祐二年（905）唐朝任命的安南节度使独

---

① 越南学者陶维英认为:"起义虽然失败了,但是它的客观结果却促使外族的统治者不得不发展郡县制度与比以前更为深刻的封建生产关系,因此,骆越社会开始进入到一个属于封建制度范畴的新的发展阶段。"（《越南古代史》,第487页）明峥认为:"二征起义后,骆将制度宣告结束……可以说从那时候起,就开始进入了封建社会。"（《越南史略》,第38页）
② 《东观汉记》卷4《百官表》,司马彪注:"致诸州刺史,皆不持节,而交趾独持节,以所部绝远,故重其事权也。"中华书局,1985,第34页。
③ 赵大新:《交、广分治考》,《唐都学刊》2008年第3期。
④ 〔越〕黎崱:《安南志略》"总序",武尚清点校,中华书局,2000,第13－15页。
⑤ 《陈书》卷20《华皎传》,中华书局,1972,第271页。

孤损因派系斗争而被贬到海南，安南鸿州豪强曲承裕趁势自立为节度使，并于次年成功迫使朝廷予以承认。天祐四年（907）唐朝灭亡，曲承裕之子曲颢挟势继承了节度使的职位。五代十国时期，由于中原内乱，安南豪强乘机崛起，并摆脱中原朝廷的统辖，走向自主独立的道路。

由汉及唐，中国王朝对安南地区的开发具有以下几个特点。第一，行政管辖的区域日渐拓展，秦时只设立象郡，汉设3郡22县。至唐时，安南都护府之设，所辖正州、羁縻州多达50余个。从历史发展的进程来看，中国王朝对安南的行政管理经历由点到线到面的过程，治理空间一方面从沿海经贸发达地区向西部高地扩展，另一方面从都会区向乡村逐渐浸透，王朝行政的影响力日益加强。第二，中国王朝对于安南社会治理采用间接管理的模式。大体上是，地区最高行政、军事长官由朝廷选派，研究表明，汉朝时，交州刺史、太守的任命以中原官僚为主，尤以扬州、荆州人居多，并无交州本地人士。① 唐朝时，都护、节度使层级的官僚基本由朝廷任命。而基层官吏的荐举与任命，基本遵循"越人治越"的原则，主要依赖地方酋长或豪强，如汉时采取"树其酋长，使自镇抚"，对基层社会则实行"不（可）用天子之法度"②"正朔不及其俗"③ 等因俗而治的政策。至东汉末年，中原动荡，政权分立，交州地方势力乘势而起，官僚系统被迫起用地方豪强。灵帝中平四年（187）以交州豪强李进代贾琮为交州刺史，是交州人才与中州同选之始。三国之初，士燮家族把控交州达四十年之久。南朝时，九真、日南升格为州，州刺史之职，也常迫于形势为当地"豪酋"所据。入唐以后，其经制州、羁縻州刺史大多由当地豪族或部落首领出任。④ 从整体而言，安南社会治理形成了以朝廷命官监镇，地方"豪酋"为基层管理支柱的"二轨制"管治模式。第三，中国王朝不断深化对安南社会的改造，尝试以儒家伦理、中原法律改变其习俗，以较先进的技术使其社会生产方式转型，当然这种改造进度相当缓慢，成效有限，汉唐千年的管治，并没能从根本上改变"因俗而治"格局。因此，至唐末

---

① 秦佳：《两汉交州官吏及相关人物研究》，郑州大学硕士学位论文，2007，第10－14页。
② 《汉书》卷64《严助传》，第2778页。
③ 《汉书》卷64《终军传》，第2815页。
④ （宋）王溥撰《唐会要》，卷68《刺史上》，中华书局，1955，第1200页。

时，在广大的基层，其地方特征仍然十分突出。

第二节　安南地方豪族势力的形成

安南地方豪强的形成是当地社会转型的必然结果，也与朝廷的治理格局有着密切的联系。汉唐时期对安南地区实施的"越人治越""因俗而治"政策，在缓解朝廷与地方矛盾，稳定社会秩序，促进地方社会渐进式改造方面均起了积极的作用。但是，这种间接式的管理，实际上也直接催生了以家族为特征的地方豪强。

安南地方豪强形成的一个重要途径是，那些原属于部落的首领，通过朝廷的任命，出任地方行政长官，在身份上变成了社会阶级的上层，他们拥有合法的行政资源，主理一方社会事务。秦汉时期，东汉蔡邕所撰《刘镇南碑》载："交州殊远，王涂未夷。夷民归附，大小受命。其郡县长吏有缺，皆来请之，君权为选置，以安荒裔，辄别上闻。"① 朝廷"以雒越人的每一部落居地改置为一县，每一雒将兼领县令之名，并在中国太守的监察下来主治人民，具体说就是各雒将必须保证每年向各太守贡纳财物。大抵在最初，太守的职务只是负责收取贡纳和概略地监察各雒将的行为，而各雒将仍然能够在自己的部落中完全作主"②。因应风俗特殊、语言特点以及官吏适应程度的考虑，这种管治模式对于改造当地社会组织结构无疑是简便、有效的，所以随后历代统治者沿袭不替，《隋书·食货志》载："岭外酋帅，因生口翡翠明珠犀象之饶，雄于乡曲者，朝廷多因而署之，以收其利。历宋、齐、梁、陈，皆因而不改。"③

至唐时，为了进一步扩大朝廷对安南的管治空间，以同样的方式吸纳众多的新归附州县，"当管羁縻州首领，或居巢穴自固，或为南蛮所诱，不可招谕，事有可虞。臣自到镇，约之以信诚，晓之以逆顺。今诸首领，总发忠言，愿纳赋税。其武陆县请升为州，以首领为刺史"④。依唐朝羁縻

---

① （汉）蔡邕：《蔡中郎集》卷6《刘镇南碑》，《影印文渊阁四库全书》第1063册，第214页。
② 〔越〕陶维英：《越南古代史》，第426－427页。
③ 《隋书》卷24《食货志》，中华书局，1973，第673页。
④ 《旧唐书》卷176《马植传》，中华书局，1975，第4565页。

政策，各州都督或刺史由内附部落的酋长担任，"即其部落列置州县。其大者为都督府，以其首领为都督、刺史，皆得世袭。虽贡赋，版籍多不上户部"①。据唐代樊绰《云南志》卷一《云南界内途程》所载，峰州、登州、忠诚州、多利州、富州、甘棠州等"大中初悉属安南管系，其刺史并委首领勾当"②。

安南新归附地酋领获封官职后，所辖区域成为其合法的领地。这些酋领在领地内拥有种种特权。一是世袭。一般情况下，其在辖区内的权威不受挑战，其官爵在一定时期内可得以世袭。二是拥有对领地内田产与人口的独立管理权。辖区内人口无须强制成为朝廷编户，亦无强制的税赋与徭役义务。朝廷对其辖领区域实行"任土作贡"的政策，赋役征收只有象征意义，并无恒式。三是拥有独立的武装。那些新归附州县的武装势力成为各家族集团的军事保障。据史料记载，朝廷常常不得不借用这些地方武装镇守边疆，或参与平息地方叛乱。《新唐书·南诏传》载："安南桃林人者，居林西原，七绾洞首领李由独主之，岁岁戍边。"③ 咸通四年（863）七月懿宗制曰："其安南溪洞首领，素推诚节，虽蛮寇窃据城壁，而酋豪各守土疆。"④ 唐开元初，安南首领梅叔鸾反叛，唐以宦官杨思勖与安南都护光楚客借助当地部族的武装力量平息了叛乱。唐懿宗末年（871－874）南诏内侵，"北兵寡弱，从谠募土豪，署其酋右职，为约束，使相捍御，交、广晏然"⑤。这些地方酋领进入王朝体制后，在王朝政治的庇护下，逐渐改变了原有的部落体制，使之与部落内部成员的人身依附关系发生根本性的变化，酋长藉此壮大以家族为核心的利益集团，从而建立起独霸一方的家族势力。

安南地方豪强的另一种形成方式则是由南迁官商在地化后形成强大家族势力。秦汉以后，历代中原人或官或商或戍或避乱而迁居安南者甚众。明朝理学家丘浚曾称："魏晋以后，中原多故，衣冠之族，或宦或商，或

---

① 《新唐书》卷43下《地理志》，中华书局，1975，第1119页。
② 方国瑜主编《云南史料丛刊》第2卷，云南大学出版社，1998，第7－8页。
③ 《新唐书》卷222中《南诏》，第6283页。
④ 《旧唐书》卷19上《懿宗纪》，第654页。
⑤ 《新唐书》卷165《郑从谠传》，第5062页。

迁或戍，纷纷日来，聚庐托处，熏染过化，岁异而月或不同，世变风移，久假而客反为主。"①《新五代史》载："中朝士人以岭外最远，可以避地，多游焉。唐世名臣谪死南方者往往有子孙、或当时仕宦遭乱不得还者，皆客岭表。"②唐懿宗咸通四年（863）七月颁布《恤民通商制》称："安南寇陷之初，流人多寄溪洞"，并与"夷獠杂居"。③在南迁汉人中，以官宦占籍安南然后崛起为当地豪族最为典型。如东汉三国时期士燮家族，其原籍山东，先祖为避王莽之乱而南迁，父亲曾为东汉桓帝时日南太守。后因时势迁移，士燮获宠于朝廷，总督岭南七郡，仍兼交阯太守，并令其弟士壹为合浦太守，三弟士䵋为九真太守，四弟士武为南海太守。这样，士氏家族掌控了南海贸易最繁盛地域，实际上控制岭南政局，史称其"雄长一州，偏在万里，威尊无上"④。黄武五年（226），士燮死后，孙吴政权为遏制士氏家族的势力，实施交、广分治。对其子士徽仅封给九真太守一职，但士徽欲承袭父职，挟势对抗孙吴，结果遭受灭族之祸。

又如杜慧度，原籍京兆，曾祖杜元曾任宁浦太守，遂定居岭南。其父杜瑗曾任日南、九德、交阯太守，交州刺史。东晋义熙七年（411），杜慧度除使持节、督交州诸军事、广武将军、交州刺史，后其子又承袭此职。⑤经过数代的发展，成为交州雄居一方的大家族。史载："有杜守澄者，自齐、梁以来拥众据洞溪，不可制。"⑥越南出土唐德宗贞元十四年（798）《青梅社钟铭》，证明杜氏家族到唐代时已成为当地豪族首领的代表。⑦说明唐代著名杜氏家族源自南朝齐梁时，并已经完成了在地化，因此被中原士人视为溪洞首领。杜氏家族对唐朝安南政局产生较大影响。《资治通鉴》载，贞元七年（791）四月，高正平任安南都护时，因重赋敛，引发"群

---

① （明）丘浚：《重编琼台稿》卷22《南溟奇甸赋有序》，《影印文渊阁四库全书》第1248册，第454页。
② 《新五代史》卷65《南汉世家》，中华书局，1974，第810页。
③ （清）董诰等编《全唐文》卷83，中华书局，1983，第871页。
④ 《三国志·吴志》卷4《士燮传》，第1192页。
⑤ 《宋书》卷92《杜慧度传》，中华书局，1974，第2263—2265页。
⑥ 《资治通鉴》卷249《唐纪五十六·唐大中十二年》，中华书局，2007，第8072页。
⑦ 耿慧玲：《安南青梅社钟与贞元时期的安南研究》，香港大学饶宗颐学术馆学术论文，2010。

蛮酋长杜英翰等起兵围都护府，正平以忧死"①。唐懿宗咸通二年（861）安南都护李鄠"初至安南，杀蛮酋杜守澄，其宗党遂诱道群蛮陷交阯"。后迫于杜氏家族的威势，朝廷为平息叛乱，乃赠守澄父存诚金吾将军，以稳定地方秩序。②即使五代时期，杜氏家族仍然保持相当的实力，成为一方霸主，《宋史·交阯列传》载："乾德初，昌文死，其参谋吴处玶、峰州刺史矫知护、武宁州刺史杨晖、牙将杜景硕等争立，管内一十二州大乱。"③

再如黎氏家族，黎高于萧梁时期为义安郡太守，梁武帝时爱州初立，迁任太守，遂定居于此。隋文帝时，黎高卒，其长子黎□慈，弟黎某任日南太守。隋炀帝大业三年（607）改爱州为九真郡，黎高之孙黎谷（黎玉）继承九真太守。可以说黎氏历梁、陈、隋、唐初，完全掌控安南南部重要的经贸枢纽，建立了独霸一方的家业。入唐之初黎谷挟家族势力抗拒唐朝，不肯臣服。盛唐时虽受较大的压制，但唐末时家业似乎得以重振，所谓"先祖越爱州九真郡令族，镇国仆射黎公，家富豪盛，积谷一百余拾廪，门养三千客"④。

南迁汉官豪族的发展，其重要的路径是与土著酋领联合。早于南越国时期，赵佗就吸收在越族中具有很高威望的吕嘉为南越国丞相，其宗族中"为长吏者七十余人"⑤。从汉魏六朝到隋唐，汉官勾结地方土豪，大量攫取金银财富，中饱私囊，成为岭南吏治的一个顽疾，所谓"不肖长吏，或与富室交通，积成款狎，怠忽刑典，是惟蠹政"⑥。唐代史书记载，当时朝廷官吏到岭南后"不惮典章，唯利是视，豪门富室，必与交通"⑦。又称："管内诸州首领，旧多贪纵，百姓有诣府称冤者，府官以先受首领参饷，

---

① 《资治通鉴》卷233《唐纪四十九·德宗神武圣文皇帝八》，第7524页。
② 《资治通鉴》卷250《唐纪六十六·懿宗昭圣恭惠孝皇帝上》，第8094页。
③ 《宋史》卷488《交阯列传》，中华书局，1985，第14057—14058页。
④ ［越］潘文阁（Phan Khắc）、苏尔梦主编《越南汉喃铭文汇编》（第1集）"干尼山香岩寺碑铭"，（巴黎）远东学院，（河内）汉喃研究院，1998，第153页。王承文认为，黎公即后唐时爱州牧黎良。（王承文《唐代环南海开发与地域社会变迁研究》，第306—307页）
⑤ 《史记》卷113《南越列传》，第2972页。
⑥ 《册府元龟》卷157《帝王部·诫励二》，第1896页。
⑦ 唐高宗：《流萧龄之岭南诏》，载（清）董诰等编《全唐文》卷11，第141页。

未尝鞫问。"① 因此,"旧帅作法兴利以致富,凡为南海者,靡不捆载而还"。泰始二年（466）交州刺史檀翼罢职,"还至广州,资货巨万"②。《朝野佥载》载,裴惟岳任爱州刺史时,以贪暴著称,"取金银财物向万贯"③。而占籍安南的汉官还"因官置庄,抑买百姓田园",大量积聚财富,成为地方豪富。唐中宗时,安南都护邓佑"家巨富,奴婢千人,庄田绵亘"④。晚唐时期,爱州黎氏家族"家富豪盛,积谷一百余拾廪,门养三千客"⑤。他们拥有财富、田产后,也开始建立自己的武装以自卫,史载"汉末宗室相乱,南人率宗室相聚为兵以自卫,故名宗兵"⑥。士燮逝后,吴以戴良为刺史,燮子徽自署交阯太守,"发宗兵拒良"。隋末冯盎在岭南"啸署酋领,有众五万"⑦。这些家族通过聚敛财富、建立武装,逐渐成为一方的大豪族。

南迁汉官要顺利掌控地方局势,与地方豪酋联姻是一条快速而便捷的路径。南越赵氏王朝颇为重视与越族联姻,王室内部越汉婚嫁甚为普遍。如明王婴齐就娶越女为妻,末代南越王赵建德即由此越女所生。丞相吕嘉宗族中"男尽尚王女,女尽嫁王子弟宗室",甚至远在数百里之外的苍梧王赵光也与吕氏联姻⑧。南北朝时,冯氏家族也是一个典型的例子。冯氏原籍河北,南迁"三世为守牧",然而"他乡羁旅,号令不行",后来冯宝聘高凉酋领洗氏之女为妻,洗夫人"诫约本宗,使从民礼。每共宝参决辞讼,首领有犯法者,虽是亲族,无所舍纵。自此政令有序,人莫敢违"⑨。冯、洗联姻对冯氏家族在岭南的发展起了至关重要的作用。至唐时,其后裔冯衡已被称为"代为右族,带甲千人,拟四豪之公子。田洞百里,齐万

---

① 《旧唐书》卷89《王方庆传》,第2897页。
② 《宋书》卷84《邓琬传》,第2141页。
③ （唐）张鹭撰《朝野佥载》卷3,中华书局,1985,第42页。
④ （明）陶宗仪撰《说郛三种》卷2,上海古籍出版社,1988,第30页。
⑤ 〔越〕潘文阁（Phan Khắc）、苏尔梦主编《越南汉喃铭文汇编》（第1集）"干尼山香岩寺碑铭",第153页。
⑥ 〔越〕吴士连等撰,陈荆和整理《大越史记全书·外纪》,卷4,第137页。
⑦ 《新唐书》卷110《冯盎传》,第4112页。
⑧ 《史记》卷113《南越列传》,第2972页。
⑨ 《隋书》卷80《谯国夫人传》,第1801页。

户之封君"①。姜公辅,原籍天水,其父姜挺"为盛唐令,徙家九真,后占籍爱州日南县"②。据王承文研究,姜公辅之母黄氏,乃钦州著名溪洞豪酋之女。③

由此可见,汉唐时期,朝廷命官在治地与当地酋领联合是相当深入的。地方酋领在与汉官交往中,逐渐了解与接受儒家的伦理观念,而且他们的子弟更容易接受到儒家教育。因为推广儒学教育是每位南迁汉官的职责,他们在州郡治地建校办学,落实"教以诗书,导之礼义""俗化交土""书同文,行同伦"等文化政策,从而达到移风易俗的目的。西汉末的交阯太守锡光,东汉初的九真太守任延,三国时的士燮、陶璜等,南朝时的杜氏,在当地推行儒学伦理与文化均有卓越贡献,这对于地方的上层子弟产生了深远的影响,使本地精英逐渐"儒化"。同时,长期定居安南的中原汉官与汉民,受地区环境、社会习俗的影响,也逐渐融入当地社会,从而产生"越化"的效果。所谓"秦余徙民,染同夷化"④,汉时越佗自称"蛮夷大长老"。张津为交州刺史,"舍前圣典训,废汉家法律,尝著绛帕头,鼓琴烧香,读邪俗道书"⑤。《岭外代答》在介绍岭南地区的"北人"时称其"语言平易,而杂以南音"⑥。隋唐诸史将已落籍安南的汉人豪强称为"蛮酋""渠帅""洞主"等,足以说明汉人"越化"相当明显。美国学者泰勒认为,大多数从中原地区迁移越南的汉人,实际上已经不再是严格意义的中国人,他们将汉语词汇和技术融入越南社会,但同时也吸收了当地土著的某些思维。越南的语言得以保留,汉人的后裔学会了当地语言,事实上汉民越化比越人汉化更为容易。⑦大量汉人南迁,融入了当地社会,影响与反影响同时存在,其所形成的特殊社会阶层,学界称之为"汉越社会"(Han-viet society)。

---

① (唐)张说:《赠潘州刺史冯君墓志铭》,载(清)董诰等编《全唐文》卷231,第2341页。
② (明)黄佐撰《广东通志》卷55《姜神翊传》,广东省地方史志办公室影印,1997,第1407页。
③ 王承文:《唐代环南海开发与地域社会变迁研究》,第599页。
④ (北魏)郦道元著,陈桥驿校证《水经注校证》卷36《温水》,第797页。
⑤ 《三国志》卷46《孙策传》,第1110页。
⑥ (宋)周去非著,杨武泉校注《岭外代答校注》卷3《五民》,中华书局,1999,第144页。
⑦ Keith Weller Taylor, *The Birth of Vietnam*, Univerty of California press, 1983, p53.

当然汉越社会存在动态的发展过程，一是随着王朝政治的影响由点到面的空间扩展，汉越族群交往更加广泛；二是随着儒学教育的深入，尤其是科举制度在安南的推行，这一社会阶层也随之日益扩大。如果从文化身份来划分，汉唐时期，安南社会的人口大致可分为三类：一是汉人，二是汉越人（指汉化越人、越化汉人），三是越人。汉人主要由朝廷流官、贸易商人所构成，他们流动性大，一般不易受当地习俗文化的影响，而且只占少数。越人指生活在基层的本地百姓，他们生活在固定的社会组织内，秉承传统的习俗，受汉文化影响不深，但这部分人占据安南社会的多数。汉越人具有汉越文化融合的特征，他们可以沟通朝廷汉官与基层社会的关系，是朝廷在安南实施社会治理的重要桥梁。一个典型的例子，唐开成四年（839）十一月，安南都护马植奏："当管经略、押衙、兼都知兵马使杜存诚，管善良四乡，请给发印一面。前件四乡是獠户，杜存诚祖父以来，相承管辖，其丁口税赋，与一郡不殊。伏以夷貊不识书字，难凭印文。从前征科，刻木权用。伏乞给发印一面，令存诚行用。"[①] 杜家于南朝时曾三代为交州刺史，后占籍交州，至唐朝时已完全越化，成为当地的豪族，马植为杜家求取封印，正是利用其能沟通朝廷官吏与基层的能力。因此，这些汉越豪族实际上成为安南地区的统治阶层，构成了当地社会管治的官僚基础。

第三节 安南地方豪族与王朝边疆治理

秦汉之初，朝廷以越人治越的政策，起用原来的骆将为地方的行政官吏，实现将部落首领转化为封建体系的官吏，这对稳定新拓展地的社会秩序无疑起了积极作用。但是，由于"因俗而治"，原有的社会基础并没有因此而产生变化。随着岭南地区的社会稳定，汉武帝时曾试图加快此地区的社会转型，实行"用汉法，比内诸侯"[②] 的政策。汉统一岭南后，朝廷大量派遣汉官出任刺史、太守，以加强朝廷对交州社会的治理，[③] 形成了以汉官监护，地方首领主理基层社会事务的统治格局。但在实施社会变革

---

① （宋）王溥撰《唐会要》卷73《安南都护府》，第1322页。
② 《汉书》卷95《西南夷两粤朝鲜传》，第3854页。
③ 秦佳：《两汉交州官吏及相关人物研究》，郑州大学硕士学位论文，2007，第10-14页。

的过程中，朝廷政策与地方既得利益的矛盾时常被激化，二征起事说明朝廷在南方推行封建行政并不顺利。

东汉时，朝廷加强中央集权制，在交州扩大汉官体制。汉灵帝时交阯刺史周乘上书称："南交绝域，习于贪浊，强宗聚奸，长吏肆狡，侵渔万民，贻毒久矣。今为圣朝扫清一方。"① 他为整顿吏治，曾"属县解印绶弃官者四十余城"②。后来贾琮任交阯刺史，也挑选一批良吏到各县代行职务。③ 这些措施严重地削弱了骆将阶层特权，促使交州更快地纳入中国王朝的行政体系之中。但三国以后，由于朝廷派系倾轧，政权分立，交州豪族势力乘势而起，朝廷治理举步维艰。《南齐书·州郡志》载："滨际海隅，委输交部，虽民户不多，而俚獠猥杂，皆楼居山险，不肯宾服。"④ 又称："杨雄箴曰：'交州荒遰，水与天际。'外接南夷，宝货所出，山海珍怪，莫与为比。民恃险远，数好反叛。"⑤ 所以"刺史常事戎马，唯以征伐为务"⑥。除征伐外，朝廷官员更多地采取羁縻政策。《三国志·陆胤传》载："赤乌十一年，交阯、九真夷贼攻没城邑，交部骚动。以胤为交州刺史、安南校尉。胤入南界，喻以恩信，务崇招纳，高凉渠帅黄吴等支党三千余家皆出降。引军而南，重宣至诚，遗以财币，贼帅百余人，民五万余家，深幽不羁，莫不稽颡，交域清泰。"⑦ 如此轻易地降服千家万户百姓，这与安南基层社会结构有着密切的关系，也凸显豪族首领对稳定与维护社会秩序的作用。

如何善用地方"首领""蛮酋""渠帅"成为交州社会治理的关键。西晋时，交州刺史陶璜上书称"交土荒裔，斗绝一方，或重译而言"⑧。由于言语障碍，中原流官很难施政，交州治理不得不依赖于本土人士。《隋书》称："晋自中原丧乱，元帝寓居江左……又岭外酋帅，因生口翡翠明珠犀象之饶，雄于乡曲者，朝廷多因而署之，以收其利。历宋、齐、梁、

---

① （明）郭棐撰《粤大记》卷11《周乘传》，黄国声等点校，中山大学出版社，1998，第290-291页。
② （唐）杜佑撰《通典》卷32"州牧刺史"注，中华书局，1984，第184页。
③ 《后汉书》卷31《贾琮传》，第1112页。
④ 《南齐书》卷14《州郡志上》，中华书局，1972，第262页。
⑤ 《南齐书》卷14《州郡志上》，第266页。
⑥ 《南齐书》卷14《州郡志上》，第267页。
⑦ 《三国志》卷61《陆胤传》，第1409页。
⑧ 《晋书》卷57《陶璜传》，中华书局，1974，第1560页。

陈，皆因不改。"① 《资治通鉴》亦言，唐初以前，岭南"州县官不由吏部，委都督选择土人补授"②。由此可见，在唐以前，任用"酋帅""土人"已成常例。由于汉人移民后裔更熟悉封建行政体系，因此，这些"酋帅""土人"应该说大多是由北方南迁的衣冠大族经过数世发展起来的大宗族首领。③

当时安南的地方官除正常选任外，有贿选者，所谓"旧例首领赆于官，署为刺史"④。也有豪强挟势自封者，如南朝泰始四年（468）三月，交州刺史刘牧死，李长仁惨杀刘牧从北方带来的部曲，挟势自封刺史。朝廷不允，派南康相刘勃为交州刺史。刘氏未行，朝廷不得不应李氏之请而封之。⑤ 李长仁死后，从弟李叔献承袭其势。南齐建元元年（479）七月，齐太祖开始也不予承认，甚至欲出兵征讨，后听取刘善明的建议，下诏"曲赦交州部内李叔献一人，即抚南土"⑥，承认李叔献为交州刺史。

地方豪强通过朝廷的爵命，加强了自身的权威与势力，并通过合纵连横，将一部分地区集团和精英分子团结在一起，形成一股不可忽视的集团力量。⑦ 早有士燮在交州割据垂四十年之久，继之有陶璜四代五人任刺史，顾秘顾氏父子兄弟三人为刺史，杜瑗、杜慧度、杜弘文三代为刺史。这些巨族大姓，在边远的交州，形成了实际上的割据。⑧ 这对朝廷的地方治理无疑是一个不确定的因素。

隋文帝初平南陈时，为稳定岭南局势，颁行了《安边诏》，称："岭外土宇，置州立县，既令擢彼人物，随便为官，省迎送之烦，知风俗之事，训人道德，正身率下。"⑨ 隋朝继承往例，重视地方豪强的任用，一是可以

---

① 《隋书》卷24《食货志》，第673页。
② 《资治通鉴》卷201《唐纪十七·高宗天皇大圣大弘孝皇帝中之上》，第6362页。
③ 王承文：《唐代环南海开发与地域社会变迁研究》，第107页。
④ （唐）穆员《京兆少尹李公墓志铭》，载（清）董诰等《全唐文》卷784，第8204页。
⑤ 《宋书》卷97《夷蛮列传》，第2379页。
⑥ 《南齐书》卷2《高帝纪下》，第34页。
⑦ 耿慧玲：《七至十四世纪越南国家意识的形成》，载《越南史论：金石资料之历史文化比较》，第293、313页。
⑧ 张秀民：《安南王朝多为华裔创建考》，载《中越关系史论文集》，第11-12页。
⑨ 韩理州辑校编年《全隋文补遗》卷一《李德林·文帝安边诏》，三秦出版社，2004，第18页。

"省迎送之烦",二是他们"知风俗之事",并能承担"训人道德"的教化任务。但至唐朝时,在降服安南的过程,朝廷遭受了较大的曲折。对于由豪族操纵地方政局,唐太宗曾表示担心,称"交州重镇,自非宗枝,莫处其任"①。因此,唐朝进行了一系列的政策调整,试图通过社会的变革,使之更好地融入王朝的统治体系,进而遏制地方豪族的影响。

第一,针对交州刺史多为地方豪族出任,为了稳定交州的局势,唐初设立由朝廷控制的总管府,主要派皇室成员或朝廷信任的官员出任交州都督。之后总管府改为安南都护府、安南节度使及静海军节度使,保障朝廷对交州的总体控制。并且增加流官出任重要州县的行政长官,如窦德明、路文升、柳奭、褚遂良、李强等均曾出任爱州刺史。

第二,沿用传统的方式,以析地分治方式削弱地方豪族势力。三国时期,东吴政权为了遏制士氏家族在岭南地区的影响,曾实行交、广分治。隋大业年间,交州只有交阯、九真、日南三郡,但唐初曾拆分为二十余州。如隋代九真郡,当地黎氏家族曾抗拒归附唐王朝,唐武德年间在九真郡置爱州,随后"又于州界分置积、顺、安、永、胥、前真、山七州"②,爱州的分拆设置显然是为了削弱黎氏豪族的势力。③

第三,改革地方官的任命制度,废除"除授制",试行"南选制"。唐初以前,岭南"州县官不由吏部,委都督选择土人补授"④。由于当地朝廷命官多依赖地方势力管治,都督在选任官员时容易受到地方豪强的影响,豪族子弟受命的机会大为增加,成为隐形的官僚世袭制。唐贞观十五年(641)正月,唐太宗训诫各地朝集使,称:"若南方诸州,多统夷獠,官人于彼,言语不通,里吏乡首,侵渔匹庶,不胜忿怨,挺刃相仇,因是叛亡,轻犯州县。""又不肖长吏,或与富室交通,积成款狎,怠忽刑典,是惟蠹政,特宜禁绝。"⑤ 这些土官"不顾宪章,唯求润屋"⑥,成为社会治理的蠹虫。为了改变地方豪族把持地方行政局面,唐高宗上元年间开始实

---

① 《册府元龟》卷175《帝王部·悔过》,第2108页。
② 《旧唐书》卷41《地理志》,第1752页。
③ 王承文:《唐代环南海开发与地域社会变迁研究》,第302页。
④ 《资治通鉴》卷201《唐纪十七·高宗天皇大圣大弘孝皇帝中之上》,第6362页。
⑤ 《册府元龟》卷157《帝王部·诫励二》,第1896页。
⑥ 《册府元龟》卷689《牧守部·革弊》,第8218页。

行南选制度。上元三年（676）八月七日敕："桂、广、交、黔等州都督府，比来所奏拟土人首领，任官简择，未甚得所。自今已后，宜准旧制，四年一度，差强明清正五品已上官充使选补，仍令御史同往注拟。其有应任五品已上官者，委使人共所管督府，相知具条景行、艺能、政术堪称所职之状，奏闻。"① 南选制度的实施，从本质上来说就是要将岭南地方官员的选任权收归中央，由中央直接控制的南选代替以同豪族势力相妥协为特征的地方都督府除授制。② 朝廷直接干预地方要员的遴选，实际上就压缩了地方豪族的操纵空间，限制了豪族的政治特权，进而改善岭南地区的吏治生态。只是安南豪族势力强盛，南选制度并无法从根本上解决当地的吏治问题，反而造成"吏偷不警，夷怨不绥，民劳不复，迨其叛乱"③。从史实来看，南选制并没有达到预期的目标。

第四，唐德宗建中元年（780）推行"以资产为宗""不以丁身为本"的两税制，使唐朝的赋税制度由"舍地税人"向"舍人税地"发展，这一制度在安南地区的推行，虽然有政策规定"俚户岁半租"，但实际仍然增加了豪族大户对朝廷的义务，加重了当地豪族的负担。蓄奴乃岭南的习俗，南方豪族无不以家奴多少论势，他们除了用于家役外，更多地从事农田劳作，甚或充当部曲。但唐王朝多次颁令，禁止虏掠人口为奴，禁止奴婢雇佣化。武则天天授二年（691）七月二十日敕曰："诸州百姓，乃有将男女质卖，托称雇力，无钱可赎，遂入财主，宜严加禁断。"④ 文宗太和二年（828）十月敕："岭南、福建、桂管、邕管、安南等道百姓，禁断掠买饷遗良口。"⑤ 唐朝的禁奴政策，对于社会风俗的改良是一革命性的进步，但对地区豪族而言，则是一项重大的损伤。

尽管唐朝采取一系列措施试图以中央集权制加大对安南的影响力，并且压抑地方豪族的势力，但实际收效有限。其主要原因恐怕与中原官僚对安南地理环境的恐惧有一定的关系。"荒徼""瘴毒"乃中原人对安南地区

---

① （宋）王溥撰《唐会要》卷75《南选》，第1369页。
② 王承文：《唐代"南选"与岭南溪洞豪族》，《中国史研究》1998年第1期。
③ （清）王夫之撰《读通鉴论》卷21，中华书局，1975，第622页。
④ 黄永武主编《敦煌宝藏》第10册，台北新文丰出版公司，1981，第195页。
⑤ （宋）王溥撰《唐会要》卷86《奴婢》，第1571页。

的深刻记忆,所谓"处处山川同瘴疠,自怜能得几人归"①,又有"瘴江西去火为山,炎徼南穷鬼作关。从此更投人境外,生涯应在有无间"②。因此,南迁为官历来被视为畏途。如一旦受召南行,辞行之状犹如生离死别。如汉末辽西太守刘君坐事当徙日南,同乡公孙瓒辞行,酹觞祝曰:"昔为人子,今为人臣,当诣日南。日南多瘴气,恐或不还,便当长辞坟茔。"③慷慨悲泣,再拜而去。唐朝卢祖尚,廉平正直,号称"良牧"。唐太宗欲遣其抚镇交州,临朝谓之曰:"交州大藩,去京甚远,须贤牧抚之。前后都督皆不称职。卿有安边之略,为我镇之!勿以道远为辞。"卢祖尚先是应允,而后悔之,以旧疾为辞。太宗多方传谕,并答应"三年必自相召",但卢祖尚对以"岭南瘴疠,皆日饮酒,臣不便酒,去无还理",坚辞不就。太宗大怒曰:"我使人不从,何以为天下!"命斩之于朝,时年三十余。④北宋范祖禹曾总结称:"由秦以来,未有得志于南蛮者也,盖以瘴毒险阻,不得天时地利,所恃者人和而已,而民从征役,皆知必死,如往弃市,则是三者皆亡矣。"⑤对于岭南的官僚生态,明清之际王夫之评论说:"边徼之稍习文法者,居其土,知其利,则贪为之,而不羡内迁;中州好名干进之士,恶其陋,而患其绝望于清华,则鄙夷之而不屑为。"⑥因此,朝廷纵然想以良吏抚镇岭南各地,但是常不得其人,最后南选不得不仍旧以当地豪族为主要的考虑对象。唐文宗开成年间,岭南节度使卢均奏称:"海峤择吏与江淮不同,若非谙熟土风,即难搜求民瘼",要求"特循往例,不令吏部注拟,且委本道求才"。⑦因此,南选常常难以落实,甚至停罢。唐懿宗于咸通七年(866)发布《大赦》时称:"访闻本道观察使所奏,监州官多是本土富豪,百姓兼杂色人,例皆署为本道军职,或作试衔,便奏司马权知军州事。"⑧南选制度的失效,使得安南吏治生态依旧,

---

① (唐)宋之问:《至端州驿见杜五审言沈三佺期阎五朝隐王二无竞题壁慨然成咏》,载《全唐诗》卷51,第626页。
② (唐)张均:《流分合浦岭外作》,载《全唐诗》卷90,第985页。
③ 《后汉书》卷73《公孙瓒列传》,第2358页。
④ 《旧唐书》卷69《卢祖尚传》,第2521-2522页。
⑤ (宋)范祖禹撰《唐鉴》卷21《懿宗》,商务印书馆,1937,第196页。
⑥ (清)王夫之撰《读通鉴论》卷21,第622页。
⑦ (宋)王溥撰《唐会要》卷75《南选》,第1371页。
⑧ 唐懿宗《咸通七年大赦》,载《唐大诏令集》卷86,中华书局,2008,第490页。

其他社会变革政策也难以落到实处。

中原历代王朝对待交州地主豪强既利用，又不得不防备与遏制。可以说，在汉唐千年的社会改造运动中，本土豪强在社会秩序稳定中起了积极的作用，同时，他们也利用了王朝所赋予的特权，营私舞弊，壮大自身的势力，形成对王朝对抗的力量，使王朝产生边疆安全的危机感。而且，中央王朝在管治的过程中，希望边疆地区在政治、经济、文化方面逐渐一体化，改革就必然对既得利益集团形成冲击，因此，朝廷与地方利益集团的矛盾从来没有停止过。当双方利益处于协调状态时，社会则呈现相对平稳；当中国王朝代表的行为严重危及当地豪强的利益时，叛乱则时有发生。

据史籍记载，汉唐时期主导安南地区社会动乱事件的主要人物有汉朝的征侧，三国时的赵妪，南北朝时的李贲，唐朝时的李嗣仙、梅叔鸾、杜英翰、杨清。从史料来看，主导叛乱的人物均为地方豪强首领，有越族酋领，而更多的是越化汉族首领，如明确可考为汉人后裔的就有李贲、李嗣仙、杜英翰、杨清等。而叛乱的原因主要有两个方面。一是，在社会转型过程中，汉官处理不妥引发不满，如征侧因太守苏定以汉法处决其夫诗索，李嗣仙因都护刘延佑改变"俚户岁半租"的政策，"责全入"，而引发众怨。① 杜英翰亦因都护高正平"重赋敛"而率兵围都护府。② 二是因受歧视而起事者，如南朝李贲曾任德州监军，其"天资奇才，仕不得志"③，因刺史萧谘"严刻失和"④，遂与在朝廷受辱的并韶合谋起事。又如杨清"代为南方酋豪"，开元年间曾任驩州刺史，但因家势强盛，遭都护李象古忌惮，被召为牙门将，"郁郁不快"而引兵反戈，惨杀李象古及其所属。⑤ 张九龄代唐玄宗所拟《敕安南首领爨仁哲书》一文，对唐代南方叛乱频仍的原因归结为"或都府不平，处置有失；或朋仇相嫌，经营损害"。客观反映了朝廷对安南社会治理中所衍生的问题。敕书同时对南方首领强调"卿等虽在僻远，各有部落，俱属国家，并识王化"，因此，对于社会改造

---

① 《新唐书》卷201《刘延佑传》，第5733页。
② 《资治通鉴》卷233《唐纪四十九·德宗神武圣文皇帝八》，第7524页。
③ 〔越〕吴士连等撰，陈荆和整理《大越史记全书·外纪》卷4，第147页。
④ 《南史》卷九《陈本纪上第九》，中华书局，1975，第258页。
⑤ 《旧唐书》卷131《李象古传》，第3641页。

理应支持，所谓"既渐风化，亦当颇革蛮俗"①。承认朝廷的同化政策与地方利益的矛盾，希望安南首领能顺应潮流，移风易俗。

通过分析，可以看出，安南地区叛乱的原因，主要是中国王朝在社会改造的过程中，改变了"因俗而治""无赋税"的传统，试图将其纳入王朝治理的体系之中，实施王朝一体化政策，这势必触及当地家族集团的利益，从而引发社会的怨忿情绪，而吏治的腐败与个人的恩怨则成为叛乱的导火索，所谓"蛮非好乱，苦于贪帅而乱"②。越南学者将安南的叛乱提升为"民族独立"运动，与史实明显不符。

第四节 安南自主意识的萌发

汉唐时期，中国王朝统治安南地区千年之久，移植了封建行政体系，输入了儒家文化，推广了先进的技术，促进了当地社会政治、经济、文化的发展，实现了社会结构的转型，然而，最终安南并没有真正融入中国王朝的统治体系内，而是走上自主独立的道路。安南离心势力的萌发，从历史发展来看，除了五代十国时期内乱、宋朝北方边患等偶然性因素外，也存在一定历史必然，主要有以下几个方面。

第一，持续的特殊区域政策固化了地区观念。东汉建安二年（197）交阯太守士燮为交阯争取了州的地位，上表称："伏见十二州皆称曰州，而交独为交阯刺史，何天恩不平乎？若普天之下可为十二州者，独不可为十三州？"此建议得到朝廷的允准，交州得"与中州方伯齐同"③，从这事可看出，此时士燮已经萌发出较强的地方意识。孙吴时期，士氏家族势力强盛，形成了割据一方之势。士燮去世后，为遏制士氏家族的发展，孙吴政权实施交、广分治，待消灭了士氏势力后，又复交州如故。至永安六年（263），交州吴将吕兴叛吴降魏，为严控交州局势，防止叛乱蔓延，东吴再次实行交、广分治，从此交、广分治遂成定制。泰始七年（471），南朝刘宋添置越州，统割原属交州的合浦以及广州的一些郡县，交州行政区域

---

① （唐）张九龄撰《曲江集》卷12，刘斯翰校注，广东人民出版社，1986，第508页。
② 《资治通鉴》卷233《唐纪四十九·德宗神武圣文皇帝八》，第7524页。
③ （唐）欧阳询撰《艺文类聚》卷6，汪绍楹校，上海古籍出版社，1999，第116页。

进一步缩减，只包括现越南中北部地区，也成为日后安南立国的基本区域。交、广分置，两者由于与朝廷关系的复杂性，在士人意识中逐渐形成"外地"与"内地"的概念，① 唐以后，为加强对本地区的统治，特设安南都护府、静海军节使节，这些特殊的行政安排，实际上也固化了安南作为一个特殊行政区域的概念，从而强化其地方主义的色彩。

第二，社会结构转型不彻底。中越学者普遍认为，汉朝时期朝廷帮助交阯地区从原始部落形态转型为封建形态，但由于朝廷长期实施"越人治越""因俗而治"的优惠政策，封建治理体系只影响到社会的上层，基层社会仍然沿着原始的公社模式缓慢发展。如前节所述，至唐开成年间，善良四乡，其丁口税赋，与一郡不殊，但因均是"僚户"，"不识书字"，安南都护马植建议由越化豪族杜氏家族承袭管辖。② 中国王朝的统治主要体现在上层行政、军事防务，对于广阔的基层农村公社结构与公田、公土制度并没有太大的改变。也就是说，在地方层面上村社结构依旧维持自身的形式。这些村社组织不仅不妨碍统治者的赋税徭役的征课，反成为赋税徭役征课的实体和保证，③ 中国王朝的统治者并没有意愿或者无力打破那种状态，在一定程度上保留了部落痕迹。而作为村社的首领，一方面照顾村落民众的利益，另一方面作为村社代表参与朝廷的行政运作，并从朝廷争取资源来服务于村落的民众。这样，村社事实上成为地方首领或豪族的势力领地，村社内百姓但知族群首领，不闻朝官。历代王朝虽然试图通过政策改革，改变这种社会格局，但均遭既得利益者的极力反抗。从历次叛乱事件与平息过程来看，社会的乱与治主要视村社首领的意志而定。此外，值得特别注意的是，那些活跃于政治事件的首领，大多是经历越化的汉人后裔，他们具备较高的儒学文化，熟悉封建行政经验，这种特殊的社会结构为安南地区走向自主的道路提供了社会基础。

第三，中原儒家文化融入的局限性。汉唐王朝的千年统治，输入了儒家伦理文化，对当地社会人才培养与伦理观念产生了一定的影响。张秀民在评论唐代安南人文风尚时称："斯时岭南八闽，文风寂寞，而安南人文

---

① 戴可来：《略论古代中国和越南之间的宗藩关系》，《中国边疆史地研究》2004年第2期。
② （宋）王溥撰《唐会要》卷68《刺史上》，第1200页。
③ 戴可来：《略论古代中国和越南之间的宗藩关系》，《中国边疆史地研究》2004年第2期。

蔚起，甲科相踵，猗欤盛哉。"① 安南人姜公辅、公复兄弟的文章事功，也成为世代相传的佳话。然而，这并不是真实的安南。由于安南地区历来叛乱频频，宋人曾感叹，中原汉官"至者弹击豪强、锄剪寇盗之不暇，尚何及教化之事哉？"② 至唐时，虽然试图加强在安南地区发展儒学教育，但也是存在某种限制，会昌五年（845），"举格节文，安南所送进士不得过八人，明经不得过十人"③。而且，中国王朝在安南所设之州郡县治所，大多是在交通要道上，稀疏地成点状分布，更广阔的高地河谷，长期是"政教不及"之地。因此，在有限的儒学教育发展上，其影响所及也仅局限于上层社会，或经济较发达的都会地区。泰勒在《越南的诞生》一书中认为，史书上记录汉官在教化方面的卓越成就，与事实存在一定的差距，它"只是一种文化宣传手段，使汉族学者在这块偏僻的边疆地区上容易升官进职"④。与儒学教化相比，佛教文化在安南社会的影响则更为深远且全面。儒学、佛教几乎是同时传入交阯地区，由于儒学是一种精雅文化，习学不易，推广缓慢，而在文明尚未开化的时代，神灵信仰更易得到百姓的接受，因为这关乎今生与来世的"解释、预测与控制的功能"⑤，因此佛教在传入伊始，即在交阯地区得以迅速传播，佛教僧团的创立，寺院的大量兴建，法云佛、法雨佛、法雷佛、法电佛等神灵广受村社百姓的热诚膜拜，当地原有的社会观念凭借这一新的世界宗教的声威而得到了加强。⑥ 即使对于具有深厚儒学底蕴的南迁汉族士大夫也同样具有强大的吸引力。交州刺史张津"舍前圣典训，废汉家法律，尝著绛帕头，鼓琴烧香，读邪俗道书"⑦。《牟子理惑论》载："是时灵帝崩后，天下扰乱，独交州差安，北

---

① 张秀民：《中越关系史论文集》，第24页。
② （宋）章咨撰《广州移学记》，载广州地方志编纂委员会办公室编《元大德南海志残本》，广东人民出版社，1991，第161页。
③ 〔越〕黎崱：《安南志略》，武尚清点校，第374页。
④ Keith Weller Taylor, *The Birth of Vietnam*, Univetsity of California Press, 1983, p.74.
⑤ 〔澳〕安东尼·瑞德（Anthony Reid）：《东南亚的贸易时代（1450－1680年）》（下），孙来臣、李塔娜、吴小安等译，商务印书馆，2010，第151页。
⑥ 〔新〕尼古拉斯·塔林（Tarling, Nicholas）主编《剑桥东南亚史：从早期到公元1800年》，贺圣达等译，云南人民出版社，2003，第264页。
⑦ 《三国志》卷46《孙策传》，第1110页。

方异人咸来在焉，多为神仙辟谷长生之术。"① 早在三国时期，交阯地区实际上已经演进为一个佛教的社会。因此，美国学者泰勒认为："在士燮统治期间，越南兴盛文化中非常突出的一面即佛教。"并认为士燮实际上是一位"佛教的统治者"(a Buddhist ruler)。② 此后相当长的时间，佛教是安南社会的主流文化，所谓"百姓大半为僧，国内到处皆寺"的记载就是佛教在安南高度发展的具体写照。③ 儒学之精而弱，佛教之俗而强，这种社会文化现象必然阻碍普通百姓在心理上对中国王朝政权的接受与认同。

第四，中国王朝对安南的片面认知而衍生边缘化的意识。中国王朝对安南的开发长达千年之久，但直至唐朝，士大夫对安南的认知并没有明显改善，在他们的诗文中大量使用"天外""南裔""南荒""丹徼""徼外""天涯"等词语形容安南荒远阻隔与异域殊方的意象；用"炎徼""瘴疠"等描述当地自然环境之险恶，用"魑魅""山魈"等描绘一个令人惊悸的蛮夷世界。④ 这就加深或者固化了人们对当地"原始蛮荒"的印象，甚至认为日南乃"非生人所安"⑤之地。由于这些负面的认识，中原人对安南的态度明显与朝廷的拓边策略相悖，使得安南在朝廷的主流意识中存在被边缘化倾向。东汉永和三年（138），朝廷议遣大将率兵平定交州叛乱，李固坚决反对，认为这是"刻割心腹以补四支"⑥。唐贞观五年（631），太宗致冯盎敕称："海隅辽旷，山洞幽深，蛮夷重译之方，障厉不毛之地，得之未有所益，失之未有所损。"⑦ 一直以来，中原人对安南刻板的记忆，衍生了对安南人的偏见与歧视，称其人为"僚""俚""蛮"等。这种歧视体现在社会生活的方方面面，如唐朝大臣许敬宗因"嫁女蛮酋冯盎之子"，生前"为有司所劾"⑧，死后议谥曰"缪"，主因"弃子荒徼，女嫁蛮落"⑨。在政治权利方面亦是如此。尽管在王朝的体制内，针对当地的实

---

① （梁）僧佑撰《弘明集》卷1，载《大正藏》第52册，日本大正一切经刊行会，第1页。
② Keith Weller Taylor, *The Birth of Vietnam*, London, University of California Press, 1983, p83.
③ 梁志明：《论越南儒教的源流、特征和影响》，《北京大学学报》1995年第1期。
④ 王承文：《唐代环南海开发与地域社会变迁研究》，第16—26页。
⑤ （北魏）郦道元著，陈桥驿校证《水经注校证》卷36《温水》注，第834页。
⑥ 《后汉书》卷86《南蛮西南夷列传》，第2838页。
⑦ 唐太宗《与冯盎敕》，载陈尚君辑校《全唐文补编》卷2，中华书局，2005，第16页。
⑧ 《旧唐书》卷82《许敬宗传》，第2762页。
⑨ 《新唐书》卷223上《许敬宗传》，第6338页。

际情况，制订了一定的优惠政策，但任人选材方面，多受不公平待遇。如南梁时，"有并韶者，富于词藻，诣选求官，吏部尚书蔡撙以并姓无前贤，除广阳门郎，韶耻之"①。回乡后，与同为"仕不得志"者李贲合谋叛乱，建万春国，凸显其对抗朝廷的本土意识。

综上所述，虽然汉唐统治安南地区千年之久，但是安南在政区上始终保持一个特殊的地位，在社会基层组织方面维持着传统的、独特的形式，文化上佛强而儒弱，加之中原士人对其全面而深刻的歧视，使人衍生疏离感，安南人很难对朝廷维持一种恒定久远的凝聚力。不管是土著还是经历数代越化的汉民，在利益与情感上受到挫折后，势必在政治、文化身份的认同上有自身的思考，自立自主的诉求也就成为理所当然的事。唐末五代的衰败与内乱，为其实现这种诉求提供了历史的机遇。

安南人自主自立意识的滋长，并非原发性的，没有史料可以解释他们这种意识的形成与传说中的雄王或者本土族群的意志有关。从历史事实来看，它更多地表现为地域空间与后觉意识的特点。首先，从空间意识上，强调与中原的对应，如士燮为交阯刺史部争取"州"的地位，乃是与中原十二州相比。此外，在选士与科举方面，也是以"交州""安南"的地域意识为本土贤良与士子谋求机会。其次，从三国以后的主要叛乱首领来看，他们多半是越化汉人豪强。美国学者泰勒认为，这些人"绝大多数来自上层阶级，他们与一般只是为了谋生的移民不同。他们曾是朝廷的命官，受过良好的教育，带来文化典籍，而且还带有在帝国边疆地区传播文明的使命感……都是帝国忠诚的拥护者，同时，他们又扎根于越南社会中"②。相信这种人多少还保留某种程度对朝廷的认同，不太可能从越族意识出发与朝廷对抗，其反抗的原因主要是吏治腐败、流官处事不公，其诉求只是家族与地区社会的利益，或者因为受地域歧视之辱而愤然起事。正如耿慧玲所言，"每一个地方势力都没有明确的国家意识，仅在维持本身的地方势力及利益"③。即使在11世纪被视为越南"独立宣言"的李常杰诗句"南国山河南帝居，截然定分在天书"中，其"南国"一词所显示的

---

① 《资治通鉴》卷158《梁纪十四·高祖武皇帝十四·大同七年》，第4909页。
② Keith Weller Taylor, *The Birth of Vietnam*, University of California press, 1983, p130.
③ 耿慧玲：《越南史论：金石资料之历史文化比较》，第313页。

意义也只是强调地域意识，凸显摆脱中国王朝统治与自主立国的强烈诉求。因此，这种自主意识是在一定的空间区域，受到某种负面因素刺激而滋生的集体诉求，不属于由特定族群历史记忆所激发的民族自觉意识。

第五节　安南王国的建立及其国家意识的建构

唐末五代时期，中国内部再度出现政治动荡，中央集权受到严重削弱，甚至出现了割据分裂的局面。此时安南的局势，原本在中国政治力捭合下的地方豪族势力，在失去中央集权的强力控制后，开始尝试争夺地方控制权。唐末安南静海军节度使曾衮因南诏入侵而弃城，安南出现权力真空，当地豪强曲承裕自封节度使，请命于朝廷。天祐三年（906），唐廷不得已而予以承认，并授予"同平章事"。① 这是越南人首次担任这一地区的最高行政官。曲承裕之后，曲承美、杨廷艺、矫公羡、吴权等豪强逐渐清除南汉留置力量。后晋天福三年（938），吴权击败南汉军队，自立为王，都古螺，"置百官，制朝仪，定服色"②。宋朝乾德三年（965），吴昌文战死，交州群雄争立，这就是越南历史上所谓的"十二使君之乱"。宋乾德五年（967），丁部领平定各使君之争，统一了安南地区。次年，丁部领称大胜明皇帝，取国号"大瞿越"，年号"太平"。《大越史记全书》载："帝即位，建国号大瞿越，徙京邑于华间洞，肇新都，筑城凿池，起宫殿，制朝仪，群臣上尊号，曰大胜明皇帝。"③ 安南史学家黎文休评述称：丁部领"开国建都，改称皇帝，置百官，设六军，制度略备，殆天意为我越复生圣哲，以接赵王之统也欤"④。丁氏王朝寿命虽短，但"大瞿越"国建立，并建构了自主的行政体系，标志着安南开始摆脱作为地方政权的地位，逐步形成独立自主的国家形态。

丁部领立国以后，在独立国家建设上必须面对两个重要难题，一是如何处理与中国王朝的关系，二是构建独立的国家意识与完善国家的体制。

---

① 《资治通鉴》卷265《唐昭宣帝天祐三年正月》，第8656页。
② 〔越〕吴士连等撰，陈荆和整理《大越史记全书·外纪》卷5，第172页。
③ 〔越〕吴士连等撰，陈荆和整理《大越史记全书·本纪》卷1，第180页。
④ 〔越〕吴士连等撰，陈荆和整理《大越史记全书·本纪》卷1，第180页。

这两个方面历经黎、李、陈诸朝约400年的时间，才略具定式。

安南原属中国王朝的一部分，趁中原纷乱而独立，因此，获得中国王朝承认与接受，乃是独立王朝所面对的首要问题。开宝四年（971），宋朝消灭南汉政权，丁部领即感受到极大的压力，很快就派遣长子丁琏入贡宋朝。当时宋太祖对丁氏"举宗奉国""称吾列藩"的行为大为赞赏，遂封丁琏为"济阴郡开国公"，并于开宝六年（973）授予丁部领"交阯郡王"的虚衔。① 次年又封丁琏为检校太师充静海军节度、管内观察使、安南都护。此时，丁氏在安南虽称皇立国，但是并没有得到宋朝的认可，宋朝仍以藩镇视之，所谓"奏章文移，止称安南道""未显然为一国也"②。太平兴国四年（979），丁部领、丁琏父子被杜释所杀，十道将军黎桓等拥立丁琏弟丁璿继位。然而丁璿年幼不能处理政事，次年，黎桓废丁自立，建立黎朝。宋太宗闻讯，认为这是"卒伍害主"，说："邦国之事，朕思之甚熟。于兴师伐叛，皆有理而为之，且非无名之举也。顷以一境，篡夺相继，广西转运使，有状奏言：丁璿之家，被贼陷害，乱靡有定，民将畴依？况累朝以来，修贡不绝，为人主者，忍不救之！"③ 于是，便兴兵致讨，试图恢复汉唐旧疆，但是此役宋兵大败。黎桓败宋后，"惧朝廷终行讨灭"，于太平兴国七年（982）春"复以丁璿为名，遣使贡方物，上表谢罪"④。自叙"臣谨已摄节度行军司马权领军府事，伏望赐以真命，令备列藩"⑤。时宋正全力应付北方辽国，无暇南顾，且黎桓恭顺有加，雍熙三年（986）宋朝授予其"检校太保、使持节、都督交州诸军事、安南都护，充静海军节度、交州管内观察处置等使，封京兆郡侯"，在册封诏书言"宜

---

① 叶少飞：《丁部领、丁琏父子称帝考》，《宋史研究论丛》第16辑，河北大学出版社，2015。
② （明）张镜心撰《驭交纪》卷2，载《丛书集成初编》第3502册，中华书局，1985，第26页。戴可来认为："宋朝承认了它是自己的'列藩'，破天荒第一次封丁部领为'交阯郡王'。这样，在宋太祖的时候，中越之间开始确立了宗藩关系，尔后不管名义如何，中国的历朝历代实质上不再以自己的郡县而是以一个独立的实体来对待越南自主王朝了。"（《略论古代中国和越南之间的宗藩关系》，《中国边疆史地研究》2004年第2期）
③ 〔越〕黎崱：《安南志略》卷5，武尚清点校，第127页。
④ 《宋史》卷488《交阯列传》，第14059页。
⑤ 〔越〕黎崱：《安南志略》，武尚清点校，第155页。

正元戎之称，以列通侯之贵"。① 黎桓的封号明显低于丁部领的"交阯郡王"和丁琏的"济阴郡开国公"。这可能也是宋朝抑制黎桓气焰的一种手段。此后黎桓先后派使节四次出使宋朝，以求得宋朝的政治认可，宋朝也适时地回访，并不断加官晋爵。宋端拱元年（988），宋朝加封黎桓"检校太尉"，淳化元年（990）加封"特进"，淳化四年（993）再封为"交阯郡王"。但黎桓对于宋朝的态度，但求不受军事的威胁，并非心悦诚服于宋朝，有时还显示其怠慢之心。淳化元年（990）宋朝派宋镐加封黎桓"特进"，"至明德门，帝奉制书置殿上，不拜，诡言：近岁与蛮寇接战，坠马伤足"②。宋朝多次加封，使黎桓体悟宋朝的虚弱，于是"负阻山海，屡为寇害"，对宋朝也"渐失藩臣礼"。宋太宗至道二年（996）黎桓以百余艘船侵扰钦州，"略居民，劫廪食而去"，夏天又唆使地方首领"以乡兵五千攻邕州所管禄州"，宋朝派使者李若拙诘问，黎桓却十分傲慢地答说："向者劫如洪镇，乃外境蛮贼也。皇帝知此非交州兵否？若使交州果叛命，则当首攻番禺，次击闽、越，岂止如洪镇而已！"③ 黎桓的言语展现其不满于宋朝辖制的情绪。即使如此，宋朝依然不断加封爵号，至道三年（997），宋再封黎桓为"南平王"。④

宋真宗景德三年（1006），黎桓卒。大中祥符二年（1009）年黎氏部将李公蕴取代黎氏，建立李朝，并遣使奉贡。对于李公蕴篡位夺权，宋真宗认为："黎桓不义而得，公蕴尤而效之，甚可恶也。"然而又以"蛮俗不能足责"为辞，循黎桓事例，册封李公蕴为"特进、检校太傅、充静海军节度观察处置等使、安南都护，兼御史大夫、上柱国，封交阯郡王"⑤。然而，宋朝的隐忍并没有换来南方边境的安宁。相反李朝趁北宋朝廷忙于应付北方的西夏和契丹政权，多次侵犯宋朝的边境，"略居人马牛"，"焚室庐"，甚至企图"直趋内地"，致使"濒海之民数患交州侵寇"⑥。宋神宗熙宁八年（1075）末至九年（1076）初，李朝派辅国太尉李常杰等领兵十

---

① 《宋史》卷488《交阯列传》，第14060页。
② 〔越〕吴士连等撰，陈荆和整理《大越史记全书·本纪》卷1，第192－193页。
③ 《宋史》卷488《交阯列传》，第14063页。
④ 〔越〕吴士连等撰，陈荆和整理《大越史记全书·本纪》卷1，第195页。
⑤ 《宋史》卷488《交阯列传》，第14066页。
⑥ 《宋史》卷488《交阯列传》，第14065页。

万，大举进犯两广边地，攻陷钦、廉、邕等州县，屠杀居民几十万人，并掠三州大批百姓还国。宋朝被迫派郭逵等率兵迎击，击退来犯之敌，迫使李朝议和称臣。后南宋迁都临安，国势日蹙，对交阯之地不断隐忍与宠渥。宋孝宗淳熙元年（1174），改交阯为安南国，进封越南李朝英宗李天祚为安南国王。淳熙二年（1175）赐安南国印，三年（1176）赐历日。在此之前，交州虽然取得了事实上的独立，但宋朝仅视其为藩镇，故封其为"国公""郡侯""郡王"，至此宋朝方视安南为入贡宋朝的藩国，从此而后，安南"遂以国称，而天下以高丽、真腊视之，不知其为中国郡县矣！"① 有学者认为宋、安的朝贡关系至此正式形成。② 宝庆元年（1225）李朝君主昭皇禅位于其夫陈日煚，创立陈朝。绍定二年（1229），宋理宗封陈日煚为安南国王。③

元朝建立之后，仍然以陈日煚为安南国王，但是对安南的政策却有了较大的修正。至元四年（1267）九月，元朝遣使诏谕安南国王："俾其君长来朝，子弟入质，编民，出军役，纳赋税，置达鲁花赤统治之。"④ 这实际上是要强力干预安南国内政，所以尽管元朝屡次下诏催行，乃遭陈朝所坚拒。此后陈日煚传位于其子陈日烜（即陈圣宗），陈圣宗又传位于陈仁宗（陈日𤊞），均被认为是"不请命而自立"。更有甚者，至元十二年（1275）正月，安南国王陈圣宗上表请求裁撤驻守安南国的达鲁花赤，表文云："乞念臣自降附上国，十有余年，虽奉三年一贡，然迭遣使臣，疲于往来，未尝一日休息。至天朝所遣达鲁花赤，辱临臣境，安能空回，况其行人，动有所恃，凌轹小国。虽天子与日月并明，安能照及覆盆。且达鲁花赤可施于边蛮小丑，岂有臣既席王封为一方藩屏，而反立达鲁花赤以监临之，宁不见笑于诸侯之国乎？与其畏监临而修贡，孰若中心悦服而修贡哉……凡天朝所遣官，乞易为引进使，庶免达鲁花赤之弊，不但微臣之幸，实一国苍生之幸也。"⑤ 忽必烈乃于二月更命合撒儿海牙为使，谕以六

---

① （明）张镜心撰《驭交纪》卷2，《丛书集成初编》第3502册，第26页。
② 片仓穣「ベトナム・中国の初期外交関係に関する一问题—交阯郡王・南平王・安南国王等の称号をめぐって—」，『東方学』44期，1972年7月。
③ 〔越〕吴士连等撰，陈荆和整理《大越史记全书·本纪》卷5，第324页。
④ 《元史》卷6《世祖本纪三》，第116页。
⑤ 《元史》卷209《安南列传》，第4637—4638页。

事，并坚持达鲁花赤制度。在元朝不断催促下，陈仁宗无奈，只得派其族叔陈遗爱代为朝觐，元朝遂欲废除陈仁宗，立陈遗爱为安南国王，并派兵护送回国。听闻陈朝派兵前往边境阻击，陈遗爱即逃回元朝内地。元世祖兴兵入侵安南，但元军先胜后败。元世祖虽欲再次动兵，终为朝臣谏止。元成宗即位（1294）后，诏罢征南之事，并遣礼部侍郎李衎、兵部郎中萧泰登出使安南，宣示不再征战。安南国王也惧怕元朝的军事威胁，同意"进金人代己罪"①。此后，元朝与安南恢复正常的邦交关系。但元人对安南陈朝的印象并不好，认为"其人外虽恭而奉行未决"②。

事实上，安南立国以后，经过与宋王朝多次的斡旋，安南统治者已经看准宋朝的软肋，逐渐找到与宋朝交往的方式，形成"内帝外臣"的格局。与此同时，他们更多地致力于构建独立自主的国家意识。早在10世纪末，丁璉曾修建了一百余根佛经石幢，在题识中有载：

> 弟子推诚顺化功臣、静海军节度使、特进、检校太师、食邑一万户、南越王丁匡璉，所为亡弟大德顶髻僧髻，不为忠孝，伏事上父及长兄，却行恶心，违背若爱宽容。兄虚著造次，所以损害大德顶髻僧髻性命。要成家国，永霸门风。古言争官不让位，先下手良，致以斯。今愿造宝幢一百座，荐拔亡弟及先亡后殁，一时下脱，免更执讼，先祝大胜明皇帝永霸天南，恒安宝位。③

题识中所谓"要成家国，永霸门风""永霸天南，恒安宝位"，表明了丁璉在安南地区要挣脱中国王朝的束缚、建立永续的丁氏王朝的决心。

宋大中祥符三年（1010），李公蕴登上皇帝宝座后不久，即从华闾迁

---

① 《元史》卷209《安南列传》，第4639页。
② （元）许有壬撰《许有壬集》卷61《元故中顺大夫同知吉州路总管府事李公神道碑铭并序》，傅瑛、雷近芳校点，中州古籍出版社，1998，第663页。
③ 〔越〕潘文阁（Phan Khắc）、〔中〕苏尔梦主编《越南汉喃铭文汇编（第1集）》，第63-64页。此铭文题识也是丁璉为其残杀小弟而辩护。在丁先皇太平十年（981）春，"南越王璉杀皇太子项郎。璉，帝长子，微时常预艰苦，及定天下，帝意欲传位，即封为南越王，又尝请命授封于宋。后帝生少子项郎，尤钟爱之，立为太子，璉以是不平，使人阴杀之"。（〔越〕吴士连等撰，陈荆和整理《大越史记全书·本纪》卷1，第182页）

都大罗城，并改名为升龙。其《迁都诏书》曰：

> 昔商家至盘庚五迁，周室迨成王三徙，岂三代之数君，徇于己私，妄自迁徙，以其图大宅，中为亿万世子孙之计，上谨天命，下因民志，苟有便辄改，故国祚延长，风俗富阜。而丁、黎二家，乃徇己私，忽天命，罔蹈商周之迹，常安厥邑于兹，致世代弗长，算数短促，百姓耗损，万物失宜，朕甚痛之，不得不徙。况高王故都大罗城，宅天地区域之中，得龙蟠虎踞之势，正南北东西之位，便江山向背之宜，其地广而坦平，厥土高而爽垲，民居蔑昏垫之困，万物极蕃阜之丰，遍览越邦，斯为胜地，诚四方辐辏之要会，为万世京师之上都。朕欲因此地利，以定厥居。①

《迁都诏书》阐述了李氏王朝立国的意志，并以"天命"与"民志"作为王朝合法统治的基础，迁都于四方辐辏之胜地，可以有效控制安南全境，使国祚延长。

宋熙宁五年（1072），安南入侵宋朝边境，宋朝出兵征伐，时任安南辅国太尉的李常杰在与宋军交战过程中，流传一首神话般的诗篇："南国山河南帝居，截然分定在天书；如何逆虏来侵犯，汝等行看取败虚。"② 越南史学家认为："这首诗就像在外国统治一千多年后的第一个独立宣言那样被载入史册。这个宣言不是在我们民族刚取得独立后就立即宣布的，而是在我们民族已经成长壮大、经历了许多考验，并为自己建立起一个具有独立生活和气势轩昂的堂堂正正的国家的情况下宣布的。"③ 郑永常也认为："诗的价值不在于那平实古朴的诗风，而在于它照亮了安南人自主立国的爱国心与民族情。"④

有独立的意识和国家形式，并不等于其国家意识的成熟。安南从郡县

---

① 〔越〕吴士连等撰，陈荆和整理《大越史记全书·本纪》卷2，第207－208页。
② 〔越〕吴士连等撰，陈荆和整理《大越史记全书·本纪》卷3载，世传李常杰沿如月江设栅固守，一夜军士忽于张将军祠中听到有人高声吟诵此诗。张将军祠中供有赵越王时两位名将张叫、张喝。第249页。
③ 越南社会科学委员会编著《越南历史》，北京大学东语系越南语教研室译，第200－201页。
④ 郑永常：《汉文文学在安南的兴替》，台北商务印书馆，1987。

时代进入完成独立的时代，必然经历一个过程，就是逐渐脱离中国王朝的行政体系的过程。在丁、黎时代，国家行政架构地方性特色较为明显。《历代宪章类志·官职志》记载，丁朝的官吏有"都护""士师""将军""牙将"等名称，其治理模式带有明显的郡县时代的色彩。前黎建立时，开始对行政架构进行改革，而且"改定文武僧道官制，一遵于宋"。当然改革是渐进式的，其中"总管""都指挥"等职乃是承袭旧朝的职能，而"太师""太尉"等则明显带有宋王朝的中央机构的痕迹。至陈朝，就更大程度地对宋朝体制进行复制，端平三年（1236），"定大臣官衔，凡宗室入政府，或太师、太傅、太保、太尉，或司徒、左右相国，皆兼授检校、特进、仪同三司平章事"①。淳祐二年（1242），又对地方行政架构进行改革，"定天下为十二路，置安抚、镇抚正副二员以治之"。同时对基层与户籍做出相应的规定。②《历代宪章类志·官职志》对此时的行政管理体制做了如下评述："其间职事官名互相因革，尝统而言之，内有部院台省之任，以沿于朝；外有镇、路、府、县之司，以理于众。使之大小相承，体统不紊，此历代分设大纲之略同也。枢机之任，前为行遣平章，而后则参陪掌署；外任之职，前为都管抚判，而后则镇同宪承，此历代改定官名之互异也。"③ 不仅如此，安南从前黎开始，对中国用于区别官员官阶的冠服等级制度也进行模仿。前黎在改革文武官服时，就规定"一遵于宋"。李朝、陈朝时赐给官员的绯鱼袋、金鱼袋、笏铭等，也都是依照唐宋之制，因此潘辉注说："我越李、陈品服大概多遵宋时，而黎朝又因用之。"④

安南实施行政体制改革的过程，虽然在很大程度上模仿中国王朝，但具有相当大的自觉性与自主性，在整个行政体系中，摆脱了中国王朝的干预，其直接的结果，就是加强了中央集权，使安南从地方政权脱胎为独立的国家统治机构，显示其国家意识更趋成熟。

安南在朝独立主体国家形态迈进的过程中，与中国王朝进行了较长时

---

① 〔越〕吴士连等撰，陈荆和整理《大越史记全书·本纪》卷5，第327页。
② 〔越〕吴士连等撰，陈荆和整理《大越史记全书·本纪》卷5，第331页。
③ 〔越〕潘辉注等撰《历代宪章类志》卷13《官职志》，越南汉喃研究院藏手抄本，编号：A.50/2。
④ 〔越〕潘辉注等撰《历代宪章类志》卷13《官职志》，越南汉喃研究院藏手抄本，编号：A.50/2。

期的意识博弈。宋开宝八年（975），宋太祖册封丁部领为交阯郡王，使千余年来安南的郡县地位变为王国地位，中国王朝与安南的中央与地方关系也随之变为国与国之间的"藩属"关系。针对安南独立自主的趋势，中国王朝也采取了一定的反制措施，主要表现在两个方面：一是对安南的当政者封以王爵，承认其在安南地区的统治地位；另一方面，又想方设法阻止其完全脱离与中国王朝的关系。其具体做法有以下诸方面。

首先，宋朝对安南丁、黎、李三朝的当政者除赐以王爵外，还赏以众多的不同的封号（见表1）。

表1 安南丁、黎、李三朝获宋朝封赠的王爵与功臣名号[①]

姓名	在位时间	获封名号
丁部领	966–979	开府仪同三司、检校太师、交阯郡王
丁璇	979–980	检校太师、静海军节度使、安南都护
黎桓	980–1005	（雍熙三年，986）检校太保、使持节、都督交州诸军事、安南都护、充静海军节度、交州管内观察处置等使，封京兆郡侯，赐推诚顺化功臣；（端拱元年，988）检校太尉；（淳化元年，990）特进；（淳化四年，993）交阯郡王；（真宗即位，997）南平王兼侍中，效忠功臣、保节功臣；（景德四年，1007）追赠中书令、南越王
黎龙廷	1005–1009	（景德四年，1007）特进、检校太尉，充静海军节度、观察处置等使，安南都护，兼御史大夫、上柱国，交阯郡王，赐推诚顺化功臣；（大中祥符元年，1008）加翊戴功臣、同平章事
李公蕴	1009–1028	（大中祥符三年，1010）特进、检校太傅，充静海军节度、观察处置等使，安南都护，兼御史大夫、上柱国，封交阯郡王，赐推诚顺化功臣；（大中祥符四年，1011）同平章事；（大中祥符五年，1012）开府仪同三司，赐翊戴功臣；（大中祥符七年，1014）保节守正功臣；（天禧元年，1017）封南平王；（天禧三年，1019）检校太尉；（天圣元年，1023）检校太师；（天圣六年，1028）追赠侍中、南越王
李德政	1028–1054	（天圣六年，1028）检校太尉、静海军节度使、安南都护、交阯郡王；（明道元年，1032）中书门下平章事；（景祐中）检校太师；（宝元元年，1038）南平王；（至和二年，1055）追赠侍中、南越王
李日尊	1054–1072	（至和二年，1055）特进、检校太尉、静海军节度使、安南都护，封交阯郡王；（嘉祐八年，1063）同中书门下平章事；（神宗即位，1067）封南平王；（熙宁元年，1068）加开府仪同三司，赐推诚忠亮保节同德宁正顺化翊戴功臣

[①] 本表主要依据《宋史·交阯列传》资料整理而成。

续表

姓名	在位时间	获封名号
李乾德	1072-1127	（元丰六年，1083）同中书门下平章事；（元祐二年，1087）封南平王；（徽宗时）加开府仪同三司、检校太师；（宣和元年，1119）守司空；（绍兴二年，1132）追赠侍中、封南越王
李阳焕	1127-1137	（绍兴二年，1132）静海军节度使、特进、检校太尉，封交阯郡王，赐推诚顺化功臣；（绍兴八年，1138）追赠开府仪同三司，封南平王
李天祚	1137-1175	（绍兴八年，1138）授官如其父初封之制；（绍兴二十一年，1151）累加崇义、怀忠、保信、向德、安远、承和功臣；（绍兴二十五年，1155）封南平王；（绍兴二十六年，1156）检校太师；（乾道六年，1170）赐归仁、协恭、继美、遵度、履正、彰善功臣；（淳熙元年，1174）封安南国王，加号守谦功臣；（淳熙二年，1175）赐安南印
李龙翰	1175-1210	（淳熙四年，1177）静海军节度、观察处置等使、特进、检校太尉，兼御史大夫、上柱国，特封安南国王，赐推诚顺化功臣；（淳熙十六年，1189）累加守义、奉国、履常、怀德功臣；（宁宗朝）累加谨度、思忠、勤礼、保节、归仁、崇谦、协恭功臣；（嘉定五年，1212）追赠侍中
李昊旵	1210-1224	（嘉定五年，1212）给赐如龙翰始封之制，仍赐推诚、顺化功臣
陈日煚	1225-1258	（绍定二年，1229）赐安南国王①，累加赐效忠、顺化、保节、守义功臣；（景定三年，1262）追赠检校太师、安南国大王
陈威晃	1258-1278	（景定三年，1262）静海军节度使、观察处置使、检校太尉、兼御史大夫、上柱国、安南国王，效忠、顺化功臣

由表1可以看出，宋朝对安南当权者的封赠有以下几个特点：

第一，封号从交阯郡王、南平王到安南国王，说明宋朝对安南作为独立国家的认可有一个循序渐进的过程。山本达郎认为："从郡王到王再至国王，这种称呼上的变化，说明了中国方面不断提高着越南君主的资格。"②

第二，除封号外，同时加赠如静海军节度使、特进、检校太尉、检校太师、御史大夫、上柱国、开府仪同三司、同平章事等品第较高的官阶与爵位。

第三，不定期地对安南当政者赐予名称不一的功臣名号，这些封号体现中国传统的仁、义、忠、信的精神，属于君王对臣子的勉励。

---

① 《宋史·交阯列传》无陈日煚获封安南国王的时间，此据〔越〕吴士连等撰《大越史记全书·本纪》卷5补充。
② 山本達郎編『ベトナム中国関係史』「结束语」，636页。

第四，对安南去世的当政者赐予谥号与官爵。

宋朝通过这种封赠形式，来维系与安南名义上的君臣关系，从意识里否认安南独立的事实。明朝士大夫夏言对宋朝的这一做法曾有这样的评述：

> 至宋初始封为郡王，然犹授中国官爵勋阶，如特进、检校、太尉，兼静海军节度、观察等使，如赐号推诚顺化功臣，皆例待以内地之臣，未始以国称也。其后封南平王，奏章文移犹称安南道。宋孝宗时始封以王称国，而天下因以高丽、真腊视之，不复知为中国之郡县矣。①

其次，将安南事务降格为地方事务。从宋至道二年（996）起，宋朝对安南"不设专使，只令疆吏召受纶命"。对安南交涉的一般事宜，主要授权广南路官员负责，说明宋朝不想将与安南关系视作国与国的关系。

在南北宋时期，与安南关系复杂与微妙，宋人韩元吉的评说具有一定的代表性。其曰：

> 窃惟国朝故事，待蕃夷之礼最为详备。若高丽嗣子，则待其请命然后封以为高丽国王；若占城、三佛齐、阇婆诸国，则待其入贡，而遂以为本国王。惟是奉命安南，甚有次第。其始嗣立，则封交阯郡王；中间数年以后，则封南平王，及其身后则追赠南越王。自太祖、太宗至于累朝，必加三命，未之或改者。盖以安南本交州内地，实吾藩镇，因仍世袭，使护安南一道，非他外邦，自有土地人民，不尽臣之比也。所以渐次封爵，时示恩荣，其羁縻制御之道，不得不然。②

韩元吉这一解说，正反映了宋朝对安南地位的内心想法，朝廷对安南是优

---

① （明）夏言撰《夏桂洲文集》卷13《会兵部议征安南国疏》，《四库全书存目丛书·集部》第74册，第626页。
② （宋）韩元吉撰《南涧甲乙稿》卷9《蔡洸等集议安南国奏状》，《影印文渊阁四库全书》第1165册，第119页。

宠，而不是承认。在整个宋朝，北方边疆危机始终未能解除，宋朝廷不希望在南方存在麻烦，所以对安南"时示恩荣"。当元朝南下之时，宋理宗对安南的迁就尤甚，反复强调要"厚结安南之心"①。对安南的封赠品级一再提升，甚至出现了"安南大国王"②"安南国大王"③之类称号，这是形势所迫，"不得不然"吧。

元朝入主中原后，对安南的认知并没有改变，但由于元朝已经一统中华，在一定程度上对安南的态度更为强硬，如为了令安南诚心臣服，元朝一开始便要求其君主亲身入朝，要求嗣子入质。至元四年（1267），元朝遣使诏谕以六事，在主观上，元朝廷依然视安南为内属诸侯国，意欲将其纳入朝廷的统一管理。

关于安南国的地位问题，古代中、越两国统治者始终各有盘算。从越南国家的发展历程来看，在这一时期里，就是努力争取意识独立的过程，亦即在增强国家自主权与减少对中原的依附中寻找一个平衡点。在丁、黎、李时期，国家初创，王权不稳，需要得到宋朝的扶持，因此，面对宋王朝时，在不失自主的情形之下，尽量表现出对宋王朝恭顺臣服之意，以保持两国关系的平稳。到了陈朝，中央集权得到较大的加强，国力也有所增长，国家意识日趋成熟，而此时，元朝对安南采取了强硬的政策，诏谕六事，设立达鲁花赤镇抚之，极力压缩陈氏王朝的自主空间，使两国关系失衡。尤其当元朝拥立陈遗爱为安南国王，并派兵护送回国即位时，安南对元朝粗暴地干预内政的做法，采取了武装抗争。元朝曾三次出兵征伐安南，在安南人的抗争下，最后均不得不撤退。抗元的胜利，无疑大大增强安南人的独立自主意识，陈仁宗曾留下"山河千古奠金瓯"④的诗句。

安南虽然在胜利的情况下，不得不屈服于元朝的压力，进献代身金人，向元朝称臣纳贡，但是，安南的独立自主意识暗潮汹涌，表现更趋强烈：

---

① （宋）李曾伯撰《可斋杂稿·续稿后》卷6《五月十六日回奏宣谕》，《影印文渊阁四库全书》第1179册，第679页。
② 《宋史》卷119《礼志二十二·宾礼四·诸国朝贡》载："咸淳元年二月，加安南大国王陈日煚功臣，增'安善'二字。"第2814页。
③ 《宋史》卷488《交阯列传》载："诏日煚授检校太师、安南国大王，加食邑。"第14072页。
④ 越南社会科学委员会编著《越南历史》，北京大学东语系越南语教研室译，第245页。

第一，安南首次以"中国"自居，视元主为夷酋。陈国峻在《檄将士文》中曰："为中国之将，侍立夷酋，而无忿心？"为了激励安南人以身殉国的精神，文章呼吁"蒙鞑乃不共戴天之仇，汝等怡然不以雪耻为念，除凶为心，而又不教士卒，是倒戈迎降，空拳受敌，使平房之后，万世遗羞，尚何面目立于天地覆载之间哉？"[①]安南人在潜意识中萌发出对中华文化正统地位的继承，鄙视元朝为夷酋。在檄文中，正是利用中国传统的忠君爱国的精神，激励将士斗志，对抗元朝的入侵。

第二，为了安南国的尊严，陈朝拒绝了"亲朝"或"入质"的要求，虽然在元朝强大的军事压力下，不得不以贡献"金人"代己谢罪，但其在原则问题上的不断斡旋，显示其不愿为元朝附庸的自主精神。

第三，使字喃系统化。字喃创造于11世纪，至安南陈朝时，士大夫为字喃的系统化做出了很大的努力，并在文学创作中得到应用，使之成为一种交流的文字。其早期的代表人物如陈仁宗时的韩诠，史籍载，韩诠"能国语赋诗，我国赋诗多用国语，实自此始"[②]。许多民间的乐曲也开始使用字喃创作。到明初，陈叔明、黎季犛控制朝政，更是全面地推动字喃的广泛使用。

第四，陈朝时成立了国史院，专门负责编撰各个朝代的历史，开始注重安南国史的编撰工作。芭芭拉·塔克曼（Babara W. Tuchman）在《从史著论史学》中说："一个民族为了觉得自己是国家，不但必须有独立和领土，并且还要有历史。"[③]至元九年（1272），翰林院学士兼国史院监修黎文休完成《大越史记》的编撰工作，此书共30卷，记载自赵武帝至李昭皇之事。[④]首次在官修史书中将安南建国的历史推前至汉代南越王赵佗的时代。

语言文字与历史是一个民族的灵魂，陈朝有意识地创造与推广自身的文字、编修王国历史，目的是想从历史上割裂与中国王朝的隶属关系，并形成对等的地位，最终谋求意识上独立。正如越南史学家所言："这是一

---

① 〔越〕吴士连等撰，陈荆和整理《大越史记全书·本纪》卷6，第381页。
② 〔越〕吴士连等撰，陈荆和整理《大越史记全书·本纪》卷5，第355页。
③ 〔美〕芭芭拉·塔克曼（Babara W. Tuchman）：《从史著论史学》，梅寅生译，台北久大文化公司，1990，第165页。
④ 〔越〕吴士连等撰，陈荆和整理《大越史记全书·本纪》卷5，第348页。

第一章 / 明朝以前安南政治形态的蜕变

个在文化领域中的民族精神和独立意识的新的表现。"①

到陈朝末年,陈叔明、黎季犛把持国政后,对社会进行较大规模的变革,在文化的革新方面,努力突显安南文化的独立性以及与中原文化的差异性:

首先,改变李朝及陈朝初年对中国王朝文教政治的模仿,洪武三年(1370)十一月十五日,陈叔明即皇帝位,宣布"凡一应事务并依开泰年间例"。他指出:"先朝立国,自有法度,不遵宋制,盖以南北各帝其国,不相袭也。大治间,白面书生用事,不达立法微意,乃兴举祖宗旧法,恰向北俗上安排,若衣服乐章之类,不可枚举,故初政一遵开泰年间例。"②洪武七年(1374)冬十月,陈叔明又规定所有军民不得服北人衣样及效占、牢等国语。③

其次,积极推行字喃在安南行政中的应用。黎季犛是安南当权者中推行字喃最积极的一员,洪武二十九年(1396),他以字喃作《国语诗义并序》,并将其作为范本,要求女师教授后妃及官人,"序中多出己意,不从朱子集传"④。此外,还亲自用字喃翻译《书经》中的《无逸篇》,让士子学习;规定朝廷寄往各路的敕令和诏书也必须用字喃书写。⑤ 其目的就是要使字喃逐渐成为官方语言,最终代替汉字的主导地位。

再次,黎季犛曾作《明道十四篇》,"以周公为先圣,孔子为先师。文庙以周公正坐南面,孔子偏坐西向"。又"以韩愈为盗儒,谓周茂叔、程颢、程颐、杨时、罗仲素、李延平、朱子之徒,学博而才疏,不切事情而务为剽窃"⑥。众所周知,明初统治者以理学治国,宋代理学居于神圣不可侵犯的统治地位。解缙曾上万言书,奏请修书以关、闽、濂、洛,上接

---

① 越南社会科学委员会编著《越南历史》,北京大学东语系越南语教研室译,第248页。
② 〔越〕吴士连等撰,陈荆和整理《大越史记全书·本纪》卷7,第439页。
③ 〔越〕吴士连等撰,陈荆和整理《大越史记全书·本纪》卷7,第447页。
④ 〔越〕吴士连等撰,陈荆和整理《大越史记全书·本纪》卷8,第471页。又见吴士连撰《国史纂要》,汉喃研究院藏本,编号A.1923,第92页。
⑤ 〔越〕明峥:《越南社会发展史研究》,范宏贵译,第128页。
⑥ 〔越〕吴士连等撰,陈荆和整理《大越史记全书·本纪》卷8,第468页。(明)邱浚《平定交南录》评述黎季犛的言行曰:"毁中国儒教,谓孟子为盗儒,程朱为剽窃。"《影印文渊阁四库全书》第1248册,第412页。

唐、虞、夏、商、周、孔，作为治国之端。① 黎季犛通过对明代主流学术意识的评述与批判，尊周孔而贬程朱，这不仅是关于儒家学说的解释权争夺的问题，也是通过这些批判来强调其国家意识的独立性。陈朝末年的本土化教育无疑是颇具成效的，洪熙元年（1425），交阯布政司颇有感触地向明廷汇报曰："（交阯）诸生颇知读书，然皆言语侏离，礼法疏旷。虽务学业，未习华风。"②

安南的离心力增强，原是一个复杂的地缘政治与民族心理做推动，中原士大夫多以鄙视态度待之，认为是安南人自甘"夷化"，很少会从自身管治方式寻找原因，而明初宋濂的评述却是一个特例，很值得深思。其曰：

> 安南，古交阯也。汉置九郡，交阯居其一。唐分岭南为东西二道，置节度，立五管，而交阯亦隶焉。其地本入殊方，称臣奉贡，比内诸侯。近代驭非其术，徼其重货，责其躬朝，蛮夷乃敢为弗恭不逊辞，廷议愤之，复有铸金为人、夜光为目之征，而蛮夷心益离。使者至其国，多贪夫悦其金贝，辄昧昧攫之，遂致其衰侮燕于虎下，君子每为之短气。③

宋濂的评论或者是为了彰扬明太祖的圣明以及使臣林弼的贤能，但也说明了一个事实，安南游离出中原体制之外，中国王朝之治术不善，是其重要的原因之一。

---

① （明）解缙撰《文毅集》卷1《大庖西封事》，《影印文渊阁四库全书》第1236册，第598-603页。
② 《明宣宗实录》卷3"洪熙元年秋七月己卯"，第91页。
③ （明）宋濂撰《使安南集序》，载（明）林弼撰《林登州集》"附录"，《影印文渊阁四库全书》第1227册，第203页。

第二章

明初与安南关系的确立与挫折

元朝对外关系实行尚武政策，其南征北战，令周边政权印象深刻而且惧惮。这对中国王朝的传统邦交理念造成极大的冲击与破坏。明朝建立之初，摆在明太祖面前的一个迫切问题就是如何恢复中国王朝的邦交传统。在一批儒学精英的辅助下，明太祖重建了一套对外关系理论，试图以传统的理念来规范与藩国的关系。明太祖所建立的理论体系，明显具有很强的理想主义色彩，因此在具体的实施过程中，常常碰到巨大的阻力。安南作为明朝的主要藩国，在认受这一理论体系方面并不全面，甚至于违背了相关的规则，以致两国的矛盾迅速恶化，至成祖时期，引发了一场灾难性的战争。

第一节 明太祖对南海诸国政策的形成

一 明朝初期的外交形势

洪武元年（1368），明军攻入元大都，标志着元朝的终结，以及代表汉族的明朝政权的新生。然而，新王朝要实现大一统，仍面临极其严峻的局面。首先，元朝的残余势力仍在伺机复辟，这是明朝新兴政权的最大忧患。《明史纪事本末》载：

又况顺帝北出渔阳，旋舆大漠，整复故都，不失旧物，元亡而实未始亡耳。于时忽答一军驻云州，王保保一军驻沈儿塔，纳哈出一军驻金山，失喇军一军驻西凉，引弓之士，不下百万众也；归附之部落，不下数千里也。资装铠仗，尚赖而用也；驼马牛羊，尚全而有也。假令蹛林祭纛，大举报仇，田单一鼓而下齐，申胥七日而救楚，岂得云惰归之气，没世不复欤！①

与此同时，帖木儿帝国正在中亚崛起，其"驰骋于中亚、印度、高加索、美索不达米亚、小亚细亚、西利亚等地之中"②。帖木儿号称成吉思汗的继承人，他承袭了蒙古族以武力扩张的传统，通过不断的远征，构建了一个庞大的帝国。而帖木儿帝国一开始便对明朝采取敌对的态度，曾扣留了明朝使臣傅安等，并曾计划再度征服中原。③

其次，偏居于云南的元朝梁王把匝剌瓦尔密，他的存在也成为明朝发展与东南亚各国关系的一大障碍。元朝曾对东北亚、东南亚国家进行武力征伐，从朝鲜、日本，到安南、占城、缅甸、爪哇等，元朝的黩武主义曾给这些国家带去深切的灾难，其恐怖记忆令人难忘。"洪武元年登极，诏谕薄海内外，日烜大惧。又闻征南将军廖永忠、副将军朱亮祖帅师逾岭，降何真，定广东、西，日烜欲纳款，又以梁王尚在云南，持两端。"④ 安南尚且如此，其他如占城、暹罗、爪哇等南海诸国更是持观望态度。

对于北方元朝的残余，明朝主要以军事征伐为主，加强对北方、西方的军事打击与防御。攻陷北京后，明军又迅速清除元人在山西、陕西及附近地区的残余，洪武三年（1370），徐达为征虏大将军，李文忠、冯胜、邓愈、汤和为副将军，分道北伐，很快控制了长城以内的广阔地区。为了巩固北方的军事成果，明太祖实行了分封郡国制度，把王子、王孙分驻北方沿边地区，形成两个层次的防御，第一层次由东向西沿着长城直达甘

---

① （清）谷应泰撰《明史纪事本末》卷10《故元遗兵》，中华书局，1977，第149页。
② 〔法〕布哇（L. Bouvat）：《帖木儿帝国》，冯承钧译，商务印书馆，1935，第4页。
③ 万明：《傅安西使与明初中西陆路交通的畅达》，载《明史研究》第2辑，黄山书社，1992，第132-135页。
④ （明）王圻撰《续文献通考》卷235，文海出版社，1979，第13991页。

州，分别设置了辽、宁、燕、谷、代、庆、肃等国以为外屏，第二层次则以晋国与秦国为内守。①

对待南海诸藩国，明初摈弃了元朝的尚武政策，致力于大量的文诰宣示。明朝肇始，明太祖为了使南海诸国归附入贡，遣使四出宣谕。洪武元年（1368）十二月，遣汉阳知府易济颁诏于安南，诏曰：

> 昔帝王之治天下，凡日月所照，无有远近，一视同仁，故中国奠安，四方得所，非有意于臣服之也。自元政失纲，天下兵争者十有七年，四方遐远，信好不通。朕肇基江左，扫群雄，定华夏，臣民拥戴，已主中国，建国号曰大明，改元洪武。顷者克平元都，疆宇大同，已承正统，方与远迩相安于无事，以共享太平之福。惟尔四夷君长酋帅等，遐远未闻，故兹诏示，想宜知悉。②

次年，再遣吴用抚谕占城曰：

> 曩者，我中国为胡人窃据百年，遂使夷狄布满四方，废我中国之彝伦，朕是以起兵讨之。垂二十年，芟夷既平，朕主中国，天下方安，恐四夷未知，故遣使以报诸国。……王能奉若天道，使占城之人安于生业，王亦永保禄位，福及子孙，上帝寔鉴临之，王其勉图勿怠。③

又派杨载赍谕爪哇曰：

> 中国正统，胡人窃据百有余年，纲常既隳，冠履倒置。朕是以起兵讨之，垂二十年，海内悉定。朕奉天命已主中国，恐遐迩未闻，故专使报王知之。……王其知正朔所在，必能奉若天道，俾爪哇之民安

---

① 张奕善：《明帝国与南海政略》，载《东南亚史研究论集》，学生书局，1976。
② 《明太祖实录》卷37 "洪武元年十二月壬辰"，中研院历史语言研究所，1962，第750页。
③ 《明太祖实录》卷39 "洪武二年二月辛未"，第786页。

于生理，王亦永保禄位，福及子孙，其勉图之，勿怠！①

明朝对南海诸国的诏谕，主要释放三个方面的讯息：一是明朝已经推翻元朝政权，入主中国，承继正统；二是明朝对各国的政策是"一视同仁"；三是希望各国能遵天道，奉正朔，各安其民，永保禄位；四是宣示明朝对各国"非有意于臣服之也"，而是希望与各国"共享太平之福"。明朝如此不厌其烦地向各国传达同样的讯息，目的是希望从精神上消除元朝对各国所遗留的消极影响。

洪武二年（1369）六月，明朝及时册封了陈日煃为安南国王，册封诏书曰：

咨尔安南国王陈日煃：惟乃祖父，昔守境于南陲，传之子孙，常称藩于中国，克恭臣职，以永世封。朕荷天地之灵，肃清华夏，顷驰书而往报，冀率土以咸宁。卿能奉表称臣，专使来贺，法尔前人之训，以安遐壤之民。眷兹勤意，深可嘉尚，是用遣使赍印，仍封尔为安南王。於戏！视广同仁，思效哲王之盛典；爵超五等，俾承奕业之遗芳。益茂令猷，永为藩辅！②

十二月，给占城国王的诏书曰：

咨尔占城国王阿答阿者：素处海邦，定居南服。自尔祖父世笃忠贞，向慕中华，恪守臣职。朕今混一四海，抚驭万方，欲率土之咸宁，尝驰书以往报。而尔能畏天命、尊中国，即遣使称臣，来贡方物，思法前王之训，以安一境之民，睠兹忠诚，良可嘉尚，是用遣官赍印，封尔为占城国王。於戏！居中抚外，朕方一视同仁；保境安民，尔当慎终如始，永为藩辅，益勉令名。③

---

① 《明太祖实录》卷39"洪武二年二月辛未"，第786页。
② 《明太祖实录》卷43"洪武二年六月壬午"，第847页。
③ 《明太祖实录》卷47"洪武二年十二月甲戌"，第936–937页。

明朝对安南与占城的赐封,一是表彰其率先臣服之意,二是也为其他藩国做出表率,用行动表明,与元朝相比,明朝对待藩国的态度更显"怀柔"的一面。

洪武三年(1370),元顺帝妥懽帖睦尔去世,虽然其儿子爱猷识里达腊北逃沙漠,但其孙买的里八剌被俘虏。这一消息对明朝来说不仅是一场军事上的胜利,也将为明朝展开对南海各国的外交提供更大的筹码,明太祖对此颇为踌躇满志。是年六月,明廷频繁遣使持诏宣谕云南八番、西域、西洋琐里、爪哇、畏吾儿等国,诏文曰:

> 前年克取元都,四方以次平定。其占城、安南、高丽诸国俱已朝贡;今年遣将巡行北边,始知元君已殁,获其孙买的里八剌,封为崇礼侯。朕仿前代帝王治理天下,惟欲中外人民咸乐其所;又虑汝等僻在远方,未悉朕意,故遣使往谕,咸使闻知。①

这道诏谕是要通告天下诸国,元主已逝,其继承人也被俘获,并得到较好的优待,元朝的威胁完全消失,并表明大明王朝将秉承传统帝王之道,使"中外人民咸乐其所",以彰显明朝的自信与和平的善意。从此明朝与南海诸藩国的关系迅速得到恢复。

二　明太祖对天下秩序的构想

为了使明朝与诸藩国关系长久、和平与理性,明太祖开始构建其理想的天下秩序。明太祖对外政策的厘定,可以说是源自其对诸藩的认识及对传统华夷精神的承继。

明太祖以一介布衣,崛起于淮泗而得天下,主要得助于元朝末年的一批汉族士大夫精英的辅助,如刘基、宋濂等,他们对元朝的结局及传统的华夷秩序有着深刻的认识,这必然影响到明太祖对天下秩序的认识。明太祖在制定邦交政策前,对周边国家的认识与定位可以说是务实的、客观的,主要表现为:首先是藩国土地与人民不是明朝追求的目的,所谓"四

---

① 《明太祖实录》卷53"洪武三年六月戊寅",第1049－1050页。

方诸夷,皆限山隔海,僻在一隅,得其地不足以供给,得其民不足以使令"①;其次承认周边国家的自治权利,曰:"其四夷外蕃,风殊俗异,各有所长,自置其民,初不以中国之法令治之,此内外远近之别也。"② 再次,传统对周边国家的朝贡有一种自欺的心态,以为来朝的目的主要是慕义,相比之下,明太祖的看法则比较务实,认为诸藩"虽云修贡,实则慕利"③。以上几点,充分说明了明太祖对华夷之间有着清晰的认识,一方面强调了中国的本位主义,另一方面也在处理与周边国家关系时采取更为务实的态度。早于洪武元年(1368),湖南行省平章杨璟巡视南方边务后,曾奏报称:"蛮夷之人,性习顽犷,散则为民,聚则为盗,难以文治,当临之以兵,彼始畏服。"指出只有武力才是解决南方问题的唯一途径。对此,明太祖很不以为然,他认为,即使冥顽之人,同样可以通过教化来改变,他说:"蛮夷之人,性习虽殊,然其好生恶死之心未尝不同。若抚之以安静,待之以诚意,谕之以道理,彼岂有不从化者哉?"④ 表明了明太祖对于外夷实行文治的决心。

在这样的思想指导下,明太祖关于天下秩序的设想注定会选择一条和平的道路,这一和平道路就是大量参照汉唐等极盛时期的制度以及经典文献,恢复春秋之大义,实现儒家的"德治"理想。在明初发往诸藩的诏谕中就贯彻了"天命"和"德"之类恪守传统的原则,初步显示其对外关系的基本格局,即以中国为核心,构建一个相当稳定的、有等级的、和谐的天下秩序,曰:"自古帝王临御天下,中国居内以制夷狄,夷狄居外以奉中国,未闻以夷狄居中国治天下者也。"⑤ 同时指出,作为夷狄之国的诸藩,则在以中国为主导的范围内获得平等的待遇,所谓"昔帝王之治天下,凡日月所照,无有远近,一视同仁,故中国奠安,四方得所,非有意于臣服之也"⑥。在明太祖的天下观中,值得重视的有两个理念:一是"四

---

① (清)夏燮撰《明通鉴》卷11"纪十一·太祖洪武二十八年",沈仲九标点,中华书局,1959,第523页。
② 《明太祖实录》卷244"洪武二十九年春正月乙亥",第3538页。
③ 《明太祖实录》卷134"洪武十三年冬十月丁丑",第2125页。
④ 《明太祖实录》卷34"洪武元年八月戊寅",第613页。
⑤ 《明太祖实录》卷26"吴元年冬十月丙寅",第401页。
⑥ 《明太祖实录》卷37"洪武元年十二月壬辰",第750页。

海一家",二是"一视同仁"。"四海一家"是基础,"一视同仁"是内容。

"四海一家",源于中国传统"率土之滨莫非王土"的理念。在明以前,历朝仅仅是将诸藩之人纳入中华文明圈内。而明朝建立不久,明太祖就认为,安南、高丽、占城等既已归附,"其国内山川,宜与中国一体致祭"①,要求礼部调查各国山川情形。洪武三年(1370),明廷派出使臣前往各国,祭祀各国山川神灵。"上斋戒亲为祝文,是日临朝授使者香币,香盛以金合,币一,文绮幡二,皆随其方色祝版,上自署御名。给白金二十五两,具祭物。"同时还要求各国"图其山川及摹录其碑碣、图籍付使者还。所至诸国皆勒石纪其事"②。这样就名正言顺地将三国的山川归入中国版图,并将其排列于中国神山圣川之后。此后逐渐扩大至东亚、东南亚各国。洪武八年(1375),又将各国山川转而附祭于明朝各行省,规定"各省山川居中南向,外国山川东西向,同坛共祀"③。各国的山川附祭的情况为:

广西附祭安南、占城、真腊、暹罗、锁里。

广东附祭三佛齐、爪哇。

福建附祭日本、琉球、渤泥。

辽东附祭高丽。

陕西附祭甘肃、朵甘、乌斯藏。

也许这一做法,可以使明太祖满足家天下的感觉,但并不表明他对周边国家存有领土的野心。他这一行为与其承认诸藩的自治权利并没有冲突,王庚武认为:"他所做的一切不过是遵循古代最优秀的传统,仿效某种确立已久的帝国的习惯做法。这反映出他渴望恢复与中华帝国相称的各种制度。"④

事实上,明太祖对周边国家的"不侵占"态度贯穿其一生。早在洪武四年(1371),他就宣布一条重要的邦交政策,在给省府台臣的一道谕旨

---

① 《明太祖实录》卷47"洪武二年十二月壬午",第938页。
② 《明太祖实录》卷48"洪武三年春正月庚子",第954页。
③ 《明史》卷49《志第二十五·礼三》,第1285页。
④ 王庚武:《明初与东南亚关系——背景论述》,载《南京大学百年学术精品·历史学卷》,第1233页。

中，明确指出今后的邦交战略，曰：

> 海外蛮夷之国，有为患于中国者不可不讨，不为中国患者不可辄自兴兵。古人有言：地广非久安之计，民劳乃易乱之源。如隋炀帝妄兴师旅征讨琉球，杀害夷人，焚其宫室，俘虏男女数千人。得其地不足以供给，得其民不足以使令。徒慕虚名，自弊中土，载诸史册，为后世讥。朕以诸蛮夷小国，阻山越海，僻在一隅，彼不为中国患者，朕决不伐之。惟西北胡戎，世为中国患，不可不谨备之耳！①

从诏谕可以看出，明太祖丝毫没有扩张领土的野心。这一邦交政略既有对历史的反省与借鉴，又有对现实的清醒认识。不论东海方面的高丽、日本、琉球，还是南海方面的安南、占城、爪哇、三佛齐等国，都曾受过明太祖的诏文斥责，甚至在文字中也曾有过遣将动兵的语句，声色俱厉，可是终其一生却不曾向东、向南的诸藩动过干戈。明太祖深知元代用兵日本、爪哇等地以致丧师辱国的不当，更何况北方蒙古的残余势力仍存。明太祖以匹夫崛起于淮泗，身经百战，开国立朝实在不易，而守成尤难，自然不轻易做两面作战招致腹背受敌的策略，因此，对诸藩的惩戒充其量是"却其贡"而已。为了让朱明王朝子子孙孙恪守此道，洪武二十八年（1395）九月，明太祖在明、安关系日渐恶化的情况下，仍然毫不迟疑地将这一策略列于祖训之中，曰：

> 四方诸夷，皆限山隔海，僻在一隅，得其地不足以供给，得其民不足以使令。若其不自度量来扰我边，则彼为不祥；彼既不为中国患，而我兴兵轻伐，亦不祥也。吾恐后世子孙倚中国富强，贪一时战功，无故兴兵，致伤人命，以干天和，此甚不可。②

他为此而厘定了十五个"不征之国"：

---

① 《明太祖实录》卷68"洪武四年九月辛未"，第1277-1278页。
② （清）夏燮撰《明通鉴》卷11"纪十一·太祖洪武二十八年"，沈仲九标点，第476页。又见《皇明四夷考》上卷，第523页。

东北：朝鲜国

正东偏北：日本国

正南偏东：大琉球国、小琉球国

西南：安南国、真腊国、暹罗国、占城国、苏门答喇、西洋国、爪哇国、彭亨国、百花国、三佛齐国、浡泥国

在明太祖构建的理想天下秩序中，各藩国均可享有平等的待遇。明朝于立国之初，为了招徕诸藩，便刻意表现明朝的对外政策与元朝的不同，所以在明廷对东亚、东南亚所有藩国颁布的诏书中，反复强调"一视同仁"的政策，曰："圣人之治天下，四海内外皆为赤子，所以广一视同仁之心。"① 宣示明朝对所有入贡的国家，将会平等对待，做到不偏不倚。

毫无疑问，所谓"一视同仁"，只是明太祖沿袭儒家传统的一种说法，或者说是他希望达到的理想境界。事实上，我们常常在明人文集中可以看到，明代士大夫在对周边诸国进行另类的评述，如王世贞《弇州四部稿》曰："朝鲜乱、安南阻、日本贰，闭关而听其自服而不之讨，戒启衅也。"② 王鏊《王鏊集》曰："国家威德所及，薄海内外，自吐蕃、于阗、占城、勃泥、暹罗、爪哇、三佛齐、满剌加、苏门答剌、苏禄、彭亨、古里之属，莫不岁时入贡，而朝鲜、安南独近且亲，号文而有礼，故朝廷礼数视他国独优。"③ 这些社会精英的认识，基本上反映出明廷对诸藩的态度。这些议论说明，明廷对藩国会依据其亲疏程度，给予不一样的待遇。

学界有人认为，洪武四年（1371）关于安南与占城纠纷的处理，是明朝对藩国"一视同仁"的典型例子。这一年，占城入贡明朝，请求"赐以兵器、乐器、乐人，俾安南知我占城乃声教所被、输贡之地，则安南不敢欺凌"。明廷中书省回复称：

> 交邻有道，实为保土之方，事上以诚，庶尽人臣之礼。且占城、安南既以臣事朝廷，同奉正朔，而乃擅自构兵，毒害生灵，既失事上

---

① 《明太祖实录》卷134"洪武十三年冬十月丁丑"，第2125页。
② （明）王世贞撰《弇州四部稿》卷115，《影印文渊阁四库全书》第1280册，第804页。
③ （明）王鏊撰《王鏊集》卷11《送洗马梁君使交南序》，吴建华点校，上海古籍出版社，2013，第200页。

之礼，又失交邻之道。已咨安南国王即日罢兵，本国亦宜各保疆土。所请兵器，于王何惜？但以占城、安南互相争夺，而朝廷独与占城，则是助尔相攻，其非抚安之义。①

对于安南与占城的纷争，明朝并没有进行实际调查，判断是非曲直，只是对来使进行劝说，但求息事宁人，其结果不言而喻。在这里，所谓"不偏不倚"，实际上变成了"无为"之治。

"一视同仁"的理念是处理邦交关系的最高境界，要在现实中得以实现，至少必须具备两个方面的因素：首先是明朝的国力与权威对周边国家应具有足够的吸引力与震慑力；其次是要有一个共同接受的价值，有一个共同乐于遵守的和谐的天下秩序。实际上，周边诸国是无法按照明朝的普世观念去做的，政权之篡夺、边境之侵掠、不守贡期之事时有发生。凡此种种，明太祖颇为无奈，剩下的办法只有颁布诏谕，阐述春秋之大义，做一次善意的规劝；稍为严厉者，也只不过是不痛不痒的警诫而已，并没有施之实际的干预行动。

在设想建立以中国为主导的和谐天下秩序时，明太祖出于对传统的承继、对历史与现实的考察，认为必须有一套完善的体制作为约束，亦即宗藩体系。在这一体系内，维系宗主国与藩属国之和谐，双方必须心存"诚敬"，具体而言，就是"字小事大"。他认为明朝对藩属国要"字小以德"，在实践"字小"理念中，必须注意两个方面。

首先，在精神上待藩国以仁。洪武三年（1371）八月，湖广行省平章杨璟等奉命巡视广西等地边务，在奏报中认为蛮夷性顽，不可文治，主张以武力解决。太祖则以为夷人亦是人，一样怀有好生恶死之心，主张"抚之以安静，待之以诚意，谕之以道理"，想通过文治的感化，使他们认受明朝的"共主"地位。②洪武二年（1369），明朝制定了一套藩王藩使觐见明朝皇帝的礼制。洪武十二年（1379）尚书朱梦炎有感于需要一套仪注来规范外藩接待天朝使臣，建议制定"遣使外国仪注，颁之安南遵行"，

---

① 《明太祖实录》卷67"洪武四年秋七月辛未"，第1261页。
② （清）汪森修《粤西丛载》卷26《明朝驭蛮》，广西人民出版社，1990，第1091页。

岂料太祖竟不以为然，曰："中国之于四夷，惟推诚待之，不在乎礼文之繁也。"① 明太祖认为与藩国发展关系核心是"诚"字。

其次，在物质上满足藩国的欲望。在明太祖看来，诸藩来朝"虽云修贡，实则慕利"②，因此，明初对诸藩来朝实行"厚往薄来"。洪武七年（1374），明朝国势稳定，藩国来朝日多，所谓"蛮夷在前代多负险阻，不受朝命，今无间远迩，皆入朝奉贡"。对这一外交上的骄人成绩，明太祖认为这不是他自己的功劳，而是"厚往薄来"政策的结果。③

当然，明朝待诸藩"字小以仁"，同样期待诸藩报以"事大以诚"。在明太祖的理想中，"事大"应具备以下的品质：

第一，事大之心在于"诚敬"。朝贡是对宗主国"事大"的一种传统形式，对于藩国的朝贡，中国王朝素来"轻其币而重其礼"④。明太祖承继了这一传统，明初给暹罗之诏谕曰："九州之外，番邦远国则每世一朝，其所贡方物，不过表诚敬而已。"⑤ 在致安南国王诏中亦曰："所贡之物，惟是表意而已。若事大之心永坚，何在物之盛。"⑥ 为了减轻朝贡国的负担与沿途百姓辛劳，明太祖对来朝的期限、贡使规模与贡品又有更明晰的规定，曰："若欲三年来贡，其陪臣行人许五人而止，进见之物须教至微至轻，必来使自捧而至，免劳彼此之民。物不在多，惟诚而已。"⑦ 总体而言，明太祖对各国的来朝贡物，大多是看重其所蕴含的"事大之心"，对物质的诉求甚少。但是，当明太祖对某一藩国的诚信表示怀疑时，也会以进贡的数量来评估藩国之诚伪。如高丽王颛被杀后，篡位者李氏屡请正位、赐印绶，太祖均予以拒绝。洪武十八年（1385），高丽再次遣使进贡，并请求册封，所贡物品有马五千匹、金百斤、银五万两、布五万匹。⑧ 此

---

① 《明太祖实录》卷122"洪武十二年二月己酉"，第1675－1676页。
② 《明太祖实录》卷134"洪武十三年冬十月丁丑"，第2125页。
③ 《明太祖实录》卷87"洪武七年春正月乙亥"，第1546页。
④ （春秋）左丘明撰《国语·齐语》，鲍思陶点校，齐鲁书社，2005，第120页。
⑤ 《明太祖实录》卷88"洪武七年三月癸巳"，第1565页。
⑥ （明）姚士观编《明太祖文集》卷2《谕安南国王诏》，《影印文渊阁四库全书》第1223册，第12页。
⑦ （明）姚士观编《明太祖文集》卷8《命中书回安南公文》，《影印文渊阁四库全书》第1223册，第76页。
⑧ 《明太祖实录》卷170"洪武十八年春正月丁丑"，第2584页。

次明朝终允所请，明太祖下谕礼部百官，对此做出解释曰：

> 高丽王王颛自朕即位以来，称臣入贡，朕常推诚待之，大要欲使三韩之人举得其安，岂意王颛被弑而殒。其臣欲掩己恶，来请约束，朕数不允，听彼自为声教，而其请不已，是以索其岁贡。然中国岂倚此为富，不过以试其诚伪耳！今既听命，其心已见，宜再与之约。①

第二，事大还表现在是否能全力协助明朝平定边境的骚乱。云南屡生边衅，洪武十七年（1384），明朝决定发兵征讨，但鉴于兵粮不足，明太祖认为安南正与云南交界，"彼能坚事大之心，当助粮饷以佐兵食"，遂遣使杨盘向安南求援，此次安南援助军粮5000石。② 洪武二十八年（1395），为平定广西龙州赵宗寿之骚乱，明朝也以同样的理由向安南求援，安南虽没能如额支持，但亦捐输军粮上万石。③

第三，事大必须先保境安民，和睦邻邦。在朝贡体制的架构之下，中国历代王朝希望藩国之间能和平共存，所谓"帝王之道，一视同仁，故虽在海外，皆欲其相安于无事"④。如琉球国三王争雄，互相攻击，明太祖遣使者调解，敕谕中山王察度曰："王居沧溟之中，崇山为国，环海为固，若事大之礼不行，亦何患哉？王能体天道育琉球之民，尚好生之德，所以事大之礼兴。"⑤ 占城、安南两国长年纷争不断，在明朝多次劝解之下依然如故，这在明朝看来"既失事大之体，又失交邻之道"⑥。

第四，事大之心还表现为朝贡表文的措辞郑重而得体。洪武二十八年（1395）十二月，朝鲜国王李旦进表朝贡，其表文措辞不逊，明太祖下令

---

① （明）林尧俞等撰《礼部志稿》卷1《驭夷之训》，《影印文渊阁四库全书》第597册，第23页。
② 《明太祖实录》卷163"洪武十七年秋七月甲寅"，第2527页。
③ 《明太祖实录》卷242"洪武二十八年冬十月癸卯"，第3520－3521页。
④ 《明太祖实录》卷126"洪武十二年十月甲子"，第2017页。
⑤ （明）姚士观编《明太祖文集》卷8《谕琉球国王察度》，《影印文渊阁四库全书》第1223册，第84页。
⑥ 《明太祖实录》卷67"洪武四年秋七月乙亥"，第1261页。

软禁来使，要待朝鲜将撰写表文的人交出，方可释归。明太祖后来向礼部臣解释此事曰：

> 以小事大，礼重修辞。前者朝鲜王旦数生衅端，已尝诘问。彼谢罪之使方归，而侮慢之辞又至。朕非不能伐之，古之有言："不勤兵于远"，所以不即兴师者以此。今留其使者，可移咨李旦，令遣撰文者至，方归之。①

总之，明太祖依照儒家传统思维与历史经验，参以现实形势，对中国周边国家给予不同的地位，也采取不同的对策。与北方诸国相比，对南海诸国的政策是以建立和平、有序的国家关系为目的，强调春秋之精神，以德立国，主张各国保境安民，和睦交邻，希望构建一个以明朝为主导、对各国一视同仁的大一统天下。这是儒家传统之追求，亦是历代帝王的最高理想。

第二节　洪武时期明朝与安南关系的发展

一　明朝与安南宗藩关系的确立

安南陈朝与明朝接触始于何年，中国文献记载不详，但据越南史籍记载，早在元至正十九年（1359）正月，朱元璋正与陈友谅相持不下，他曾遣使至安南，安南国王陈日煃随即也派使臣黎敬夫回访，但目的只是来"觇虚实"而已。② 至正二十一年（1361）二月，陈友谅与朱元璋攻战失利，退守武昌，也曾派人赴安南请求援军，为安南所拒。③

洪武元年（1368），明朝新立，即派遣尚宾馆副使刘迪简赍诏往谕安南，因刘氏病逝于南宁，事未果。④ 据越南文献记载，同年八月，安南遣

---

① 《明太祖实录》卷243 "洪武二十八年十二月己酉"，第3533页。
② 〔越〕吴士连等撰，陈荆和整理《大越史记全书·本纪》卷7，第431页。又见《炎邦年表》，越南汉喃研究院藏本，编号A.2436，第36页。
③ 〔越〕吴士连等撰，陈荆和整理《大越史记全书·本纪》卷7，第432页。
④ （明）严从简撰《殊域周咨录》卷5《安南》，余思黎点校，第170页。

礼部侍郎陶文的入贡明朝,但并无更详尽记录。而据中国文献记载,安南此次遣使入明并未实现,主要是慑于镇守云南的元朝残余梁王。① 同年十二月,明朝再遣汉阳知府易济民颁诏于安南,诏谕申明两点:一是元朝已被推翻,明朝继承了中原正统,改元洪武;二是向安南宣示明朝对外政策,"凡日月所照,无有远近,一视同仁,故中国奠安,四方得所,非有意于臣服之也"②。与元朝尚武主义的外交政策相比,新兴明朝的对外政策更显"怀柔"的色彩,因此很快得到安南的接受。

洪武二年(1369)六月,安南国王派遣使臣少中大夫同时敏、正大夫段悌、黎安世等入贡明朝,并请求封爵。③ 作为明朝建立后第一批入贡的外国使臣,明太祖极为重视,亲自慰问安南的使臣,看到安南使臣之服饰"依然中华文明",十分欣赏,并御赐诗一首与安南国王,曰:"安南际有陈,风俗不元人;衣冠周制度,礼乐宋君臣。"并赐"文献之邦"四字,安南使节的席位也被安排在朝鲜之上。④ 随后,明太祖派遣翰林院侍读学士张以宁、典簿牛谅出使安南,册封陈日煃为安南国王,赐以驼纽涂金银印。⑤

张以宁等奉命册封安南国王的任务并不顺利。是年十月,他们到达中越边境时,得悉陈日煃已于五月去世,陈日熞嗣位。安南国人请求以诏印改封陈日熞,张以宁不许,认为:"此吉礼,非凶事也。且既易世矣,当以奉闻。"要求陈日熞先入朝告哀、请封,张以宁则留候新的册封表文。安南随即遣派杜舜钦等入朝告哀、请命。明太祖得悉事情原委,对张以宁

---

① 〔越〕吴士连等撰,陈荆和整理《大越史记全书·本纪》卷7载:"秋八月,遣礼部侍郎陶文的如明报聘。"陶文的入明之事,中国文献尚未找到相关记载,但《续文献通考》《明史》的史料似乎可以证明陶氏入朝之行并未实现。《续文献通考》卷23载:"洪武元年登极,诏谕薄海内外,日煃大惧。又闻征南将军廖永忠、副将军朱亮祖帅师逾岭,降何真,定广东、西,日煃欲纳款,又以梁王尚在云南,持两端。"《明史·安南传》曰:"洪武元年,王日煃闻廖永忠定两广,将遣使纳款,以梁王在云南未果。"
② 《明太祖实录》卷37"洪武元年十二月壬辰",第750页。
③ 《明太祖实录》卷43"洪武二年六月壬午",第847页。
④ 〔越〕阮麃撰《南国禹贡》,越南汉喃研究院藏本,编号A.830,第50页。
⑤ 《明太祖实录》卷43"洪武二年六月壬午",第847页。《明史》卷68《舆服志四》载:"赐安南镀金银印,驼纽,方三寸,文曰'安南国王之印'。"第1663页。

坚持礼仪，称其"抱忠贞之气，奋守节之刚"①。并亲撰祭文，派遣翰林院编修王廉前往吊祭陈日煃，吏部主事林弼往封陈日熞为安南国王。② 安南的求封与明朝的赐封，具有重要的政治意义，说明明朝的宗主国地位开始得到藩国的承认，也为明、安关系的发展创造了一个良好的氛围。

洪武二年（1369）十二月，占城指控安南侵边之事，这是明太祖处理藩国纷争，显示天朝威严的绝好机会。明太祖即时派遣翰林院编修罗复仁、兵部主事张福等分别赍诏谕安南、占城国王，诏曰：

> 念尔两国，自古及今，封疆有定分，不可强而为一，此天意也。况尔等所居之地，相去中国越山隔海，所言侵扰之事，是非一时难知。以朕详之，尔彼此世传已久，保土安民，上奉天道，尊事中国，尔前王必有遗训，不待谕而知者。朕为天下主，治乱持危，理所当行。今遣使往观其事，谕以畏天守分之道。如果互执兵端，连年不解，荼毒生民，上帝好生，必非所悦，恐天变于上，人怨于下，其祸有不能逃者。二国之君，宜听朕言，各遵其道以安其分，庶几尔及子孙，皆享福于永久，岂不美欤！③

明太祖凭着新朝的威严，劝谕安南与占城。也许是两国均未完成册封的缘故，劝解十分有效，"两国皆听命罢兵"。

洪武三年（1370）正月，明太祖要对诸藩之山川予以正名与拜祭，亲制祝文，特命朝天宫道士阎原复赍牲币前往安南，祭祀伞圆山及泸江诸水神。事毕，刻碑纪其事。④ 明太祖之祝文曰："惟神磅礴深广，流峙西南，灵秀所钟，福庇一方，使其国君世保境土，当历代中国帝王之兴，即能慕义归化，得免兵戈，靖安民庶，神功为大。朕本布衣，因四方云扰，廓清群雄，混一天下，以承正统，皆赖天地神明而至于此。自临御以来，海岳

---

① （明）张以宁著，游友基编《翠屏集·张以宁诗文集》附《赠诗·朱元璋〈赐张以宁诗〉序》，鹭江出版社，2012，第238页。
② 《明太祖实录》卷51"洪武三年夏四月壬申"，第1006页。
③ 《明太祖实录》卷47"洪武二年十二月壬戌朔"，第934-935页。
④ 《明太祖实录》卷48"洪武三年春正月庚子"，第954页。又见〔越〕吴士连等撰，陈荆和整理《大越史记全书·本纪》卷7，第438页。

镇渎，俱已致祭。迩者安南奉表称臣，考之典礼，天子于山川之祀，无所不通，故特遣使以牲币之祭，往答神灵。尚飨。"① 同年五月，明廷又遣使颁科举诏于安南，规定安南国士子于本国参加乡试，入明廷参加会试。②

明初与安南的关系发展相当顺利，令明朝朝野均十分满意，明太祖曾称：朕"君临天下，以承正统，于今三年，海外诸国入贡者，安南最先，高丽次之，占城又次之，皆能奉表称臣，合于古制，朕甚嘉焉"③。出使安南的朝臣对安南也是称赞有加，曾奉命出使安南的林弼有诗曰："安南远至极南荒，炎海无垠野望长；马援台前秋草碧，高骈城下暮烟黄。百年图籍归中国，三郡山河保故疆；万里天威如咫尺，西风回首白云乡。"④ 吴伯宗出使归来后，对安南的赞赏溢于诗中，曰："上问安南事，安南风俗淳；衣冠唐日月，礼乐舜乾坤。瓦瓮呈醇酒，金刀破细鳞；年年二三月，桃李一般春。"⑤ 可以说，明朝的"天下共主"地位已经初步确立。

二 明太祖对安南政局变化的宽容

明太祖对安南刚建立起来的信任感，随着安南一桩又一桩事件的发生，很快便遭受破坏。天朝的理想与残酷的现实之矛盾，使明太祖颇感无奈，而又不能不面对。登基之初，那种积极、乐观的态度，在安南的内政斗争、边界纠纷以及不胜其烦的安、占争执之中，迅速降温，明太祖被迫思考明朝之万年基业与藩国顺服之关系，也不得不调整对藩国的过于理想化政策。

"陈叔明事件"的发生，是明朝与安南的关系降温的最先导因。洪武三年（1371），明朝遵照安南所请，册封陈日熞（越史称陈日礼）为安南国王。但陈日熞并非陈日煃之嫡传，而是优人之子。⑥ 陈日熞继位后，"纵

---

① （明）徐一夔撰《明集礼》卷14《祝版》，《影印文渊阁四库全书》第649册，第300页。
② 《明太祖实录》卷52"洪武三年五月己亥"，第1019—1021页。
③ 《明太祖实录》卷47"洪武二年十二月壬戌朔"，第934页。
④ （明）林弼撰《林登州集》卷5《至安南次王编修韵》，《影印文渊阁四库全书》第1227册，第46页。
⑤ （明）吴伯宗撰《荣进集》卷3《上问安南事》注曰："伯宗出使安南后，奉召还京师，因上问而答也。"《影印文渊阁四库全书》第1233册，第241页。
⑥ 〔越〕吴士连等撰，陈荆和整理《大越史记全书·本纪》卷7载："日礼，优人杨姜子，其母号王母者，为传戏时（传有王母献蟠桃，日礼母为之，因以为号）方有娠，昱悦其艳色，纳之，及生，以为己子。"（第437页）

酒淫逸，日事宴游，好为杂技之戏，欲复姓杨"。这便激起陈朝宗室的不满。十一月，陈日熞之兄、恭定王陈叔明（越史称陈暊）发动宫廷政变，废陈日熞为昏德公。十五日，陈叔明宣布继承皇位，史称陈艺宗。

陈叔明称帝后，立即改变安南的内政外交政策，一切事务均恢复开泰年间的制度。陈叔明尝曰："先朝立国，自有法度，不遵宋制，盖以南北各帝其国，不相袭也。大治间，白面书生用事，不达立法微意，乃举祖宗旧法，恰向北俗上安排，若衣服乐章之类，不可枚举，故初政一遵开泰年间例。"① 陈叔明推行一套具有强烈独立意识的政策，而且重用同样具有强烈自主意识的外戚黎季犛，这就注定会使明朝与安南关系蒙上阴影。

洪武五年（1372）二月，陈叔明派使臣阮汝霖入贡明朝。陈叔明此举，目的是试探明朝对其继位的态度。然而，他并没有循正常途径向明朝求封，而是在进贡表文中，以己之名代替陈日熞，企图蒙混过关。这一计谋恰被礼部主事曾鲁发现，在明朝官员的责问下，阮汝霖不得不说明安南政权更替的实情，以及其"惧朝廷致伐，故托修贡以觇意"的目的。明太祖得悉安南的企图后，十分愤怒地说："岛夷何狡狯如是？"并决定拒绝接受其贡物。② 明朝还敕谕陈叔明曰：

> 春秋大义，乱臣贼子，在王法所必诛，不以夷夏而有间也。间者安南王陈日熞薨，我国家赐以玺书而立日熞为王，今观所上表章，乃名叔明。询诸使者，日熞为盗所逼，悉自剪屠其羽翼，身亦就毙。此皆尔叔明造计倾之而成篡夺之祸也。揆于大义，必讨无赦。如或更弦政辙，择日熞亲贤，命而立之，庶几可赎前罪。不然，十万大军，水陆俱进，正名致讨，以昭示四夷，尔其毋悔。③

陈叔明或许慑于明朝的强硬表态，洪武五年（1372）十一月九日，他

---

① 〔越〕吴士连等撰，陈荆和整理《大越史记全书·本纪》卷7，第439页。
② 《明太祖实录》卷72"洪武五年二月丙戌"，第1327页。
③ （明）宋濂撰《文宪集》卷1《奉制谕安南国诏》，《影印文渊阁四库全书》第1223册，第254页。

禅位于太子陈𬀩（越史称陈曔，即陈睿宗），① 并再次派遣使臣谭应昂等入明谢罪、请封。陈叔明的禅让，只是防备明朝的军事威逼，事实上其以太上皇的名义，仍然掌握安南的实权。洪武六年（1373）正月，谭应昂到达南京。此次入朝的主要目的是为陈叔明开脱罪责，力言陈日熞因病而逝，国人一致推拥陈叔明为王，而不谈禅让之事。明太祖对安南的解释已不太在意，其所关心的乃是安南新王对明朝的恭顺程度，在安南没有威胁到明朝安全的情况下，按传统惯例，姑且让其"以前王印视事"，以观后效，再做定议。②

陈叔明虽然可以权署安南国事，但其王权得不到明朝实质上的承认，对明朝多少产生敬畏之心。洪武七年（1374）三月，安南派遣正大夫阮时中等入贡明朝，一是对明朝给予陈叔明权署安南国事表示谢意；二是把禅让之事告知明朝。明朝深知"叔明虽已谢事，实专持其国"③，但无意干预安南国事，对其王权的更替并不反对，承认其既成之现实。

这虽然只是一件个别事件，但明朝的处理手法已经表明，明朝与安南之间的关系发生了微妙的变化。洪武八年（1375）六月，安南使臣阮若金等回国前，明太祖在与大臣谈及与安南关系时说：

> 安南僻在西南，本非华夏，风殊俗异，未免有之，若全以为夷，则夷难同比，终是文章之国，可以礼导。若不明定仪式，使知遵守，难便责人。中国外夷，若互有道，彼此欢心，民之幸也，何在繁心？今后若与安南往来，尔中书行移诏书，无故不轻往，使彼得以自由，岂不有便于外夷者欤？尔中书昭示安南知会，若欲三年来贡，其陪臣行人许五人而止，进见之物须教至微至轻，必来使自捧而至，免劳彼此之民。物不在多，惟诚而已。④

在经历与安南的几年交往后，明太祖给明、安关系做出新的评估，认

---

① 〔越〕吴士连等撰，陈荆和整理《大越史记全书·本纪》卷7，第443页。
② 《明太祖实录》卷78"洪武六年春正月"，第1433－1434页。
③ （明）何乔远《名山藏·王享记》，《四库禁毁书丛刊·史部》第48册，第247页。
④ （明）姚士观编《明太祖文集》卷8《命中书回安南公文》，《影印文渊阁四库全书》第1223册，第76页。

为安南虽与华夏不同，毕竟长期受中华文化的影响，可以在一定的礼仪规范下发展双方的关系。首先是摈弃以往凡事通告安南的做法，"诏书无故不轻往，使彼得以自由"；其次规范朝贡关系，即三年一贡，而且使团不得超过五人，贡物不在乎多，使臣"自捧而至"即可，只是表达诚敬之意而已。

陈炜继位后，凡事由陈叔明决策，但陈叔明偏信于黎季犛，不断扩大其权力。洪武二十年（1387）八月，陈叔明提拔黎季犛为平章事，并"赐剑一把、旗一只，题曰：文武全才，君臣同德"①。黎季犛正是凭着陈叔明的信任，"上得君，下主兵"，权势日盛，野心暴露无遗，以至"人人皆知其将篡"②。洪武二十一年（1388）八月，陈炜为了扭转这一局面，与亲信大臣相议曰："上皇宠爱外戚季犛，肆意任用，若不先为之，虑后必难制矣。"③ 正欲密谋削除黎季犛的权力，可是计谋外泄。黎季犛则利用陈叔明与陈炜之间的小小矛盾，极力唆使陈叔明废除陈炜，改立叔明之子陈颙为帝。陈叔明听信其言，囚禁陈炜，并宣内诏曰："官家践位以来，童心益甚，秉德不常，亲匿群小，听黎亚夫、黎与议，谮诬功臣，扇摇社稷，可降为灵德大王。"④ 不久后，陈炜亦惨遭黎季犛杀害。

随着占城国王阿答阿者（越南史籍称"制蓬莪"）去世，安南与占城的矛盾也转趋缓和。此时的黎季犛更是日甚骄横，对待异己分子，他极力怂恿陈叔明对其进行迫害，即使皇子、亲王也不例外。对于黎季犛的野心，一些忠良大臣如裴梦华等，曾直言上奏，诉说"季犛必有觊觎神器之意"⑤。陈叔明竟将这些密奏送予黎季犛阅览，此后忠臣之士缄口，没有复劝谏者。

随着黎季犛党羽日众，对陈氏王朝的威胁已越来越明显，陈叔明对此或许有所觉悟，但已势不可制。洪武二十七年（1394）二月，陈叔明命画工绘周公辅成王、霍光辅昭帝、诸葛亮辅后主、苏宪诚辅李高宗等"四辅图"以赐黎季犛，且谓之曰："卿辅官家当如是也。"⑥ 四月，太上皇陈叔

---

① 〔越〕吴士连等撰，陈荆和整理《大越史记全书·本纪》卷8，第459页。
② 〔越〕吴士连等撰，陈荆和整理《大越史记全书·本纪》卷8，第461页。
③ 〔越〕吴士连等撰，陈荆和整理《大越史记全书·本纪》卷8，第460页。
④ 〔越〕吴士连等撰，陈荆和整理《大越史记全书·本纪》卷8，第460页。
⑤ 〔越〕吴士连等撰，陈荆和整理《大越史记全书·本纪》卷8，第467页。
⑥ 〔越〕潘清简撰《钦定越史通鉴纲目》（正编）卷11，台北"中央图书馆"，1969，第1400-1401页。

明召见黎季犛，口传遗诏曰："平章家族，国家事务，一以委之。今国势衰弱，朕方老耄，即世之后，官家可辅则辅之，庸暗则自取之。"陈叔明这些做法是想"效法昔时刘备对诸葛氏所说之话，想以此收买季犛之心"①。黎季犛听后，免冠叩头泣谢，指天地发誓曰："臣不能尽忠戮力辅官家，传之后裔，天其厌之。"又曰："灵德王之不德，非陛下威灵，则臣已含笑入地，得至今日乎？纵糜身碎骨，未能报答万一，敢有异图？"② 由此可见，陈叔明的安排，存在对黎季犛诚伪检验之意，黎季犛亦体会其话外之音，故信誓旦旦，以博得陈叔明更坚定的信任。

其实陈叔明对黎季犛的信任绝非偶然，两人在治国方面有着共同的理念。陈叔明掌权后，推行着一套独立自主的外交政策，试图摆脱明朝的朝贡体制的约束。当时安南名臣司徒章肃侯陈元旦就看出其中端倪，深感此政策的推行对安南国的危害，故在致仕后曾力劝陈叔明曰："愿陛下敬明国如父，爱占城如子，则国家无事，臣虽死且不朽。"③ 然而陈叔明并不引以为戒。假如说陈叔明只是在体制上欲争取与明朝平等的地位，那么，黎季犛则要在文化上塑造与明朝不同的性格。洪武二十五年（1392），黎季犛作《明道十四篇》，"大略以周公为先圣，孔子为先师。文庙以周公正坐南面，孔子偏坐西面"。又"以韩愈为盗儒，谓周茂叔、程颢、程颐、杨时、罗仲素、李延平、朱子之徒，学博而才疏，不切事情而务为剽窃"。太上皇陈叔明阅后，"赐诏奖谕之"，而对那些持异议者如段春雷、陶师锡等人或流放，或贬官。④

洪武二十七年（1394）十二月，陈叔明病逝，当时陈顺宗年幼，黎季犛任辅政太师、平章军国重事，号称"忠卫国大王"，甚至曾下令要求人们称其为"辅政该教皇帝"，并且入居宫中。自此以后，黎季犛把持了安南的朝政。次年明朝杨靖出使安南，也看出了安南"政事皆为国相黎一元与其子澄所专"⑤。

---

① 郭振铎、张笑梅：《越南通史》，第128页。
② 〔越〕吴士连等撰，陈荆和整理《大越史记全书·本纪》卷8，第469页。
③ 〔越〕潘清简撰《钦定越史通鉴纲目》（正编）卷11，第1365页。
④ 〔越〕吴士连等撰，陈荆和整理《大越史记全书·本纪》卷8，第468页。
⑤ 《明太祖实录》卷242"洪武二十八年冬十月癸卯"，第3521页。按：黎一元，即"黎季犛"，专用于事奉明朝的别名。

黎季犛全面掌握安南的政权后，加快树立其文化的独立性。洪武二十八年（1395）四月，他将《尚书·无逸》译成国语（即字喃），以教育陈顺宗。洪武二十九年（1396）十月，他又以字喃作《国语诗义并序》，命令女师教授宫中后妃与宫人，"序中多出己意，不从朱子集传"①。当代越南史学家明峥在其《越南史略初稿》中说："胡季犛就是一个使用字喃传播新思想的先锋战士……甚至朝廷寄往各路的所有敕令和诏书，胡季犛也下令必须用字喃。"② 因此，在陈叔明与黎季犛把持安南国政的时期，对明朝的许多做法，在朝贡体制视野下考察，明显存在"不恭"。

洪武二十一年（1388），陈叔明在黎季犛的怂恿下，废了陈炜，立叔明之子陈日焜为帝，但次年"仍假炜名入贡，朝廷不知而纳之"③。洪武二十六年（1393），明朝发现真相后，立即断绝与安南的朝贡关系，"命广西都指挥使司自今勿纳其来使"④。明朝的绝贡，使安南深为不安。为尽快恢复与明朝的邦交关系，次年，安南派出使臣阮均等绕道广东入境，广东方面不知朝廷对安南政策的变动，擅自同意安南的使节入境。明太祖得知后，十分气愤，即时派官员到广东追究执事者的责任，"仍却其贡献不受"⑤。此一消息传回安南，黎季犛越发害怕。

洪武二十八年（1395），黎季犛再遣其臣大中大夫黎宗辙、朝仪大夫裴錾入贡，以诡词狡辩。此次明朝同意接纳入贡，其主要原因是，明朝正计划出兵征讨龙州叛贼赵宗寿，为了避免安南的误会，明朝还派遣礼部尚书任亨泰等出使安南，说明叛将赵宗寿之罪不可赦，要求安南慎守边境，不得接济叛兵。⑥ 同时由前刑部尚书杨靖向安南求援，希望其能资助军饷八万石。安南得知明朝的意图后"稍自安"，但对明朝的要求，却是"狙诈百出"，经过一番讨价还价，安南始同意输粮二万石，

---

① 〔越〕吴士连等撰，陈荆和整理《大越史记全书·本纪》卷8，第471页。
② 〔越〕明峥：《越南史略初稿》，范宏贵译，第128页。
③ 《明史》卷321《安南列传》，第8311页。
④ 《明太祖实录》卷227"洪武二十六年夏四月丙申"，第3314页。
⑤ 《明太祖实录》卷233"洪武二十七年五月甲寅"，第3401页。
⑥ 《明太祖实录》卷240"洪武二十八年八月戊辰"载："上谓亨泰等曰：龙州地连安南，大军压境，彼必致疑，宜告以赵宗寿之罪不可赦，安南当慎守边境，毋启纳叛之谋。若如朕命，彼此边徼之民皆幸矣！"（第3486页）。

其余折以金千两、银二万两。赵宗寿叛乱很快就被平定,结果明朝只收下粮饷,将所馈金银归还。① 此外,明朝还遣使至安南征求僧人、按摩女、火者,安南均"少遗之"②。从这系列事件来看,黎季犛专权后,对有关明朝的事务多是搪塞了事。郑永常称此时安南对明朝的政策是"畏而不敬"③,是符合史实的。

三 明太祖对明、安边界纠纷的忍让

在明太祖时期,影响明、安关系的另一重要因素乃是边界的纠纷。入明之初,由于明朝对包括安南在内的南海诸国采用和平的邦交政策,而安南则面临与占城的矛盾及国内的政权争夺,明朝与安南的关系基本平稳。至洪武十四年(1381),广西思明府状告安南脱、峒二县侵扰永平等寨,安南在受诘责时,也反告思明府攻其脱、峒、陆、峙诸处。明太祖认为安南"作奸肆侮,生隙构患,欺诳中国",不仅退还当年的贡物,而且敕谕广西布政司"自今安南入贡并毋纳"④。

综观此时安南的内政与外交,内则篡夺不断、纪纲紊乱,外则对邻侵扰,明朝对安南的总体印象是"动以侮诈为先,非以小事大之诚,乃生事之国",但明太祖"惟愿民安而已,无强凌弱、众暴寡之为,安南新王自当高枕,无虑加兵也"。明朝对安南的种种不恭行为,并无出兵之意,仅以"绝贡"为警诫,希望安南国王能"省己修仁"⑤。

明朝的"绝贡"威胁,在安南确实产生了一定的效用,据《明实录》载,此后,安南于洪武十五年、十七年、十九年、二十年均有进贡记录,而且与明初相比,贡物已非只有传统的方物,增加了如阉竖、象马、金银器皿等。《明史》亦载:"炜惧,遣使谢罪,频年贡奄竖、金银、紫金盘、

---

① 《明太祖实录》卷242"洪武二十八年冬十月癸卯",第3520—3521页。参见《明史》卷321《安南列传》。〔越〕吴士连等撰,陈荆和整理《大越史记全书·本纪》卷8载:"明遣任亨泰等来乞师五万人,象五十只,粮五十万石,搬运至界首以给军。时明人讨龙州奉义州叛蛮,阴设此计,欲托以粮米不足,掩捕国人,亨泰密告知之。以故不与兵象,所给粮不多,差官送至同登而还。"(第470页)
② 〔越〕吴士连等撰,陈荆和整理《大越史记全书·本纪》卷8,第470页。
③ 郑永常:《征战与弃守:明代中越关系研究》,第19页。
④ 《明太祖实录》卷137"洪武十四年六月丙辰",第2168—2169页。
⑤ (明)张镜心撰《驭交纪》卷3,《丛书集成初编》第3502册,第36页。

黄金酒尊、象马之属。"① 为了检验安南是否具有"事大之心",洪武十七年(1384),因云南驻兵缺少粮饷,明朝派遣杨盘出使安南,要求提供援助。"盘至,陈炜即以粮五千石运至临安界之水尾。"②

此时,安南的政权实际上仍然由陈叔明掌控,所以对明朝还表现出一定的"恭顺"。但自陈叔明去世后,黎季犛成了安南的实际掌权者,对明朝的态度也日趋强硬起来。洪武二十九年(1396),思明府土官知府黄广成奏言:

> 本府自故元设置思明州,后改思明路军民总管府,所辖左江一路州县洞寨,东至上思州,南至铜柱。元兵征交趾,去铜柱百里立永平寨军民万户府,置兵戍守,而命交人供其军饷。元季扰乱,交人以兵攻破永平寨,遂越铜柱二百余里,侵夺思明属地丘温、如敖、庆远、渊、托等五县,逼民附之,以是五县岁赋皆令土官代输。前者,本府失理于朝,遂致交人侵迫益甚,及告礼部任尚书立站于洞登。洞登,实思明府地,而交人乃称属铜柱界。臣尝具奏,蒙朝廷遣刑部尚书杨靖核实其事,况今《建武志》尚有可考。乞令安南以前五县还臣旧封,仍止铜柱为界,庶使疆域复正,岁赋不虚。③

假如说,洪武十四年(1381)思明府的投诉只限于两国边界的骚扰,而此次的控诉则涉及领土治权的问题,这自然引起了明朝的高度重视。明廷即时做出反应,一是罢免任亨泰官职,原因是,据上引思明土司黄广成的奏文称,任亨泰于洪武二十八年(1395)出使安南时,同意安南在洞登设立驿站接待,造成事实上承认洞登是安南的领土;④ 二是于洪武二十九年(1396)十二月派遣行人陈诚、吕让出使安南进行交涉,要求安南归还思明府的故地。

---

① 《明史》卷321《安南列传》,第8311页。
② 《明太祖实录》卷163"洪武十七年秋七月甲寅",第2527页。
③ 《明太祖实录》卷248"洪武二十九年十二月乙酉",第3600-3601页。
④ 《明史》卷137《吴伯宗传》载:"会讨龙州赵宗寿,命(礼部尚书任亨泰)偕御史严震直使安南,谕以谨边方,无纳逋逃。时帝以安南篡弑,绝其贡使。至是闻诏使至,震恐。亨泰为书,述朝廷用兵之故以安慰之,交人大悦。使还,以私市蛮人为仆,降御史。未几,思明土官与安南争界,词复连亨泰,坐免官。"(第3947页)

洪武三十年（1397）二月，陈诚等抵达安南后，与当权者交涉归还侵地之事，双方经过多次交涉，没能达成共识。当时陈诚归咎于翻译没能准确表达他的意见，于是亲自写信给安南国王陈日焜，陈述明朝的立场。安南国王陈日焜也回函对陈诚的意见一一辩护，并表明安南国的立场。如此往复数次，"辩论不已"，亦终无结果。从双方的往来书信中，可以探知当时两国意见分歧的焦点所在。在明朝的角度，其主要理据来自典册与舆图，更多是从历史的角度证明五县之地乃思明府所有，陈诚的信曰：

交阯乃古交州之地，历代列为郡县，置守不绝。后汉交阯女子征侧僭号称王，马援率兵讨平之，遂立铜柱以为限焉，非所以限内外也，将以止后人侵陵之患也。在唐则为五管之一，有为都护之称，皆中国所置，此固无所议矣。下迨赵宋，有李乾德寇边，郭逵出师，而伪天子洪真成擒，寇虏俘获者无算。乾德震惧，献广源、门州、思浪、苏茂、机榔之地，诣军门请降。当时此五处尚归中原，况铜柱以北丘温等地又何言耶？前元世祖之时，乃祖炳纳款称臣。日烜嗣立，臣子之节，中忽改图，于是时有问罪之师。日烜蒙荆棘、伏草莽，奔走窜海之不暇，生灵殆尽，社稷几墟。日燇嗣立，祈哀请罪，世祖下温诏，遣信使令嗣王躬亲入朝。当时信使往来，亦有还疆之语。而日燇复书有云："向者天使累造小国，迎送于蓝州。小国惧其侵越之罪，往往辞之，但止丘温而止。"观此，除丘温以南，乾德所归之地姑已，则当时自丘温左右以北之地属思明而非安南亦明矣。此皆昭著简册，在人耳目，有不可掩。今乃越渊脱，逾如教，过庆远而尽为所有，岂非当元末扰攘之秋，乘时侥幸侵窃得之，何以致耶？前日授咨之初，王之君臣皆曰旧属安南，而不知侵占之由。此皆昧理之言，甚不可信也。日者陈、黎二国相同，何执政造公馆乃固执前说，以为祖宗之地，未审何所据耶？若然，则志书之所载、咨文之所言，皆为虚文，而王之凭虚无据之言反以为实，此又执一不通之论也！侵越之罪，将谁咎乎？然侵疆之咎，固在往时，改祖之过，政在今日。我皇上天锡勇智，表正万方，革弊政、新制度，不循旧习，不行姑息。敢有包藏祸心、怙终不悛者，穷源痛治，虽轻不赦；有能敷露衷情、幡然改过者，许其自新，虽重亦释。此诚转祸为福之幸际也。古人云：过而能改，则复于无过。自改过者致祥，往岁龙州是已。当赵宗寿父没之后，听信左右奸谋，将为不臣。未几谋泄，朝廷中外皆曰可伐。皇上念有生之民皆国赤子，不忍遽尔加兵。乃先遣信使开导招谕，使之来陈。复虑禽兽之心变诈猖狂，继出十万师以便宜行诛，以除元恶，以靖我边。既而宗寿乃能幡然改过，率溪洞耆民诣阙待罪。皇上好生之心，滔天之罪一切勿问。此宗寿悔过自新，已然明效也。今而幸遇天日开明，洗心涤虑，弃恶迎祥，还其疆场，复其人民，陈既往之愆，遣亲信之臣，率五处土官赴阙，俯伏谢罪。圣天子在上，仁齐覆载，或者嘉其忠顺，宠及陪臣，礼而归之，岂惟王宗庙社稷之安，抑一国生灵获安之大幸也。释此不图，而欲文过饰非，展转支吾，是乃益祖宗之过而贻后日之忧，非善于谋国者也。古人云：过而不改，是为过矣。且吝过者招殃，往岁南丹奉议是矣。当诸处土官逞禽兽无厌之欲，争寻常之隙，延及无辜，互相仇杀，连年弗靖。所以大军一临，蛮贼席卷，何异摧枯折朽之易尔！我朝廷一视同仁，初岂不欲活之，彼自不用命，故罹天诛。是自绝于天而天灭之也，匪人为也。何也？当其出师之际，皇上念军旅之兴，远涉瘴疠，故重其事而遣人告诸岳镇海渎之神，明其可伐之罪，祈以清凉之气。已而天戈所临，曾不雨雪之地，而一旦六出呈祥，人马神清气爽，十万之众，无一之有染瘴疠者。遂使溪洞妖氛之积，扫除无余。以此观之，非天如何？此皆自取之祸，终于灭亡而后已，又谁咎乎？斯亦怙终不悛，已然之明验也。顾兹疆场之事，鹬蚌相持，浸淫边衅，抑亦得无与此相类者乎？且争而不让，仁者不为；虞、芮质成，卒为闲田。况所利不能药其所伤，所获不能补其所亡。故修德者矜细行，图治者忧未然。善为国者，每谨于微而已。安南诗书之国，逆顺祸福之理，素已了然。祖宗侵越，亦岂不知其肯蹈此覆辙耶？怙终自祸，王必断然不为，还疆之利，幸其早图，毋疑毋忽。不具。①

---

① （明）陈诚撰《陈竹山先生文集·内篇》卷一《与安南辨明丘温地界书（一）》，载王继光校注《陈诚西域资料校注》，新疆人民出版社，2012，第14-16页。

陈诚主要依据图籍，阐明丘温等地的历史沿革，证明其为明朝思明府的属地。书信文辞软硬兼施，语带军事干预之意。然而，安南掌权者黎季犛对陈诚的信函颇不以为意，在回函时尤力争不让。其回信辩称：

安南国王陈日焜端肃拜书天使相公节下：昨辱惠书，谆谕不少。所据某复书有云：天使累造小国，迎送于禄州。小国惧其侵越之罪，往往辞之，但止丘温而已。执事据此而断之曰：除丘温以南则姑已，丘温左右以北属思明明矣。此盖执事未之思而不审其说者欤？设有此书云尔，亦说迎送之事，非疆界之事也。夫迎送者，文有官僚大夫把盏说话，武有领兵将校管军护卫，此旧例也。当时所说但止丘温者，盖言领军至境，恐思明诬之以有侵占之事，故但止丘温。此说迎送之事，非疆界之事明矣。盖丘温当其要冲，往时自思明而入禄州道，近时自凭祥而入洞登道，此皆小国地面。然林野之地不便立站，故皆站丘温而为迎送接待处。又以丘温当县之中，有县官管待故也。至于交割夫骑，则各于疆界，如今之坡罗唯关是已。领（兵）将校与官僚大夫迎送止于丘温，天使所亲见也。当时之事，亦有何异于今日而取以为据耶？又况当时乃元之国初，而丘温为小国地面已端的矣。奈何思明人之奏，乃谓曩年扰乱，始越过铜柱二百余里而前来侵占本府所属丘温等五处？观此则思明人之诬罔明矣。丘温大县，县有站馆迎送之地而言及之，四处小而无事，乃不言尔。丘温之见诬若此，其他可知，又奚以论哉！又所据志册以参订证，汉唐以来，迁变不一，其可以往昔之事而质之今日耶？且《诗》《书》上古之经也，其人正大，其辞典雅，而犹有"血流漂杵而靡有孑遗"之言，信而实之，其有是事者欤？况末世之记载，其人倾佞，其辞浮夸，隐讳而回互者有之，张皇而颠倒者有之，难明而臆度者有之，易采而妄谬者有之，如此之类，不可胜数。传云："尽信书不如无书。"此之谓也。上古之《诗》《书》犹不当信，至于末世之记载，其将信耶？又况拣其所欲者，断文取义，岂不甚哉！舍目前之实迹而取彼荒昧之虚文，非日焜之所知也。余其在回咨，不敢赘复。尊书有曰"乃祖某"，盖礼然欤？天使之书而直斥若是，至于天子之诏则将何以呼之？日焜窃有自惑而不胜惭愧，故未能即以裁答，岂所论之事有何思虑而稽于复也。①

安南当局以历史虚无主义的态度来辩驳明朝的理据，认为历史图籍的记载均是"荒昧之虚文"，不足取；思明人之言诬罔，不可信。他只强调安南对这些地方的现实管治。对于安南的狡辩，陈诚深感无奈，在回函中发出了"又复何言"的感叹，并强调曰："思明不讼他而只讼安南，岂与王有世仇乎？况有古志可考，又何怪焉？王虽不信，天下耳目安可掩也？诚仗节万里，书日倾吐忠言而王终不之听，此诚势屈于王人矣，何益于言！王果坚执不还，诚亦当便回。但恐边衅由是而生，异日之悔有不可追者矣！"②

双方的立场与思考的出发点分歧甚大，尤其是安南方面对图籍的全盘否定，使谈判陷于僵持。后来，安南当权者遣人"馈黄金二锭，白银二锭，檀香、沉香、笺香各二裹"，欲行贿陈诚以打破僵局，但遭陈诚拒绝。③陈诚回国后，黎季犛担心明朝会有进一步的军事行动，直接上书明朝礼部。

安南的申诉书，仍然重弹老调，为其侵占的事实狡辩，甚至于对思明府土官进行攻击，丝毫没有归还之意。其态度之强硬，言辞之傲慢，是明、安交往历史中少有的。因此，明太祖召集众臣商议对策时，有大臣认为安南抗逆朝命，建议发兵征讨。明太祖并不受一时之义愤所影响，他没有忘记两年前重申之祖训，对安南的傲慢与挑衅，姑且容忍，他说："蛮夷相争，自古有之。彼恃顽不服，终必取祸，姑待之而已。"④

明太祖对安南的容忍政策，近代学人黎正甫解释为："盖有待于将来国力充裕，人民康乐之时，一举而灭之，则汉武之大业可就也。"⑤这种解

---

① （明）陈诚撰《陈竹山先生文集·内篇》卷一《安南国王复书》，载王继光校注《陈诚西域资料校注》，第16—17页。
② （明）陈诚撰《陈竹山先生文集·内篇》卷一《又复安南国王书》，载王继光校注《陈诚西域资料校注》，第18页。
③ 《明史》卷318《列传二百六·广西土司二·思明》，第8234页。陈诚撰《陈竹山先生文集·内篇》卷一《又复安南国王书》，载王继光校注《陈诚西域资料校注》，第18页。
④ 《明太祖实录》卷250"洪武三十年三月甲辰"，第3626—3627页。
⑤ 黎正甫：《郡县时代之安南》，商务印书馆，1945，第141页。

释是对明太祖一贯政策的误读。其实，洪武四年（1371）制定了明确的南海政策，对南海诸国，明太祖希望以怀柔的态度处之，"其不为中国患者，朕决不伐之"。在此后的25年里，安南先后出现篡夺、侵邻、扰边的事件，对明朝时常表现出不恭与傲慢，而明太祖对安南最严厉的惩罚也仅仅局限于断交绝贡。洪武二十八年（1395），明太祖重新检讨其南海政策时，仍然毫不犹豫地坚持其"不征"政策，并列入祖训之中，以警诫子孙。说明明太祖仍然坚持其一贯的南海政策，从未有过要征讨包括安南在内的南海诸国的意念。明人高岱曾对此事评曰："夫以当时熊虎之将，席百战之威，其于蕞尔小夷，岂为难克？然于敝中国多矣。彼既不足为中国患则已，又何必涂炭吾赤子而邀无益之功邪？"① 高氏的话语正体现了明太祖的治国理念。

四 明太祖对安、占争端的无奈

安南与占城之间的军事冲突由来已久，入明后，于洪武二年（1369）占城首次指控安南入境侵扰。对于安、占的纷争，明太祖作为"天下主"，自觉有义务担当起"治乱持危"的责任，因此以"畏天守分之道"劝谕双方息兵罢事，使两国边界也因此得到短暂的平静。

至洪武三年（1370）末，陈叔明发动政变，废掉陈日熞，自立为王。陈日熞之母出逃占城，并请求占城为其复仇。洪武四年（1371）闰三月，占城大举进攻安南，直捣其京城，"焚毁宫殿，虏掠女子玉帛以归"②。经此一役，安南深以为耻，陈叔明决定向占城复仇，并采取了一系列措施：一是禅位于太子陈煓（即陈睿宗）；③ 二是重用黎季犛，加封其为忠宣国上侯，命其参谋军事；三是扩军备粮。

占城袭击安南得手后，深为不安，害怕安南前来复仇。洪武四年（1371）七月，占城国王阿答阿者派遣使节答班瓜卜农入贡明朝，并诬控

---

① （明）高岱撰《鸿猷录》，孙正容、单锦珩点校，上海古籍出版社，1992，第20页。
② 〔越〕吴士连等撰，陈荆和整理《大越史记全书·本纪》卷7，第442页。
③ 陈叔明禅位于太子陈煓，越南史家吴士连认为"艺宗（指陈叔明）避乱时，师徒器备，皆帝（指陈煓）之力，故以位逊之。"（参见〔越〕吴士连等撰，陈荆和整理《大越史记全书·本纪》卷7，第444页）。

常常受到安南的侵扰，请求明朝援以兵器等物。明太祖深明其中利害，以"不偏不倚"的原则处理安、占之间的纷争，对于占城的请求委婉拒之，曰："所请兵器，于王何惜？但以占城、安南互相争夺，而朝廷独与占城，则是助尔相攻，其非抚安之义。"为了安抚占城，明太祖传谕福建行省，免征占城的货物税，"以示怀柔之意"①。

洪武九年（1376）十二月，安南国王陈煓亲率十二万大军报复占城。次年春正月，陈煓不听大臣杜礼等人的极力谏止，冒险挺进，决意攻打占城都城阇槃，结果惨遭埋伏，陈煓阵亡，安南将士战死者十之七八。占城也乘胜北伐，五月攻打乂安，入大黄江。六月，再一次劫掠安南京城。

陈煓死后，陈叔明立陈煓之子陈炜（越史称陈晛）为王，是为陈废帝。洪武十年（1377），安南遣使陈建琛、阮士谔入明，称陈煓巡边溺死，且告以陈炜为嗣。明朝始以畏、压、溺三不吊之礼，拒绝派人前往吊祭。陈建琛争辩说，占城犯顺扰边，而陈煓有御患救民之功，何为不吊？明朝才决定派遣陈能前往吊祭。②

明太祖对安南与占城纷争不断，十分不满，并把责任归咎于陈叔明。洪武十二年（1378）十二月，安南遣使入贡，明太祖派出使者传谕陈叔明，指责其持政不端，曰："尔叔明自临事以来，国中多故，民数流离……安南与占城忿争，构兵将十年矣，是非彼此，朕所不知。其怨未消，其仇未解，将如之何？"③希望安南能息兵养民，免遭亡国之痛。次年，明太祖趁占城朝贡之机，亦传谕占城国王阿答阿者，曰："朕尝戒尔两国，毋深构仇雠，以安生民。今一胜一负，终无休息，果何为哉？……今尔两国之争，是非吾所不知。但知曩者安南兵出败于占城之下，占城乘胜入安南之国，安南之辱已甚。若此之后，王能保守封疆，奉天勤民，则福禄绵长矣。如其不然，必欲驱兵，连年苦战，彼此胜负，固不可知。鹬蚌相持，渔人获利，他日悔之，不亦晚乎！"④明太祖的苦口婆心并没有平息安南与占城的相互侵扰，此后，两国在边界上依然纷争不息（见表2）。

---

① 《明太祖实录》卷67"洪武四年秋七月辛未"，第1260－1261页。
② 〔越〕吴士连等撰，陈荆和整理《大越史记全书·本纪》卷7，第449页。
③ 《明太祖实录》卷128"洪武十二年十二月"，第2039－2040页。
④ 《明太祖实录》卷133"洪武十三年九月"，第2118－2119页。

表2　洪武二十一年至二十四年安南、占城交战情况①

时间	事件	结果
洪武十一年（1378）五月	占城入寇安南义安府、大黄江一带，直犯京师。	安南派杜子平抵御，安南军自溃，占城军掳掠京师而还。
洪武十三年（1380）二、三月	占城入寇乂安、演州、清化等处。	陈叔明命黎季犛、杜子平率兵抵御，占城国王阿答阿者战败遁归。
洪武十五年（1382）二月	占城入寇清化。	命黎季犛抵御之，占城大败而还。
洪武十六年（1383）正月	黎季犛率舟师南伐占城。	在海上遭风涛折船，引军而还。
洪武十六年（1383）六月	占城国王阿答阿者率兵北寇，逼近升龙。	安南阮多方率军死守京城，十二月占军无功而还。
洪武二十二年（1389）十月	占城北寇清化，犯古无。	先由季犛率兵御之，季犛败遁；又命陈渴真出师征伐。洪武二十三年正月二十三日，陈渴真大败占城于海潮，占城国王阿答阿者被安南的火铳击中而逝。
洪武二十四年（1391）三月	安南黎季犛令左圣翊将军黄奉世率兵侵入占城地方。	占人设伏，奉世军败归。

从表2可以看出，占、安之间的争端，主要还是先由占城国挑起，安南在这一时期内的交战中，多数处于下风。

明太祖在处理安南与占城争端的过程中，态度是一贯的，没曾偏离"一视同仁"的原则，始终没有使明朝卷入其中。他的调解仍不外乎那套老办法，反复以"春秋大义""天道"之类传统伦理来开导两国的当权者，希望他们息兵养民，睦邻相处，然终其一生均无法调解占、安之纷争。直至洪武二十二年（1389），占城国王阿答阿者战死后，国内陷入权位之争，大大削弱了占城的国力，占、安两国之纷争才得以稍事减缓。

明太祖创建明朝以后，为建立万世永续的王朝，在对外关系上采取"北防南和"不同的策略。南海诸国不足为明朝之患，因此明太祖主要想通过一套礼仪、制度来规范与南海诸国的交往，这种规范既体现传统的宗藩关系的理念，也兼及南海诸国的现实发展。安南政局一直吊诡与多变，明太祖对此也有了较深的认识，因此始终没有贸然干预，持着一种"来者

---

① 本表资料主要依据〔越〕吴士连等撰，陈荆和整理《大越史记全书·本纪》。

不拒，去者不追"的态度，与之交往。其典型的现象有二。第一，洪武十四年（1381），安南内廷发生篡夺事件，明太祖就曾明白地告知陈叔明："安南限山隔海，远居蕞尔，天造地设，帝命王于彼者，以主生民。中国有道之君必不伐，尚强无知者必征。今朕统天下，惟愿民安而已，无强凌弱、众暴寡之为，安南新王自当高枕，无虑加兵也。"① 表明不会以军事干预安南的内政，甚至要求安南使臣转告陈叔明，称："尔等归告陈叔明，安分高枕，虽不来朝亦也无虞。"② 第二，自洪武四年（1371）以后，终太祖一世，安南五次变更国主，并没有按宗藩关系的规则请封，而明朝既不行册封之礼，也不予追究，两国使节交往却依旧如常。这实际上是默认安南权位更替的事实。在明太祖看来，发展邦交关系要有诚信，合符礼制，否则互不来往亦无妨。也许正是这种"无为而治"的态度，有学者就认定明太祖"不喜欢发展海外的联系"③。

第三节　明成祖对安南政策的演变

一　永乐初年明、安关系的恢复

洪武末年，明朝与安南因黄广成的诉求，双方谈判无果，两国关系也因此而恶化。明太祖去世、建文帝即位，安南均无吊祭或朝贺之举，两国的宗藩关系已是有名无实。此时，安南国内政局诡秘，黎季犛正有计划地实施其篡夺的阴谋。洪武三十年（1397），黎季犛推行了财政币制、官制、地方行政等一系列的改革，还不顾大臣们的反对，执意要迁都清化。④ 通过这些改革，黎季犛对国家财政的控制得以加强，也藉此机会分封其党羽。同时，他还藉由教育制度改革之名为其篡位培植民意，五月，以陈顺

---

① （明）姚士观编《明太祖文集》卷2《谕安南国王诏》，《影印文渊阁四库全书》第1223册，第12-13页。
② （明）姚士观编《明太祖文集》卷8《谕安南来使敕》，《影印文渊阁四库全书》第1223册，第77页。
③ 〔美〕牟复礼（Frederick W. Mote）等：《剑桥中国明代史》，张书生等译，中国社会科学出版社，1992，第184页。
④ 〔越〕吴士连等撰，陈荆和整理《大越史记全书·本纪》卷8，第472-473页。

宗的名义颁下诏书，曰："今国都之制已备，而州县尚缺，其何以广化民之道哉。应令山南、京北、海东诸路府各置一学官，赐官田有差……路官督学官教训生徒，使成才艺，每岁季则选秀者贡于朝，朕将亲试而擢之焉。"① 这一改革影响十分深远，一方面通过增加学官、提高学官的待遇平息知识分子对其改革与迁都的怨气；另一方面这次教育改革，使所有举子均由黎季犛"亲试而擢之"，藉此建立与官宦的门生关系。而科试的内容，正如上所述，黎季犛曾以字喃编写了《国语诗义并序》，序中多出己意，令宫人学习，实际上也是为了宣传其个人思想。因此安南史臣吴士连评论说："当时有此诏令，何美如之！然不见施行者，非帝意也，乃季犛欲行篡夺，托此以收人心尔。"②

洪武三十年（1397）十一月，黎季犛逼陈顺宗迁都清化。次年三月又逼帝禅位于年仅三岁的皇太子陈㷆，史称陈少帝。黎季犛辅政，自称德兴烈大王，随后又称国祖章皇。建文二年（1400）二月，黎季犛废少帝而自立为帝，正式取代陈氏的帝位，改纪年为圣元，国号大虞。

黎季犛篡位后，遇到最棘手的问题是如何取得明朝的承认，以巩固其在安南的统治。黎季犛在篡位前对此稍有所安排，其自称祖籍浙江，是虞舜之后，改胡姓，建国大虞，均是有预谋的，目的是为了拉近与明朝的距离。因为明太祖"先世家沛"，建立明朝前曾称吴王，据司马迁考证，"中国之虞与荆蛮句吴兄弟也"，"虞吴兄弟也"便是黎季犛的心思所在。③

为了蒙骗明人，在赴明求封之前曾做了充分的准备。是年十二月，黎季犛让位于其子胡汉苍（明史称胡奃），自称太上皇，实际上仍掌控安南的实权。黎季犛有两子，长子元澄，次子汉苍。选择次子汉苍为继承人，这就是为了取信于明朝的一项安排。元澄与汉苍乃是同父异母兄弟，但汉苍是黎季犛与陈明宗女儿徽宁公主所生，是陈氏的外甥，黎季犛选择了胡汉苍，就是为了"便其告明之词"。因此，汉苍即位后，立即遣使告诉明朝，称"陈氏已绝，汉苍，明宗外孙，暂权国事"④。

---

① 〔越〕吴士连等撰，陈荆和整理《大越史记全书·本纪》卷8，第473页。
② 〔越〕吴士连等撰，陈荆和整理《大越史记全书·本纪》卷8，第473页。
③ 郑永常：《征战与弃守：明代中越关系研究》，第28页。
④ 〔越〕吴士连等撰，陈荆和整理《大越史记全书·本纪》卷8，第479页。

此时，明朝内部也正处于严重的危机之中，北方燕王朱棣反对建文帝的藩王改革措施，以"清君侧，靖国难"为口号，率兵南下，直指南京。至建文四年（1402）七月，朱棣登上皇位。明成祖得位不正，朝野存在不少非议，因此即位后，成祖立即派遣使臣出使东亚及南海诸国，其诏曰："太祖高皇帝时，诸番国遣使来朝，一皆遇之以诚。其以土物来市易者，悉听其便。或有不知避忌而误干宪条，皆宽宥之，以怀远人。今四海一家，正当广示无外，诸国有输诚来贡者听。尔其谕之，使明知朕意。"① 成祖以一种更灵活与优惠的邦交政策招徕诸藩国的朝贡，目的是欲藉外交的强盛来舒缓国内的舆论压力。正是在这样的历史背景下，安南黎氏篡位所隐伏的危机，便可以顺利地解决。

永乐元年（1403）四月，胡汉苍遣使来朝贺即位，趁机向成祖宣称："（陈氏）宗嗣继绝，支庶沦灭，无可绍承。臣，陈氏之甥，为众所推，权理国事，主其祠祭，于今四年。徼蒙圣德，境内粗安，然名分未正，难以率下，拜表陈词无所称谓。伏望天恩锡臣封爵，使废国更兴，荒夷有统。臣奉命效贡，有死无贰。"对于胡氏的求封，明朝礼部官员认为"远夷荒忽难信"，应遣使前往勘验实情。② 于十五日，明成祖派行人杨渤等前往安南，调查陈氏绝嗣及胡汉苍身世之真伪。胡汉苍指使其陪臣耆老向明朝使臣递交了所谓结状，重述先前胡汉苍所言。③ 十一月，杨渤等人回朝，呈上安南陪臣及父老的结状。明成祖信以为实，同月，即派遣礼部郎中夏止善等赍诏出使安南，封胡汉苍为安南国王。至此，安南的继统危机在明朝的认可下顺利解决。

二 陈天平事件与明、安关系之交恶

永乐二年（1404）是明、安矛盾的关键之年，所有侵邻、扰边、篡逆之控诉纷至沓来。四月，广西思明府知府黄广成上奏，再次指控安南武力侵占禄州、西平州、永平寨等地。④ 思明府与安南的边界纠纷，洪武末年

---

① 《明太宗实录》卷12上"洪武三十五年九月丁亥"，第205页。
② 《明太宗实录》卷19"永乐元年夏四月丁未朔"，第337页。
③ 〔越〕潘清简撰《钦定越史通鉴纲目》（正编）卷12，第1454页。
④ 《明太宗实录》卷30"永乐二年夏四月癸酉"第538页。

已经进行多次的交涉，终是不了了之。黄广成或是想乘新帝登基之初，对安南有所压力。但明成祖对于这种边界的矛盾，并不十分用心。或是为了安抚土司，明成祖要求礼部官员让来访的安南使节带回敕谕，责令安南国王"如非安南地，则速归之"①。但并无进一步的措施。

永乐二年（1404）八月，占城国王占巴的赖派使臣该序罢尼来朝，控诉安南三事：一是不遵天朝息兵敕谕，于四月以舟师侵占了沙离牙等地；二是朝贡天朝的使臣回国途中，所有赏赐之物均遭其掠夺；三是强逼占城接受其冠服、印章，成为安南的属国。为此，占城希望明朝出面调解，甚至表示"愿纳国土，请吏治之"②。明成祖得悉此事，十分气愤，立即遣使安南，指责其对占城"越礼肆虐"，对思明府"肆无忌惮"，并警告说："速改前过，不然非安南之利也。"③

边界问题与占城问题，已使明廷与安南胡朝的关系十分不和谐。同年八月，安南陈朝老臣裴伯耆入朝申诉，揭发黎季犛弑主篡位的真相，请求明朝"兴吊伐之师，隆继绝之义"，帮助扶立陈氏子孙，光复陈朝。④ 事有巧合，同月底，老挝军民宣慰使刁线歹遣使护送一名自称为前安南王孙陈天平的人到达明廷，历数黎氏弑主篡位，残害陈氏宗族，攻劫占城，侵扰思明府，以及在国内暴征横敛的种种恶行，并说"究其本心，实欲抗衡上国"，恳请明朝负起"伐罪吊民，兴灭继绝"的大义。⑤ 但明成祖对这两宗来自安南内部对黎氏的指控，初未尽信，只是聊表同情之意，命有司给予适当的安置。

十二月，安南胡汉苍派遣使者入明恭贺新年，明成祖为了验明陈天平

---

① 《明太宗实录》卷32"永乐二年夏六月戊子"，第569页。
② 《明太宗实录》卷33"永乐二年八月庚午朔"，第583页。
③ 《明太宗实录》卷33"永乐二年八月壬申"，第583页。
④ 《明太宗实录》卷33"永乐二年八月乙亥"，第585页。〔越〕佚名《慕泽黎氏谱》载："公生景询，字子谋……陈昌符年间领乡荐为太学生（犹今之国子监生也）与裴伯耆（青沔扶内之人）相善，陈末胡黎季犛篡位，公谋与伯耆曰：'今当择陈氏子孙立之，协力勤王，问逆胡篡弑之罪，天下必归之。'耆曰：'公言正是矣，不若到燕京乞兵来攻，倚明人为援，必然俘获。'公曰：'信。如此恐吴兵破了逆胡，占居我国，将若之何？'耆曰：'主张在我，何必深念？公强从策。'伯耆乃如明贲表。明王览之，见其情词哀切，乃许其请。"（越南汉喃研究院藏本，编号A.658）
⑤ 《明太宗实录》卷33"永乐二年八月丁酉"，第586页。

的身份，让陈天平与安南使臣相见，"使者识其故王孙也，皆错愕下拜者，咸泣者，而裴伯耆亦责使者以大，皆惶恐不能对"。明成祖可能就是看到这些使者的表现，相信了陈天平与裴伯耆的控诉，从而改变了对安南的态度，曰："朕谓陈氏以婿得国，今㜆以甥继之，于理亦可，乃下诏封之。孰知其弑主篡位，僭号改元，暴虐国人，攻夺邻境，此天地鬼神所不容也。而其臣民共为欺蔽，是一国皆罪人也！如何可容？"①永乐三年（1405）正月元宵刚过，明成祖即派遣监察御史李琦等出使安南，斥责胡氏身为陪臣，却"屡行篡弑，夺而有之。罪恶滔天，不亡何待！"要求其"具篡夺之故以闻"②。然而，明朝的使者尚未回国，二月，云南宁远州土官同知刀吉罕上奏，指控安南攻掠猛慢等七寨，"虏掠臣婿及女并人民畜产，征纳差发，驱役百端"。此次明成祖一改过去处理边界纠纷的怀柔做法，立即遣使安南，要求"具实以对"③。

面对明朝使臣频繁到来，安南胡氏倍感压力。越南史籍称，胡汉苍获封为国王后，"明使往来络绎道路，有征求者，有责问者，汉苍应接不暇，疲于奔命"④。只是明朝的压力并没有使得安南的当权者改变初衷，事实上，如此之局面，黎季犛似早已料及。洪武三十年（1397），黎季犛篡位成功后，就一直做两手准备，一是争取获得明廷的承认，册封为王；一是为有可能因篡逆之事所引致明朝的军事干预，积极备战。建文三年（1401），黎季犛曾征询群臣意见曰："安得百万兵，以敌北寇？"最后听从黄晦卿的建议，改革征兵制度，凡十五岁以上、六十岁以下者均要服役。使兵源成倍增加。⑤永乐二年（1404），胡汉苍命令大制铁钉战船，虽假名为载粮之船，"实以备明兵也"⑥。而当明朝的压力真正到来时，胡氏则在表面上显示想和解的态势，一改过往对明朝的强硬态度。永乐三年（1405）六月，安南胡汉苍派使臣入明谢罪，一是表示愿意"迎归天平，

---

① 《明太宗实录》卷37"永乐二年十二月壬辰"，第636页。
② 《明太宗实录》卷38"永乐三年春正月甲寅"，第644－645页。
③ 《明太宗实录》卷39"永乐三年二月壬申"，第651页。
④ 〔越〕潘清简撰《钦定越史通鉴纲目》（正编）卷12，第1454页。
⑤ 〔越〕吴士连等撰，陈荆和整理《大越史记全书·本纪》卷8，第479页。
⑥ 〔越〕潘清简撰《钦定越史通鉴纲目》（正编）卷12，第1461页。

以君事之",二是同意归还禄州等处、猛慢等寨。①

安南对明朝的顺从只是一个拖延战术,实为争取备战的时间。永乐三年（1405）,黎季犛指派黄晦卿为割地使,黄氏以古楼五十九村归还思明府,事后黎季犛责备黄氏"所还数多",并密令土人以毒鸩明朝土官。② 是年春下令:"各镇源头纳桩木、武宁州许取古法陵乌米木,送各军植诸海口及大江要处,以防北寇。"六月,再令:"置军器四库,不问军民,凡有巧艺者皆充役。"七月,季犛、汉苍父子出巡京路山川及诸海口,视察各处之险要。九月,整改军制,分东、西、南、北及禁卫军,同时下令修筑多个邦城以及植桩于白鹤江口。③ 同月,胡汉苍召集诸路安抚使入京,与在京的文武百官商议对明策略。"有劝战者,曰勿为他日之患;北江镇抚阮均以为宜姑和之,从他所好,以缓师可也。左相国澄曰:臣不怕战,但怕民之从违耳。"④ 史籍中没有明确记载会议的决定,但从此后安南的种种行为可知,这次会议确定了抗衡明朝的策略。

与此同时,明成祖对安南的态度又是如何呢？从点点滴滴的史料中可以看出,明成祖对安南的态度,同样是做了两手准备,即最坏的准备是军事征伐,同时也不放弃求和的努力。永乐三年（1405）春,当明成祖确定裴伯耆、陈天平的申诉为实时,发出了胡氏"罪恶滔天,不亡何待"的威胁,但明成祖并没有即时采取军事行动。是年六月,安南胡氏遣使阮景真随李琦前来谢罪,承诺迎天平回国"以君事之",并归还禄州、猛慢等地。明成祖似乎又对胡氏存在某种幻想,七月,他指派聂聪等出使安南,以落实迎回陈天平之事。明成祖也考虑到胡氏曾获封为国王的事实,因此,承诺胡氏:"尔果诚心应朕,尽革前非,迎还天平,以君事之,朕当建尔上公,封以大郡,传之子孙,永世无穷。"⑤ 这一决定,透视出明成祖希望以和平的方式解决安南的危机。十一月,明成祖得知云南西平侯沐晟屯兵老挝边境,以及欲以军事解决与安南边界的纠纷,曾特意降敕责备,要求立

---

① 《明太宗实录》卷43"永乐三年六月庚寅",第687－688页。
② 〔越〕吴士连等撰,陈荆和整理《大越史记全书·本纪》卷8,第485页。
③ 〔越〕吴士连等撰,陈荆和整理《大越史记全书·本纪》卷8,第485－487页。
④ 〔越〕潘清简撰《钦定越史通鉴纲目》（正编）卷12,第1468－1469页。
⑤ 《明太宗实录》卷44"永乐三年七月甲辰",第693页。

即撤军，称："朕方以布恩信、怀远人为务，胡䔲虽扰我边境，今以遣人诘问，若能摅诚顺命，则亦当弘包荒之量。"① 这也进一步说明明成祖以和平手段解决安南问题的态度。

十二月，安南派遣阮景真等人随从聂聪入明，宣称是前来"迎还天平"，并转达了胡汉苍准备"率国人迎于境上"之意。聂聪也力言胡汉苍"诚心恭命"。② 明成祖听后，自然满心欢喜，很快便决定派遣广西总兵官都督佥事黄中、吕毅率兵五千护送陈天平归国。尽管如此，其实此时明成祖对黎氏父子仍是心存怀疑，因此，曾特意提醒黄中、吕毅等，在进入安南后"尤宜审度事几，以为进退，不可轻忽"③。

永乐四年（1406）正月，陈天平陛辞，明成祖大加厚赏，并明确敕封胡䔲为顺化郡公，尽食所属州县。④ 三月，黄中等护送陈天平出鸡陵关，到达丘温，将至芹站，忽遇安南十余万伏兵袭击，结果陈天平被杀，黄中所率明兵惨败而归。《明实录》详细记载此事的经过：

> 时镇守广西都督佥事黄中等，以兵五千护送天平至丘温，䔲遣陪臣黄晦卿等以廪饩迎候，及牛酒犒师。晦卿及诸从者见天平，皆拜舞踊跃。中问晦卿："䔲不至，何也？"曰："安敢不至？属有微疾，已约嘉林奉迓矣。"中遣晦卿还促䔲，且遣骑觇之，往来皆无所见。而迎者壶浆相续于路，中以为实，遂径进度隘，留鸡陵。将至芹站，山路险峻，林木蒙密，军行不得成列，且遇洒潦。忽伏发，大呼劫天平，远近相应，鼓噪动山谷，寇且十余万。中等亟整兵击之，寇已斩绝桥道，不得前。其贼帅遥拜，且言曰："远夷不敢抗大国、犯王师，缘天平实疏远小人，非陈氏亲属，而敢肆其巧伪以惑圣德，劳师旅，死有余责。今幸得而杀之，以谢天子，吾王即当上表待罪。天兵远临，小国贫乏，不足以久淹从者。"中不得进，引兵还。⑤

---

① 《明太宗实录》卷48 "永乐三年十一月丙申"，第731页。
② 《明太宗实录》卷49 "永乐三年十二月丁丑"，第740页。
③ 《明太宗实录》卷49 "永乐三年十二月庚辰"，第741页。
④ 《明太宗实录》卷50 "永乐四年春正月戊戌"，第747–748页。
⑤ 《明太宗实录》卷52 "永乐四年三月丙午"，第782页。

然而我们也同时注意到，越南的著名史籍如《大越史记全书》《钦定越史通鉴纲目》，对此事的描述完全变成另一回事，似乎安南从来没有迎接陈天平的立场，而是一场安南军民反抗明朝军事干预内政的截杀行动。《大越史记全书》载：

> 夏四月，明遣征南将军右军都督同知韩观、参将都督同知黄中领广西兵十万来侵，假送伪陈王添平还国。观留界首不行。八日，黄中犯冷泾关，胡军败绩。是日早，诸军水步交战，二卫大将范元瑰、振纲军将朱秉忠、三辅军将陈元暄、左神翊军陈大仆皆败死。左相国澄舍舟上岸，几陷，急扶下船得脱，以彼军少轻之故也。惟左圣翊军胡问自武高引军奋至，败之。中料不敌，夜漏二鼓遁归。右圣翊军将胡射、北江圣翊军将陈挺先已受命截支棱关，明乃解送添平，遣军医高景照致降书云："黄总兵官差小人前来达官人知这事情。先为陈添平走到朝廷，奏他正是安南国王子，以此差大兵来招，不期彼处百姓俱各不服，显是虚诞。今退官军回奏，遇关隘去处守把，路塞不通，今将添平来献，放去，幸甚！"胡射许之。①

中越文献关于陈天平事件记载的差异，相信治中越关系史的学者都注意到这一点，但是至今没有学者做出令人信服的解释，这主要是史料匮乏的缘故。从史料的完整性来看，《明实录》关于此事的来龙去脉，包括陈天平事件的缘起、中越关于此事的交涉过程，记录相当清晰。而反观越南文献，对于陈天平事件的交涉，只字不提，而关于抗击明军的"入侵"记载，疑窦丛生。

首先，越南文献指出，明朝是假护送陈天平归国之名，行入侵之实。如果明朝决意入侵安南，仅仅依靠广西的兵源，是为草率。元朝护送陈遗爱回国而吃了败仗，以明成祖的英明，不可能不引以为戒；而韩观率兵到达边界却驻足不前，于情于理，令人费解。事实上，如果没有事先与安南的约定，明朝不会让黄中仅率五千明军护陈天平入越。

---

① 〔越〕吴士连等撰，陈荆和整理《大越史记全书·本纪》卷8，第487—488页。

其次，当黄中等受到袭击而不能抵挡时，假如韩观仍留守边界却没有前往支援，"入侵"之意义何在？更奇怪的是，韩观并没有因此而受到处分。

再次，据《明实录》记载，陈天平的身世，起初明成祖亦有怀疑，后经安南使臣确认后始深信不疑。[①] 黄中仅凭入越后遭受反抗，便自做主张，认为陈天平为假冒，主动将其献出，是属儿戏。

凡此种种，越南文献有关此事的记录，确实令人怀疑。至于为何如此歪曲事实，尚待进一步的考证。

三 明成祖兴兵征伐安南

永乐四年（1406）四月十一日，明成祖看了黄中关于陈天平遭劫杀的奏报后，极为愤怒，曰："蕞尔小丑，罪恶滔天，犹敢潜伏奸谋，肆毒如此。朕推诚容纳，乃为所欺，此而不诛，兵则何用？"[②] 于是，明成祖决意兴师征讨。安南劫杀陈天平后，胡汉苍曾派遣三江安抚使陈恭肃等入明，"辨白添平诈冒之事"，并请求通贡如故，遭到明成祖的拒绝。[③]

明成祖决定出兵后，曾召集众臣商议征讨安南及战后的相关措施。安南曾是中国的治地，自五代丧失治权后，宋、元两代都曾以不同的方式谋求对其行使哪怕是名义上的管治，元朝甚至不惜施之武力，虽然始终没有成功，但中国士大夫的"安南情结"并没有因为屡战屡败而消退。在此次商议中，士大夫一致赞成出兵惩伐安南，[④] 并有迹象表明，当时曾讨论过"收复安南"的方案，有士大夫提出将其地变为郡县。从现有史料而言，解缙是唯一提出异议的人。《古穰集》载："文庙初甚宠爱解缙之才，置之翰林。缙豪杰，敢直言。文庙欲征交阯，缙谓自古羁縻之国，通正朝，时

---

① 《明太宗实录》卷38"永乐三年春正月甲寅"载："（关于陈天平控诉的内容）朕初未信，及尔所遣使来，使天平见之，皆错愕下拜，亦有感泣者，则尔之不道灼然明甚。"第644页。
② （明）郑大郁撰《经国雄略·四夷考》卷1《交阯》，《中国古籍海外珍本丛刊》，广西师范大学出版社，2003，第221页。
③ 〔越〕潘清简撰《钦定越史通鉴纲目》（正编）卷12，第1472－1473页。
④ （明）丘濬撰《平定安南录》曰："乃议兴兵问其罪，群臣咸赞成之。"载《说郛三种·续四十六卷》卷11，上海古籍出版社，1988，第503页。

宾贡而已，若得其地不可以为郡县。不听，卒平之为郡邑。"①后之士大夫在撰写解缙行状时亦曰："时又以所得交趾议建郡县，缙议曰：'自古化外之民，反覆不常，但令奉正朔，效贡职，羁縻之而已，不可以为郡邑。'因是忤旨。"②可以想见，当时明朝廷内部对处理安南问题确存在不同的看法。

宋元以来，历经多次战争，目的是恢复对安南的管治，但均没能如愿，这成为中国部分士大夫无法解开的心结。明成祖既然决定出兵惩罚安南，顺势"收复"，应该说是有一定的民意基础的。如果成功了，对于扭转成祖篡夺帝位所形成的负面形象，必然产生积极的影响，可以稳定帝位和提升其权威。因此，在朝廷没有共识的情况下，明成祖在出兵的策略上，可以说要了手段。

一方面，明成祖以"吊民伐罪，兴灭继绝"为旗号出兵安南，以争取安南怀念陈氏的臣民支持，在国内可以安抚反对者。据《大越史记全书》载，陈天平事件发生后，明廷召回裴伯耆，"敕赐谆谆以立陈氏，伯耆当作辅臣为言，使从军以授是官"③。在朱能等二十五将授命之日，明成祖也誓言，一旦俘虏黎氏父子，"即择陈氏子孙之贤者立之，使抚治一方，然后还师，告成宗庙，扬功名于无穷，此朕所望也，其往勉之！"④永乐四年（1406）七月二十九日，成祖指示朱能，明朝军队进入安南后，必须约束军队："禁伐人坟墓园林、焚人庐舍、虏人妻女，且宜抚绥其民。其国中老者，待之以礼。如此则人心自安，乐其生业。"⑤从而塑造仁义之师的形象。

另一方面，明成祖又在积极筹划长期占领安南。朱能等领军出征后，成祖不断地发出密谕，传授进入安南后的相关措施。永乐四年（1406）闰七月初四日，明成祖传谕朱能等关注军中十件大事，其中有几件尤为引人注目，即：

---

① （明）李贤撰《古穰集》卷28，《影印文渊阁四库全书》第1244册，第775页。
② （明）解缙撰《文毅集》"附录：明阁学记"，《影印文渊阁四库全书》第1236册，第846页。
③ 〔越〕吴士连等撰，陈荆和整理《大越史记全书·本纪》卷9，第497页。
④ 《明太宗实录》卷56"永乐四年秋七月辛卯"，第824页。
⑤ （明）李文凤撰《越峤书》卷2，《四库全书存目丛书·史部》第162册，第694页。

一、兵入安南，凡其府库仓廪所储及户口、田赋、甲兵籍册、郡邑图志，并令尚书刘隽掌之，尔总其大概。

一、兵入，除释道经板经文不毁外，一切书板文字以至礼俗童蒙所习，如上大人丘乙己之类，片纸只字，悉皆毁之。其境内凡有古昔中国所立碑刻则存之，但是安南所立者悉坏之，一字勿存。

一、国中诸色匠人及乐工连家属尽数起送赴京。

一、平定之后，令各府州县原任官吏轮次赴京朝见。①

初八日，明成祖又敕谕朱能等：

平定安南之后，自鸡翎关到其国中，沿途必须设立卫所，筑城以镇守之，务要烽火相望，声势相接，遇有警急，可以应援。其某处可以立卫，某处可以立所，某卫某所合留军士多少、合存粮多少，何人可守某卫某所，尔等皆宜预为计议，密奏以闻。②

八月初一日，再次传谕朱能，曰：

昔云南僻在万里，山川险固，历代罕有能平，惟诸葛孔明以天下奇才、忠信智谋，南征北伐，功盖一时，遂芟夷之。循至后世，叛服不常，莫能制驭。我皇考太祖皇帝，圣文神武，超轶帝王，弘谟睿算，卓冠万世，指授贤能之将，一鼓而平之，创立自古所无之功，与天地共为悠久者也。今安南虽在海陬，自昔为中国郡县，五季以来，力不能制，历宋及元，虽欲图之，而功无所成，贻笑后世。今黎贼逆命，朕命尔等率师往问其罪，欲尔等勉成大功。然师行之际，屡见嘉兆，朕尝梦亲率尔等致讨，黎贼父子衔璧舆亲献地受罪。既而朕复指画尔等抚其人民，修其城廓，老幼皆俯伏马前，欢喜拜舞。兹兆甚吉，周报尔等知之。

---

① （明）李文凤撰《越峤书》卷2，《四库全书存目丛书·史部》第162册，第695—696页。
② （明）李文凤撰《越峤书》卷2，《四库全书存目丛书·史部》第162册，第696—697页。

从这份敕谕中可以看出，明成祖非常渴望收服安南，他要效法乃父统一云南的做法，开创千秋之功业。此次明成祖列举军中事宜十八件，主要包括进军过程中的军纪、战略、战术等，要求朱能等"夙夜尽心谋虑，不可忽略"。其中有一件可反映成祖战后之安南政策，曰："安南官吏，察其有可付托、留在彼镇守者，先发四五十人来朝，与官职赏赐，即令其回。然后将其余应起来之人尽发来朝见。"① 八月二十七日，朱能收到明成祖的敕谕，谓："前者谕尔等焚其庐舍，今立郡县，凡一应室庐，不可焚毁。平安之后，即用居守，切宜戒敕军士。"② 这是明成祖首次对前方将领说出要在安南实施郡县管治的计划。九月二十日，更是派出太监苗青赶赴前线，预备在征服安南之后留下协助镇守，并要求朱能"凡都司、布政司、按察司有合行事务，与之讨议而行"③。这些资料说明，明成祖在明军还未进入安南时，便开始谋划在安南寻找可信的代言人，以及规划占领安南后的治理架构。甚至有史料说，明成祖曾令朱能务必寻找到古时铜柱的下落，并"掘出击碎，弃之于道"④。说明他是想毁灭一直悬于中越士大夫心中的历史界限，使安南永远回归中华。

原来明成祖满心希望朱能可以助其成就千秋功业，从一开始，明成祖关于出兵安南的战略、战术及战后政策，均以密谕的形式通知朱能等少数人，军中包括副将张辅在内亦无从知晓。但朱能不幸于十月二日病逝在广西龙州，此时离进攻安南的时间还有七天。临战被迫换将，确实给明成祖带来很大的困扰，但并没有改变明成祖的决心。十月二十一日，明成祖获悉朱能噩耗，次日即下令由新城侯张辅出任总兵官一职，并指示兵部尚书刘儁将原定计划告诉张辅，曰："尔前与国公节次面听朕所授之言，可一一说细与新城侯云阳伯谈说，使其知之。与尔一应等策文书，务要严密收贮，虽片纸只字，不可失落，大小事务皆须谨慎。"⑤

十月九日，明军从东、西两路进攻安南。次年正月即攻陷其东、西二

---

① （明）李文凤撰《越峤书》卷2，《四库全书存目丛书·史部》第162册，第698页。
② （明）李文凤撰《越峤书》卷2，《四库全书存目丛书·史部》第162册，第699页。
③ （明）李文凤撰《越峤书》卷2，《四库全书存目丛书·史部》第162册，第700页。
④ （明）李文凤撰《越峤书》卷2，《四库全书存目丛书·史部》第162册，第695-702页。
⑤ （明）李文凤撰《越峤书》卷2，《四库全书存目丛书·史部》第162册，第700页。

都，胡氏逃窜入海。二月，张辅授权归附的安南士大夫莫邃等"访求陈氏宗族，选嫡而贤者一人送京师请命，复其王爵"①。三月初十，莫邃等率千余府县耆老禀称："惟陈氏子孙，向被黎贼歼灭已尽，无有遗类，莫可继承。安南本古中国之地，其后沦弃，溺于夷俗，不闻礼义之教。幸遇圣朝扫除凶孽，军民老稚得睹中华衣冠之盛，不胜庆幸，咸愿复古郡县。"② 四月十九日，明廷收到张辅的奏报，听说安南人愿恢复古郡县，众臣一致建议明成祖接受安南人的"请求"，恢复对安南的统治，但明成祖对此表现得十分谨慎，说："俟黎贼父子悉就擒而后处置。"③ 五月二十九日，朝廷接到张辅的捷报，黎氏父子业已就擒，此时朝臣再次请求在安南开设三司及郡县。此次成祖因势应允。六月一日，明成祖颁布"平安南诏"，宣布改安南为交阯郡，设都指挥使司、承宣布政使司、提刑按察使司治理。④

对于张辅诏求陈氏子孙、莫邃率千人请求恢复郡县之事，中国士大夫一直深信《明实录》的记载，然而，安南士大夫早就认定这不过是一场由明成祖筹划、张辅执导的表演秀而已。安南黎朝史臣吴时仕曾说："明成祖久蓄南吞之志，岂有心于存陈者？其遍求陈后之诏，姑以涂塞国人之耳目，国人亦知其然，宁一向顺溜耳。郡县其地，岂人情所乐而愿之哉？"⑤

四 明成祖出兵安南的原因分析

1. 学界的分歧

明成祖出兵安南，并在安南推行郡县制，换来明朝在安南实施直接统治达二十余年，这在中越关系史，乃至整个中国古代史都算得上是一件特大事件。关于明成祖出兵安南的原因，学界有许多分析。有人认为是明成祖为了维护个人尊严与权威而进行的一次赌博。张奕善在《明帝国与南海政略》一文中认为："成祖生就桀骜不驯的个性，是雄才大略的君主，祖训的约束只限于中下之君，绝无法使之就范的。安南的征伐，纯然是大皇

---

① 《明太宗实录》卷64"永乐五年二月丙戌朔"，第909页。
② 《明太宗实录》卷65"永乐五年三月甲子"，第917页。
③ 《明太宗实录》卷66"永乐五年夏四月癸卯"，第932页。
④ 《明太宗实录》卷68"永乐五年六月癸未朔"，第943-955页。
⑤ 〔越〕吴士连撰《大越史记前编》卷10《后陈纪简定帝》，转引自郑永常《征战与弃守：明代中越关系研究》，第62页。

帝颜脸挂不下的问题。"又说："只要能够转移中国人民的视线或消除人民过去一段惨痛的记录的举措，甚至违背祖训，何吝乎尝试？"① 郑永常《征战与弃守：明代中越关系研究》一书中也同样强调这一点，认为明成祖出兵有其背后的动机："是为了转移永乐初年军民普遍怀念惠帝的情绪；并且藉这次动员机会来考验各地卫所军，特别是南京京军对朝廷的效忠程度；也可通过军队的调遣与整合，瓦解南方卫所军对他篡位的不满情结之增长。"② 也有学者认为明朝出兵是为了经济利益。伍德赛德（A. B. Woodside）称，明朝出兵安南有可以直接控制安南的资源及加强对西南地区朝贡贸易的作用。③ 其实，安南与其他东南亚国家不同，由于安南自然资源所限，其与中国贸易的互补性不强，两国的朝贡关系，政治意义更为重大。这一方面一直以来为大多数学者所忽略。还有学者认为明朝出兵安南是明成祖对外扩张政策的必然结果。日本学者山本达郎认为，明成祖出兵不仅是为了占领安南，而且将东南亚、南亚等广大地区均列入未来谋划的一部分。④ 罗荣邦认为，当时明朝的经济已恢复繁荣，有能力向外扩张。⑤ 赵令扬认为："成祖当时已著力海上扩张，故征安南之举，更是顺理成章。"⑥

毋庸置疑，明初所发生的靖难之役，对国家经济的影响并非致命，至永乐初年明朝经济便已得到较快的恢复。明成祖能接连举行郑和下西洋、南征安南、北伐蒙古、迁都北京等耗费巨大的壮举，足以说明当时雄厚的经济实力。但是，明成祖的积极外交政策，与元朝的领土扩张有着很大的区别，明成祖并没有以扩张领土作为其对外政策的目的。永乐十三年（1415），占城国王以金帛、战象等资助抗明领袖陈季扩，并侵犯当时交阯郡辖地升华等地区，兵部尚书陈洽建议发兵征讨。以当时明军的士气，征服占城，可谓唾手可得，但成祖却以"交阯既平，民方安业"⑦ 为由，阻

---

① 张奕善：《明帝国与南海政略》，载《东南亚史研究论集》，第48页。
② 郑永常：《征战与弃守：明代中越关系研究》，第57页。
③ A. B. Woodside, *Early Ming Expansionism (1406 – 1427): China's Abortive Conquest of Vietnam*, in Papers on China, Vol. 17 (1963) p. 24 – 25.
④ 山本達郎編『ベトナム中国関係史』，628頁。
⑤ Jung-Pang Lo（罗荣邦），*Intervention in Vietnam: A Case Study of the Foreign Policy of The Early Ming Government*，《清华学报》第8卷，第1、2期合刊，1970年8月。
⑥ 赵令扬：《贺凯：明代之中国政府》，《香港中文大学中国文化研究所学报》1971年第9期。
⑦ 《明太宗实录》卷170 "永乐十三年十一月辛酉"，第1900页。

止出兵。因此，认为明成祖为扩张领土而出征安南的观点值得商榷。

2. 关于陈天平事件的考察

学界的论点，各有理据，但均难服众。陈天平事件是明朝出兵的导火线，因此，要弄清明成祖出兵安南的理由，首先要辩明陈天平事件本身。日本学者山本达郎推论，明成祖于永乐二年（1404）八月已有入侵安南的意图，为制造入侵的借口，乃由朝臣伪作陈天平之奏言。① 因此，了解此事件的真相以及明朝、安南处理此事的态度，对我们探讨明成祖出兵的原因将会有较大的帮助。

越南史籍关于陈天平（越南史籍称陈添平）的身世有这样的记载，如《大越史记全书》"庚午二年明洪武二十二年（公元一三八九年）十一月"条曰：

> 以太宰元晖子仁靖王元挺为司徒，旧翰林学士陈荪为少保，及家臣阮康辅之。②

"庚午三年明洪武二十三年（公元一三九〇年）"条曰：

> 二月，帝幸龙兴、建昌、安生，拜谒诸陵，诏捕贼党元挺、阮洞、阮允、黄科、阮康等胁从罔治，元挺、陈荪赴水死，康北走明国，诈称陈氏子孙，改名添平。③

"丙戌 汉苍开大四年明永乐四年（公元一四〇六年）夏四月"条曰：

> 添平，陈元辉家奴，即阮康也。④

---

① 山本達郎編『ベトナム中国関係史』，157 頁。
② 〔越〕吴士连等撰，陈荆和整理《大越史记全书·本纪》卷8，第463页。
③ 〔越〕吴士连等撰，陈荆和整理《大越史记全书·本纪》卷8，第465页。
④ 〔越〕吴士连等撰，陈荆和整理《大越史记全书·本纪》卷8，第488页。

《钦定越史通鉴纲目》"庚午三年明洪武二十三年"条曰：

> 陈元挺、陈苏等有罪伏诛。先是占人入寇，司徒元挺、少保陈苏等潜通于占，占兵退，诏捕治之，元挺、陈苏赴水死，其党陈康走老挝。[1]

"甲申 汉苍开大二年明永乐二年条"曰：

> 初陈元辉家奴陈康以陈苏党窜老挝，至是由云南抵燕，改名添平，诈称陈艺宗子，诉汉苍僭逆欺诈之事。[2]

从上引史料可知，越南史籍均认为陈天平的身份只是一名家臣，原名叫阮康，或陈康。这里存在两个疑点：一是陈天平的主人陈元挺、陈元辉是否同属一人？二是陈天平原本姓阮还是姓陈？关于这些疑点，史界没人给予重视，至今仍含糊不清，有待进一步考证。

若佐证于明朝史籍，《明实录》载陈天平的表文曰：

> 臣以先被弃斥，越在外州。方季犛父子志图篡夺，臣幸以远外见遗。臣之僚佐，激于忠义，推臣为主，以讨贼复仇。方议招军，而贼兵见迫，仓皇走出，左右散亡。逆党穷追，放兵四索，臣窜伏岩谷，采拾自给，饥饿困厄，万死一生。久之，度其势且衰息，稍稍间行，艰难跋涉，以达老挝。然时老挝多事，不暇顾臣。瞻望朝廷，远隔万里，无所控告，屡欲自绝；苟且图存，延引岁月。忽读家书，知皇上入正大统，率由旧章，臣心欣忻，有所依归。然以抱疾积久，至于今年，始获躬睹天颜。伏念先臣受命太祖高皇帝，世守安南，恭修职贡，岂谓此贼造祸滔天，悖慢圣朝，蔑弃礼法，累行弑逆，遂成篡夺，陈氏宗属，横被歼夷，所存者惟臣而已。臣与此贼不共戴天，伏

---

[1] 〔越〕潘清简撰《钦定越史通鉴纲目》（正编）卷11，第1387—1388页。
[2] 〔越〕潘清简撰《钦定越史通鉴纲目》（正编）卷11，第1462页。

望圣恩府垂矜悯。①

中越文献记载虽不尽相同，而且也许与一些史实存在牴牾之处，但陈天平之行迹大概是吻合的。陈天平因对黎季犛篡夺陈朝政权不满，参与了反抗黎季犛的活动，事败后逃窜于安南与老挝边境，在一批忠义之士的拥戴下，以陈氏后人的身份建立了反黎流亡政权。② 日本学者榎本文城编撰的《大越货币志全》一书中，收录有"天平通宝"，并解释为"叛徒"陈天平所铸造的铜钱。③ 这也印证了陈天平在安南与老挝边界活动的事实。陈天平在未赴南京前即以陈氏之后的身份进行活动，故而，指责明成祖捏造陈天平的事故是毫无道理的。

至于陈氏政权遗老裴伯耆与陈天平在南京的关系，裴伯耆于永乐二年（1404）八月六日（乙亥）到达南京，二十八日（丁酉）陈天平也随后到达，中国史籍中没有介绍两人初次相会的情形，而越南史籍则称，当时明人问裴伯耆是否认识陈天平时，裴答以"不知"。④ 同年十二月，安南使者到达南京，明朝礼部官员让其会见陈天平，"使者识其故王孙也，皆错愕下拜者，咸泣者。而裴伯耆亦责使者以大，皆惶恐不能对"⑤。说明裴伯耆已经了解陈天平的身份，并接受这是事实。而此时明成祖对陈天平的身世仍然不尽全信。为了弄清事实真相，他派遣使臣前往安南调查。安南在回复中表示："天平，本陈氏宗族，久弃在外，不谓尚存，悠悠之言，自此而致，圣恩弘贷，遣使下问，臣请迎天平以君事之。"⑥

明成祖获悉事件之真相后，陷入两难的境地，一方面，胡氏加封已成事实，但他是篡逆之臣；另一方面，陈天平理应承袭封爵，但久弃在外，一旦回国承嗣，可否稳定政局？最终明成祖想出一个"两全其美"的办

---

① 《明太宗实录》卷33"永乐二年八月丁酉"，第595页。
② 吕士朋《明成祖征伐安南始末考》亦认为陈天平"确非陈氏子孙，而系诈称之人，以遂其请兵复仇之目的"。（由业师汤开建教授提供的油印本，未刊）
③ 〔日〕榎本文城编《大越货币志全》，转引自郑永常《征战与弃守：明代中越关系研究》，第33页。
④ 〔越〕吴士连等撰，陈荆和整理《大越史记全书·本纪》卷9，第497页。
⑤ 《明太宗实录》卷37"永乐二年十二月壬辰"，第635-636页。
⑥ 《明太宗实录》卷43"永乐三年六月庚寅"，第687-688页。

法，即由明朝派兵护送陈天平回国继位，同时宣布免除胡氏的罪责，并加封其为顺化郡公，尽食所属州县，试图将其调离京城，减少对陈天平的威胁。

明成祖在决定护送陈天平回国后，曾与陈天平、裴伯耆商议护送军力的问题，陈天平曰："不过数千人，到彼则人自服。"伯耆曰："不可。"① 也许陈天平自以为凭着陈氏之后的身份，一旦踏入安南的国土，便会得到广泛的支持，从一个侧面说明，陈天平对自己的身份非常有信心。而裴伯耆则从安南的形势分析，估计黎氏不会轻易让位，故对明朝仅以少量军队护送陈天平回国表示异议。明成祖对裴伯耆的异议不但没有醒悟，反而将其流放陕甘地区，没能让其与陈天平一起回国。最终明成祖采用了陈天平的意见，仅以五千人护送陈天平出境。这也说明明成祖确信了陈天平的身份，而且对胡汉苍的承诺深信不疑。可是，明成祖始料不及的是，胡氏同意迎接陈天平回国，以君事之，只是一个阴谋。

明成祖与胡氏关于陈天平事件的处理态度，表现出一种矛盾与对抗的态势。从明朝而言，护送陈天平回国续位，只是履行宗主国的义务与权利，符合宗藩体制的理念；从安南的角度来说，胡氏受封于明朝已经是既成事实，其表现出的对抗，却为维护一个王朝的独立与自由。胡氏初始同意迎回陈天平，继而伏击之，是想制造既成事实，迫使明成祖承认。因此，胡氏截杀陈天平后，立即派遣使前来解释与道歉。然而，明成祖并不接受胡氏的解释与道歉，并且做出更强硬的态度，毅然出兵征讨。

3. 明朝与安南冲突的实质

分析明朝出兵安南的原因，张辅的《讨季犛檄文》是不可忽略的。此文列举了胡氏二十大罪状：②

> 一、贼人黎季犛父子，两弒前安南国王，以据其国，罪一也。
> 二、贼杀陈氏子孙，宗族殆尽，罪二也。
> 三、不奉朝廷正朔，僭改国名大虞，妄称尊号，纪元元圣，罪

---

① 〔越〕吴士连等撰，陈荆和整理《大越史记全书·本纪》卷9，第497页。
② 《明太宗实录》卷60"永乐四年冬十月乙未"，第868－869页。

三也。

四、视国人如仇雠，淫刑峻法，暴杀无辜，重敛烦征，剥削不已，使民手足无措，穷饿罔依，或死填沟壑，或生逃他境，罪四也。

五、世本姓黎，背其祖宗，擅自改易，罪五也。

六、凭籍陈氏之亲，妄称暂权国事，以上罔朝廷，罪六也。

七、闻国王有孙在京师，诳词陈请迎归本国，以君事之，及朝廷赦其前过，俯从所请，而益肆邪谋，遮拒天兵，阻遏天使，罪七也。

八、其安南国王之孙始被迫逐，万死一生，皇上仁圣，矜悯存恤，资给护送，俾还本土；黎贼父子不思感悔，竟诱杀之，逆天灭理，罪八也。

九、宁远州世奉中国职贡，黎贼恃强夺其七寨，占管人民，杀虏男女，罪九也。

十、又杀其土官刀吉罕之婿刀猛慢，虏其女囊亦以为驱使，强征差发银两，驱役百端，罪十也。

十一、威逼各处土官，趋走执役，发兵搜捕夷民，致一概惊走，罪十一也。

十二、侵占思明府禄州、西平州、永平寨之地，及朝廷遣使索取，巧词支吾，所还旧地，十无二三，罪十二也。

十三、还地之后，又遣贼徒据西平州劫杀朝廷命官，复谋来寇广西，罪十三也。

十四、占城国王占巴的赖新遭父丧，即举兵攻其旧州格列等地，罪十四也。

十五、又攻占城板达、郎白黑等四州，尽掠其人民孳畜，罪十五也。

十六、又加兵占城，取其象百余只及占沙离牙等地，罪十六也。

十七、占城为中国藩臣，既受朝廷之印章服物，黎贼乃自造镀金银印、九章冕服、玉带等物，以逼赐其王，罪十七也。

十八、占城国王惟尊中国，不重安南，以此一年凡两兵加，罪十八也。

十九、天使以占城使者同往本国，黎贼以兵劫之于尸毗柰港口，罪十九也。

二十、朝贡中国，不遣陪臣，乃取罪人假以官职，使之为使，如此欺侮不敬，罪二十也。

此二十大罪状，大致可分为四类：一是指黎氏在安南国内施行暴政，如罪一、二、四；二是蔑视宗藩体制，挑战明朝的权威，如罪三、六、七、八、十七、十八、十九、二十；三是侵扰明朝边界，危及边境安全，如罪九、十、十一、十二、十三；四是侵掠明朝藩国占城，如罪十四、十五、十六。而这些矛盾，是否足以构成明朝征伐的原因？

安南黎朝的史臣吴士连曾对胡氏的败亡做过评述，曰：

昔夏征舒弑陈灵公，中国不能讨，楚子入陈，杀而轘诸栗门，《春秋》与其讨也。胡氏弑陈顺宗而篡其国，陈沆、陈渴真诸人谋诛之而不能克。身死之后，七八年间，无有能再举者，自谓国人无敢谁何？然乱臣贼子，人人得而诛之，而天讨之，在天下不容一日舍也。国人诛之不克，邻国人诛之可也；邻国人诛之不克，夷狄诛之可也。故明人得以诛之也。①

吴氏援引春秋之义，认定胡氏之罪人人得而诛之，况且明朝乃安南之宗主国，肩负"兴灭继绝"之义务，仅篡逆一罪就足可出兵征讨，何况是十恶不赦之人。耐人寻味的是，明朝破安南后，于永乐五年（1409）四月，消息传至朝鲜，朝鲜国王对群臣说："安南国王奔告于皇帝，则帝之此举，不得不尔。"他还补充说："如我国少失事大之礼，必兴师问罪。"② 由此可见，朝鲜国王也认可，如果藩属国一旦有失于"事大之礼"，宗主国有权兴师问罪。

综观明初与安南之关系，虽曾有过短暂的亲密时期，但很快便被安南国内王权篡夺、中越边界纠纷以及安南与占城战争等事件所破坏。所有这

---

① 〔越〕吴士连等撰，陈荆和整理《大越史记全书·本纪》卷9，第497页。
② 吴晗辑《朝鲜李朝实录中的中国史料》卷3，中华书局，1980，第223页。

些事件，都表现为对明朝宗藩体制之理念的挑衅。但是，明太祖的治国政略，对外充满着理想主义，希望能建立一个以明朝为主导的和谐的天下秩序；对内却是现实主义的，为了朱明王朝能传之万世，他可以放弃理想，尤其是，他对元朝因穷兵黩武而加速王朝灭亡之教训，铭记于心，故而对安南的不恭、不信、侵邻、扰边等行为，虽然也曾发出过严厉的警告，但对每次危机最终均采取最大的容忍与克制，使危机在互相妥协下得以缓解。然而，所有的这些矛盾仍然在延续，两国的诚信基础也变得越来越脆弱。个中原因，就是胡氏自从篡夺安南的政权以后，即使明朝承认了其在安南的统治地位，但与明朝对抗的意识不但没有减弱，反而有所加强。明成祖得位不正，以其雄才大略，自然希望能以"万国来朝"的繁荣景象来逐渐淡化人们那段惨烈的回忆。登基之初，明成祖在对外政策上更趋积极，宣布对所有国家"示无外"①。对安南国内王权更替也采取更为宽容的态度，胡汉苍轻易获得封爵即是例子。清人夏燮在谈及明成祖对安南政策时说："安南既列藩封，其篡弑相寻，固王法所必讨。然成祖自燕邸称兵，身冒不韪，其得国所自，与胡氂父子亦何甚迳庭？成祖既欲明正其罪，然自返惭德，何以为辞！"②夏燮的评论，给人的印象就是，成祖因自身得位不正，因此可以容忍胡氏父子的篡逆。然而事实并非完全如此。永乐二年（1404）是明朝与安南关系的关键之年，这一年，安南裴伯耆、陈天平先后入禀明朝，控诉胡氏父子篡权之真相；占城入奏安南侵扰及强迫其臣属；思明府、宁远州入奏安南扰边，这些因素促使明成祖对安南采取强硬的立场，而在这三方面的控诉中，成祖以为篡逆最为严重，曰："安南国土，陈氏之先禀命于我太祖皇帝，世世相传，修其职贡，尔为陪臣，屡行篡弑，夺而有之，罪恶滔天，不亡何待！若占夺禄州等处之地，盖罪之小者。"③也就是说，在明成祖的意识中，侵地、侵邻事小，篡逆为大，并不像其他学者所说的，明成祖因为自身得位不正，就会容忍别人篡逆夺权。

陈天平事件的危机处理，许多学者认为是明成祖为了维护个人的尊严

---

① 《明太宗实录》卷12上"洪武三十五年九月丁亥"，第205页。
② （清）高宗撰，刘统勋等编《评鉴阐要》卷10："安南陈天平来诉胡氂篡国，帝令查具状以闻，氂旋诈杀天平于芹站。"《影印文渊阁四库全书》第694册，第558页。
③ 《明太宗实录》卷38"永乐三年春正月甲寅"，第644-645页。

与权威所致，因此看成是明成祖与胡氏的矛盾。其实不然。在明初，明太祖苦心经营的以宗藩体制为基础的天下秩序，其核心理念乃是"诚信"二字，而胡氏关于陈天平事件的处理，正是严重地践踏了宗藩体制赖以存在的核心理念。再从明朝声讨安南胡氏的二十大罪状来分析，究其实质，笔者以为是宗藩体制的理念与安南现实间的冲突，正如王庚武所言，明朝所罗列安南的罪状"表明了中国所要求的宗主权程度，已达拒绝给予藩属国家以自由和独立行动之权"[①]。可以说，在处理陈天平事件中，表面上是胡氏耍弄了明成祖，从深层次来看，那是明朝在努力坚守宗藩体制的信念，维护宗主国的尊严，而安南胡氏则是为了保守作为独立王朝的自主权。两者之间的矛盾，或许可以以一种更为坦诚的办法解决。遗憾的是，胡氏手段之欺诈，做法之吊诡，严重亵渎天朝的尊严，挑衅宗主国的权威，正如谷应泰所评："黎氏弑主盗国、黎帝改元，非独得罪本国，意实抗衡中国。"[②] 使矛盾进一步激化，以致于无法容忍。

[①] 王庚武著，姚楠编《东南亚与华人——王庚武教授论文选集》，中国友谊出版公司，1986，第50页。

[②] 佚名：《安南志原》卷1，法国远东学院订刊，越南河内1931年发行，第31页。

第三章

宣宗弃守安南与明、安邦交常态化

永乐四年（1406），明成祖出兵安南，明朝对其进行直接管治达二十余年，此间战乱不息，生灵涂炭，也消耗了明朝相当国力。宣德三年（1428），明宣宗决定撤军，安南王国恢复独立。此后明朝与安南围绕宗藩关系正常化问题进行了一场长时间的邦交谈判，在这场邦交博弈中，双方的立场、交易以及结果，一直以来，学界少有关注。只有郑永常的《征战与弃守：明代中越关系研究》一书稍为涉及，但由于史料掌握不足，对撤军过程中明朝与安南的相关交涉仍有深入讨论的空间。本章试就撤军的过程进行较详尽的分析，以揭示从熙宗萌生退兵之意到宣宗完成撤军的历史背景，以及两国在战场及邦交谈判方面的博弈情形，这将有助于理解宣宗以后明、安关系发展的走向。

第一节 宣宗弃守安南的经过

一 洪熙对安南政策的转变

永乐四年（1406）十月九日，明朝以"吊民伐罪，兴灭继绝"为由出兵安南，仅花八个月的时间，以破竹之势，迅速占领安南，并俘虏胡氏父子及主要大臣。后因陈氏继承人查找无踪，应安南耆老的要求，永乐五年

(1407)六月初一日,明成祖颁诏在安南设交阯郡,设三司管理,形同内地。① 随后又在安南推行地方行政、经济、文化教育等一系列的改革措施,把明朝的伦理观念、管理制度完全移植到安南,对其实施全面的统治。然而明朝的管治并非一帆风顺,各地抗明复国的武装起义此伏彼起,先后有陈简定、陈季扩等64股起义力量抗衡明朝的统治,② 使明朝管治下的安南陷入动荡不安的局面。

面对安南的乱局,明朝采取以剿为主、招抚为辅的政策,至永乐二十一年(1423),安南各地的抗明武装基本被平息,只有黎利率领400余人的武装力量逃遁于蓝山一带。当时明将陈智、马骐、山寿等人不能把握良机,及时扫平黎利残部,而一味推行优抚政策,为被困于深山的黎利提供"牛、马、鱼、盐、家器、谷粟",试图诱其顺服。黎利则抓住明军厌战的弱点,实施"外托和亲,内怀掩袭"的策略,以对抗明朝军队。③

永乐二十二年(1424)七月,明成祖去世,仁宗继位。仁宗在做太子时,成祖多年北征在外,故得以监国理事,对其父的邦交政策所产生的负面影响有着深刻的体会。因此,仁宗登基后不久,很快改变其父的外交政略,恢复明太祖较为理性的邦交理念。他专门颁布了一道处理安南关系的诏令:"交阯采办金珠香货之类,悉皆停止。交阯一应买办采取物料,诏书内开载未尽者,亦皆停止。所差去内外监督官员,限十日内即起程赴京,并不许托故稽留,虐害军民。"④ 明仁宗主要想通过一些柔性的安抚措施,舒缓安南人民的抗明情绪,稳定此地区的局面。

在安南,黎利正欲乘明朝新皇初立之机,组织反攻。明朝将领陈智探知这一消息,感到已招抚无望,建议对黎利实施围攻。九月初一日,他上奏朝廷曰:"黎利虽称率男女四百八十余人来降,而止于清化府俄乐县,不出,且闻仍造军器不已,怀诈如此,必当进兵讨之。"然而,明仁宗虽然肯定了陈智的分析,却指示陈智等曰:

---

① 《明太宗实录》卷68"永乐五年六月癸未",第945页。
② 郑永常:《征战与弃守:明代中越关系研究》,第84页。
③ 〔越〕吴士连等,陈荆和等整理《大越史记全书·本纪》卷10,第521页。
④ 《明仁宗实录》卷1"永乐二十二年八月丁巳",第17页。

第三章／宣宗弃守安南与明、安邦交常态化

> 朕闻此贼初只为官司科扰逼迫，穷窘不得已而然。今以大赦天下，咸典（与）更新，而于交阯又加宽恤，此贼万一良心未丧，庶或易虑（处）。今若官军未进，即遣人招谕，宥其前过，令还本土，安生乐业。彼若执迷不出，仍前所为，即具实来奏，别为区处。如官军已追，势不可止，须十分仔细谨慎。盖贼之谲谋，惟凭险设伏，须远哨瞭，毋堕其计。军行之际，尤加约束，军士毋扰害良民。①

从这一份诏谕中可以看出，明仁宗对安南事务的处理原则，一是对黎利集团抱有幻想，他想以宽恤的政策，来唤醒黎利"未泯良知"；二是在可靠而安全的情况下，不排除使用军事行动。其"别为区处"则体现仁宗处理安南决策的弹性，而且明显倾向于以招抚为主。

随后中官山寿回京述职，"力言利与己相孚，今往谕之，必来归"，并誓言"如臣谕而彼不来，臣当万死"②。山寿的自信，严重影响了仁宗对安南形势的判断，使之对黎利安抚的决心更加强烈，便将与黎利谈判的任务全权交给山寿。九月乙酉，中官山寿赍敕谕前往安抚黎利称："尔本良善，久秉归向之诚。但有司失于抚绥，致怀疑畏，潜遁山林，未遂素志。今大赦之后，尽洗前过，咸与更新。特遣人赍敕谕尔，授尔清化府知府，抚一郡之民，宜即就职，以副朕推诚待人之意。"③ 明仁宗对安南的怀柔政策，并未能换来黎利诚心地归顺，反而致使前线将领在军事上迟疑不决，给黎利以喘息之机。

总结近二十年的抗明战争，黎利深深体会到自身并无足够力量与明朝的主力部队对抗，必须改变策略。他集合麾下将领于芦山讨论抗明的策略，最终采用少尉黎只的建议："乂安险要，地大人众，臣尝身履其地，颇熟之，今宜先取茶隆，略定乂安，以为立脚之地，资其财力，然后返旆东都，天下可图也。"④ 也就是不再以攻占都城为目标，而是试图转战南方，建立根据地，以蓄势北上。

---

① 《明仁宗实录》卷2 "永乐二十二年九月癸酉"，第40页。
② 《明仁宗实录》卷2 "永乐二十二年九月乙酉"，第58页。
③ 《明仁宗实录》卷2 "永乐二十二年九月乙酉"，第58页。
④ 〔越〕潘清简撰《钦定越史通鉴纲目》卷13，第1577页。

113

九月二十日，黎利袭击多秤堡，先后击败参政梁汝笏率领的明军及由都指挥使阮率英所率援军，梁汝笏与阮率英逃回西都，而黎利并没有乘胜追击，而是按原订计划，"簿丁壮、缮器械、严部伍、备粮糗，直趋义安"①。黎利率领的起义军在进军茶笼②时，与陈智等率领的明军在癸州相遇，结果明军大败，都指挥同知陈忠及昌江卫指挥伍云战死。十一月，黎利的起义军对茶笼形成合围之势，守将乃土官琴彭，坚守不降。

此时，陈智益发感觉局势难以驾驭，便向朝廷如实反映黎利反状，明仁宗显然没有意识到安南战场上的严峻形势，曰："已有赦敕黎利罪，命为清化府知府，令内官山寿赍往谕意。待山寿至彼，尔等察其近情何如，与山寿计议停当奏来。"③ 十二月，山寿到达义安，立即派人前去黎利军营劝降。而黎利对明朝的使者却采取两面手法，一方面与明朝使者谈判，以争取时间；另一方面又积极备战，对茶笼的攻势并没有稍减。明军驻守义安的将领陈智没能及时发现黎利的图谋，当黎利最终攻陷茶笼时，才仓促派兵前往围剿，结果在可留关与黎利的遭遇战中，明军大败。黎利乘胜追击，很快便掌控南方的义安、清化、演州除府城之外的大部分地区，南方战场呈现一边倒的局面。只是明仁宗并不知悉这一切，便于洪熙元年（1425）五月十二日去世了。

二 宣宗对安南政略的抉择

宣宗继位后，为了稳定安南的局势，对安南的吏治做出一定的调整。洪熙元年（1425）七月，任命南京都察院右副都御史弋谦为交阯右布政使，代替贪淫的戚逊。同时应陈洽的荐举，提拔"久在交阯，谙知夷俗"的大理寺右寺丞陆祯为交阯布政司左参议、孙子良为右参议。④ 然没过几天，宣宗接到交阯巡按监察御史的奏报，称黎利聚众作逆，围攻茶笼，交阯土官琴彭已坚守七月，粮尽兵困，形势危急，请求增援。此时，宣宗始

---

① 〔越〕吴士连等撰，陈荆和整理《大越史记全书·本纪》卷10，第523页。
② 茶笼，〔越〕吴士连等撰，陈荆和整理《大越史记全书·本纪》卷10作"茶麟"，〔越〕潘清简《钦定越史通鉴纲目》卷13作"茶隆"。
③ 《明仁宗实录》卷4"永乐二十二年十一月乙亥"，第134页。
④ 《明宣宗实录》卷3"洪熙元年秋七月庚辰"，第93页。

第三章 / 宣宗弃守安南与明、安邦交常态化

知安南之危局，立即敕谕参将荣昌伯陈智等及交阯三司曰：

> 朝廷命尔等镇守交阯，期在安辑一方。今闻清化贼首黎利等攻劫州县，邀截道路。尔等近日乃奏已招谕黎利，待秋凉赴清化知府任。今已秋矣，利果曾到任否？朕度此贼谲诈，必无归顺之心，但诡词缓师，彼得从容聚众，将来必为边患。尔等曾无虑及此乎？署茶笼州事土官知府琴彭被利攻围七月，刍粮垂尽，兵死战斗三之一。彭（琴）彭能坚守拒敌，交阯有人如此，诚不易得，尔等亦曾察此人之忠而调兵援之否？敕至，如察黎利果无归向之心，即设法剿捕，急发兵往援琴彭而厚抚之，庶几坚其忠顺之志。尔等皆国之大臣，须同心协力以副委任，无患赏罚之不公也。①

宣宗完全没有料及，当其签署此敕谕之时，黎利早已攻陷茶笼，并采用"舍坚攻瑕，避实击虚"的游击战术，全力攻下明军势力较弱的顺化、新平。黎利的声势正与日俱增，众将推尊为帝，以"代天行化"自榜，告谕四方。②

然而，陈智胆小而无谋，对黎利的行为并没有足够的警惕，始终抱着侥幸心理，希图以招抚的形式平定安南的局势。洪熙元年（1425）八月，他又上奏为叛寇路文律、潘僚、陈文、阮幸及阮光烈、胡纲、阮子异、阮汝言、陈江、陈清、陈元忠、胡将并军民人等说情，"请降敕抚谕"。宣宗得奏后，对侍臣说："蛮夷之人叛服不常，从古而然，不足怪。若穷兵黩武，亦非帝王盛德事，不若因其所陈而赦之，亦稍舒官军之劳。"

> 遂敕文律等曰："尔等本皆良善，但因所司抚绥失当，以致逃窜山林，聚众拒命，原其初心实非得已。而父子夫妇兄弟分离隔越，不得宁居，疾病死亡，不能相保，历年既久，艰苦备尝，有可怜悯。今朕统承大位，主宰万方，薄海内外皆朕赤子，罪无大小，悉已赦除。今总兵者言尔等有悔过心，朕用嘉之，特遣人赍敕往谕尔等。如诚心迁善，即各

---

① 《明宣宗实录》卷6"洪熙元年闰七月癸丑"，第148-149页。
② 〔越〕吴士连等撰，陈荆和整理《大越史记全书·本纪》卷10，第526页。

115

还本土。先有官者悉赴总兵处自陈其名，奏来授以职事，仍前任用。系民人者，官给种子农具，蠲免赋役五年。前之过失，譬如寒冰遇春，消释静尽，无复查滓。朕之此言，上通上天，尔等更勿怀疑，因循不决，失此事机，后悔无及。"仍敕智等："若其来归，宜善抚绥。"①

陈智的一味招抚，使明军错失许多机遇，黎利则进一步利用明将的懦弱，层层进逼，致使明军陷入更加危险的局面。洪熙元年（1425）十一月廿六日，交阯布政司按察司事兵部尚书陈洽对陈智的退缩政策深为不满，上奏将安南的真实情形如实汇报，曰：

> 贼首黎利，名虽求降，实则携贰，招聚逆党，拒抗官兵，攻围茶笼州，杀知府琴彭，潜结玉麻州土官琴贵及老挝酋长与之同恶。太监山寿赍敕宥利之罪，授以清化府知府，利言俟秋凉到任。今复言：素与参政梁汝笏等有怨，乞解知府之职，愿得署茶笼州事。近演州土人多有从利为逆，而利又遣其党潘僚、路文律等往嘉兴、广威等州招集逆徒，日以滋蔓。望乞总兵者早灭此贼，以靖边方。②

宣宗收到陈洽的奏报后，才清楚安南局势的严重性，下令荣昌伯陈智、安平伯李安、都督方政及交阯三司曰：

> 反贼黎利包藏祸心已非一日。始若取之，易如拾芥。乃信庸人之言，惟事招抚，延今八年，终不听命，养成猖獗之势，使忠臣无辜而罹害，良民被毒而未厌，其谁之过？敕至，陈智、方政专督进兵，务在协和成功，不许缓机误事。若来春捷报不至，责有所归。③

宣宗此令看似开始反省招抚政策，对安南采取强硬的措施。可是，就在他签署谕令的第二天，即在文华殿与内阁大学士杨士奇、杨荣商谈安南的局势，

---

① 《明宣宗实录》卷8"洪熙元年八月乙未"，第220－222页。
② 《明宣宗实录》卷11"洪熙元年十一月辛酉"，第313页。
③ 《明宣宗实录》卷11"洪熙元年十一月辛酉"，第313－314页。

问曰："昨日谕荣昌伯等敕皆行矣？"对曰："已行！"上曰："朕有一言怀之久矣，今独与卿二人说，未可轻泄也。昔在南京，皇考因交阯擒叛贼至，曾与朕言：'太祖皇帝初定天下，四裔惟安南最先归化。后来黎氏篡陈氏而夺其位，所必当讨。而是时求陈氏之后立之不得，故郡县其地。果若陈氏今尚有后，选择立之，是犹太祖之心，而一方亦得安静。'朕对曰：'朝廷若行此事，诚帝王之盛举。'皇考笑曰：'此语未可轻泄。'然藏在朕心未尝忘。朕今思之，若陈氏果有后，选一人立之，使共蕃臣之职，三年一贡如洪武之制，用宁其民，而中国亦省兵戎之劳，岂不可乎？如此，不免论者谓朕委弃祖宗之业。然继绝兴灭，实我皇祖之志。"士奇、荣对曰："永乐三年初，命将征黎贼，凡诏敕文字皆臣等在御前亲承面命书行。是时太宗皇帝圣志惓惓，在于兴灭继绝。玉音具存，中外所共闻知。"上曰："其时朕虽髫年，尚记一二，圣等亦如卿等所云。卿二人但识朕意，勿言。三二年内，朕必行之。"[1]

从这一段谈话，可以肯定，宣宗已经开始思考放弃安南，所忧虑者，首先是是否找到"陈氏之后"，其次是担心大臣们把此一盛举当作"委弃祖宗之业"而加以反对。为了实现这一宏愿，他做了两手准备。

一是加强安南的军事优势，于宣德元年（1426）四月初二日，撤换陈智等人的官爵，任命成山侯王通为总兵官，加强对安南黎利的军事行动。[2]

二是设法争取大臣的支持。王通出征次日，即宣德元年（1426）四月初三日，时宣宗在文华殿召见蹇义、夏原吉、杨士奇、杨荣四人，

曰："太祖皇帝祖训有云：'四方诸夷及南蛮小国，限山隔海僻在一隅，得其地不足供给，得其民不足使令。'又云：'若其自不忖量来挠我边，彼为不祥。彼不为中国患而我兴兵伐之，亦不祥也。吾恐后

---

[1] 《明宣宗实录》卷11"洪熙元年十一年壬戌"，第315-316页。
[2] 《明宣宗实录》卷16"宣德元年四月乙丑"，第419页。

世子孙倚中国富强，贪一时战功，无故兴兵伤人，切记不可！'后因黎氏弑其国主，毒害国人，太宗皇帝不得已有吊伐之师。初意但讨平黎贼之后，即求前王子孙立之，盖兴灭继绝之盛心也。而前王子孙为黎贼杀戮已尽，乃徇土人之请，建郡县，置官守，非出太宗皇帝本心。自是以来，交阯无岁不用兵，一方生灵遭杀已多，中国之人亦疲于奔走甚矣！皇考常念及之，深为隐恻，故即位之诏施恩于彼特厚。昨日遣将出师，朕通夕不宁，诚不忍生灵之无辜也。反覆思之，只欲如洪武中及永乐初使自为一国，岁奉常贡，以全一方民命，亦以休息中土之人，如何？"义等皆未有对，上曰："此固不背祖宗之心。"义、原吉对曰："太宗皇帝平定北方劳费多矣。今小丑作孽，何患不克。若以二十年之勤力，一旦弃之，岂不上损威望，愿更思之。"上顾士奇、荣曰："于卿两人云何？"对曰："陛下此心固天与祖宗之心。交阯于唐虞三代皆在荒服之外，当时不有其地，而尧舜禹汤文武不失为圣君。太宗皇帝初欲立陈氏，所以为圣。汉唐以来，交阯虽尝为郡县，然叛服不常，丧师费财不可弹纪，果尝得其一钱一兵之用乎？汉元帝时珠崖反，发兵击之，连年不定，有司议大发兵。元帝用贾捐之议罢珠崖郡，前史称之。元帝中主，犹能布仁行义如此，况陛下天下之父母，何用与此豺豕辈较得失耶？"原吉曰："容臣等四人更审思以对。"上曰："然！但朕素志如此，本不系用兵之如何？"明日，士奇、荣奏事毕，上曰："昨日所论交阯事。朕意有在矣。卿两人意与朕同，第未可以遽言耳。"①

宣宗此次试探性的谈话，并没有收到期望的结果，除杨士奇、杨荣表示支持外，蹇义表示坚决反对，而夏原吉的态度则明显有回旋的余地，所谓"容臣等四人更审思以对"。宣宗明显感觉到，商谈安南撤兵的时机并未成熟。此后大半年时间，宣宗可能也与大臣讨论过此事，但仍未得到共识。

---

① 《明宣宗实录》卷16"宣德元年夏四月丙寅"，第420-422页。

三 黎利集团抗衡明军的策略变化

宣宗一直在等待前方的将领能给他带来好消息，可惜的是，总兵官王通于宣德元年（1426）九月进入安南后，对黎利的围剿并不如意，明军节节败退。十一月六日，王通集合十万大军，拟分三路向黎利展开最猛烈的进攻，"王通由丘温过西阳桥、屯古所渡，造浮桥以济师；方政出自安决桥、屯沙堆桥；山寿、马骐出自仁睦桥、屯青威桥，列营连亘数十里，旌旗蔽野，铠仗辉空"①。然而，如此强大的军力，经过一昼夜的激战，以明军惨败告终，黎利起义军"斩尚书陈洽、内官李亮及士卒五万人，溺死者甚众，宁桥之水为之不流，生擒万余人，获马匹、军资、器械、辎重、簿书不可胜计。方政从古所渡遁归，王通、马骐等仅以身免，走还东关城"②。

明军之失利，其主要原因是王通不听众将的规劝，轻率冒进，以至陷入敌兵的埋伏。③ 只是这场失败不仅是军事的失败，更重要的是安南民心的背离，随后"京路豪杰及各府县人民、边镇酋长，皆辐辏军门（指黎利军团），愿效死力，以攻各处贼城"④。以致明廷的诏令在安南已基本无法贯彻。越史记载，此役之后，"明之正朔不行于我郡县"⑤。

王通经此一役，心生胆怯，退守于东关城，日夜加筑城垣，等待援军的到来。而黎利则乘势围攻东关城，两军相持。此时王通私下使人致书与黎利议和，黎利也因势应允。"前有总兵官成山侯自宁桥败衄之后，令人致书约以和解。我上得尽敬顺朝廷之心，下免为两国干戈之苦，所言一一听从。"⑥ 这次和议的内容虽无完整文件，但从零星史料中可推出，王通主要提出两个方面的条件：一是保证明朝军队"得全众归国"⑦；二是访求陈氏子孙立之，

---

① 〔越〕吴士连等撰，陈荆和整理《大越史记全书·本纪》卷10，第528－529页。
② 〔越〕吴士连等撰，陈荆和整理《大越史记全书·本纪》卷10，第529页。
③ 《明宣宗实录》卷22"宣德元年十一月乙未"，第593－594页。
④ 〔越〕吴士连等撰，陈荆和整理《大越史记全书·本纪》卷10，第531页。
⑤ 〔越〕吴士连等撰，陈荆和整理《大越史记全书·本纪》卷10，第530页。
⑥ 〔越〕阮廌撰《抑斋遗集》"谕北江城书"，《阮廌全集》（1），河内文学出版社，1999，第500－501页。
⑦ 〔越〕吴士连等撰，陈荆和整理《大越史记全书·本纪》卷10，第531页。

并上求封表。越史籍载:"王通屡经挫衄,知终不可胜,欲罢兵归,而恶无其名,乃援永乐初诏求陈氏子孙,阴劝王以立陈后为辞,请罢兵。"①

黎利得到此消息后,于宣德元年十一月迅速找到一名叫"陈暠"的人,并立之为帝,以回应王通的条件。这位安南国的继承人究竟是何人?越南史籍《蓝山实录》记载:"(癸卯年四月)时有陈氏之末孙,名琴贵,避胡氏窜于山林,诈称陈氏之后,帝乃迎立,号'天庆'。"②《大越史记全书》则载:"十一月,帝得陈暠立之。先是有胡翁者,乃丐者之子,窜身于琴贵,假称陈氏后。时国人苦贼苛政,思得其主,而帝急于灭贼救民,遂使人迎立,以权一时之事,且欲藉辞以应明人,因以为侯,建元曰'天庆',使左仆射黎国兴傅之,实则监。"③ 从这些史料来看,陈暠完全是黎利炮制出来的傀儡,以虚应明朝和议撤军的条件。因此,当目的达到后,便急不可待地要除去,"初不择其贤愚真假,事平之后,群臣皆上疏力争,谓胡翁无功于民,何以堪居人上,宜早除之"④。

在黎利的"配合"下,王通与黎利很快达成了和议,并布置撤军事宜。王通亲自下文演州、乂安、新平、顺化等城官军,尽速会集东关城,指日归国。⑤ 黎利在致"达花大人等书"中亦言:"只今讲和已成,求封表与使人将已过梅关界,东西二广及福建等处俱军人以明年正月初二日起程回京。惟总兵王大人并太监山大人暂且停驻等约演州、乂安、清化迤里官

---

① 〔越〕潘清简撰《钦定越史通鉴纲目》卷13"黎平定王九年",第1611页。这里有一疑问,明宣宗与身边四位重臣言及有求陈氏子孙之意,一次是宣宗继位不久,与杨士奇与杨荣的私人密语,并强调"此语未可轻泄";另一次是王通出兵安南次日,宣宗于朝后征询杨士奇、杨荣、蹇义、夏原吉关于处理安南的意见,王通并不在场,但从何得知宣宗此一心意?中国史籍并无交代,只有越南史籍《阮廌全集》(NGUYÊN TRÃI TOÀN TÂP)(1)"再与王通书"中记载:"前者得书并本稿,所言要赦安南罪,复立陈氏遗嗣。仆与诸将头目军民等莫不欢欣鼓舞,相谓果能如是,今后南北无事矣。"(第415页)又于同书载:"大人奉命之日,得以便宜处置。而大人果能复照太宗诏书,许立陈氏,令复我国,此又一时也。"(第524页)而且在"再与打忠、梁汝笏书"中也曾说:"然今圣上宽恩,有赦旨令总兵官从便宜行事,许立我陈氏,班师回京,以免两国干戈之苦。"(第399页)由此可以推测,王通此举应曾得到宣宗的密示。
② 〔越〕阮廌撰《重刊蓝山实录》卷1,《阮廌全集》(2),第249-251页。
③ 〔越〕吴士连等撰,陈荆和整理《大越史记全书·本纪》卷10,第530页。
④ 〔越〕阮廌撰《重刊蓝山实录》卷3,《阮廌全集》(2),第295页。
⑤ 郑永常:《征战与弃守:明代中越关系研究》,第131页。

军齐到东关一并同行。"①

然而，王通与黎利的和议并没有得到明军内部的一致支持。其反对力量主要来自两个方面。一是明朝将领方政、马骐等。黎利在回顾此次和议失败时曾说："前者和解之约非惟仆与大人之心俱安，而两国军士之心莫不欢欣跃，自谓南北从此无事矣。奈何方、马二公偏执己见，泥而不通，致使阻却两边约事。"② 二是安南本土的利益既得者，如当时都司陈封、参政梁汝笏、都指挥陈安荣等，担心黎利得势后，对他们不利，因此极力劝导王通，对黎利的言行不可轻信，并以元朝乌马儿事件为例，曰："昔乌马儿军败于白藤江，率众来降，兴道大王许之，以计取大舰装载送还国，又令善泅者以充舰夫。至海外，夜间伺其睡熟，乃入水中，钻刻舰底，贼皆溺死，无一生还者。"而驻守清化的知州罗通与指挥打忠则曰："吾辈与贼相持，数败贼矣，出城即无生理。今城高池深，粮多人众，与其出城就缚，曷若尽忠而死，况未必死乎？总兵卖城与贼，其令决不可从。"③ 于是奖励军士，坚守城池。对于明军内部的分歧，黎利在事后曾指责王通谓："大人权不归一，政出多门，言动不同，心各自异……一人说是而十人说非，一人作事而十人坏事。"④

尽管王通在按和议布置撤离事宜，但黎利并没有放松对东关城的包围，乌马儿的教训使王通不得不有所警惕，他一方面加强防御，另一方面派了数十人潜出城池，以求救援。只是这些密使多被黎军所捕获，黎利指责王通在城内"掘壕设签，高栅树垒，坏古器以铸火筒，修战器"⑤，于是"乃于东关城四傍阴设伏兵，候贼出入，虏获贼哨三千余人，马五百余匹。自是明人闭城不出，来使遂绝"⑥。

和议失败后，黎利并未强攻东关城，而是采取迂回的战术，在不放弃对东关城包围的同时，重点分兵对明军把守相对较弱的城市进行逐个攻

---

① 〔越〕阮廌撰《抑斋遗集》"达花大人等书"，《阮廌全集》(1)，第385页。
② 〔越〕阮廌撰《抑斋遗集》"安南国头目黎利书奉总兵官王大人、太监山大人钧座前"，《阮廌全集》(1)，第766页。
③ 《明宣宗实录》卷23"宣德元年十二月甲子"，第607页。
④ 〔越〕阮廌撰《抑斋遗集》"再与王通书"，《阮廌全集》(1)，第415页。
⑤ 〔越〕阮廌撰《抑斋遗集》"再与王通、山寿书"，《阮廌全集》(1)，第410页。
⑥ 〔越〕吴士连等撰，陈荆和整理《大越史记全书·本纪》卷10，第531页。

击，如由黎国兴进攻刁鸦、市桥二城，黎可、黎犬进攻三江城，黎察、黎受、黎理、黎冷、黎篆进攻昌江城，黎榴、黎杯进攻丘温城。① 将战线推进至北方与明朝接壤的边境地区，目的是消除东关城的外围支援，以达至孤立东关城的目的。

面对黎利的军事威逼，王通于十二月急奏朝廷，称"交阯叛冠猖獗"，宣宗感到明军在安南战场的不利局面，决定再遣兵增援，以祈一举歼灭之功。他下令安远侯柳升、黔国公沐晟任总兵官，同时敕调南北京诸卫、中都留守司、武昌护卫，湖广、江西、福建、浙江、山东、河南、广东、广西、贵州都司官兵总共七万，听其调遣，分别从广西与云南两路进发。此次出兵，宣宗强调"务要器械锋利、衣甲鲜明"，并且俸粮从优。②

柳升率军出征后，宣德二年（1427）正月乙巳，宣宗再次召见少傅杨士奇、太子少傅杨荣商议安南事件，他批评蹇义、夏原吉"拘牵常见，若从所言，恐中国之劳费未已"，并说："太宗皇帝初得黎贼，定交阯，即欲为陈氏立后，当时下人不能承顺。朕今欲成先志，使中国之人皆安于无事。"还表示："朕志已定，无后疑者。但干戈之际，使令访求恐未暇及。俟稍宁静，当令黄福专意求之未晚也。"③

这里所谓的"俟稍宁静"，只是针对当时国内外局势而言，一方面，在对待安南时，宣宗只是想在处理安南的问题上掌握主导权，并可保留宗主国的尊严体面撤出，而不是在被动之时以失败者的身份撤出；另一方面，宣宗即位未久，自感"众心未附"④，在高煦初乱之时，"在廷多怀二心"⑤，而宣宗虽然以亲征平定了高煦之反，慑服了"尚怀二心之臣"，但为了得到更多朝臣的诚心顺服，树立起新帝的威信，所以他更需要前线的胜利，以争取更多大臣支持其对安南的政策。

第一次和谈失败后，黎利在策略上又有了改变，采用且战且和，以战促和的战略。正月，丘温、刁鹗、乂安、演州相继被攻陷。二月，方政、

---

① 〔越〕吴士连等撰，陈荆和整理《大越史记全书·本纪》卷10，第531页。
② 《明宣宗实录》卷23 "宣德元年十二月乙酉"，第619-621页。
③ 《明宣宗实录》卷24 "宣德二年春正月乙巳"，第634-635页。
④ 《明史》卷118《诸王三列传》，第3619页。
⑤ （明）杨士奇撰《东里续集》卷36《故少师工部尚书兼谨身殿大学士赠特进光禄大夫左柱国太师谥文敏杨公墓志铭》，《影印文渊阁四库全书》第1239册，第138页。

王通虽然取得进入安南以后少有的胜利，但因王通的胆怯，没能乘胜追击，让黎利有了喘息的机会组织反攻，三月相继陷落市桥、三江、坡垒等。此时，安南的绝大部分地区已在黎利的控制之下，仅剩下东关、昌江、至灵、清化、古弄等城仍由明军驻守，而东关城更是在黎利的重兵包围之下。

在这种情形下，黎利打起了心理战术，反复致书王通，历数明军在安南战场上种种不利，如兵疲、粮乏、后援不力、军心不齐，加之明廷内萧墙内耗、大臣不附、北寇侵凌、凶荒频仍、盗贼蜂起，坦言明军必败之势。并保证，如能达至和议，黎军将"修整桥梁，备办船只，水陆二途，惟意所欲，送军出境，万保无虞。臣礼不亏，贡物不缺"①。

鉴于明军的处境，对黎利的求和，王通决定接纳，然而明军内部并未取得共识，"诸将校或以为善，或默无语，或虽不然通言而未有面沮之者，独按察使杨时习曰：'奉命讨贼，乃与贼和而擅弃地旋师，何以逃罪？此举必不可！'通厉声叱之曰：'非常之事惟非常之人能之，汝何所知？'"②此后军中再也无人敢有异议。于是王通与黎利于四月十一日达成和议。这次和议的内容包括：王通答应派人陪同黎利的使者赴明廷为陈暠求封，恢复明、安的宗藩关系，黎利则为明军的撤离提供物质与安全的保障。随之，王通遣指挥阚忠偕黎利的代表进京进献"求封奏文"与方物。③

事实上，王通在此次与黎利和议的过程中，一直精打小算盘——柳升的援军正在途中，先允诺黎利的要求，期待"我师还居生地尚可再图进取"④，因此黎利进表后，王通并未如约退军。先是提出要等"奏请表二人及进献人马回报出境"⑤，方能信守。接着又提出"奏事人出境后须取印信文凭回报"，方可取信。为了能使王通尽早撤军，黎利甚至愿意将其侄子

---

① 〔越〕阮廌撰《抑斋遗集》"与王通书"，《阮廌全集》（1），第515－518、523－527、533－540、549－553、560－565、579－581页。
② 《明宣宗实录》卷27"宣德二年夏四月己巳"，第714页。
③ 《明宣宗实录》卷32"宣德二年冬十月癸未"，第832页；参考〔越〕阮廌《抑斋遗集》"求封奏文"，《阮廌全集》（1），第591－595页。
④ 《明宣宗实录》卷27"宣德二年夏四月己巳"，第714页。
⑤ 〔越〕阮廌撰《抑斋遗集》"与通、寿书"，《阮廌全集》（1），第608页。

黎仁澍与最得力的谋士阮廌送入东关城为人质。① 只是此时王通所想的是等待柳升一到，就可以与黎利来一次决定性的决战，然后光荣地退出安南，因此，对黎利的累次奉书劝退始终无动于衷，以至黎利发出强硬的威胁，称黎军人人"切齿扼腕，俱欲决死一战"②。

双方相持不下，此时黎利见和议难以执行，便制定多项措施，实行全民总动员，养力蓄锐，以待明朝援军的到来。宣德二年（1427）九月十八日，柳升所率明军从凭祥进入交阯，并很快通过坡垒关，直捣支棱关。对柳升大军入境，黎利也在做和与战的准备，一方面，他两次致书柳升，表示如能"循成祖继绝初意，立陈暠主其国，罢兵息民"，"我随即铸金人，捧表文，进贡方物。其在朝之臣幸能以道正君，复师汤武兴灭继绝之道，以戒汉唐穷兵黩武之非，命一二个使遣啣温言以赦安南之罪"③。确实表现出和平的诚意。另一方面，黎利也加紧进行军事阻击的准备，他认为柳升"素轻我，谓我国人性怯，久畏贼威，闻大军来，我当惊怖"，因此采取诱敌深入战术，以弱旅在前诈降，"乃命黎察、黎仁澍、黎冷、黎列、黎受等领精兵一万、象五只，先潜伏支棱隘以待之"④。

柳升收到黎利的议和书后，立即快驿上奏朝廷，但对黎利劝告退军不以为意，反而视为懦弱的表现，加之大军进入安南后，几乎没有遇上像样的抵抗，更滋生骄傲情绪。当时同僚也看出黎利的计谋，认为"逆贼谲诈，或示弱诱我"⑤。柳升不听同僚忠告，轻率冒进，最终坠入黎利早已准备好的圈套之中。二十日，双方在支棱关附近的马鞍山展开激烈大战，结果柳升及万余明兵战死，明军惨败。

支棱一役失败后，明军由崔聚、黄福整饬散兵，继续向昌江推进，希图尽快与东关城明军会合。然而，他们并不知道，昌江早已陷落，东关城也被重重包围，而且沿途黎军早已设置埋伏。二十五日，马鞍山一战，保定伯梁铭中镖身亡；二十八日，芹站一战，李庆又战死。十月十四日，在

---

① 〔越〕阮廌撰《抑斋遗集》"与王通书"，《阮廌全集》（1），第613页。
② 〔越〕阮廌撰《抑斋遗集》"与王通书"，《阮廌全集》（1），第624页。
③ 〔越〕阮廌撰《抑斋遗集》"与柳升书"，《阮廌全集》（1），第659–662，675–676页。
④ 〔越〕吴士连等撰，陈荆和整理《大越史记全书·本纪》卷10，第542页。
⑤ （明）张镜心编《驭交纪》卷6，《丛书集成初编》第3503册，第89页。

昌江附近，明军陷入黎利四面包围之中，崔聚、黄福领军突围，结果明军大败，崔聚、黄福被掳。①

在柳升所率援军与黎利激战的同时，云南总兵沐晟也已南下，十月二十六日，与范文巧、黎可、黎忠、黎犬相持于梨花关。柳升援军惨败后，黎利"以所俘贼指挥一人、千户三人及柳升所受敕书符印送沐晟军，晟等见之大惊，须臾奔溃。文巧、可等乘胜纵兵击之，大破于冷水沟丹舍，斩首万余级，获人马各千余，陷溺溪涧者不可胜计。沐晟仅以单骑走，战器及货宝辎重倍于昌江"②。

四　明军撤离安南和议的实施

柳升与沐晟之援军相继惨败，东关城成为孤城一座，此时，黎利"令诸将备木栅战器围东关城"，同时，"令通事邓孝禄将崔聚、黄福并所俘获人及征虏副将双虎纽、两台银印、战器、旗鼓、军籍等物示东都城"③。王通鉴于此情形，无奈地向黎利发出了求和信，然"犹豫未决"，他还试图做最后一击，哪怕求得局部的胜利，再与黎利议和，以挽回一丝颜面。因此于十一月"悉众出攻"，在这次战斗中，明军遭遇伏击，王通几乎就擒，不得不退守东关城内。④

王通在撤军的问题上迟疑不决，反复再三，其症结在于，王通受命南

---

① 〔越〕阮廌《抑斋遗集》"安南国头目黎利书奉总兵官王大人、太监山大人钧座前"，《阮廌全集》（1），第766－771页。宣德二年十一月辛卯，当柳升阵亡的消息传至明廷，宣宗曰："朕以升前在交阯，熟知地利人情，是以用之。然恐其恃勇而骄，故切诚其持重，且谓：'贼无他技，惟设伏诈降以诱敌。'必升不用朕言，致有此失，此升负朕也！"（《明宣宗实录》卷33"宣德二年十一月辛卯"。）柳升"负"宣宗的另一说法，越南史籍载："今者又有安远侯柳升受命领军十有余万行至广西，两次敕书召还，而柳业已出军，拒命而行军。"（《阮廌全集》（1），第766页）又载："（柳升）行至南宁，复有敕旨召还。是盖由在朝之臣必有识时达变之士，能以正道引君，欲上圣之复为汤武兴绝继灭之举，而不效汉唐好大喜功之为，柳升虑不及此，不察天时，不知人事，专以杀戮为威，意欲剿灭无遗。"（《阮廌全集》（1），第768页）然宣宗中途撤军之令，中国史籍没有记载，无法判定历史上是否果有此一事。另外，黄福何处被捕，中越史籍记载不一，《明宣宗实录》载："初，柳升既死，福奔回至支棱关，为黎利守者所获，即欲自杀，守关者力止之。"（《明宣宗实录》卷33"宣德二年十一月癸丑"，第856页。）
② 〔越〕吴士连等撰，陈荆和整理《大越史记全书·本纪》卷10，第543页。
③ 〔越〕吴士连等撰，陈荆和整理《大越史记全书·本纪》卷10，第543页。
④ 〔越〕吴士连等撰，陈荆和整理《大越史记全书·本纪》卷10，第544页。

征，其任务是平定安南的纷乱，在明朝官员主导下恢复陈氏政权，然后明军可以光荣撤退，这样既符合宣宗原意，又不失大国的尊严。而事实上，自王通南下之后，安南战场基本上由黎利主导，明军一直处于被动。

为了消除王通的诸多疑虑，黎利给被困于东关城内的明朝大将王通、山寿、马骐等写信说：

> 仆所愿班师一节，自始至终未尝有变……自古帝王之治不过九州，而交趾乃九州之外。考之于古，其无中国之地明矣。又于克平之初，太宗皇帝诏求陈氏子孙以奉祀，是朝廷之意初亦不以交趾之地为中国之地。且太祖高皇帝遗训明明尚在，遵此而行，有何不可？况荒外无用之地，守之但则中国虚耗，弃之则中国之民庶乎苏息。是其弃与守，可与否，虽于万世之后吾亦有辞，孰谓大人今日阃外班师而无名耶？又所谓不见小国抗大国之迹，使四夷瞻仰，则仆之所闻又异于是矣。夫小国畏天，大国乐天，小国大国各得其道。若周大王之事熏鬻，汉文帝之和匈奴，此二君者岂不足为万世之法乎？且我今欲万里航梯，铸金为人，赍本谢罪，称臣纳贡。又将所获官军该数万余人，马数千余匹及黄尚书、蔡都督与都司指挥千百户万余人尽送还京师，是仆敢与大国抗耶？是事大国之有诚耶？朝廷之议若能复以太祖高皇帝之条章及太宗皇帝之遗诏，举而行之，孰谓为四夷万国之所瞻仰乎？仆闻王者之治外国者，当以不治而治之，未闻其劳民动众以得无用之地，而为四夷万国之所瞻仰也。且交趾数年以来，桑农失业，相与哀嗷。或谓王师不班，则干戈无时休息，且天子诏令不知将赦罪耶？复问罪耶？并不可卜也。今日王师之进止在乎大人之达权通变而已。仆观来书所言及推详大人之言，不过谓仆所议论行为不可信，恐班师之日或有异图，是以犹豫怀疑而不能决。诗云：他人有心，予时度之。仆所以勤誊致书往来而不绝者，正以大人天地父母之恩日不可忘，而小国事大国之礼又不可缺，庶乎可无后日之患矣。①

---

① 〔越〕阮廌撰《抑斋遗集》"与王大人、太监山、马二大人书"，《阮廌全集》（1），第731－735页。

紧接着又发去第二封信称："大人等诚能以仆言为然，当如前约，请得山太监过江相会，仆亦令骨肉亲人入城向候以坚其约。然后退军清、陇江等处，使大人得以从容还师。凡道路、桥梁、粮储供给及进贡方物、书辞表文等项，我悉已预办，与黄尚书、蔡都督等亦已为我具本一分奉闻。"并且威胁说："若仍前牵延岁月，徒以虚言相诳，欲待他军之援，如前日所为，阳言和解而阴怀异图，比至大军又使我腹背当敌，是虽愚夫愚妇，犹不之信，曾以仆之不知而此乎？"①

此时，王通所率守东关城明军犹如他人俎上鱼肉，除接受城下之盟，别无他途。只是王通已经没了先前那种"非常之事惟非常之人能之"的豪气，撤军与否，得交由诸将领决定。后来王通在检讨此事时说："通会诸将校议曰：'交蛮负固，叛服不常，每劳王师，靡费巨万，不应以此弹丸无益之地，致累根本空虚，万一中原有变，故何应之？窃谓此地似可弃而不可守也。'诸将校以我军相持日久，且瘴疠时作，死亡甚多，遂从通议，与利连和而擅退兵。"②

十一月二十二日，明军总兵官王通、参将右都督马瑛、太监山寿和马骐、荣昌伯陈智、安平伯李安、都督方政等与黎利军将会盟于城之南。明方以山寿、马骐为质，黎利以司徒思齐、侄子黎仁澍为质，双方互换人质后，和议正式生效。③

王通与黎利达成撤军和议，虽无正式文书，但从双方书信往来中，可以探知其和议内容的大概：

明朝的义务与责任：（1）明朝军队全部从安南撤出；（2）明军将领协助安南使节向明廷请罪与求封。

安南的义务与责任：（1）保证明朝军队安全撤退，并遣返所有被掳的明朝官兵；（2）立陈氏之后为国主；（3）按照洪武事例，向明朝称臣纳贡；（4）向明朝请罪，贡物包括代身金人。

王通最后决定撤军，是为时势所逼。郑永常在其《征战与弃守：明代

---

① 〔越〕阮廌撰《抑斋遗集》"与王大人、太监山、马二大人书"，《阮廌全集》（1），第755-756页。
② （明）李文凤撰《越峤书》卷6，《四库全书存目丛书·史部》第163册，第28页。
③ 〔越〕吴士连等撰，陈荆和整理《大越史记全书·本纪》卷10，第544页。

中越关系研究》一书中认为，黄福是"这次和议的关键人物"①，其主要依据为《大越史记前编》有"福请与王通相见，调停讲和罢兵之事"一段。②然而，这只是黄福个人的意愿，并无文献记载黎利同意或安排他们会面。事实上，黎利多次写信给王通，督促尽快撤离安南，但从未言及黄、王相见之事，甚至未言及黄福对撤军的态度；而且王通在检讨撤军决定时，只谈及与众将相议，只字不提黄福，假如两人曾经相见，并商谈了关于撤军的事宜，这是极不正常的。

为了表示诚意，十一月底，黎利率先派遣头目阮孚礼将黄福等人送回广西。③二十九日，又如约派遣使者黎少颖等出使明廷谢罪求封，并送还柳升等虎符印信，以及有关遣返官军人马的清单。④十二月十二日，王通"率师出交阯，由陆路还广西，太监山寿与陈智等由水路还钦州。凡交阯三司文武官员、旗军、吏典、承差人等及家属还者八万六千六百四十人，然亦有为黎利闭留而不遣者"⑤。明军的撤离，结束了明朝对安南二十二年的占领，标志着安南又重新获得了独立。

明宣宗弃守安南，致力于内治，使明朝产生短暂的安定与繁荣。然而这并没有让世人忘记那段令人不快的历史，后来的文人或历史学者，时常反思，对此无不扼腕叹息，对宣宗也提出含蓄的批评，如茅元仪认为"宣帝之弃安南，此我朝大业之首亏也"⑥。李文凤在《越峤书》中评论此事时说："是时交阯复为中国有者几二十年，蛮夷狙于习见，以是数反，然所悼者英国威名耳。使当时有识者，请令英国开府交州以镇之，如黔国之在云南，虽百黎利，其何能为？计不出此，乃藉口于珠崖之议，捐已成之业，弃数万之命，是太宗以百万而取之，谋国者以片言而弃之，遂使死者之仇不复，国耻不雪，岂非千载之恨哉？"⑦虽然撤军是宣宗的决策，但明人并不敢归罪于他，因此，杨荣、杨士奇便成了众人攻击的对象。茅元仪

---

① 郑永常：《征战与弃守：明代中越关系研究》，第137页。
② 〔越〕吴士连撰《大越史记前编·属明纪》卷10，第50页。
③ 《明宣宗实录》卷33"宣德二年十一月癸丑"，第856页。
④ 〔越〕吴士连等撰，陈荆和整理《大越史记全书·本纪》卷10，第545页。
⑤ 《明宣宗实录》卷34"宣德二年十二月庚午"，第867页。
⑥ （明）茅元仪撰《掌记》，《四库禁毁书丛刊·集部》第110册，第372页。
⑦ （明）李文凤撰《越峤书》，《四库全书存目丛书·史部》第163册，第29页。

第三章／宣宗弃守安南与明、安邦交常态化

的言论应具有相当的代表性，他说："自此决弃交阯之策，宣宗主之，杨士奇、杨荣佐之，张辅争之不听，使通于未弃之前，非先有欲弃之论中之于心焉，敢弃而归，归而无罪哉？此由于相，必不由于君也。君之意自相决之，亦自相启之……故我以文贞、文敏罪大矣。"①

随着明朝社会的发展，一些知识精英对宣宗的弃守安南政策也逐渐认同，吴士奇就是其中最有代表性的一人，他说："余初睹杨文贞交南之议，亦以为轻弃其土，自损国威。及观思田诸土官之乱，竟无宁日，假令交南再复至今，用兵几何？所耗弊中国士马饷馈又几何？失此弹丸之地，于我何损？而得之其损益半也。乃知老成之长虑也。或曰镇以张辅，可令如滇中，然而未可必也。谋国者亦算其多者而已矣。"② 万历年间，广西副使杨寅秋主持交涉安南黎、莫之讼，事后深有感触地说："夫余于交款未尝不抵掌仁哉？章皇之提福两粤无穷也。缙绅学士弗身遭猥，云文皇得之艰难，章皇弃若遗迹，讵知实匏不可器而石田之不可艺哉？庚子之役，副使翁万达多算知兵，毛司马实托重之，卒从款附，后六十年有今日之事，然后知章皇不忍涂中国肝脑以事外夷，千古明鉴，胡可易也。"③ 也正是宣宗以其理性与远见，力持放弃，换来明、安边境百余年的安定。

第二节　战后明朝与安南关系常态化的交涉

永乐四年（1406），明成祖以"吊民伐罪，兴灭继绝"为由，兴兵征讨安南胡氏父子，明军仅花八个月的时间，即以破竹之势，迅速占领了安南，并俘虏胡氏父子及主要大臣。永乐五年（1407）六月初一日，明成祖颁诏在安南设交阯郡，设三司管理，形同内地。④ 至宣宗二年（1427）十二月，明军全部撤出安南，结束了明朝对安南二十二年的管治，标志着安南重新获得了独立。但是战后两国关系常态化面临着很大的困难，主要问

---

① （明）茅元仪撰《掌记》，《四库禁毁书丛刊·集部》第110册，第392页。
② （明）吴士奇撰《绿滋馆稿·征信篇》，《四库全书存目丛书·集部》第173册，第581页。
③ （明）杨寅秋撰《临皋文集》卷1《绥交记》，《影印文渊阁四库全书》第1291册，第626页。
④ 《明太宗实录》卷68"永乐五年六月癸未"，第945页。

题是明朝士大夫对从安南撤军存在分歧,尤其是主战派无法接受在安南军事失败的事实,因此在明、安关系正常化的交涉中,态度较为强硬,而且安南头目黎利作为军事的胜利者,对明朝并没有诚心归顺,一再违背原有的承诺,这就使得明、安关系正常化经历了三年的漫长交涉。

一 明朝提出明、安关系常态化的三个条件

关于明朝撤军一事,明朝士大夫一直没有达至共识,反对派主要有英国公张辅以及大臣蹇义、夏原吉。宣德二年(1427)十月二十八日,明宣宗收到黎利进呈给总兵官安远侯柳升的求封表文,[①] 次日,又接到王通所遣指挥阮忠与黎利所遣使者进献的求封表文,[②] 这些求封表文内容,主要说明安南已经找到前国王之后裔,名叫陈暠,恳求明朝撤军,并册封陈暠为安南国王。宣宗将表文密示张辅,辅对曰:"此不可从,将士劳苦数年,然后得之,此表出黎利之谲,当益发兵诛此贼耳。"又征询蹇义、夏原吉的意见,二人说:"举以与之,无名,徒示弱于天下。"再征询杨荣、杨士奇,两人是撤军的最坚定支持者,杨荣说:"永乐中费数万人命得此,至今劳者未息,困者未苏,发兵之说必不可从,不若因其请而与之,可旋祸为福。"杨士奇曰:"荣言当从,求立陈氏后者,太宗皇帝之初心,求之不得,乃郡县其地。十数年来,兵民困于交阯之役极矣,此皆祖宗之赤子。行祖宗之初心,以保祖宗之赤子,此正陛下之盛德,何谓无名?且汉弃珠崖,前史为荣,何谓示弱?臣侍仁宗皇帝久,圣心数数追憾此事,臣愿陛下今日明决。"二杨希望宣宗当机立断,答应安南黎利的请求,一是撤军,二是承认安南陈氏政权。宣宗说:"汝两人言正合吾意,皇考言吾亦闻之屡矣。今吾三人可谓同心同德。"于是三人同膳畅饮,共贺朝廷找到了丢包袱的台阶。次日早朝,宣宗出示安南的求封文对文武群臣说:"太祖皇帝初平天下,安南最先朝贡。及黎氏篡弑,毒虐国人,太宗皇帝发兵诛之。本求陈氏之后立之,求之不得,始郡县其地。至我皇考,每追念往事,形诸慨叹。此数年来,一方不靖,不得已屡勤王师,岂朕所乐?今陈

[①] 《明宣宗实录》卷32"宣德二年冬十月壬午",第830-831页。
[②] 《明宣宗实录》卷32"宣德二年冬十月癸未",第832页。

氏既有后，尔等试观表中所言，其从之便，抑不从之便？"此时，宣宗消除了高煦反叛的负面影响已经过去一年，皇权牢固，群臣存二心者甚寡，均回答说："陛下之心，即祖宗之心。且偃兵息民，上合天心，从之便。"尽管仍有张辅等少数大臣持有异议，但宣宗认为撤军的基本条件已经成熟，因此当廷宣布说："论者不达止戈之意，必谓从之不武。但得民安，朕何恤人言？其从之。"①

十一月，明宣宗派遣行在礼部左侍郎李琦、工部右侍郎罗汝敬为正使，通政司右通政黄骥、鸿胪寺卿徐永达为副使，赍诏抚谕安南：一是承认对明朝管理安南的过失，"所置之吏，抚驭乖方"；二是同意册封陈氏之后，撤回所有军民；三是同意遵循洪武旧制，恢复明朝与安南朝贡关系。同时遣都指挥张觊、田宽赍敕谕总兵官王通、参将马瑛等曰："今得安远侯柳升进安南头目黎利等书，及前安南王嫡孙陈暠表，祈请复陈氏之嗣，悃款切至，有契朕怀……今已悉从所请，特颁诏赦，与之更新。敕至，卿等即率领官军人等，悉皆回还。"②

事实上，王通尚未收到朝廷敕谕时就已经与安南达成撤军和议，因此，宣德三年（1428）二月初，当李琦、罗汝敬等人到达广西南宁时，恰好与王通所率明朝撤军相遇，军中众将曾试图劝阻李、罗南下，但遭拒绝。《古廉文集》记载这次出使的经过：

> （罗汝敬）尝奉命往使交阯，抚谕蛮夷，召镇将还京。比至广西，黎贼已据交阯城，镇将与中国士民皆送出境，众谓公不可往，副使者亦不欲行，公曰：吾与君受命往使交阯，未有诏止，君而留此可乎？镇将数以言撼公，意沮公行。公曰：汝受朝廷厚恩，镇抚一方，既不能以死守，又不待诏命私与贼和，辱国辱身如此，犹欲对人言语，是无廉耻人也，我岂效汝为哉？即日率众长驱至关。关吏莫敢拒，黎利错愕出迎，奉纸笔诣前曰：夷俗不晓礼节。公援笔具仪注数百言授之。蛮人环视，大惊。既入城，颁布诏命，谕以朝廷恩意，开示祸

---

① （明）杨士奇撰《东里文集·别集》卷2《圣谕录下》，刘伯涵等点校，中华书局，1998，第406-407页。
② 《明宣宗实录》卷33"宣德二年十一月乙酉"，第837-838页。

福。黎利率众拜俯，呼万岁，欢声雷动。遣使奉表入朝谢罪。①

二月十二日，朝廷收到王通擅自撤兵的辩白书，宣宗为王通不待使臣的通告，擅自撤离，颇感无奈。因为主动撤离与被迫撤军，对朝廷的尊严有着本质的区别。故此，宣宗对王通的作为不无气愤地说："盖此举非为叛贼猖獗，朝廷不能调兵剿灭，但不忍赤子久罹涂炭。尔等正宜坚守城池以待朕命，乃辄与贼通，弃城径回。尔等虽急为自全之计，其如国体何？且失臣子之礼，岂不为蛮夷所笑？"然事已至此，宣宗不得不接受这一事实，于是命令所有官兵各回原来卫所，山寿、马骐与王通一起赴京，同时，准许安南的使者黎少颖一行进京。②

虽然明朝大臣已经接受了从安南败退的事实，但心里却难以短时间内抹去那一份耻辱，对安南的使节绝难以友好相待，越南史籍称："辰明人深以柳升之耻，每本国使臣来，多方挫抑。"③ 或许安南士大夫早已想到有此际遇，黎利在选派使臣进行"破冰之旅"时，"人人皆不往"，只有黎少颖"忠臣事不辞难"，毅然请命。黎少颖到达明廷，"献金银二躯及土宜，拜伏于庭哀诉，明人噬骂不问，幽之别处，不与饮食。其师黄福密藏面饼于鞋中，阴与之食，月余不死，明人以为神，始受贡礼，使事乃通"④。

越南史籍对明朝大臣接待安南使节的指控，虽有夸大的成分，但黎少颖的到来，却又使明廷在对待安南问题上产生杂音，这是事实。三月十五日，黎少颖等到达明廷，为陈暠、黎利呈进了"陈情求封表文"⑤。次日，明朝文武大臣联合上奏，指责王通等不应擅与安南头目黎利议和，弃城退师，为此，建议对王通应明正其罪，对黎利亦不应宽宥，宜发兵征讨。⑥

明朝经历永乐年间南征北伐，下西洋，修长陵，营造北京城等，国库

---

① （明）李时勉撰《古廉文集》卷9《罗侍郎哀挽诗序》，《影印文渊阁四库全书》第1242册，第827页。
② 《明宣宗实录》卷36"宣德三年二月癸亥"，第900－901页。
③ 〔越〕佚名《蝱岫市先师遗事考》，越南汉喃研究院藏本，编号A.1161。
④ 〔越〕佚名《慕泽黎氏谱》，越南汉喃研究院藏本，编号A.658。
⑤ 《明宣宗实录》卷40"宣德三年三月丁酉"，第977页。
⑥ （明）杨士奇撰《东里续集》卷36《故少师工部尚书兼谨身殿大学士赠特进光禄大夫左柱国太师谥文敏杨公墓志铭》，《影印文渊阁四库全书》第1239册，第138页。

已经相当空虚,再次大规模出兵,对明王朝来说,已是力有不逮。此时,即使原本一直不支持撤兵的夏原吉等也反对再次出兵,他在回答宣宗的咨询时说:"兵疲财竭,不可再举……若不小忍而惟毒之攻,浸淫不已,心腹内虚,恐患复生于他所,不可不虞。今莫若因彼上表谢罪,许其复国自新,吾人之在彼者令护之出境,则恩结其心,而亦无他虞矣。"① 当时最主要的任务是稳定政局,防范边患。因此,宣宗不得不耐心开导激愤的众臣,说:"朕非为宥利,但悯念一方生灵,故曲从宽贷耳。"② 为了安抚众臣的情绪,在与安南关系正常化的问题上,宣宗表现出的"固执",也就不足为奇了。

黎少颖此次入贡明朝,所进献表文与方物细单如下:③

1. 进贡呈情谢罪表文一道。

2. 代身金人、银人各一个(共二百两。金人一个,重一百两;银人一个,重一百两)。

3. 方物:银香炉一个、银花瓶一只、土绢三百匹、象牙一十枝、薰衣香二十罐共一百八十斤、绿香二万枝、沉速香二十四块。

4. 送还京师:总兵官安远侯原领征虏副将军双虎符两台、银印一颗,官军人等一万三千五百八十七员名(军官二百八十员、民官典吏一百三十七员、旗军一万三千一百七十名),马一千二百匹。

黎利遣返明军人数仅万余人,事实上仍然滞留安南的明军及家属远非此数。首先明代学者陈建对此提出了质疑,他说:"交趾弃守之议,二杨以息兵养民说,意固美矣。然是时交趾设置文武诸司大小四百七十余所,官吏将士何啻数万,交趾一弃,数万人皆为南荒之鬼,不亦悲乎?"④《明史纪事本末》载:"计其班师之日,文武吏士携家而归者八万六千六百四十人,为黎贼遮留不遣者尚数万人。"⑤ 后来安南的史学家也认为,明朝人

---

① (明)夏原吉撰《忠靖集》附录"夏忠靖公遗事",《影印文渊阁四库全书》第1240册,第554页。
② 《明宣宗实录》卷40"宣德三年三月戊戌",第981页。
③ 〔越〕阮廌撰《抑斋遗集》"呈情谢罪表文",《阮廌全集》(1),第789-803页。
④ (明)严从简撰《殊域周咨录》卷5《安南》,余思黎点校,第198页。
⑤ (清)谷应泰撰《明史纪事本末》卷22《安南叛服》,第369页。

被黎利扣留不遣还者,他们被分别安置在于清义、蓝邑、先平等处。① 宣宗朝臣必然虑及于此,因此,明朝在与黎利交涉过程中,遣返滞留官民始终作为两国关系正常化的条件之一。

四月初一日,安南使者黎少颖回国,明宣宗特意要黎少颖把一份敕谕带给黎利,说:

> 去年十月,军中以尔等所陈书并表来奏,请立陈氏之后,朕仰体天地之心、与太宗文皇帝初意,俯从所请,特遣礼部侍郎李琦等赍诏大赦交阯,令尔及国中头目耆老具陈氏嫡孙之实来闻。尔宜恭俟朝廷之命,乃中怀谲诈,辄与王通等议和,诱退官军,入据城池,僭慢无礼,有非一端。今虽陈词谢罪,而文武廷臣合奏尔罪不可以宥。朕以恩命既颁,姑从宽贷。但立后事重,须合国人之心,非尔所得独擅。敕至,即同交阯头目耆老具前安南王陈氏嫡孙之实奏来,以凭颁诏册封。尔仍以所拘留人口及一应兵器送京,庶几一方永底绥定。群臣奏章就付黎少颖等示尔,尔其省之。②

这份敕谕确定了明朝与安南关系正常化的基本条件,即:第一,确定被册封者必须是陈氏之后裔;第二,明朝所有滞留安南的官兵及家属必须遣返;第三,明军遗留在安南的兵器必须送还。同时,明宣宗将群臣反对其所推行的安南政策的奏章一并附上,让黎利知道,在明廷中仍有许多大臣对安南存有不满之意,目的无非是想通过这种方式,警诫黎利,真心臣服于明廷,让宣宗在处理与安南关系时,处于主导地位。

二 黎利与明朝的外交博弈

然而,明宣宗的如意算盘很快就落空了。王通撤军还不足一个月,明朝颁布大赦的使臣尚未入境,于宣德三年(1428)正月初十,黎利便迫不

---

① 〔越〕阮鹰撰《南国禹贡》,越南汉喃研究院藏本,编号 A.830,第 36 页。
② 《明宣宗实录》卷 41 "宣德三年夏四月癸丑朔",第 993－994 页。

及待地将陈氏之后陈暠铲除。① 三月，明朝使者李琦、罗汝敬等到达安南，安南国内全无"国丧"的悲哀。十八日，明使回国。四月十五日，黎利即帝位于东都，改元顺天，建国号大越。五月初一日，安南使者枢密佥事何甫等向明廷报告陈暠的死讯，并称陈氏子孙已无继承人，"国人推利谨守其国，以俟朝命"②。黎利似乎十分清楚明朝的国内形势，断定明朝不会因为陈暠的问题而再次对安南发动大规模的战争。

陈暠的身份，原本包括王通等人就深表怀疑，然而，他的存在为宣宗同意撤军保存了一丝颜面，也是明朝与安南交涉的一块遮羞布。黎利的目的达到后，立即撕开了这块遮羞布，而此时明廷却无力干预，只能徒叹无奈。战后的外交角力，安南可谓先胜一筹。

当然，安南的图谋，明朝也不会让其轻易得逞。对陈暠之死及后继无人的说法，明宣宗深表怀疑，五月十八日，派行在工部右侍郎罗汝敬、鸿胪寺卿徐永达再度前赴安南，质疑陈暠之死，曰：

> 朕体天道，以御邦顺民心，以典理薄海内外，一视同仁。间以交阯之人不忘陈氏，请立其后，用率一方。朕志在恤民，俯从所欲，赦其既往之罪，召还征讨之师，特诏头目耆老具陈氏子孙之实来闻，用凭建立。今黎利等奏陈氏之孙名暠者正月病死，并无子孙。数月之

---

① 关于陈暠之死，越南史籍有五种说法。一云：顺天元年（1428）十月，陈暠饮毒卒。"时群臣皆上疏言，陈暠无功于民，何以居人上，宜早除之。帝自知其然，而心有不忍，遇之益厚。暠知国人不服，乃潜驾海船，逃入玉麻州，至麻港（义安地），官军追及获之，回至东关城，饮毒卒。"一云："先是帝既立暠，暠驻营空路山，徙宁江，是岁，迁古弄城。自谓天无二日，国无二主。我无功于天下而居尊位，若不早图，恐有后悔。乃潜驾海船而卒。"一云："暠自知国人不服，乃阴与文锐等潜驾海船，逃至古弄隘。帝令人追杀之，投尸入丛棘中。暠死时，有祝天而言，闻者莫不悲恸，天下冤之。后黎末，陈暠作乱，传以为陈暠后身也。"一云："陈暠本頔，明人之难，頔隐迹民间。及太祖起兵，以人心思陈，故立之，以从人望。至是寇平，犹居位。太祖密言曰：我以百战得天下，而暠居大位。暠畏惧，走至古弄隘，太祖令人追杀之，投尸入丛棘中。"（《大越史记全书·本纪》卷10，第551页）另《重刊蓝山实录》载："天庆（即陈暠）见帝平吴，深自恐惧，遂逃入义安。黎昂追及，将回，帝问曰：已立位号，如何异心逃去？对曰：寡人无功，将军功盖天下，谁能种树，与人食果？畏死而逃，无有异心，愿乞全身而死。帝见言犹未忍，群臣曰：天无二日，国无二王，使自缢之。"（《重刊蓝山实录》卷1，见《阮廌全集》（2），第249-251页）。

② 《明宣宗实录》卷43"宣德三年五月壬子朔"，第1043页。

间，言词顿异。夫陈氏世得国人，必其后嗣尚众。昔王师初平交阯，诏求陈氏子孙立之，国人咸谓为黎季犛屠灭已尽，是以郡县其地。然今二十余年，尚有如暠者在，何至暠死顿云尽无？

因此，要求黎利及耆老、军民"悉心咨访陈氏子孙奏来，用颁继绝之命，以宁一方，以副朕体天爱人之心"。同时再次强调"交阯所留朝廷官吏、军校人等及其家口，速皆遣归，以慰其父母妻子之望；所留军器，亦悉送纳，庶几求福之道"。并警告黎利"毋或蓄疑，自诒伊戚"。①

对于明朝的怀疑与责问，黎利以不变应万变的策略进行斡旋，一方面对明朝的要求反复强调原有的说辞；另一方面做足表面功夫，尽显其对明朝"忠诚"之心。十月十九日，当罗汝敬等人回国时，安南又派其头目何栗随从入朝，对明朝的质疑，回答说："钦遵圣谕，访求陈氏子孙，无有遗者。"对滞留官吏军人及家属、军器等问题，认定于总兵官成山侯王通班师之时悉已送还。又说："臣利又尝出榜禁约，但有隐藏官军一人以上者必杀，其有首出者亦已陆续遣回。今蒙诏敕，谨复戒饬国人，且差人四出寻访，但有遗留，尽应起送，不敢辜负圣天子惠爱元元之意。"② 而且再次献上"代身金人"，以示诚意。③

对于黎利的倔强，明宣宗的态度很快就软化了。宣德四年（1429）三月廿八日，明廷派遣行在礼部侍郎李琦、鸿胪寺卿徐永达再次出使安南，他们带去的敕谕表明，明宣宗对陈暠的问题很不甘心，曰："既历二十余载，尚有存者，推昔较今，理未必无。"但同时对于安南方面的"改命之请"，他表示"诚得一人以绥一国，足惬予志，但建立事重，所当详慎"。认为如果遍历咨访，还无法找到陈氏后人，"朝廷当与处置"。④ 显示出，宣宗在寻找陈氏之后的问题上已有所妥协。

黎利得知明宣宗的态度后，自然喜不自胜，立即下令诸头目耆老等集体上书，派出亲信陶公僎、黎德辉等十月二十九日随明使入朝。陶公僎此

---

① 《明宣宗实录》卷43 "宣德三年五月己巳"，第1053-1054页。
② 《明宣宗实录》卷51 "宣德四年二月丁亥"，第1218-1219页。
③ 〔越〕佚名《慕泽黎氏谱》，越南汉喃研究院藏本，编号 A.658。
④ 《明宣宗实录》卷52 "宣德四年三月甲戌"，第1259-1260页。

次携来表文及奏书两则，一则是以黎利名义进献的表文，历数其如何尽心尽力搜求滞留安南的官军及军器等，以及对明朝如何尽忠尽责，称"臣等虽糜身粉骨，不能报万一，何敢复留朝廷官吏，不奉诏命？"另一则是安南耆老集体上书，述称陈氏之后已绝，"国人遍行寻觅，内而国中，外而边远，家至户到，并无见存"。同时认为黎利"为人谨厚，抚绥有方，甚得民心，可堪管摄"，希望明廷能"俯从所请，使黎利得布宣圣德，以安远人；播扬皇威，以固封守；永为藩臣，常奉职贡"。明宣宗看完这份求封书，十分气愤地说："蛮夷谲诈，未可遽信，更当索之。"①

对安南国的陈词，宣宗虽然深表怀疑，但也无可奈何，慢慢便失去耐性。宣德五年（1430）四月，安南使臣陶公僎等回国，宣宗令其带回敕谕，此次宣宗再次做出重大让步。第一，认为"兵器以卫民也，安南之民皆朕赤子，今留在彼，与在此同，已置不问"，但所有滞留官民必须如数遣归；第二，陈氏之后必须继续询访，如果确实无从访求，可"连名奏来，朕与处置"。对于黎利可否获得封赐，宣宗的态度则显得暧昧，只是表示"盖从民所志，朕之素心"②。

三 明朝妥协与明、安宗藩关系的恢复

黎利对宣宗的一再让步，自然会紧紧把握良机。宣德六年（1431）五月初三日，又派正使黎汝览，副使吏部尚书何栗、黎柄等出使明朝，对明朝所关心的两大问题，仍然老调重弹，说明朝官民滞留者"无见全者"，而陈氏子孙也是"的无见存"，并申诉说，安南国"不可无管摄，而常未奉朝命"，请求明朝对黎利封赐。③ 为了使这次求封之请得以如愿，黎利第三次贡献"代身金人"，以表诚意。④

宣宗对黎利关于陈氏子孙"的无见存"的解释，虽然仍有不甘，但有感于安南头目耆老反复奏称陈氏之后已绝，请以黎利管摄国事，而且"众口一词，累章不已"，故而从其所请。六月初七日，明朝派行在礼部右侍郎章敞、

---

① 《明宣宗实录》卷64"宣德五年三月辛亥"，第1506-1508页。
② 《明宣宗实录》卷65"宣德五年夏四月乙酉"，第1540页。
③ 〔越〕吴士连等撰，陈荆和整理《大越史记全书·本纪》卷10，第563页。
④ （明）严从简撰《殊域周咨录》卷5《安南》，余思黎点校，第199页。

右通政徐琦携带朝廷印章前往安南，授命黎利"权署安南国事"①。

明朝只授命黎利权署安南国事，而不是直接册封为"安南国王"，其中原因很复杂。首先，作为宗主国，明朝有义务肩负兴灭继绝的历史使命。对于陈氏灭而后存，存而后绝，明朝统治者很清楚，这一切均是黎利导演的把戏，宣宗事后曾说："黎利本起贱微，因奉陈暠以从人望，坚请立之。朕志在息民，遂诏罢兵，将察实建立，而彼遽奏暠死。暠之死，利所为也。此时朝廷即欲加兵，但不忍荼毒生灵，故体上天好生之德，敷旷荡之恩，姑令权署国事。"②其次，宣宗在最初提出两国关系正常化的三大条件，至今没有一条得到落实，这对明朝政府而言，是一次"军事的、外交的屈辱"③。对于宣宗而言，他在大臣中的权威性必然受到一定的影响。有鉴于此，宣宗采用折衷之法，授命黎利权署安南国事。这样做有三个好处。一是可以显示明朝的大度，能顺应安南民意。二是可以继续对黎利产生一定的约束力。每位安南国主都期望得到中国王朝的册封，因为这样能使其统治更具合法性和权威性。明朝没有直接册封黎利为安南国王，对黎利会有一种精神上的约束力。三是可以减缓明王朝内部的异见者非议。再者，明成祖册封胡汉苍所造成的惨痛教训，给予明朝统治者深刻的警示作用。在无法证明陈氏之后"的无见存"前，明廷不宜贸然册封。

明廷授予黎利权署国事，其中是否存有某种交易，在中越文献中没能找到明确的证据，但是一些不被重视的史料可以证明，应该存在这种可能。因为黎利获得明朝的授命后，于十一月派审刑院副使阮文绚、御史中丞阮宗赘等随章敞、徐琦前来明廷谢恩，在越南史籍《大越史记全书》《钦定越史通鉴纲目》中均称"解岁贡金五万两"④。在中国文献中亦有类似的记录，如《弇州四部稿》载："遣礼部左侍郎李琦、工部右侍郎罗汝敬等持玺书敕利，且推求陈氏后立之。利诡陈氏已绝，凡再往返，始遣礼

---

① 《明宣宗实录》卷80"宣德六年六月己亥"，第1848页。
② 《明宣宗实录》卷109"宣德九年三月甲申"，第2444页。
③ 〔美〕牟复礼等：《剑桥中国明代史》，张书生等译，中国社会科学出版社，1992，第321页。
④ 〔越〕潘清简撰《钦定越史通鉴纲目》卷15，第1731页。参见〔越〕吴士连等撰，陈荆和整理《大越史记全书·本纪》卷10，第564页。

部右侍郎章敞、右通政徐琦册为权署安南国事，利遣使入谢，解岁金五万两。"①《东西洋考》也有同样的记载："宣宗用大学士士奇、荣策，遣少宗伯李琦、少司空罗汝敬等持玺书赦利，求陈氏后立之。利诡陈氏已绝，更遣少宗伯章敞、纳言徐琦册为权署安南国事。利遣使入谢，解岁金五万两。"② 如此巨额的贡金，在中越关系史上是绝无仅有的。在中外关系史中，永乐初年爪哇杀死明朝贡使士卒一百七十人，明朝曾经索偿六万两黄金，实际上支付了二万两。③ 因此笔者有理由怀疑，这笔巨额贡金是明朝与黎利谈判中关于战后关系正常化的一笔交易。

明朝授予黎利权署国事，实际上承认了黎利在安南的合法统治，安南承诺"依洪武三年贡例"④ 和"岁贡金三百斤"⑤，这便标志着明朝与安南结束了长达二十余年的战争状态，恢复了两国的传统宗藩关系。

第三节　百年和平时期的明、安关系

一　战后明、安邦交策略的调整

洪熙登基后不久，即修正其父的积极外交政策，采取各种措施以限制明朝的扩张主义，他继承了明太祖稳健的、务实的外交政策，表现出了收缩和巩固外事活动的倾向。在安南问题上，他希望能立陈氏之后，放弃对其直接占领，恢复原有的藩属关系。他这一设想虽没能在有生之年实现，但得到继任者宣宗的贯彻与实现。

宣宗对邦交关系的思考，基本是沿袭明太祖的思路。明太祖在位时拟定了"十五不征之国"，尽管明、安关系，安、占关系出现了较大的冲突，

---

① （明）王世贞撰《弇州四部稿》卷80《安南志》，《影印文渊阁四库全书》第1280册，第333-334页。
② （明）张燮撰《东西洋考》卷1《交趾》，谢方整理，中华书局，2000，第4页。
③ 《明太宗实录》卷71"永乐五年九月癸酉"，第997-998页。
④ 〔越〕吴士连等撰，陈荆和整理《大越史记全书·本纪》卷10，第564页。
⑤ （明）何乔远撰《名山藏·王享记二》曰："乃许利权署安南国。利遣使请岁贡金三百斤，以拜明赐。"关于岁贡金三百斤之事，其他史籍没有记载，但据《明史·徐琦传》记载，宣德八年，因安南岁贡赋不如额，特令徐琦前往追讨。因而可以佐证黎利对明朝肯定有过相关承诺。（《四库禁毁书丛刊·史部》第48册，第254页）

而明太祖始终没有对安南采取军事打击,使明、安关系基本上安定。但明成祖一反乃父遗训,出兵安南,使明朝在安南方面除了承受巨大的耻辱外,别无所获。宣宗吸取了成祖的教训,恢复太祖积极的不干预政策。早于宣德三年(1428)二月,宣宗在颁布帝训中就充分地阐述了其外交关系的原则,他在《驭夷篇》中称:

> 四夷非可以中国概论,天地为之区别,夷狄固自为类矣。夷狄非有《诗》《书》之教,礼义之习,好则人,怒则兽,其气习素然,故圣人亦不以中国治之。若中国乂安,声教畅达,彼知慕义而来王,斯为善矣。然非我族类,故其心叛服不常,防闲之道,不可不谨……是故,能安中国者,未有不能驭夷者也。驭夷之道,守备为上。春秋之法,来者不拒,去者不追。盖来则怀之以恩,畔而去者不穷追之,诚虑耗弊中国者大也。《诗》云:"薄伐俨狁,至于太原。"可为帝王驭夷之法。①

由此可知,宣宗所追求的并非霸王之道,而是想建立圣王之业,目的是建立一个以明朝为主导的、具有传统理想主义色彩的天下秩序。

基于这一指导思想,宣宗在处理与周边国的纠纷时,采取了"息怨和边"的政策,曾下令"驭夷之道,毋令扰边而已"②。对安南更是如此。宣德三年(1428)五月,黎利以兵威胁广源州土官知州闭色新归附,闭色新父子不从,并向明朝乞以兵援。宣宗则指示曰:"闭色新向慕朝廷,忠义可嘉。然朕不欲以土地之故,至于杀人。卿宜审势度力,可援则援,不可则已。若其父子来归,即收入内地,加意抚绥,勿令失所。"③ 这种"息怨和边"的政策,被现代大多数的历史学者指为消极的、不作为的政策,深感惋惜。而从历史事实来看,宣德、正统以后,直到明末,各位帝王对安南事务上基本上奉行了"息怨和边"的邦交政策,因此换来了近百年边境的相对稳定。张镜心在评述这一时期的明、安关系时说:

---

① 《明宣宗实录》卷38"宣德三年二月",第951-952页。
② (清)谷应泰撰《明史纪事本末》卷28《仁宣致治》,第422页。
③ 《明宣宗实录》卷43"宣德三年五月甲戌",第1069页。

第三章 / 宣宗弃守安南与明、安邦交常态化

> 淮南王安述三代之盛,谓不牧之民,不以烦中国,非强不能服、威不能制,斯言为宣庙颂也。卒之安南感恩,服贡无异,广诏奠谧,兵革不事。二百余年,外无征侧、区怜、叔焉之寇,而内无建武、开元之师,孰非章皇帝之所贻哉?或犹疑于二杨之议,其亦未量夫利害久暂之策矣。①

宣宗温和的邦交政策,造就了一个和平的外部环境,使之得以专心内治,明朝进入了一个民生繁庶的时期,史称"仁宣之治"。然而,北方的残元势力也借助这一和平政策,与明朝发展关系,经贸来往相当频繁,势力日张。在正统年间,也先逐渐统一蒙古各部,其地东起朝鲜,北接西伯利亚,西至中亚,形成了元朝以后最大的蒙古汗国,时刻威胁明朝北边各镇。同时,东北的建州女真也在明朝的"羁縻"安边政略中得益,其社会形态的发展与经济的迅速壮大,也渐渐成为明朝的威胁。可以说,明朝正统以后,对北方的防御就成为明朝对外关系的重点。为此,在东起鸭绿江,西到嘉峪关的万里防线上,明朝逐渐建起了辽东、宣府、大同、延绥、宁夏、甘肃、蓟镇、偏头、固原九个军事重镇,并大规模地建造和修缮防御性的长城。明朝的国防形成了"南和北防"的战略。

而安南在经受二十多年战乱之后,百业凋零。黎利获得对安南的实际统治权后,对内励精图治,在政治、经济、文化教育方面推行了一系列的有效的改革措施。到黎圣宗时期,安南国势鼎盛。对外则吸取历史教训,实行"北和南征"战略,一方面致力于与明朝修好,对明朝力尽藩属国之谊,稳定明、安的局势;另一方面对其他周边小国,则仿效中原朝贡制度,要求周边小国执"事大之礼"。洪德十七年(1478)七月,黎圣宗亲征哀牢,下诏曰:"古先帝王,制御夷狄,服则怀之以德,叛则震之以威……我祖体天凝命,保境安民,仁育义征,贻前裕后。比朕丕绳祖武、光御洪图,莅中夏,抚外夷,广大舜敷父之治,阐帝猷,开王志,迪周文

---

① (明)张镜心编《驭交纪》卷7,《丛书集成初编》第3503册,第104页。

辟国之规。"① 从这诏书可以看出,安南统治者以"中夏"自居,援引中原圣王之道,别华夷之序,实际上安南成为中南半岛的"小天朝"。

明朝与安南的战略调整存在一个共同的利益纽带,即希望明、安边境安定,如此则明朝可以全心防御北方的威胁,安南可以全力营造"小天朝",或对那些不愿臣服的小国进行征讨,而没有后顾之忧。在这样的背景下,明朝与安南在处理双边关系时,均表现得十分审慎。一方面,安南谨守藩国的礼制,严格按照明太祖所规定的贡期向明朝朝贡。所谓"昔在宣宗,始命安南自为国,而安南奉正朔益虔,间岁则贡,继世则请……而朝鲜、安南独近且亲,号文而有礼,故朝廷礼数视他国独优"②。从正统元年(1436)至正德十三年(1518)共八十三年间,总共朝贡明朝28次(参见附表。其中正德十三年岁贡,因国乱无法成行)。其他如贺即位、贺立太子、求封、谢册封、告哀、谢致祭、谢赐币等也严格按礼仪进行,基本没有缺失。另一方面,明朝出使安南者,主要是诏谕皇帝登基、册立太子、册封安南国王、吊祭或议事等,无事则不会干预安南国内事务。即使双方存在边界纠纷以及安、占战争等问题,明朝主要还是通过使臣传递诏谕,以劝和为主,基本上没有发出过军事威胁的言论。可以说,明朝撤军后近百年的时间,两国处于一个相对和平时期。

二 明、安边境纠纷及其对策

虽然明、安统治者都希望能有一个和平、稳定的双边关系,但事实上,在近百年相对和平的时期,双方还是发生了一些边境纠纷。这些边境的摩擦主要发生在正统年间。

1. 安平州界两国土司互侵问题交涉

正统三年(1438),广西布政司奏称,安南太原镇下思郎州知州农敬越界侵掠太平府安平州,掳走男丁二百二十余人,抢烧牛羊房屋,同时侵占峒寨村民二百二十九户。不久又控告安南土司率众劫掠思陵州霸村,掳男妇四十余人,抢烧牛羊房屋。总共窃据二峒二十一村。六月,明廷派遣

---

① 〔越〕吴士连等撰,陈荆和整理《大越史记全书·本纪》卷13,第708页。
② (明)王鏊撰《王鏊集》卷11《送洗马梁君使交南序》,吴建华点校,上海古籍出版社,2013,第200页。

给事中汤鼎、行人高寅出使安南交涉，其致安南国王黎麟敕谕曰："此岂尔未闻欤，抑尔号令不能行于彼欤？今特遣官谕尔，其令农原洪及守边头目悉归前后所侵掳地方人畜具闻，宥其前过。自今恪遵礼法，各守疆界。如其不悛，必正其罪，毋曲蔽之，以为己过。"①

安南国王刚获新封，对此十分重视，正统四年（1439）四月戊寅朔，派出中官军同知黎伯琦前赴明廷奉表谢罪，并表示会"令奉还所据地方及房掠人畜，仍戒敕原洪，俾革心改过，毋复造罪以累臣身"。但同时，安南的使节也不失机会地反控广西土官，称："农原洪言屡被安平等州土官知州李鹤、赵仁政等攻占思郎州境土，杀掠人畜。"还指出，两国边界发生纠纷的症结，大多是"蛮獠仇杀，边事之常"，希望明朝同时也要约束广西土官的行为。②明英宗认为安南的检讨是有诚意的，因此表示"勿追咎其非"，并责令广西总兵官安元侯柳溥及广西三司核实安南方面控告之事，具奏定夺。事后，安南国王依照承诺，鞫问了农原洪父子，并退还了所侵占掳掠的田地、人民、财产等，但明朝方面并没有对安平州土官赵仁政等人做出处理，因此仍然留下隐患。明正统七年（1442），安南太原镇臣潘缄翼再次向其国王奏称，被龙州土官赵仁政差头目吕聪等领兵千余攻下思郎州戎村，掳去人口牛只。③十月，安南派使臣赵泰向明廷申诉此事。同年，明朝兵部下令广西总兵官柳溥等查明真情，并首次提出和平协商的办法，要求安南国"遣人拘原洪来所争地界会勘追理"④，正统十一年（1446）二月，海西道同知阮叔惠再次到明廷状告龙州土司赵仁政数次侵掠太原土民之事。⑤

为了解决明、安于广西段边界的纠纷，明朝积极整顿边务，主要从两个方面入手。一是加强边境管理。正统十三年（1448）二月，明廷采纳了广西左参议甄完的建议，在思明、镇安、龙州与安南的交界处，"推公正

---

① （明）张镜心编《驭交纪》卷8，《丛书集成初编》第3503册，第105页。
② 《明英宗实录》卷54"正统四年四月戊寅朔"，第1033-1034页。
③ 〔越〕潘辉注撰《历朝宪章类志》卷46《邦交志》"大宝三年"，越南汉喃研究院藏本，编号A.2697。
④ 《明英宗实录》卷95"正统七年八月辛卯"，第1906页。
⑤ 〔越〕吴士连等撰，陈荆和整理《大越史记全书·本纪》卷11，第611页。

智勇指挥一员，量加升擢，令其提督禁约"①。也就是通过提高边将的级别，约束边境上的土司，提升边务管理的效率。二是与安南国勘定边界。在这次处理边境纠纷过程中，明朝提出由双方官员与边境土官共同协商解决，得到安南方面的配合。双方在协商与互利的基础下，达成了解决问题的方案。五月，明朝向安南国王通报双方大臣谈判结果："备称遣头目黎克复约会广西三司，拘土官赵南杰、农敬等，审实所争地方明白，将供村等十一村拨还龙州，奔村等六村拨与下思郎州，仍对众立定界限遵守等因，具见王敬事朝廷之意。"对于广源州保石奥、奄布等峒村，虽然安南方面还没有及时归还，明廷表示等看了广西三司的报告后，再做公正处理。同时鉴于发生纠纷的性质乃"守边之人，岁月既久，或有罔知大体，因怀私愤，辄赐侵扰"，因此，提醒安南国王"严饬该管头目人等，自今谨守法度，勿或侵越，自取罪戾，庶不累王之德"。②

经过此次交涉，明、安边境得以享受短暂的安定。其间于景泰七年（1456）初，安南太原镇与广西太平府州接境，其镇州头目农敬及谭宽互相杀掠人口牛畜，以占越地方。为此两国本欲遵前例谈判解决，三月二日，安南国王派出入内都督平章事黎醢等往太原镇上公干，入内大行遣知三馆事入侍经筵陶公僎、西道行遣阮有光、北道行遣黎景徽、审刑院使程真、内密院同知黎怀之等前往太原边界会勘，但广西三司官员因故未赴会，此事不了了之。③

至成化三年（1467）三月，明、安中段边境再起纷争，起因是明朝广西镇安府土官岑祖德率其众千余人进驻音洞，声言捉拿逃贼岑望，遂劫掠了北平镇、通农那蛮边民牛畜而归，后再占据保乐州哩土蛮。岑祖德有奏云："蛮离、蛮戎等村，原系诈归附镇安府，劫掠人民牛畜，伏望圣恩差拨大军，往征治戎、离等村，仍乞追治通农、保乐二州，驱犯人岑望等回业。"安南黎圣宗下令中书移文广西布政司，要求归还被掳掠的人畜，并派北道监察御史潘宗荐往北平镇调查事件，结果拘回副总知黎六和总知阮

---

① 《明英宗实录》卷163"正统十三年二月庚申"，第3157页。
② 《明英宗实录》卷166"正统十三年五月己亥"，第3213页。
③ 〔越〕吴士连等撰，陈荆和整理《大越史记全书·本纪》卷11，第631页。

量，责以"守备不谨，致外人寇边"之罪，将其流放远州。① 五月一日，安南北平府知州陶复礼状告明朝广西镇安府土官宋绍侵锁脱隘，夺本处田，及擅取牛畜。太师黎列等认为，这是"边远蛮夷自相攻击，乃其俗耳"，因此建议"固守封疆，无启边衅，见彼之来，拒之而已"②。十月，明安平州土官李璘领兵八千、马三百匹侵犯安南下琅州，李璘战败，退还本州，分兵守界。太原镇守官陶院、黎伯达等要求移书追问兴兵之由。③

成化四年（1468）夏四月庚戌，安南聚兵千余，立栅挑衅，占据广西凭祥县部分地方。提督军务都御史韩雍等得悉上奏，明宪宗下令韩雍及镇守总兵等官，从长计议，严督部属，整兵防御。④ 次年（1469）八月，安南派杨文旦、范鉴、黄仁等赴明进贡，并藉此机会向明朝反映广西镇安府土官岑祖德及广东钦州里老黄静男等越境侵扰之事。明宪宗要求兵部提出解决的方案。恰于此前，韩雍告安南侵犯凭祥地界，广东守珠池奉御陈彝告安南人越海窃采池珠，因此认为安南方面有"假词饰罪"之嫌疑，但明宪宗还是责令两广镇守、总兵、巡抚等官确实勘查，再做处分。⑤ 经过长期的勘查，最终查明事件真相，成化八年（1472）七月的勘报曰："岑祖德以争袭事，怀印逃居镇安峒。峒民岑望为盗事觉，逃入安南太原州通农峒。祖德遣人追捕，不获，被交人殴之而还。"因此要求安南方面不要"容纳逋逃"。⑥

对于两国中段边界持续纠纷，安南方面曾想树立排栅阻隔，但这又牵涉占界问题。经过交涉，"安南国太源州人，树立排栅，占过上冻岗陇委村之田，今已撤栅归田矣"。但是龙州居民报告说："与安南下思郎州接境，中有山岗横亘为界，山南石岭属龙州，山北土岭属下思郎州。今亦被交人植立排栅，以那横、塄其二村田及叫磨、益、奄三村田俱围占之。"只是有关此处的勘查始终没有形成共识，广西巡抚韩雍得知此事，深以为忧，提请兵部商议，认为："龙州与下思郎州各执一词，非彼此会勘，事

---

① 〔越〕吴士连等撰，陈荆和整理《大越史记全书·本纪》卷12，第663页。
② 〔越〕潘清简撰《钦定越史通鉴纲目》卷20，第2058-2059页。
③ 〔越〕吴士连等撰，陈荆和整理《大越史记全书·本纪》卷12，第669页。
④ 《明宪宗实录》卷53"成化四年夏四月庚戌"，第1076-1077页。
⑤ 《明宪宗实录》卷70"成化五年八月庚辰"，第1385-1386页。
⑥ 《明宪宗实录》卷106"成化八年秋七月庚申"，第2076页。

终不白。"兵部认可韩雍建议,责令广西布政司移咨安南国王,"令遣人来与广西三司官履勘明白,设立界址,永为遵守"①。

总体而言,对于边境土司的相互侵扰,明朝与安南统治者均抱持息事宁人的态度,在谈判中互有忍让与妥协。但是,到了黎圣宗时期,安南国势强盛,对边境的纠纷,态度上出现了微妙的变化。当黎圣宗接获广西的移文后,再次派太保黎景徽前来勘查,但此次态度较为强硬,称:"如有异意,即移文各道集兵防守,我尺山寸河岂宜抛弃,当坚辩,勿许渐侵。如他不从,尚可命官北使,详其曲直,敢以太祖尺地寸土啖敌者重治。"②因此,黎景徽与广西地方官会勘时"固执偏见",会谈不欢而散,明朝甚至要求安南另择"识达大体"者重新会谈。③ 这是安南方面在边界上首次显示对明朝的强硬立场。成化十年(1474)九月,安南黎圣宗又颁布了征蛮令十条,招募军士,对侵扰谅山的明朝土司进行征讨,将其驱逐出境。④这也是安南黎朝首次动用军队对付边境争端。

2. 钦州帖浪等地的归属问题交涉

明、安东部边界,即广东钦州与安南的海宁交界,历来是两国百姓海上贸易与边境贸易的重要地区,也是明朝海防要地。对这一地区的管治,明朝主要采取土司制度,土司归服之心无常,甚至常常反复。宣德二年(1427),当明军在安南战场节节失利之时,黎利势力日盛,钦州辖下的澌凛、罗浮、古森、葛源等峒村在澌凛峒长黄金广的率领下归附于安南黎利政权,并被编入安南的版图。⑤ 宣德九年(1434)十二月癸亥,广东钦州地方官奏称:"本州帖浪、如昔二都与交阯万宁县接境,比因黎利叛逆,都民黄宽等为所迫,助蛮寇掠民财。昨蒙恩命,令善招抚。宽等甘心附贼,抚之不从。"宣宗只是吩咐南京行在兵部移文广东三司、巡按御史审度,便宜处置。⑥

---

① 《明宪宗实录》卷104"成化八年五月戊午",第2048—2049页。
② 〔越〕潘清简撰《钦定越史通鉴纲目》卷22,第2230页。
③ （明）毛堪撰《台中疏略》,《四库禁毁书丛刊·史部》第57册。
④ 〔越〕潘清简撰《钦定越史通鉴纲目》卷22,第2241页。
⑤ 〔越〕高春育等撰《大南一统志》卷30,越南汉喃研究院藏本,A.853\1-8。
⑥ 《明宣宗实录》卷115"宣德九年十二月癸亥",第2591—2592页。何乔远《名山藏·王享记二》载:"（黎利）数诱胁我叛民侵盗边界,罗贴浪、如昔二都及斯凛、古森、金勒、丫葛四洞者,故钦州治……入明皆废,久觖望,及利作贼,洞长黄金广者,因以二都四洞叛附利,利纳焉,授之以伪官。"《四库禁毁书丛刊·史部》第48册,第254页。

第三章 / 宣宗弃守安南与明、安邦交常态化

由于黄宽等不服招抚，正统五年（1440）二月壬寅，巡按广东监察御史朱鉴建议朝廷对黄宽给予更多的优待，一切粮税杂差尽行免除，同时指派一能干的都指挥加强钦州的守备。① 同年十月甲申，广东官员再次上奏朝廷，建议通过外交的手段来解决黄宽的问题，曰："宽等不服招抚。及考本州图志，自汉马援讨平，以铜柱界之于西南，以分茅岭限之于西北。其界限之内，自洪武以来俱隶钦州。今分茅岭之内三百余里，铜柱之内二百余里，悉为安南所侵。如遣敕谕安南王，令还所侵地，则民不招而自还矣。"明英宗听取南京行在兵部的意见，一是等待安南贡使朝贡时，让其带回敕谕，令安南国王归还失地；二是晓谕黄宽，如果能够举家归顺，便可"悉宥其罪"，并申饬守边将领不要轻起边衅。②

正统七年（1442）三月己巳，明朝让安南国使者黎奣带回英宗的敕谕，曰：

> 往年广东廉州府钦州民黄金广等为尔国人所诱，昧其非，妄称贴浪、如昔二都地方旧属安南，诡言惑尔父，遂于本州丫葛村立卫置军，凡胁从者二百八十一户，侵轶疆境，诱胁人民，此必出尔下人所为，非尔父子所知也。夫二百八十一户于此非有损，于彼非有益，但信义之重，天不可欺。敕至，其即遣黄宽等二百八十一户，仍令钦州管属，其罪亦宥不问；尔所立卫悉革如旧，庶敬天事大之道，尔亦享福于无穷。③

很明显，明朝在处理此地边界纠纷时，并没有把安南国王作为挑衅者，而是视为下属或地方土官的个别事件。十月，安南派侍御史赵泰回复钦州地方事件的意见。④ 正统九年（1444）十一月，再次派东道参知阮兰反映钦州地方事件的纠纷。⑤ 正统十二年（1447）九月二十九日，安南又派遣御

---

① 《明英宗实录》卷64"正统五年二月壬寅"，第1235页。
② 《明英宗实录》卷72"正统五年冬十月甲申"，第1397-1398页。
③ 《明英宗实录》卷90"正统七年三月己巳"，第1808页。
④ 〔越〕吴士连等撰，陈荆和整理《大越史记全书·本纪》卷11，第607页。
⑤ 〔越〕吴士连等撰，陈荆和整理《大越史记全书·本纪》卷11，第610页。

147

史中丞何甫为正使、审刑院同知丁兰为副使，利用岁贡之机，与明朝交涉钦州地方事，并建议朝廷派官员勘查广东钦州有争议的地界。[①] 正统十三年（1448），安南使者回国时，明英宗给安南国王黎太宗敕谕，表示赞同他的建议，并表示有关边界的协商"务在彼此利便，永息纷争"[②]。同年，安南边境传言，说明朝已派使臣前来勘实边界，安南国王令东道参知程昱前往探究虚实。程昱到了边境，并无认真查访，而是听信路人传言，即回奏说明朝派钦差二司官暨广东镇守总兵官率领兵马前来。安南国王立即派司寇黎克复，左右纳言阮梦荀、阮文富，右司侍郎陶公僎，中丞何栗并海西道同知阮叔惠、阮兰、裴擒虎、程昱，审刑院副使程旼，内密院参知黎文前往会勘。又命下南策府同知黎舌领兵万二千余人，会同安邦镇各军防备边事，各赐钱有差，并起东道各路镇县官及民夫，备好科敛钱、米、牛、羊、鹅、鸭、酒等物，等候犒劳明军，一时间引起东部地区的骚动。安南官民到了边境"留旬月，探访消息，寂然无闻，各以财货至市北物重载而还，托言明钦差官遇有他事不至"[③]。有关东段的勘查始终得不到落实。

事实上，经过使节往返多次的交涉，双方紧张的气氛得以缓和，边境也相对平静，只是上述所涉钦州被占地方的勘查不了了之，始终都在安南的控制之下，直到嘉靖十九年（1540）莫登庸向明朝臣服时，为表诚意，才将其归还明朝。

3. 西部云南边境的纠纷

宁远州原在中国行政管辖之下，明初隶属于云南布政司，宣德初年，黎利抗明起义，明朝疏于管治，其地与广西太平府之禄州均为黎利所占，并入安南版图。[④] 宣德七年（1432）正月，黎利命亲王思齐将兵征宁远州（越南史籍称"忙礼州"），[⑤] 土官知州刁吉罕向云南都司求援。云南三司议决，拟调官军六千，由都督沐昂率领前往支援。二月辛亥，云南都司将此事奏报朝廷，明宣宗敕谕沐昂曰："蛮夷谲诈，未可轻信。往者尔兄南

---

① 〔越〕吴士连等撰，陈荆和整理《大越史记全书·本纪》卷11，第612页。
② 《明英宗实录》卷166"正统十三年五月己亥"，第3213页。
③ 〔越〕吴士连等撰，陈荆和整理《大越史记全书·本纪》卷11，第612-613页。
④ （明）徐日久撰《五边典则》卷20，《四库禁毁书丛刊·史部》第26册，第510页。
⑤ 〔越〕吴士连等撰，陈荆和整理《大越史记全书·本纪》卷10，第564页。

征，尝调宁远土官七千，竟无至者，而阴助黎利为逆。今之所言，或其自仇杀未可知？何得轻动官军，为蛮夷远役。宜察其实，以为进止。"① 结果云南边军停止了支援计划，而宁远州土官刁吉罕、刁孟旺得不到云南军队支持，被迫归降于安南，获司马之职，但宣德九年（1434）先后为安南所杀。②

天顺八年（1464）七月乙卯，安南国宁远州头目刺孟、刺羡率黑脚白夷寇掠云南临安府罗梅等村，知府周瑛匿事不报。不久，安南以男妇阿寨等八十余人来归，周瑛却掩过邀功。总兵官、都督沐瓒等获悉此事原委，要求都察院与巡按御史严肃查办。③

成化十年（1474），云南镇守中官钱能派都指挥郭景赴京奏称，广南府富州与安南所属宣光卫、保乐州等处接壤，因其军民黄章马等啸取窃掠，安南方面藉此辄调夷兵万众追捕，越过广南、镇安二府境界，攻扰边寨，惊散居民。八月丁亥，明宪宗派郭景降敕安南国王曰：

> 朕惟奸民草窃，法本难容，而越境为虐，理亦当戒，已令云南、两广镇守、总兵等官督同三司，各守境土，以备不虞。若遇前贼投我边方，即擒送本国，毋得容隐。王其体朕至意，尤须切戒宣光、保乐等卫州，急捕前贼，以靖地方；不许辄调夷兵，越境侵扰，惊疑良民。庶彼此生民，各得安居，无有后患。王其钦承之，毋忽。④

按旧例，凡出使安南者必须经由广西凭祥，但此次郭景在钱能的指使下，取道云南出境，钱能"以玉带、宝绦、蟒衣、罗段、犬马、弓箭、鞍辔诸物附景，私遗安南王"⑤，因而获得了大量的回赠。返国时，安南遣陪臣何瑄等进贡，并"以解送广西龙州犯人为名，随景假道云南赴京，索夫六百名"⑥。郭景害怕招惹后祸，托言先行，待至关口，告诫关吏严守戒备。当

---

① 《明宣宗实录》卷87"宣德七年二月辛亥"，第2009页。
② 〔越〕吴士连等撰，陈荆和整理《大越史记全书·本纪》卷10，第564页。
③ 《明宪宗实录》卷7"天顺八年七月乙卯"，第163-164页。
④ 《明宪宗实录》卷132"成化十年八月丁亥"，第2488页。
⑤ 《明宪宗实录》卷168"成化十三年秋七月乙亥"，第3042页。
⑥ （明）徐日久撰《五边典则》卷20，《四库禁毁书丛刊·史部》第26册，第516页。

安南兵士到达云南边关,关吏劝阻之,不许进入明朝边境。当时百姓以为安南人入寇,引起一阵惊恐,纷纷躲避。最后由黔国公沐琮派人前往交涉,安南人才撤退回国。云南众臣慑于钱能的权威,不敢将此事上奏。此后中官钱能又多次派遣郭景与指挥卢安、苏本、百户杨能等遍历诸夷千崖、孟密等土司多方求索。郭景仗势凌人,获得宝货甚多,甚至逼淫曩罕弄孙女,允诺代其上奏授以宣抚之职。① 成化十三年(1477),事情暴露,时值王恕新任右都御史,要求审明真相,结果郭景畏罪自杀,仅以私通外国罪弹劾钱能,曰:"昔交阯以镇守非人,致一方陷没,今日之事殆又甚焉。陛下何惜一能,不以安边徼。"后钱能勾结朝中近臣,改调王恕执掌南京都察院,此事不了了之。② 王恕镇守云南的时间虽只有短短九个月,但发现当时边境存在严重的隐患:一是"安南纳江西叛人王姓者为谋主,潜遣谍入临安";二是"于蒙自市铜铸兵器,将伺间袭云南",为加强边备,以防不测,特奏请增加两名副使。③

成化十五年(1479),安南国王黎灏亲征哀牢与盆蛮。是年冬季,其中一分队八百余人,借口捕盗,越过云南蒙自的边界,"擅结营筑室以居"。经由当地守将力言劝止方才撤退。④ 次年二月,镇守云南的中官钱能将此事上奏朝廷,兵部议决,要求云南总兵、巡按三司谨守边备,防止域外战事波及内地。⑤

临安府所辖有大小五邦之地,与安南国接壤,地势险要,乃控制蛮夷之要地。成化十九年(1483)十二月丁亥,云南总兵官、黔国公沐琮等奏称,安南国对此地提出领土要求,其绥阜州官吏移文曰:"其地为轴上、轴下、林徇旺等名,乃其所属,世纳其税。"而云南地方官吏认为"两处村寨俱朝廷土地,两处人民俱朝廷赤子",双方屡有争讼,俱无结果。同时指出,轴上、轴下等地名从未听说,恐彼阴有掩袭之谋。兵部覆议以为,"交人多诈,或姑为巽辞,缓我边备,宜再申戒饬"。为了避免事态扩

---

① 《明史》卷304《钱能传》,第7782页。
② 《明史》卷182《王恕传》,第4832页。
③ 《明史》卷182《王恕传》,第4832页。
④ 《明史》卷321《安南列传》,第8328页。
⑤ 《明宪宗实录》卷200"成化十六年二月壬申",第3513页。

大，明宪宗宣谕各州县，今后如遇此等事情，"止许申达上司，以俟区处。毋得轻与移文往来，致起边衅"①。

成化二十三年（1487）三月庚戌，安南土官舍人刁祝常住五邦蛮嵋等寨，假称宁远州知州主人名号，与当地百姓私自交通，被地方军士驱逐出境。明廷因刁祝已被逐回，不予深究，仅令镇巡等官严督沿边防御，禁止交通。②冬十月己卯，明廷因占城被侵吞一事，降敕安南国王，同时对刁祝事件提出交涉，要求安南方面"加意访察，差人将刁祝并其家属尽行拘回，置之于法，毋容蒙蔽，仍来潜住，假称名号，亏尔忠义，自取弗靖。"③

然而，此事依然没有得到很好的解决，为了防范事态的恶化，弘治二年（1489）秋七月乙亥，巡按云南监察御史刘洪上奏，指出云南与安南边防存在很大的漏洞，称安南国公文，常违例自临安递送，巡视人员擅行接纳，这是驿递边备不严的缘故。兵部据此议复，以"不戒饬所属，失于防范"为由弹劾守备都指挥同知陆卿、兵备副使谢秉中，并且下令此后安南公文，只能从广西旧路递送，云南边驿不许接递。④安南使臣对明朝的交涉强辩说："云南则本国土人旧酋居之所，非敢越境生事。"不久，占城复遣使奏："安南仍欲吞灭其国，乞天兵守护。"当时安南陪臣黄伯阳仍住在会同馆，明孝宗派兵部大臣将其召至礼部，谕之曰："归诏尔国王，勿徒为多言，其各守封疆，以享太平。不然，朝廷一旦赫然震怒，天兵压境，如永乐故事，得无悔乎？"其使恐悚而去。⑤这是宣宗弃守安南后明朝对安南国发出的最严厉、最强硬的警告。

由上可知，安南复国后，明朝与安南所发生的边界纠纷，主要原因有两个方面。一是历史遗留问题，如思明府东南之禄州、西南之西平州，自宋至明初均在中国管辖疆域内，但在宣德二年（1427）都曾并入了安南；⑥

---

① 《明宪宗实录》卷247"成化十九年十二月丁亥"，第4190-4191页。
② 《明宪宗实录》卷288"成化二十三年三月庚戌"，第4867页。
③ 《明孝宗实录》卷4"成化二十三年冬十月己卯"，第82页。
④ 《明孝宗实录》卷28"弘治二年秋七月乙亥"，第622-623页。
⑤ 《明孝宗实录》卷38"弘治三年五月丙子"，第814页。
⑥ （明）应槚等撰《苍梧总督军门志》卷4，《中国边疆史地资料丛刊》（滇桂卷），全国图书馆文献缩微复制中心，1991，第78-79页。

其他如云南方面的宁远州，广东方面渐凛、罗浮、古森、葛源等四峒及帖浪、如昔二都，均是于宣德年间，镇宁边将失察而让土官归附于安南，以至两国边界频生争端。二是两国对周边少数民族均采取高度自治的土司制度，在越南黎朝"仍让各酋长在当地拥有很大的权限，他们享有全权按照自己的风俗习惯来管辖当地人民。黎朝的法律明确规定，对于各少数民族的处理要'按照他们的惯例'来进行"①。两国边境土官在利益的驱动下，经常发生争讼现象，黔国公沐斌曾言："广西近邻交阯，侬人性习犷戾，动辄仇杀，实难抚化。"②对这种边境土官的争斗，当地官吏为了某种目的，或夸大事情，或曲解事因，常常影响到两国的正常关系。

明朝官员对边境争端的认识还是比较客观的，并非一味指责安南挑衅，认为"我边土官，素与外夷有隙，今所报矛盾，其间情伪亦可知矣"③。因此，在处理此类事件时，向来能够审慎处理，并邀请安南方面协商处理，确定了双方"公同处置，务在彼此利便，永息纷争"④的原则。强调双方合作，彼此利便，志在平息纷争。具体的操作则是，对内提升守边将领的级别，加强边境管理，严饬边境土官"谨守封界，勿招亡纳寇，以启边衅"⑤，甚至要求地方官遇有边境纷争，"止许申达上司，以俟区处。毋得轻与移文往来，致起边衅"⑥；对外则由朝廷草拟敕谕，由广西、云南地方长官移文安南，尽量避免派朝廷专使前往交涉，以免引起安南方面不必要的恐慌。对于无法短时间内解决的问题，明朝也极少以武力威吓的办法要求安南服从，大多搁置一旁，等待成熟的时机。

安南方面，在黎太祖、黎太宗、黎仁宗时期，致力于内治，对明朝的态度相对和缓。天顺六年（1462）二月庚寅，明朝派遣翰林院侍读学士钱溥等出使安南，册封黎灏为安南国王，其诏书如此评介明、安关系，曰：

我朝诞膺天眷，统驭华夷，同文轨于万方，覃声教于四表。凡居

---

① 越南社会科学委员会编著《越南历史》，北京大学东语系越南语教研室译，第315－316页。
② 《明英宗实录》卷192"景泰元年五月己酉"，第3988页。
③ 《明宪宗实录》卷231"成化十八年闰八月壬午"，第3948页。
④ 《明英宗实录》卷166"正统十三年五月己亥"，第3213页。
⑤ 《明宪宗实录》卷231"成化十八年闰八月壬午"，第3949页。
⑥ 《明宪宗实录》卷247"成化十九年十二月丁亥"，第4191页。

第三章／宣宗弃守安南与明、安邦交常态化

覆载，靡不归心。维安南慕义称藩，盖有年矣。故国王黎麟，敬天事大，禀命受封，保境安民，恪修职贡。继以子濬，不替前修，属在告终，统承乏胤。其摄国事黎灏，乃国王麟之子，象贤济美，素得邦人之心，奉表输琛，益谨藩臣之礼。①

然而，黎灏继位后并不像明朝官员所期待的那样"谨藩臣之礼"，相反，随着安南国力日盛，黎灏"自负国富兵强，辄坐大"②。尤其是攻破占城后，更是"志骄气满"，在与明朝交涉的过程中，"辄诡词对""语甚诳诞"，甚至对西南地区明朝羁縻部族如车里、八百等宣慰司进行军事行动。云南守臣、黔国公沐琮等评述曰："灏昔尝吞并占城，皇上姑赐涵容，冀其悔过。而灏乃肆恶无忌，苛刻不仁；既指擒黄章马之名，劫虏镇安村寨；复托解关正等之故，窥伺临安边情；擅差经略而驻师蒙自地方，假捕琴公而攻杀老挝父子。请降敕切责之。"③ 黎灏的对外扩张，主要是对周边小国，对明朝边境没有造成严重的威胁，明朝依然对其采取宽容政策，以至部分朝官对朝廷的做法颇有微词，曰："庙堂务姑息，虽屡降敕谕，无厉词。"④

三 安、占战争与明朝的态度

安南与占城的纠纷，起于永乐十三年（1415），当时明军正在组织镇压陈季扩的起义，并要求占城派兵支持，但占城国王不但没有出兵支持，反而接受陈季扩的金帛与美女的贿赂，以战象支援陈季扩，还与陈季扩的舅父陈翁挺侵占了升华府所辖的四州十一县。明朝对占城的所作所为，考虑到正在安南用兵，不想分散兵力，只是敕谕谴责，要求归还所侵之地。⑤ 后占城虽遣使请罪，但仍然控制着所侵占的地方。

宣德九年（1434），占城趁安南黎太宗即位之初，且大臣争权，内政

---

① 〔越〕潘辉注撰《历朝宪章类志》卷46《邦交志》，第17页。
② 《明史》卷321《安南列传》，第8327页。
③ 《明宪宗实录》卷216"成化十七年六月壬子"，第3752页。
④ 《明史》卷321《安南列传》，第8328页。
⑤ 《明史》卷321《外国五·占城》，第8386页。

153

不稳，肆意侵扰安南的化州地区。① 同年，占城遣使到安南解释化州之事，安南知其饰诈，但还是原谅了它，不予追究。次年，占城再遣使安南，要求和亲；安南则派出使臣黎汝览访问占城，责问占城乘安南多故，夺地自肥，至今犹不言还，而且岁贡不供，是"无大小之礼"。②

正统九年（1444）五月，占城国王摩诃贲该再次寇掠安南化州。次年，占城军攻入化州的安容城，安南国则分别派出大将讨伐。正统十一年（1446）二月，安南遣使入明，解释龙州土官的边境纠纷，同时，由同知审刑院事程真、清威县转运使阮廷美禀报占城侵扰其化州边境事件。③ 六月，明廷传谕占城国王摩诃贲该，要求其"祗循礼分，严饬守边头目，慎固封守，毋仍恣肆，侵轶邻境，贻患生灵，自取祸殃"。而且颁谕安南国王黎浚也应该"严加备御，毋挟私报复"。④

安南在入禀明廷前，实际上已于正月由黎可、黎受率六十万大军征伐占城，四月二十五日，攻破了占城阇盘城，俘虏其国王摩诃贲该及妃嫔、部属，并掠走大批马象、战器等，然后班师回朝。⑤ 同月，占城前国王占巴的赖的侄子摩诃贵来向安南投降，还派制沓麻叔婆被朝贡安南，表示愿意对安南称臣纳贡，恳请安南承认其国王资格。⑥ 九月，安南担心受明朝责难，又主动派海西道参知簿籍阮宗仁、政事院同参议程弘毅等入明解释征讨占城的事件。

为了得到明朝的承认，摩诃贵来于正统十二年（1447）七月遣使臣逋沙怕占持入贡明朝，奏曰："臣先王抱疾之初，以臣为世子，欲令嗣位。时臣年尚幼，未能治事，逊位舅氏摩诃贲该。后摩诃贲该屡兴兵伐安南国。安南国王遣将统兵抵占城旧州古垒等处，杀虏百姓殆尽，摩诃贲该被擒，国中臣民以臣先王之姓，在昔已有遗命，请臣代位，以掌国事。臣辞之再四，不得已乃于府前治事，其王位未敢自专。伏乞特降赐明诏，以慰

---

① 〔越〕吴士连等撰，陈荆和整理《大越史记全书·本纪》卷11，第573页。
② 〔越〕吴士连等撰，陈荆和整理《大越史记全书·本纪》卷11，第590-591页。
③ 〔越〕吴士连等撰，陈荆和整理《大越史记全书·本纪》卷12，第611页。
④ 《明英宗实录》卷142"正统十一年六月癸亥"，第2819页。
⑤ 〔越〕吴士连等撰，陈荆和整理《大越史记全书·本纪》卷12，第611页。
⑥ 〔越〕吴士连等撰，陈荆和整理《大越史记全书·本纪》卷12，第611页。

远人之望。"①明英宗允其所请,并派遣给事中陈宜为正使、行人薛干为副使,持节册封摩诃贵来为占城国王,而且谕令安南国王黎浚,要求其归还占城故王摩诃贲该。对此,黎浚并不理会。

正统十三年(1448)三月,占城国王的弟弟贵由囚杀摩诃贵来,夺其王位,并遣使入贡安南,安南以"臣弑君,弟弑兄,古今大恶"却其贡。②正统十四年(1449)七月,安南派遣尚书程昱、翰林直学士郑坚赍谕出使占城,要求归还此前掠夺的安南人口,诘责贵由弑君之罪、不尽敬事大国之礼。③十一月,为了讨好安南,占城归还安南被掳程元颐等七十人。④

贵由一方面缓和与安南的紧张关系,另一方面又以摩诃贵来的名义遣使上奏明朝,控告安南屡次入侵,掳掠人口三万三千五百,而且教诱占城国王不顺天道,不敬明朝,唯利是图,逆天悖理。景泰元年(1450)三月,明朝敕谕占城国王,表彰其"坚守臣节,不为所诱,仍来朝贡如旧,具见王忠诚顺理之意"。但对占城所奏之事,明朝表示"未尝尽信",况且经历土木堡之变后,明朝政局动荡,根本无暇顾及。为了安抚占城,明廷拟了一道敕谕给安南国王黎浚,由占城使臣带回,等有安南使节到占城,才转交安南方面,但谕文并无责备之意,只是婉转地要求安南国王安分守礼,保邦睦邻,做到"前事有则改之,无则加勉"⑤。

景泰三年(1452),贵由再度遣使入贡明朝,且假意为前国王摩诃贵来告哀,目标是为自己请求册封。明朝并不清楚事情真相,同意其请求,派给事中潘本愚、行人边永前往册封。

天顺四年(1460),占城朝贡明朝,再次控诉安南侵扰边境。⑥八月,安南使臣程封回国,明朝礼部大臣针对占城控诉安南侵扰事件,让其向国王黎琮转达明朝的态度,要求其"自今以后,守礼睦邻,毋得构衅结怨"⑦。天顺八年(1464)三月,占城国王盘罗茶全又遣使入明,再次控告

---

① 《明英宗实录》卷156"正统十二年秋七月己亥",第3040页。
② 〔越〕吴士连等撰,陈荆和整理《大越史记全书·本纪》卷11,第621页。
③ 〔越〕吴士连等撰,陈荆和整理《大越史记全书·本纪》卷11,第625页。
④ 〔越〕吴士连等撰,陈荆和整理《大越史记全书·本纪》卷11,第625页。
⑤ 《明英宗实录》卷190"景泰元年三月丙寅",第3920页。
⑥ 《明史》卷324《占城列传》,第8387页。
⑦ 《明英宗实录》卷318"天顺四年八月己未",第6631页。

安南求索白象、侵扰边境等事，请求"照永乐年间，遣使安抚，置立界牌碑石，以免侵犯，杜绝仇雠"。明朝兵部讨论，认为两国纷争刚起，不宜遣使前往调解，建议让来使回国后申达明朝的立场，要求占城国王"谨守礼法，保固境土，以御外侮，勿轻构祸"①。

成化三年（1467）二月，占城遣使入朝于安南，安南要求占城以事明朝之礼事之，并于常贡之外，索求更多的犀象、宝货等，占城使臣不从。②成化六年（1470）八月，占城国王盘罗茶全率水步象马十余万众袭击安南化州，安南守边将领范文显等无法抵挡，退守城池，并向京城飞书告急。③安南黎圣宗得奏，一方面加紧备战，强征壮丁，囤积军粮。先是敕谕天长府承宣使曰："制乱莫先用武，强兵固在足粮。敕至，尔等增征军色吏员生徒等项，每人米十五筒，黄丁、老人米十二筒，责所收又蒸为熟米，勿淹时日，递纳使司。"继而又听从阮日升的奏请，改革征兵条例，"敕黄丁十二岁已选取充军，改为十五岁以上开为男子大项"。所有官员子弟有"隐避不呈送，本身充本府军，厥父罢职"④。另一方面，于十月派使臣郭廷宝、阮廷英入贡明廷，状告占城侵边扰民。其奏曰：

> 臣国与占城密迩，自前时见侵凌。宣德年间，升、华、思、义四州遽为沦没，自是屡被攻围化州，使一方之人疲于奔命。窃惟臣之人民、土地，受于朝廷，传之祖宗，永作藩屏。今彼弃礼悖义，方命欺天，蹂藉边民，殆无宁岁。臣欲饬兵与战，恐违圣德诲谕之勤；欲隐忍不校，亦负君亲恩义之重。进退之际，濡尾曳轮，谨遣陪臣，诣阙陈奏。⑤

安南黎圣宗明显是为出兵做准备，试图探听明朝的态度。明朝兵部以为安南国王黎灏有吞并占城的图谋，建议"赐敕戒谕，以杜其奸"，明宪宗因此降敕，表明明朝反对动武的立场。敕谕曰：

---

① 《明宪宗实录》卷3"天顺八年三月庚申"，第77页。
② 参见〔越〕吴士连等撰，陈荆和整理《大越史记全书·本纪》卷12，第661页；《明史》卷324《占城列传》，第8388页。此事，《明史》记于成化五年。
③ 〔越〕吴士连等撰，陈荆和整理《大越史记全书·本纪》卷12，第669页。
④ 〔越〕吴士连等撰，陈荆和整理《大越史记全书·本纪》卷12，第679页。
⑤ 《明宪宗实录》卷91"成化七年五月己亥"，第1771–1772页。

尔安南与占城，俱受朝廷爵土，世修职贡，为中国藩屏，岂可构怨兴兵，自相攻击？《春秋》责备贤者，尔宜安分循理，保守境土，解怨息争，先尽睦邻之道。仍禁约守边头目，毋启衅端，生事邀功。假此为吞并计，恐非尔国之福。尔宜慎之！慎之！占城事情，待彼使来，详察得实，别有戒饬。朕代天理物，一视同仁，不忍尔两国人民横罹兵祸。特兹戒谕，庸示至怀，尔其钦承。毋忽。①

事实正是如此，黎圣宗一方面遣使明朝，另一方面又同时在国内发布动员令，于成化六年（1470）十一月六日下诏亲征占城。在诏书中，黎圣宗历数占城的种种恶行，归纳起来主要有以下几个方面：②

第一，不分尊卑，不修职贡，罔顾以小事大之礼，甚而凌辱朝使。安南在东南半岛素亦以小天朝自居，乃是占城的宗主国，而占城国则随国力的变化时而听命，时而不尊，所谓"我弛则啸群入寇，我张则掉尾乞怜"，有时甚至"称伯父而侄我皇""号天佛而臣我越"。

第二，挑拨安南与明朝的关系。"作狐媚于燕京，笙簧行潛人之计，萌蚕食于象郡，腹背陷受敌之危。求铜柱立于横山，令汉兵下于刺道。薄言往诉，胡譖莫惩。更诬我以籍万兵，将并北朝之境宇。继言我如天二日，自尊南国之帝皇。谓我夺金宝贡珍，谓我争白花母象。"以致"大明之疑虑，赍敕连年"。

第三，时常侵扰安南化州等边境之地。

第四，在国内盘罗茶悦③、盘罗茶全弑君夺位，横施暴政，慢神虐民。"奈兹丑虏之跳梁，蹈凶覆辙，何校灭耳？艮限熏心，鸦峙危巢，臣仆我朝使，蛙鸣底井，謦咳我敕书，日长月增，雄唱雌和，与乱同事，谓暴无伤，浣狗父猪母之腥膻，行篡弑而移逋提之祚胤，动佛塔鬼祠之劳费，扇祸福而滋茶全之蔓延，禁屠而困天民，止酒而匿神祀。男女尽驱于斯役，鳏寡久毒于劓焚，占氓则重赋惨刑，尸耐则高官好爵，臧获我男妇，渊薮

---

① 《明宪宗实录》卷91"成化七年五月己亥"，第1772页。
② 〔越〕吴士连等撰，陈荆和整理《大越史记全书·本纪》卷12，第679–681页。
③ 茶悦，越南史籍记作"茶遂"。

我逃亡，流民踣地而衔冤，阖境告天而无路，旅焚其次，播奸而冒化风。"

基于上述四点，黎圣宗选调精兵数十万征讨占城。成化七年（1471）二月，安南攻陷占城都城阇盘，俘获其国王盘罗茶全，十五日班师回国。在班师过程中，占城国王盘罗茶全因忧悸成疾，死于途中，安南斩其首以献太庙，投其尸于江中。①

安南攻陷占城后，为削弱其国力，先是将占城北部的大部分领地分为三国，即占城、华英、南蟠，封占城降将为王，以羁縻体制间接操控。②六月，又将双方有争议的太占、古垒等地增置广南道，辖三府九县，起初任命占城降将巴太、多水镇守，数日后改任安南人杜子归、黎倚陀为知州。③

占城国王盘罗茶全被掳后，其弟盘罗茶悦逃入佛灵山中，组织反抗活动，同时派亲信乐沙入明告急、请封。明朝获悉占城被侵占的消息后，朝野哗然，兵部尚书白圭等认为："若不有以处之，非惟失占城归附之心，抑恐启安南跋扈之意。宜遣官赍敕谕灏，俾以所虏占城国王及其家属、印章等悉还其国，毋致兵连祸结。"④但明宪宗"虑安南逆命"，否决了遣官调解的计划，认为只要等待安南使臣到来，然后斥责之即可。⑤

成化八年（1472）六月，明朝派遣右给事中陈峻、行人司行人李珊前往占城，册封盘罗茶悦为占城国王。其实早于成化七年（1471）十一月，安南黎圣宗已命黎念为将军，领兵三万南下征讨，擒获盘罗茶悦等人。⑥并封占城前国王之孙齐亚麻弗庵为王，管辖南部领地。因此，明朝使臣到达新州港时，遭遇安南镇守将领的阻挡，不得入境，被迫折返回朝。

成化八年（1472）九月，安南派遣陪臣阮德贞赴明解释与占城的纷

---

① 〔越〕吴士连等撰，陈荆和整理《大越史记全书·本纪》卷12，第687页。
② 〔越〕潘清简《钦定越史通鉴纲目》卷22载："占城旧将逋特特先行投降，并遣使入贡，愿对安南称臣纳贡，乃封为占城王；南蟠则以占城故主之后裔领封；华英国王无从稽考。"（第2178页）越南史学家陶维英在《越南历代疆域》中也认为："为了分散占城的势力，圣宗取占城还剩下的西部和北部之地置南蟠、华英二国。"（第301页）
③ 〔越〕吴士连等撰，陈荆和整理《大越史记全书·本纪》卷12，第685页。《钦定越史通鉴纲目》卷22载："闻胡并取占人太占、古垒之地，置为升、花、思、义四州。属明，合置为升花府。黎初为羁縻之地，名曰南界版籍，徒载空名，而其地则为占人所据。迨洪德三年，圣宗亲征占城，取其地置为广南承宣，领府三县九。"
④ 《明宪宗实录》卷104"成化八年五月丁巳"，第2045-2046页。
⑤ 《明史》卷324《占城列传》，第8388页。
⑥ 〔越〕潘清简撰《钦定越史通鉴纲目》卷22，第2227-2228页。

争，其奏书曰："彼因占城侵化州地，故举兵为援，由彼国人自相叛亡，以取败北耳。"然而，较之占城使臣的奏报，明宪宗以为情词各异，未可深信，对安南也没有予以深究，只是降敕安南国王黎灏曰：

> 王国与占城，势力大小，不待辩说。若彼先启衅端，是不度德量力，固为不义；若王无故乘彼小衅，辄兴忿兵，凌弱暴寡，亦岂得为义乎？敕至，王宜略其小失，益惇大义，将所虏人口，尽数发还。戒饬边吏，毋生事邀功，兴兵构怨，旋致报复，自贻伊戚。①

成化十年（1474）十二月，出使占城的右给事中陈峻等人回到京城，奏报说，占城国王盘罗茶悦及全家已被安南所掳，占城之地已被安南占领，并改为交南州，故而无法完成册封之命，"以原领诏敕及镀金银印、彩段等物进缴"。安南恃强吞并明朝的藩国，兵部以为"所系非小"，但讨论处置意见时，英国公张懋等以为："安南强暴，固宜声罪致讨。第帝王之于夷狄，以不治治之。且今未得占城所以灭亡之故，不可轻动。而安南明年期当入贡，宜俟陪臣至日，令译者以其事审之，始可区处。"因此只是建议加强广东、广西、云南的边境防御。明宪宗接受这一建议。②

次年，安南派陪臣黎弘毓等入贡明朝，再次为占城事件辩解说："先年占城国王盘罗茶全因侵犯化州道，为其弟盘罗茶遂所弑。遂既自立，将请封，而盘罗茶悦子茶质苔来又杀之。自是，其国祸乱相侵，卒无宁日，非臣国之罪。今钦遵圣谕，息兵睦邻，所得男妇七百四十余人，俱已遣还彼国矣。"明朝兵部对此辩词，以为"情伪叵测"，明宪宗也清楚其中必有诈词，但无法诘问真相，也只能要求安南遵守"兴灭继绝之义，敬天事大之诚"，反省自己的行为，归还占城被掳的王族、将领与人民，恢复其疆土，使不至于殒其宗嗣。③

此时，明朝与安南的边境警报不断，明朝虽多次要求整治边防，而安

---

① 《明宪宗实录》卷108"成化八年九月丙午"，第2101页。
② 《明宪宗实录》卷136"成化十年十二月乙未"，第2553—2554页。
③ 《明宪宗实录》卷144"成化十一年八月辛丑"，第2660—2661页。

南"辄诡词对",明朝无奈,更"无厉词",使得安南国王"益玩侮无畏忌"。① 在占城问题上更是如此。对于明朝要求其归还占城被掳人口,恢复吞并的占城疆域,成化十二年(1476),安南派遣使臣阮济入明进行诡辩说:

> 此臣不能不沥血陈辞,而保其必无也。夫占城提封,全非沃壤,家稀蓄积,野绝桑麻,山无金宝之收,海乏渔盐之利,止有象牙、犀角、乌木、沉香。而臣国产多用稀,乌足为贵?得其地不可以居,得其民不可以使,得其货不足以富,得其势不足以强,而臣守之甚艰。利之甚浅,损多益寡,祸实名虚,此臣不占夺占城土地,改为州邑之故也。今朝廷又谕臣复其土宇,使不至殒其宗祀。诚恐天使急遽之际,缉访难详,而占城避乱之人,与臣国仇,言不足信。伏望特遣朝使,申画郊圻,兴灭继绝,使占城上下辑宁,臣国边陲休息,以蕃中国,以康远人,此臣之大愿也。②

为了使明朝相信其并未占夺占城,随后由安南于成化七年(1471)册封的占城国王齐亚麻弗庵也接着派使臣入贡明朝,并请求册封。其奏疏称:"安南人还其国南边地一方,付之掌管,复立为国。"③ 这间接上也为安南的辩词提供理据。而此时的明朝,内忧外患,对处理属国的问题,以"不治治之"的消极态度处之,早已占据主流。故而,对占城的请封,慨然应允。成化十四年(1478)八月,明朝派出了礼科给事中冯义、行人张瑾等携诏往封。

就在占城国王齐亚麻弗庵的使臣入贡明朝之时,齐亚麻弗庵就被其弟古来所杀,占城国内一片混乱。一方面,古来以王弟资格摄理国事;另一方面,安南得知齐亚麻弗庵被杀,立即扶植了另一位代言人提婆苔。④ 出现了一国二主的局面。

---

① 《明史》卷321《安南列传》,第8328页。
② 《明宪宗实录》卷176"成化十四年三月戊子",第3185–3186页。
③ 《明宪宗实录》卷181"成化十四年八月乙未",第3254页。
④ 《明宪宗实录》卷220"成化十七年冬十月丙辰",第3807–3808页。

古来刺杀齐亚麻弗庵的原因，主要是齐亚麻弗庵过于听从安南的摆布，因此，古来摄理国事后，立即入贡明朝，痛诉安南吞灭占城的事实，并请求明朝援助。成化十七年（1481）九月，古来的使节奏曰：

> 天顺五年四月内，交阯兴兵侵本国，虏国王、毁城池、掠宝印而去，王弟盘罗茶悦逃居佛灵山。成化六年奏请印乞封，天使到，而盘罗茶悦已先为交阯所擒矣，臣与兄齐亚麻勿庵潜窜山林。后交人畏惧天朝，自遣人寻访本国子孙，拨还地土自邦都郎至占腊地界五处，立齐亚麻勿庵为王。未几，齐亚麻勿庵死。今臣当嗣位而不敢专擅，乞遣天使，仍赐宝印，封以为王。特谕交人退还本国全境之地二十七处，四府一州二十二县，东至东海，南至占腊，西至黎人山，北至阿木喇补，凡三千五百余里。仰祈天恩，为小国作主。①

明朝对古来的请求，兵部尚书陈钺、英国公张懋、吏部尚书尹旻等均建议"遣近臣有威望、善辞令者二人使安南，谕其王，使悉还占城故地"。但明宪宗认为不必遣官前往，只是降敕谕安南国王黎灏，诘责其"阴遂吞并之谋，阳窃睦邻之名"②，要求其归还占城的所有领土。

原来，于成化十四年（1478）八月，明朝曾派出了礼科给事中冯义、行人张瑾等携诏往封齐亚麻弗庵为占城国王。当他们行至广东，适好古来的使者哈那巴也已达广东，并称齐亚麻弗庵已经病故。但冯义、张瑾携有私货，担心不继续前往会导致亏本，仍然如期前往。当其到达占城后，听占城人报称齐亚麻弗庵为古来所杀，安南已以伪敕立其国人提婆苔权掌国事，便擅自把占城国王的印绶等授予提婆苔。成化十七年（1481）冬十月，张瑾回至京城，汇报了这些情况，此时古来的使臣哈那巴尚在使馆，礼部派人查问，哈那巴回答说："古来实王弟，齐亚麻勿庵之死，以病不以杀。而所谓提婆苔者，亦不知其为谁？"鉴于此等情况，明朝让古来的使臣先回到广东，等候提婆苔的谢恩使团到来，相互对质，以辨明真相，

---

① 《明宪宗实录》卷219 "成化十七年九月丁酉"，第3796页。
② 《明宪宗实录》卷219 "成化十七年九月丁酉"，第3797页。

然后再做处理。① 然而，事件过去了一年，提婆苔的谢恩使团始终未见到来。成化十八年（1482）九月，朝廷不得不令古来的使臣先行回国。

成化二十年（1484）七月，明朝降敕占城主古来，希望其优抚提婆苔，赦免其接受安南伪封之罪，仍然任命其为地方头目，但必须交还原来的占城国王的印绶。② 八月，提婆苔派遣其孙巴罗质、副使蛮底代等前来谢恩，明朝虽给予使臣一定的赏赐，但拒绝接受其表文、方物等。③ 并于同月派遣户科给事中李孟旸充正使、行人司行人叶应充副使，前往册封占城国王齐亚麻弗庵之弟古来为占城国王。后来李孟旸等认为"占城险远，安南构兵未已，提婆苔又窃据其地，稍或不慎，反损国威"④，请求"以封古来敕印先令其使人顺赍以往，使彼国中预朝廷封古来之意，以定人心。其提婆苔所遣王孙来谢恩留质广东者，亦释遣之。臣等俟舟完风便，然后至古来所居之地开读"⑤。

成化二十二年（1486）十一月，巡按广东监察御史徐同爱等奏报："占城国王子古来攻杀交阯所置伪王提婆苔，交阯怒举兵压其境，必欲得生提婆苔。古来惧，率其王妃、王孙及部落千余人，载方物至广东崖州，欲赴诉于朝。"明宪宗令总兵、镇守、巡抚等官"加意抚恤，量与廪饩，从宜安置，勿致冻馁，仍严密关防之"。古来在崖州，坚持要求入朝控诉安南侵扰之害。⑥ 兵部则认为，古来的控诉与安南国使臣的奏词不一，宜审慎处理，结果英国公张懋、兵部左侍郎何琮等商议认为："两国事难遥度，宜遣大臣一人往犒古来，且谕之云：'朝廷悯尔委国远来，劳于跋涉。其勿入朝，恐久暴露于外，占据者渐有固志，客处者各怀异心。不如早归，以安国人。'仍移文安南，责以存亡继绝之义，若果非王意，宜遣使迎古来复其国以自解。"⑦

成化二十三年（1487）正月，明朝廷派南京右都御史屠塘前往广东处

---

① 《明宪宗实录》卷220"成化十七年冬十月丙辰"，第3808页。
② 《明宪宗实录》卷254"成化二十年秋七月辛卯"，第4289–4290页。
③ 《明宪宗实录》卷255"成化二十年八月己未"，第4305–4306页。
④ 《明史》卷324《占城列传》，第8389页。
⑤ 《明宪宗实录》卷255"成化二十年八月辛未"，第4308–4309页。
⑥ （明）徐日久撰《五边典则》卷20，《四库禁毁书丛刊·史部》第26册，第535–536页。
⑦ 《明宪宗实录》卷286"成化二十三年春正月辛酉"，第4836页。

理此事，古来向屠墉控诉安南吞并占城的事实，称：占城国原有八州二十五县，已全部被安南吞并。后来经明廷调解，安南才归还邦都郎、马那里等四州五县。随后，占城头目提婆苔投靠安南，安南又以一州三县封赐为领地，占城实存三州二县。如今提婆苔业已死去，安南却要强索其生身，目的想以邦都郎等地立提婆苔之子为王。然而，古来之子苏麻及头目万人正固守以待，因此，古来建议就在广东接受册封，请求明朝派兵护送回国，并希望降敕安南，划定疆界，以保证边境的安全。屠墉上奏时表示，可以接受这一建议，李孟旸等不必前往占城册封，就地于广东册封，待冬季风起，派兵护送归国。朝廷以为可行。冬十月，明朝于广东册封古来为占城国王，并招募健卒二千人，驾驶舰船二十艘，将其护送回国。至占城海疆，安南守将看到有明朝大臣，不敢抵抗，古来才得以顺利入境。同时明朝还降敕安南国王，责令其"悉以茅岭界外八州二十五县之地归属古来"[①]。

古来在明朝军士的保护下得以顺利回国即位，然并非一劳永逸，安南并未放弃对占城的控制，但对明朝的敕文，亦不敢轻视。弘治元年（1488）冬十二月，趁入明朝贡之机，安南派黄伯杨向明朝报告占城之事，[②] 仍然坚持占城的问题是由于"彼国土酋自相别据"所造成的。弘治二年（1489），占城国王古来遣其弟卜古良等移咨两广守臣镇守太监韦春、巡抚都御史秦纮，称"安南仍肆侵占，居处无所。乞如永乐时差官督兵守护"。十月，兵部回复说：

> 安南、占城俱僻处海滨，世奉朝贡，乃祖训所载不征之国。比古来挈家至广东，朝廷已降敕安南，令其体悉，今回奏尚未至。且永乐时遣将发兵，乃正黎季犛弑逆之罪，非为邻境交恶之故。兹黎灏修贡惟谨，而古来肤受之诉，容有过情。若据其单词，遂为遣兵，冒险涉海，征所不征，恐非怀柔之道。宜但令镇守等官回咨古来，谓："前此国王赴诉，朝廷已命大臣处置，优恤备至。今送王人回，具悉王国事情，止交人杀害王子古苏麻，王即率众败之，仇耻已复，安南再未

---

① 《明孝宗实录》卷4"成化二十三年冬十月己卯"，第81-82页。参考《明史》卷324《占城列传》，第8390页。
② 〔越〕潘清简撰《钦定越史通鉴纲目》卷24，第2340-2341页。

见侵扰。王之国土已亡而复存,王之部落已散而复聚,是皆天威所致。今又言安南欲夺占前地,安南素称秉礼,岂其昏谬,自取弗靖,一至于此?我守臣以王咨上闻,朝廷特以安南未回奏,事未尽明,恐王犹以旧怨未释,言或过情,遽难偏听。待安南奏至别处,咨王知之。王亦宜自强修政,抚恤部落,保固疆围,仍与安南敦睦如旧。其余小嫌细故,悉宜除弃。若是不能自强,专仰朝廷发兵远戍,代王守国,古无是理。"仍以此意谕卜古良,给赐令回。①

弘治三年(1490)五月,占城国王古来再次派遣其弟卜古良朝贡明朝,指控安南侵占境土,恳请出兵守护。②

弘治八年(1495)十月,占城国王古来遣王孙并正、副使沙古性等入贡明朝,控诉安南对其国的侵扰,认为安南对明朝的敕谕"阳顺阴逆,稔恶弗悛",又请求明朝派大臣前往调解。当时廷臣以为史无前例,建议如旧例谕令安南敦睦邻好,返还侵地即可,但当时明孝宗却欲派大臣前往帮助调解。为了使孝宗放弃这一想法,大学士徐溥极力劝说,从《春秋》到洪武祖训,从历史到现实,说明此举是不合时宜的。尤其是现实情况,他说:

> 成化七年,(占城)为安南所侵,累来奏诉。宪宗皇帝屡敕总镇两广都御史为之区处,而安南上奏强辩,谓已还其侵地,实未尝输情伏罪。今若降敕遣官,远至其国,徒掉口舌,难施威力。海岛茫茫,无从勘验,彼岂得翻然改悔。举数十年之利,一旦弃之,小必掩过饰非,大或执逮抗令,则使臣无以复命于朝,边将无以扬威于外,致亏国体,贻患地方。当此之时,何以为处?若置而不问,则损威愈多;若问罪兴师,则后患愈大。

又说:

---

① 《明孝宗实录》卷31 "弘治二年冬十月丁酉",第695–696页。
② 《明孝宗实录》卷38 "弘治三年五月壬申",第812页。

164

> 况今国计之虚实何如？兵马之强弱何如？而欲费不赀之财，涉不毛之地，为无益之举，尤不可也。且哈密为土鲁番所夺，二三十年间，命官遣将，随复随夺，至今未宁。及各处土官，互相仇杀，亦不能概以王法为断。盖夷狄相攻，乃其常性。今占城名号如故，朝贡如故，境土侵夺有无，诚伪尚未可知。情虽可矜，理难尽许。得令有司，行文谕之足矣，何必上勤圣虑，特为遣官？

鉴于当时众臣一致认为遣官之举不可行，明孝宗不得不改变初衷。①

占城国失却明朝的实质支持后，不得不归顺于安南。至16世纪末，黎朝大臣阮璜镇守顺化、广南之地，并乘机建立一个独立的王国与北方的郑氏相抗衡。阮璜在经营南方的过程中，不断侵吞占城之地，并于康熙三十六年（1697）完全侵占了占城的领土。占城国遂于历史上消失。

---

① 《明孝宗实录》卷105"弘治八年十月丁丑"，第1923－1924页。（明）邓球编《皇明泳化类编》卷119，《北京图书馆古籍珍本丛刊》第50册，第1191－1192页。

第四章

晚明与安南关系的演变

明嘉靖年间，安南黎、莫倾轧，政局动荡，作为宗主国，明朝以何种策略处理黎、莫的政权更替，备受学术界的关注。有学者注重其"双重承认"的特性，[①]认为明朝同时承认黎、莫的贡臣地位，这是基于传统的宗藩理念所做的决策；有学者则侧重于以莫制黎的策略，[②]强调明朝邦交政策的务实一面。这些观点是否准确地、全面地反映晚明对安南政策的真实状况，还需要通过全面分析明朝对黎、莫的态度转变与接受方式，才能够较好地解读这时期明朝对安南关系的理念变化及其政策特点。

第一节 莫登庸事件与明、安关系的新模式

一 莫登庸篡位与明、安关系的危机

明宣宗从安南撤军后，经过数年的交涉，明、安关系得以规范、平稳地发展，这种局面延续了约一个世纪，成为安南自宋朝独立以来最稳定的时期。在这种和平的环境下，安南皇权体制更加规范，与周边小国的"小

[①] 此观点由余定邦最先提出，牛军凯进行了更为详尽的论述。参见牛军凯《王室后裔与叛乱者：越南莫氏家族与中国关系研究》。

[②] 参见〔日〕山本達郎编『ベトナム中国関係史』（山川出版社，1975）、钟小武《明朝对安南莫氏的政策》（《江西师范大学学报》2002 年第 2 期）等。

天朝"模式也得以稳固，经济、文化均有长足的发展。然而经历黎圣宗、黎宪宗的盛世之后，至黎威穆帝，由于过分信赖外戚，恣行暴政，致使朝纲不举，内治混乱。弘治十八年（1505），明朝使臣许天锡有诗曰："安南四百运尤长，天意如何降鬼王（威穆帝）。"①可见明朝士大夫对其之印象。出身渔人的莫登庸就是在这样的政治环境下，凭借其强力而受宠。

明正德四年（1509），黎圣宗之孙、威穆帝之叔伯黎简修（又名㵮）与诸旧臣联合发动宫廷政变，弑杀威穆帝，并自立为王，即襄翼帝。然而，襄翼帝即位后，大兴土木，生活奢侈无度。明朝使臣潘希见后说："安南国王貌美而身倾，性好淫，乃猪王也，乱亡不久矣。"②由于政治上的极度腐败，国内矛盾加剧，各地民众起义此起彼伏，更加重了权臣弄权的程度。后郑维㦭因谏忤旨，遭受杖罚而怀恨在心，便与黎广度、程志森等密谋起义，杀了襄翼帝，立锦江王之子椅为帝，是为昭帝。

此时昭帝年幼，但外则贼寇作乱，以陈暠尤甚；内则无重臣扶持，各官互生嫌隙，互相挞伐，如阮弘裕和郑绥的斗争最为激烈。昭帝虽极力劝解，却依然无效，各据一方。后郑绥在陈真的协助下，击败阮弘裕，阮氏被迫南逃清化，建立据点，与朝廷的当权派抗衡。在朝廷里，陈真逐渐掌控权力，但昭帝又听信传言，指控陈真意图谋反，昭帝遂设计捕杀陈真。而陈真的部将黄惟岳、阮敬、阮盎等得知这一消息，举兵攻破京城，昭帝不得不逃至嘉林以避之。昭帝曾想借割据于清化的阮弘裕的力量清剿叛贼，但阮弘裕因昭帝曾经在其南逃时欲一举歼灭之，故不肯听命。在毫无支持的情况下，昭帝再次想起莫登庸。他派人到海阳招抚莫登庸，并授予莫氏全部兵权，负责平定黄惟岳等叛乱。

莫登庸入朝后，或招抚，或清剿，铲除了伪帝黎樽，叛将郑绥、阮㭓等人，又招抚了黄惟岳、阮敬、阮盎等人，自此而后，莫登庸威权日重。莫氏在朝独断专行，对异己者或杀或逐，朝中大臣迫于他的淫威，不得不依附于他。昭帝为了扭转此局面，暗中内联大臣范宪、范恕，外结据守清化的郑绥，嘉靖元年（1522），昭帝外逃山西，试图整兵联合讨伐莫登庸。

---

① 〔越〕吴士连等撰，陈荆和整理《大越史记全书·本记》卷14，第783页。
② 〔越〕吴士连等撰，陈荆和整理《大越史记全书·本记》卷15，第803页。

莫登庸遣将追杀昭帝的同时，也与朝中大臣商谋改立皇弟椿为帝，史称恭帝，改年号为统元。嘉靖三年（1524），莫登庸亲率大军攻打驻守清化的昭帝，并擒杀之。嘉靖六年（1527），莫登庸迫使朝中各臣草拟禅位诏书，成功篡夺王位，改元明德。为了稳定王位，莫氏随后又弑杀恭帝、皇太后以及一批拥护黎氏政权的忠臣。

莫登庸虽篡夺王位，但并没赢得人心，尤其他对诸位忠臣的残害，使人更加感念黎太祖、黎圣宗的恩德，许多智勇之士纷纷逃往南方。嘉靖十一年（1532）阮淦等人拥立昭帝之子黎维宁称帝于琴州（哀牢），是为黎庄宗。后迁回清化，建行宫于万赖，另立朝廷，与莫氏政权抗衡，形成安南南北分治格局。

自黎威穆帝后，安南国内叛乱频生，王位迭换，从而影响了与明朝的交往。正德十三年（1518）十月，安南国王黎昭宗遣阮时雍、阮俨、黎懿、吴焕如明岁贡并请封，但因陈暠在北方作乱，结果未能成行。① 正德十六年（1521），明世宗派翰林院编修孙承恩充正使、礼科给事中俞敦充副使前往安南诏谕世宗登极，亦因其国乱路梗，王位承袭混乱，名讳不清，在边境逗留多时。逾年，副使俞敦病卒，孙承恩乃上疏曰：

> 窃惟原领诏敕彩段，止该谕赉黎䎖，今黎䎖既殁，其所称光绍者承袭，初未请封，遭乱又无求援，未审是否黎䎖嫡派支裔。纵使道路无阻，臣等可得而入，决亦不敢轻与。况据各访报前来，则是该国逆臣陈氏父子相继梗于其外，莫氏又逼于其中，兵火相仍，国无定主，臣等又安敢轻入，自速辱命之愆。……臣伏思之：臣原与俞敦钦承上命充正副使，差往安南国公干，今该国地方多事，既不可进，而俞敦近故，臣又难以独行，理合并行具题，乞敕礼、兵二部从长议处，使臣有所凭藉遵依，以为进止。②

明廷了解孙承恩的处境后，决定将其召回，暂不赴安南。同时，下令广西

---

① 〔越〕吴士连等撰，陈荆和整理《大越史记全书·本记》卷15，第821页。
② （明）严从简撰《殊域周咨录》卷6《安南》，余思黎点校，第206—207页。

官员密切留意安南国内发生的事情。嘉靖三年（1524）十二月，巡按广西御史汪渊将安南各方的报告具奏朝廷，曰：

> 安南国王黎晭无嗣，立故兄灏子谭为世子。正德十一年，逆臣陈暠弑晭，国人黎珦等共立谭为王。其臣莫登庸讨暠，暠走，死，子升犹据谅山为梗。登庸挟讨贼功，又取黎灏寡妻，即谭母也，遂谋夺国事。于是，杜温润、郑绥奉谭出避清都府，登庸遂胁迁谭弟懬出据海东、长庆等府，各相仇弑，迄无定主，此其大较也。乃长庆府牒文称：登庸讨贼在外，奸人杜温润、郑绥胁迁谭于清都，故登庸立懬，暂摄国事。今已杀温润、逐陈升，国中悉平。且称：登庸所据也。臣以事情度之：夫黎谭之立，名位甚正，今摄国七年，一旦播迁，登庸既忠义，何不讨贼，辄议别立？此难免于篡逼之罪。且黎灏早卒，安有幼子？或登庸取其妻而生子，冒姓黎懬，亦未可知。况清都越在南徼，音问阻绝，其称杀杜温润事，未审真伪，而黎谭之存亡，亦未得的。请封事情，未敢轻议。

礼、兵二部审议汪渊的报告后认为："安南之乱，始于陈暠叛逆而黎晭遇害，继以登庸奸雄而黎谭播迁，然登庸辄背旧主，别立黎懬。夫谭，兄也；懬，弟也，弟不可以夺兄。谭，君也；登庸，臣也，臣不可以废主。况今彼国无主，势未归一，使谭能光复旧物，封之固宜。不幸谭不得还，将封懬则遂其奸谋，不从则别无嫡派，无一可者也。故必俟其国事既定，勘报无异，听其继请，庶有适从。"① 对于安南国内的乱局，明朝采取密切关注、静观其变的策略。

安南南北对峙，攻伐不断，同时南北双方都曾试图入贡明朝，争取明朝的承认与支持。嘉靖八年（1529）黎朝旧臣郑颙、郑昂兄弟二人试图入朝明廷，请求出兵平定内乱，但莫氏多次贿赂广西守将，拒绝其入境。② 嘉靖十二年（1533）安南黎氏的使臣郑惟憭等十余人辗转于占城，附搭广

---

① 《明世宗实录》卷46"嘉靖三年十二月戊午"，第1191–1192页。
② 〔越〕黎贵惇撰《大越通史》，越南汉喃研究院藏本，编号 A.1389，第34页。

东商船，历经两年才到达明廷，控诉莫登庸篡逆窃国、阻绝贡道等罪行，乞求兴师问罪。"明人疑其诈，惟憭作书数千言，自附于申包胥、张子房之义，忠愤奋激，读者悲之。"明礼部尚书严嵩以为郑惟憭所述未有确据，将其软禁于使馆，仍命官员前往勘查实情。①

嘉靖十四年（1535），莫氏亦遣使叩关求封，当时广西左江分守参议何瑷曾经接纳，但后因何瑷坐事被免官，事件不了了之。② 嘉靖十五年（1536）十月，明皇子诞生，按例应当颁诏安南，礼部尚书夏言上疏曰："安南国自正德十年该国王黎䨷进贡之后，迄今二十一年，贡使不至。前编修孙承恩、给事中俞敦捧诏往谕即位，竟以国乱道梗，不达而返。若复如前梗阻，徒损国威，合无今次暂免遣使。"明世宗以为安南叛逆昭然，一方面派官员前往勘查落实，另一方面命夏言会同兵部商议出兵征讨事宜，并提醒"勿视为非要"③。夏言与兵部尚书张瓒等"力言逆臣篡主夺国，朝贡不修，决宜致讨"④。

明朝决议征讨安南后，立即着手相关事宜，一方面遣派锦衣卫千户陶凤仪、郑玺等前往云南，与巡抚汪文盛查实安南篡逆的罪名；另一方面敕谕两广、云南守臣，谓安南"叛逆之罪，昭然明著，在法当兴问罪之师"。要求各地方官员整饬兵马，备足粮草与锋利器械，"候总兵官进兵之日，听其调取前去，随宜应用"⑤。

二 嘉靖朝野对征讨安南的分歧

对朝廷主议出兵安南之事，第一个明确提出反对意见的乃时任南京行在户部尚书唐胄（此前曾任广西提学佥事、广西左布政使），其上疏曰："今日之事，若只欲致彼之修贡，其事甚易，非但兵不必备，虽勘官亦不须遣。若必伐而乘隙于不贡，则关系颇大，非但此未可举，虽有甚于此者，亦未可轻举也。"⑥ 为此，他提出了七个不可伐的理由，并痛斥锦衣卫

---

① 〔越〕潘清简撰《钦定越史通鉴纲目》卷27，第2624—2625页。
② （明）李文凤撰《越峤书》，《四库全书存目丛书·史部》第163册，第36页。
③ （明）张镜心撰《驭交纪》，《丛书集成初编》第3503册，第118页。
④ 《明史》卷321《安南列传》，第8331页。
⑤ （明）张镜心撰《驭交纪》，《丛书集成初编》第3503册，第118—119页。
⑥ （明）李文凤撰《越峤书》，《四库全书存目丛书·史部》第163册，第126页。

"暗于大体。倘稍枉是非之实,致彼不服,反足损威",恳请朝廷停止一切有关勘查安南的行动以及军队调动事宜。① 且云:"太宗以黎季犛弑篡、杀使臣诸大罪讨之,兵已压境,犹遣行人朱劝,许其赎罪,及不悛而后灭之;求陈氏后不可得,乃郡县之。仁宗每以为恨。至宣德再叛,杨士奇等举先帝遗意以闻,宣宗亦曰:'皇考追憾此事,时形慨叹。朕屡闻之。'遂决意弃焉。"② 明世宗虽然没有放弃军事干预安南的决定,显然也受到反对派的影响,因此暂时搁置征讨的准备工作,只是"敕边臣先体勘之"③。

嘉靖十五年(1536),黎氏遣使郑垣再次入明告难。郑垣经由云南入境,适遇明朝勘官陶凤仪等,便向其陈述了莫氏弑逆及黎氏播迁南方之实情,恳请出兵讨伐。④ 十二月,陶凤仪据此向朝廷回报了关于安南国内政的勘查情况,再次燃起世宗征伐的决心。嘉靖十六年(1537)夏四月庚申,礼部尚书严嵩、兵部尚书张瓒召集大臣再次商议征讨安南之事,历数了莫登庸十大罪,称:

> 逼逐黎譓,占据国城,罪一;逼娶国母,罪二;鸩杀黎㷆,伪立己子,罪三;逼黎宁远窜,罪四;僭称太上皇帝,罪五;改元明德大正,罪六;设兵关隘,阻拒诏使,罪七;暴虐无道,荼毒生灵,罪八;阻绝贡路,罪九;伪置官属,罪十。请大发宸断,播告中外,选将训兵,克期致讨。

从这十大罪状看来,只有"阻拒诏使""阻绝贡路"两项与明朝稍有关系,其他全是安南内部事务。如果以洪武年间的事例来衡量,这些事情还不至于劳师动众。但此时明世宗明确地说:"安南久不来庭,法当问罪。今本国奏称逆臣莫登庸篡乱,阻绝贡道,又僭称名号,伪置官属,罪恶显著,可即命将出师征讨。"并吩咐总督等官推荐能胜任之将才。不久即下令任

---

① 《明史》卷203《唐胄列传》,第5358-5359页。
② (明)沈德符撰《万历野获编》卷17《征安南》,杨万里校点,上海古籍出版社,2012,第371页。
③ (明)许重熙撰《嘉靖以来注略》,《四库禁毁书丛刊·史部》第5册,第49页。
④ 〔越〕潘清简撰《钦定越史通鉴纲目》卷27,第2626页。

南京行在刑部右侍郎胡琏为户部右侍郎，升原任巡抚江西右副都御史高公韶为户部右侍郎，俱兼都察院佥都御史，总督粮饷；以都督佥事管官江桓充左副总兵，牛桓充右副总兵，杨鼎、田茂充左参将，孙继武、高谊充右参将，樊泰、萧蕭、汤庆、陈伟充游击将军，各领兵征讨，大将候旨简用。① 这一安排为征讨安南揭开了序幕。

明世宗决意征讨安南，并为此做了充分的安排。但对于征讨安南的必要性，部分官员却冒死进谏。嘉靖十六年（1537）三月，广西左参议田汝成曰：

> 黎氏失国而莫氏代之，其衅未之详也。在黎氏必淫湎败度，故众叛亲离；在莫氏必阴施市恩，故能潜移默夺。不然，岂以一国之主，累世之戚，忽然易姓，而更无倡义其间者哉？桓叔之入晋也，晋叔启之也，于是乎有椒聊之咏。田恒之代齐也，齐人附之也，于是乎有采艺之叹。莫氏之于安南，亦犹是也。其得民深矣，其自卫固矣。征之则失《春秋》详内略外之体，因而与之，又非天王正名定分之心，故不若先之以责让之词，诘其篡杀之由，晓以君臣之义，以观其臣民向背之机而徐为之所。如其冥然矫虔，不可谕晓也，为之申固关隘，却摈贡献，绝不为臣，则莫氏必皇皇然曰："天朝之弃我如是，我何以取重于臣民也。"其臣民亦将曰："莫氏为天朝所不赦，而吾父子兄弟皆乱贼之党也。"庶或有倡义而图之者，则吾中国礼义纲常，固凛然观示于外域也。故征之不若弃绝之为得策也。②

四月辛酉，兵部左侍郎潘珍上奏，支持田汝成的意见，反对出兵安南，称：

> 安南乃古交趾地，历代所不臣。我太祖开国之初，因其主陈氏首先归附而抚之。永乐间，黎季犛者叛陈氏，太宗举义兵诛之，求陈氏

---

① 《明世宗实录》卷199"嘉靖十六年四月庚申"，第4177-4179页。
② （明）谈迁撰《国榷》卷53，上海古籍出版社，1958，第3348-3349页。

后不得，遂郡县其地。既而逆党陈简定等相继为乱，征之数年乃定。而黎利寻起拒命，请立陈氏后，宣宗章皇帝遂弃其地予之，黎利因得代立为王。至黎晭不道，为陈暠所杀，无后，而兄子黎𧶒不请命于朝而自立。莫登庸逼之远窜，胁立其弟黎廬，寻又杀之，而据其国。是莫氏父子及陈升皆弑逆之贼，而黎宁与其父黎𧶒，不请封入贡者亦二十年。揆以春秋之法，皆不免于六师之移，又何必兴兵为之左右乎？且其地诚不足郡县置，其叛服无与中国。矧今虏众滋蕃，自东徂西，联帐万里，烽警屡报，自冬迄春，月无虚日。而我士伍不充，刍粮耗匮，隐忧积患，各边同然。顾乃释门庭之防、忽眉睫之害、殚竭中国之力以远事瘴岛，非计之得也。臣愚以为，今副参而下及督饷之臣，可无遽遣；各狼土兵及诸省粮运，可毋遽发，第敕持重有才望文武大臣二员，奉征讨之命，佩印符以往，驻交广界土，调集近地土汉官，分兵番练阅，稍远卫所及各省狼土兵，令其各就近团练，以候征调。然后移檄交南，声莫贼篡夺之罪，必诛不赦；其余胁从，许其归顺。有讨贼自效者，一体赏录。仍檄黎宁假以杀贼之权，令督所部兵马，候大兵入境，并力进讨。其武严威等，亦谕使佐宁自效，使一国之人，合谋讨逆。借我天声，壮彼气势，底定之功，将可坐致矣。①

面对朝野官员冒死进谏，明世宗并没有动摇，反而认为征讨之令已下，斥责潘珍不谙事体，以言论惑乱人心，褫职闲住。②

兵部左侍郎、提督两广军务潘旦，原本就反对出兵安南，称："莫氏固奸雄之魁，然黎贼亦叛逆之派，律以中国之法，皆非所宜。假天朝名号之主者，今二氏纷争，兵甲小息，彼既未定，我谁适从。"③嘉靖十五年（1536）冬，得知朝廷要命毛伯温率兵征讨安南，也曾对其说："安南非门庭寇，公宜以终丧辞，往来之间，少缓师期，俟其闻命求款，因抚之，可百全也。"潘旦抵达广州，适遇安南使臣到来，初步了解安南的态度后，立即上疏朝廷，陈述暂缓出兵的理由，称莫登庸之篡黎氏，犹如黎氏之篡

---

① 《明世宗实录》卷199"嘉靖十六年四月辛酉"，第4182—4183页。
② 《明史》卷203《潘珍列传》，第5360页。
③ （明）严从简撰《殊域周咨录》卷6《安南》，余思黎点校，第217页。

陈氏，朝廷正拟兴兵问罪，莫登庸立即遣使求贡，说明其畏忌天威。因此，请求朝廷给予时间，等安南国势稍定，"若登庸奉表献琛，于中国体足矣，岂必穷兵万里哉？"① 但是，尚书严嵩、张瓒已窥悉世宗征讨安南之心甚炽，而且潘旦叔父潘珍因反对出兵而遭革职，便将潘旦的奏疏搁置不报。

嘉靖十六年五月，毛伯温获悉潘旦奏疏的内容，"恶其忤己"，因而进言曰："总督任重，宜择知兵者。"毛伯温的建议得到朝廷的采纳，遂改潘旦为南京行在兵部闲职，并以山东巡抚张经代任两广总督。潘旦对此不服，对毛伯温出言不逊，明世宗十分愤怒，勒令致仕。② 此时反对出兵的还有御史徐九皋、给事中谢廷荘。

八月，云南巡抚汪文盛捉拿莫登庸的间谍阮璟等，搜获伪印一方、伪《大诰》一道，并上报朝廷。③ 明世宗获报，气愤不已，命令各守臣依照前诏备战安南。尤其是，此时汪文盛招纳了黎氏的旧臣武文渊，武氏献上了进攻安南的军事地图，答应可以号召国中义士从内部策应，一起推翻莫登庸政权。④ 汪文盛还报称，老挝宣慰司土舍怕雅一、八百宣慰司土舍刁缆那、车里宣慰司土舍刁坎、孟良府土舍刁交等均愿意协同征讨安南。⑤ 这就更激发了主战者的信心。

此时，征伐安南似箭在弦上，已不可避免。嘉靖十六年（1537）冬十月壬子，巡按广东御史余光犯颜进谏，极力反对出兵安南，曰：

> 臣曩在都下闻安南之事，三支互争，形如鹬蚌，可收渔人之利，意窃信之。今入境与三司会议，其实不然。盖莫登庸全有其地，诸首率服，黎宁播迁，不知其所。且黎氏鱼肉国主，在陈氏为贼子，屡取屡叛；在我朝为乱魁，今具失国播逃，或者天假手于登庸以报之也。夫夷狄篡夺，实其常事。自宋以来，丁移于李、李夺于陈、陈篡于

---

① 《明史》卷203《潘旦列传》，第5360—5361页。
② 《明史》卷203《潘旦列传》，第5361页；（明）严从简撰《殊域周咨录》卷6《安南》，余思黎点校，第217页。
③ （明）许重熙撰《嘉靖以来注略》，《四库禁毁书丛刊·史部》第5册，第49页。
④ 《明世宗实录》卷204"嘉靖十六年九月壬午"，第4262页。
⑤ 《明世宗实录》卷205"嘉靖十六年十月己巳"，第4282—4283页。

黎，今黎又转于莫，是陈为李贼，黎为陈贼，今莫又为黎贼，此好还之道也。若复立黎，是悖覆暴之义，势莫能久。夷狄之运，一败弗复。……若黎宁者，今虽置之，终为他有，何者？倾木不能植，余烬不能嘘，兹天道也。故今日于安南，直宜问其不庭，责以称臣，约之修贡。彼若听服，因而授之，此因势以定，不在劳兵也。若必征剿，则势难穷追，兵难久驻，老师生变，未见其便。

明世宗看完奏疏，略有犹豫，曰："奏内事情，及引用五季六朝等语，兵部参阅以闻。"但兵部官员认为余光之言"敷陈失当，比拟不伦，举动轻率，宜加罚治"。结果余光被罚俸一年。[①]

而此时支持征讨安南最积极的地方官是钦州知府林希元，他反复上书朝廷，极力主张讨伐安南，嘉靖十七年（1538），林希元"反复以登庸乱政及近日败衅之状上闻，且谓藩篱已撤，兵可径进，时不可失"[②]。时任廉州知府的张岳对林氏的言行十分反感，曰："近钦州知州林希元在彼专讲取交之策，又且言之于朝，而身任之，其蔽于功名而不达事机如此。恐其掇拾故事，装缀成章，读者或信其文辞，而未深考其实，至误国家大计。"[③] 他批评说："今之谭安南事者，大抵多半画鬼也。次崖（即林希元）初到此，慨然有勒功铜柱之意。"认为奢谈兵事者均是"喜功利、尚权谲"之辈，而士大夫中好谈兵事的原因，乃是"近世学术不明，廉耻道丧"的结果。[④]

不仅如此，张岳还要求两广总督蔡经阻止朝廷使臣前往安南调查莫氏的情况，认为："莫氏篡黎，可无勘而知也。使往盖受谩词辱国，请留使者毋前。"[⑤] 为了阻止朝廷出兵，他不惜犯颜上疏，阐述了不可出兵的六点

---

① 《明世宗实录》卷205"嘉靖十六年十月壬子"，第4277－4279页。
② （明）朱国桢辑《皇明大事记》卷15《安南叛服》，《四库禁毁书丛刊·史部》第28册，第263页。
③ （明）张岳撰《小山类稿》卷8《论征交利害与庙堂》，林海权、徐启庭点校，福建人民出版社，2000，第141页。
④ （明）张岳撰《小山类稿》卷8《答王虈谷中丞》，林海权、徐启庭点校，第138－139页。
⑤ 《明史》卷200《张岳列传》，第5295－5296页。

理由，并说：如果朝廷停议出兵，"非特臣一身一郡之幸，实天下万世之幸"①。两广地方官的极力谏阻，得到相当一部分朝臣的认同，使得兵、礼二部对征讨安南之事犹豫不决，每次向世宗汇报结果"率常谈旧所已言者"。世宗对此极为不满，曰："安南事必识达道者乃见得分晓，朕闻卿士大夫私相论议，谓不必征讨。尔等职司邦政，全不主持，一一委之会议，既俱不协心国事，其已之。"②

两广地方官几乎一致反对朝廷出兵征伐安南的决定，反映出他们处理安南问题的务实态度，在宗藩理念与现实之间，他们更偏重于现实的"势"与"利"的考量。

三 明朝南方边将与安南莫氏的角力

虽然朝廷关于征与抚之争，议而不决，但云南、广西地方官仍然一直在备战。云南方面主要拉拢各羁縻部落，广西方面则主要平定境内的土司之乱。当时两广地区土司争端不断，如"凭祥州土舍李寰弑其土官珍，思恩府土目卢回煽九司乱，龙州土舍赵楷杀从子燧、煖，又结田州人韦应杀燧弟宝，断藤峡瑶侯公丁负固"。这些土司"篡主自立，素通于登庸"③，因此之故，莫登庸才敢十分嚣张地说："中国土官弑逆数十年，无能正法，独问我哉？"④ 有鉴于此，两广总督张经听取翁万达的意见，⑤ 实施"攘外必需安内"的政策，以期达到"威近可以袭远""先声以夺交人之气"的效果。⑥ 在翁万达智取利诱的策略下，不足一年时间，"诛寰、应，擒回，招还九司，诱杀楷，佯系讼公丁者给公丁，执诸坐，以两军破平其巢。又议割四峒属南宁，降峒豪黄贤相"⑦。而安南的莫氏与黎氏对明朝的军事行动，反应不一。莫氏慑于明朝的威力，尤其有黎氏旧臣武文渊及老挝、车

---

① （明）张岳撰《小山类稿》卷1《论征安南疏》，林海权、徐启庭点校，第10页。
② 《明世宗实录》卷211"嘉靖十七年四月戊午"，第4352页。
③ （明）查继佐撰《罪惟录》卷19《翁万达传》，浙江古籍出版社，1986，第2395页。
④ （明）何乔远撰《名山藏》卷77《臣林记》，《四库禁毁书丛刊·史部》第47册，第623页。
⑤ （明）王世贞撰《弇山堂别集》卷19载"兵部尚书张经，初蔡姓，故"张经""蔡经"，实则一人。中华书局，1985，第344页。
⑥ （明）查继佐撰《罪惟录》卷19《翁万达传》，第2395页。
⑦ 《明史》卷198《翁万达列传》，第5244-5245页。

第四章 / 晚明与安南关系的演变

里、八百等与明朝积极合作，害怕受到南北夹攻，被迫向明朝做出妥协的姿态，派人分别向云南与广西廉州的地方官投书，恳求"乞贳其罪，修贡如制"。嘉靖十七年（1538）三月，云南巡抚汪文盛将莫氏归顺之事奏闻朝廷，兵部一致认为："莫氏罪不可赦，亟宜进师。"①

对于莫氏的归降书，广西廉州知府张岳则认为，莫氏的文辞"自解僭号、改元、伪作《大诰》，自比禹、汤、文、武等，委诸黎氏故事及文儒私自称美，辞气之间，似尚倔强，未肯输服。又兼自叙其祖宗被黎氏见陷之冤，隐然以篡弑为复仇，而无所忌惮"②。在张岳看来，莫氏妥协的目的只是为了拖延时间，况且，据密探反映，莫氏对明朝已有极其周密的防御计划，"常遣小船在外海，以捕鱼为名，打探海中船只。今次虽来投文，闻得亦有许多船只，其实防我"③。在其国内，莫氏并未放弃备战，"购铁勒木，堑险塞为重栅而守之。又教练水战，造巨舰，募人铸佛朗机铳，海汊通舟处，皆树木榹水中，令舟不得入。贼之防虑甚预且密"④，更有甚者，莫氏还私通明朝土官抵抗明军南征，"（李）寰私于登庸曰：即南征，愿以全州先附。登庸因厚赂寰为向导，曰：急缓纤钜告我变"⑤。由此可见，莫氏的归顺缺乏诚意。因此，张岳建议：第一，两广必须保证一定的兵力震慑边境；第二，莫氏归顺表文必须递送凭祥，内容必须有纳地请罪之款；第三，表文之言辞"必令极卑哀"⑥。

随着翁万达平息土司纷争，两广备战之态势强烈，莫氏十分惊恐，再次派遣阮文泰等赍表叩降镇南关。表文以莫登庸之子莫方瀛落款，称：

---

① 《明史》卷321《安南列传》，第8333页。
② （明）张岳撰《小山类稿》卷8《与督府蔡半洲论抚谕交夷》，林海权、徐启庭点校，第147页。
③ （明）张岳撰《小山类稿》卷8《与督府蔡半洲论防备交夷》，林海权、徐启庭点校，第148页。
④ （明）张岳撰《小山类稿》卷8《论交事与巡按两司》，林海权、徐启庭点校，第145页。
⑤ （明）应槚编，刘尧诲重修《苍梧总督军门志》卷20《讨罪四》，全国图书馆文献缩微复制中心，1991，第194页；（明）田汝成撰，欧薇薇校注《炎徼纪闻校注》卷1《广西土司》，广西人民出版社，2007，第32页。
⑥ （明）张岳撰《小山类稿》卷8《与督府蔡半洲论抚谕事情》，林海权、徐启庭点校，第150页。

> 臣窃念，臣本国土地、人民皆天朝所有，自陈氏既绝，黎氏承之，壹听天朝所命。向者，臣先国王黎晭遇害，无子，国人共推其侄黎譓权管国事。黎譓病卒，无子，国人共推其弟黎懬权管国事。黎懬以年幼居摄，经陆载间，国内乖乱，道途梗阻，未及请命于朝。黎懬又不幸婴疾，无有子孙，宗派苗裔绝，无可嗣立者。以臣父臣莫登庸系旧臣，预有微劳，召委国事。臣父上承黎氏付托，下为国人请逼，仓卒之间，苟从夷俗，固知得罪于天朝。然终于辞避，则本国臣民无所统摄，臣父不得已奉谨守天朝所钦赐印信，抚集臣民，又付于臣。臣虑：夫臣故主黎懬未得请于朝，而授之臣父；臣父未得禀于朝而受之黎懬，又付之臣。其授者、受之者皆非也，臣父子已甘受专辄之罪。①

并陈奏其国人民土地实数，请求处分。嘉靖十八年（1539）七月，莫方瀛又分遣头目范正毅、阮文泰赍投降奏本赴云南、广西，云南、两广守臣均将莫氏的降表驰报朝廷。此时，适逢册立太子，世宗也想因势招抚，便"令择廷臣有文学才识、通达国体者，赍诏谕之"，但对相关部门反复四次推荐的人选均不满意，最终，晋升礼部左侍郎黄绾为礼部尚书，担任正使，出使安南。但黄绾多次托事推延，迟迟未能成行。对此，世宗十分恼火，革黄绾职，下诏停办使事，并曰："安南事，本因一人倡之，众皆随之。乃讪上为听夏言之言，共起违慢之侮。此国应弃应讨，宜如何处之，兵部其即会议来闻。"但张瓒及廷臣均以为"夷情反覆，诡秘难信"，请依照原议征讨。只是此次征讨的目的产生了一些变化，所谓"若莫登庸父子果隐谋，则进兵以正朝廷之法；如其束身待命，果无他心，则星夜檄闻，朝廷待以不死"。明显是要以威压之，达至招抚的目的。最终确定由咸宁侯仇鸾挂征夷副将军印、兵部尚书毛伯温参赞军务关防，负责此次征讨事宜。②

嘉靖十九年（1540）初，毛伯温等到达广西。然而作为前线指挥官，

---

① 《明世宗实录》卷221 "嘉靖十八年二月癸丑"，第4593－4594页。
② 《明世宗实录》卷227 "嘉靖十八年闰七月辛酉"，第4719－4721页。

第四章／晚明与安南关系的演变

毛伯温初至两广，一切工作并不顺利，首先是两广守臣"多难之"①。后由两广总督张经推荐，毛伯温与翁万达、张岳等商议征伐安南的策略，在处理安南问题的原则与思路上达至共识。在降服安南的策略方面，翁万达献计曰：

> 今日所以处莫贼者，其策有三。以天朝威德之盛，布之文告之辞，震如洊雷，扫如挽抢，使千里之国折于咫书，万人之命全于一檄。登庸蹶然献诚，顿首待命，以全我圣天子大造之仁，而二三执事可以垂橐端委，揖让而告成功也。此上策也。若彼以奸宄之心，逆我大信；犹豫之状，挠我宽仁，必将提兵百万，大震天威，譬之泰山临于累卵，洪涛沃于一爝，而慑之以不敢不从，则犹幸兵不血刃，以戢烈焰于崑岗。此中策也。倘彼以义问为要劫，以至诚为可绐，迷复怙终，奸我皇命，则徒繁辩驳之书，返伤尊大之体，于是乎三略训兵，五申誓众，灵旗直指，云骑长驱，取鲸鲵以为大戮，虽僵尸蔽野、腥血洒途、芟夷绝灭所不惜也。执事者将驰露布以告捷，系俘首而献庙，皇灵殚赫，震于九埏。威则威矣，而圣天子好生恶杀，非其所先。此下策也。今宜总众长，兼群策，临之以惧，终之以谋，集兵粮，倡勇敢，俾机权在我，动出万全。纵不得其上，而可得其中，必不得已就其下，亦将举之裕如，不至于从事失时也。②

翁万达的建议务实而周全，在当时的情况下，是处理有关安南问题的最佳方略，因此深得毛伯温的赏识。在众将达成共识之后，毛伯温按照"以下策备之，以上策努之"的原则，对莫氏进行文宣武吓。首先是陈兵边境，毛伯温征调两广、福建、湖广狼土官兵共十二万五千多人，分三哨，自凭祥、龙峒、思陵州入，又以奇兵二支声援；在钦州乌雷山等处驻守海哨。同时又传檄云南巡抚汪文盛亦分兵三哨进驻莲花滩，联络安南黎氏降将武

---

① （明）叶向高撰《苍霞草》，《四库禁毁书丛刊·集部》第124册，第521页。
② （明）翁万达撰《翁万达集·文集》卷15《上东塘毛尚书书（其五）》，朱仲玉等校点，上海古籍出版社，1992，第542-543页。

179

文渊率兵六万候命。从东、西、北三个方向给莫氏施予军事压力。① 其次传檄安南，说明明军以兴灭继绝之义讨罪，其对象仅限于莫登庸父子，其他"有能擒斩莫登庸、莫方瀛父子者，赏银二万两，仍奏闻朝廷大加升秩；有愿以一府归附者，即以其府与之；有愿以一州一县归附者，即以其州县与之，仍各赏银一千两"②。再次，莫氏曾二次遣使乞降，翁万达俱不遣还，使其疑畏，"谜莫能解，又不知发何处分"③。同时派指挥王良辅、通判苏廷献出关通牒莫氏父子"惟毋求封、毋求贡，束身军门、遣子请罪、归地缴印、去僭号、奉正朔，则天兵可止"④。

在明朝大军压境的同时，莫氏也受到来自内部的威胁，一是爱子莫方瀛于嘉靖十九年（1540）正月夭逝；二是部属将领相继策反，南方黎氏不断进逼。早于嘉靖十六年（1537），莫氏分管清化的黎丕归附南方清化的黎氏政权；嘉靖十八年（1539）黎氏大将郑检率兵在清化雷阳击败莫军；嘉靖十九年（1540）黎氏的另一大将阮淦进取义安，南方黎氏政权初步以清化漆马江一带为据点，准备与莫氏做长久的抗衡。在这种情形下，莫氏的唯一出路便是诚心归顺明朝。翁万达曾说："莫登庸近因方瀛病死，虑有内变，乞降听处，或其本心。"⑤ 并一针见血地指出："登庸本欲束身降服，假重天朝名号以自固定。"⑥

四 莫登庸归顺与明、安关系的新模式

莫登庸在内外交困的情况下，终于嘉靖十九年（1540）十一月初三日，携其侄莫文明及耆老士人"素衣系组""囚首徒跣"进入镇南关，向两广三司参将等行五拜三叩之礼，然后递上降本。随后，由莫文明等率领莫氏政权的使团入朝听命。

---

① （明）冯时旸等辑《安南来威图册》之《安南来威辑略》卷上，书目文献出版社，1987，第19页。
② （明）应槚编，刘尧诲重修《苍梧总督军门志》卷34《安南五》，第466页。
③ （明）翁万达撰《翁万达集·文集》卷15《上半洲蔡中丞书（其二）》，朱仲玉等校点，第535页。
④ （明）应槚编，刘尧诲重修《苍梧总督军门志》卷34《安南五》，第467页。
⑤ （明）翁万达撰《翁万达集·文集》卷15《上半洲蔡中丞书（其二）》，朱仲玉等校点，第535页。
⑥ （明）张镜心撰《驭交纪》，《丛书集成初编》第3503册，第127页。

毛伯温等将此次莫氏归降的情形奏报兵部，并提出处理莫氏建议。鉴于历史的经验教训，最好采取"外而不内，以夷治夷"原则。考虑到莫登庸戴罪在身，不宜封予王爵，可参考汉唐时期的做法，授予"都护、总管等项名色"①。后经朝廷众臣商议，最终做出了对安南事件的处理决定。嘉靖二十年（1541）八月十八日，明世宗敕谕曰：

> 朕惟法原自首，人贵改过，既自缚投降，纳土请命，是能畏天道、服中国也。尔负大罪数十，故一切赦之。今革去安南国号王封，特授尔都统使之职，赐从二品衙门银印；俾奉正朔朝贡；许尔子孙承袭，世守其地；其十三路地方，各置宣抚司，设官分职，属尔管辖差遣；余阃境大小官属听从宜建置；前黎氏僭拟中国制度，宜悉改正，毋蹈僭逆；献还我边四峒地方，已收入版图，其诸土地人民，朝廷无所利之。兹特降敕锡尔荣命，尔能感恩慕义，贱夷贵华，知今日革除封国之典，实杜他日乱臣贼子之祸，为尔类永利，为尔子孙无穷之福。②

至于黎氏后裔黎宁问题，黎氏使臣郑惟憭称其逃匿于漆马江一带，但莫氏众臣阮如桂、杜世卿等奏称："黎宁实系阮金之子，黎氏委果无人。"③云南、广西地方官查勘报告认为：

> 臣等窃伏思，惟黎利倡乱阻兵，陷没郡县，杀败官军，大将如柳升、大臣如陈洽皆死于利之手，其余官吏戍卒不能自拔者，悉遭荼毒。臣等今言之尚为痛心，我宣宗特以生灵之故，不欲穷兵而姑与之耳。今莫登庸之罪既与黎利之猾夏者不同，而一闻天声遂匍匐请死，亦与黎利之屡抗王师者又为有间。黎利既蒙宽贷，则登庸似应未减。至若黎宁，虽自称为黎利子孙，然臣等节据诸司查勘，踪迹委的难

---

① （明）张镜心撰《驭交纪》，《丛书集成初编》第3503册，第128页。
② （明）夏言撰《夏桂洲文集》卷9《敕安南都统使莫登庸》，《四库全书存目丛书·集部》第74册，第457－458页。
③ （明）张镜心撰《驭交纪》，《丛书集成初编》第3503册，第129－130页。

明。郑惟憭一向潜住该国上下朗石林州峒寨附近，广西土官地方，黎宁面貌初不相识，故或称黎宁，或称黎宪，或称光照，或称元和，或又以为阮淦之子，或又以为郑氏诈称，而近据云南布政司开报会审夷人郑垣口词，称漆马江峒虽有黎宁，而来历宗派不可得详，所列事情年貌又与郑惟憭原报互异，具难凭据。[1]

有鉴于此，朝廷决定："黎氏自修贡以来，已蒙列圣宽宥，若其遗裔尚存，似宜体恤，合行云南抚镇等官查勘，果有可据，别无异同，听令仍于漆马江居住，见在所属地方，俱属管束，或量与职事，径属云南。若非黎氏子孙，置而勿论。"[2] 但是，由于后续调查并无进展，黎氏的问题也就不了了之。数十年后，当黎、莫再起纷争，部分明朝官员为此而深感"祖宗以来有积憾于黎"[3]。

此次对安南危机的处理，至少说明几个方面。

第一，明朝对安南的决策，由明初皇权主导，变为地方官员主导。在整个危机处理过程中，明世宗一直倾向于征讨，朝中掌权者为讨好皇帝，基本上也是支持出征，而两广地方官员则极力反对出兵，倾向以招抚为主。其最后结果基本上是按两广地方官员筹划而行。这与明初太祖、太宗，甚至宣宗时，由皇上主导对安南的政策有着明显的差别。

第二，对安南的处理结果，体现了明朝对外政策更趋务实，不再拘泥于传统的理念。安南黎利从不认为自己是由篡逆得国，而是从明人的手中夺取政权，在安南被誉为"民族英雄"，明朝尚可默认其统治地位。莫氏则是篡逆得位，本是触犯中国传统宗藩关系的规则，理应征讨，以助黎氏复国。而莫氏虽属"篡逆"，但对明朝尤为恭敬。对此，毛伯温不无感慨地说："窃惟安南自五代以来不入中国版图，负其瘴疠险远，或服或叛，中国常以不治治之。及至不得已兴兵远讨，虽至事势穷戚，尚乃冥顽弗

---

[1] （明）冯时旸等辑《安南来威图册》之《安南来威辑略》卷中，第445页。
[2] （明）冯时旸等辑《安南来威图册》之《安南来威辑略》卷中，第446页。
[3] （明）杨寅秋撰《临皋文集》卷4《绥交上三院揭帖》，《影印文渊阁四库全书》第1291册，第739页。

率，未有一闻王师之至，即委国听命，自缚乞哀，如今日之卑顺者也。"①对于莫登庸事件的危机处理，说明明朝的地方官员在处理两国关系时，对传统的"兴灭继绝"的理念已经逐渐地模糊，考量两国关系的宗旨不再是追究莫氏是否正统，而是"直宜问其不庭，责以称臣，约之修贡"②。也就是说，明朝已经在理念上不再墨守成规，不论安南哪一姓氏主政，只要其对明朝臣服，均可接受。

第三，虽然莫氏获得了明朝的承认，成为安南的实际统治者，安南的行政运作如旧，莫氏也获得世袭，安南实际上的独立王国地位并没有变化，但是，从政治伦理上来说，明朝与安南的关系已经不再是传统的宗藩关系，而是中央与地方的关系，这主要表现在如下几个方面。

首先，安南国王爵号被革除，改为都统使，品秩只相当于明廷的从二品官阶，授予涂银铜印。其国内地方行政按照明朝的要求改为"宣抚司"主理，形同明朝周边羁縻州的设置。虽然各级官员如宣抚、同知、副使、佥事，由都统使"自行升黜"，但于朝贡之年，必须"以升黜过官员总数奏闻"③。明朝士大夫对"都统使"的意义早作注脚，所谓"乃削其爵而畀世官，比于内吏，辑我龙编"④。这是自宋朝安南立国以来从未有过的现象。

其次，莫氏承袭都统使时，明朝不再委专使赴安南册封，而是将任命的有关敕谕、印信托付广西地方官处置，安南的继承者必须亲自到镇南关接受身份鉴别，经过勘验明白，就地领敕回国主政。广西方面每年授予大明大统历一千册，让其在安南境内颁布通行，以示内属。

再次，虽然规定安南仍然保持"三年一贡"，但贡使在明廷得不到陪臣的待遇。嘉靖二十二年（1543），莫氏使臣入贡，明廷礼臣建议"安南既废不王（主），则入贡官员，非异时陪臣比，宜裁其赏赉"。明世宗最终决定："既纳贡谕诚，其赉如故，第罢赐宴，稍减供馈，以示非陪臣礼。"⑤

---

① （明）冯时旸等辑《安南来威图册》之《安南来威辑略》卷中，第447页。
② 《明世宗实录》卷205"嘉靖十六年冬十月壬子"，第4278页。
③ （明）李东阳纂，申时行重修《大明会典》（三），中华书局，1988，第1558页。
④ （明）田汝成撰《田叔禾小集》卷3《征南碑》，《四库全书存目丛书·集部》第88册，第442页。
⑤ 《明世宗实录》卷273"嘉靖二十二年四月乙未"，第5366页。

以上三方面的特点，至少在政治伦理上，体现了明朝实际上已将安南在体制内定位为内属之羁縻特区。

第二节　明朝对安南黎、莫政权的平衡政策

一　安南国内政局再起纷争

莫氏政权获得明朝承认后，对外依照承诺，归还钦州地区的四峒，并向明朝履行三年一贡，与明朝保持相对平稳的关系。对内以怀柔政策来笼络黎氏的旧臣，并取得明显的成效。然而也有一部分黎氏的旧臣心念旧主，纷纷南逃，组织武装，与莫氏抗衡，其中以阮淦影响最大。阮淦在南部地区，多方联络，四处寻找黎氏的后裔，以图助黎复国。嘉靖十一年（1532），阮淦找到了黎昭宗之子黎维宁，并拥立为帝，史称黎庄宗。后来阮淦笼络了一名骁将郑检，共同协力扶黎抗莫。嘉靖十九年（1540）黎氏一度攻陷义安，嘉靖二十一年（1542）再度进攻义安、清化，次年（1543）控制了西都，迫使莫氏的总镇官杨执一投降。嘉靖二十四年（1545），阮淦被莫氏降将毒死，郑检掌握了黎氏的全部军权。郑检掌权后，广招名士与豪杰，积贮粮草，势力日强。

嘉靖二十五年（1546），莫福海病逝，由其子莫福源继位，改年号为永定。嘉靖二十七年（1548），黎庄宗也病逝，郑检立太子黎维暄为帝，史称黎中宗。黎中宗在位仅八年，无嗣，所有"地方事无大小，军民租赋"，一概委任于郑检。[①] 郑氏实际上把持南方黎氏政权的全部权力。为了巩固自身的实权，后来郑检访得黎太祖兄黎除的玄孙黎维邦，并立其为帝，史称黎英宗。

在此期间，南方黎氏与北方莫氏都曾试图消灭对方，实现安南的统一。莫氏以莫敬典为将领，率兵进攻清化达10次，南方的郑检则亲自率兵攻打山南亦有6次之多，但双方均以失败告终。[②]

隆庆四年（1570），郑检去世，其子郑松与郑桧内讧，莫敬典乘机率

[①]〔越〕黎贵惇撰《抚边杂录》卷1，越南汉喃研究院藏本，编号 A.184。
[②]〔越〕陈重金：《越南通史》，戴可来译，第199页。

兵十万进攻驻守清化的郑桧，结果郑桧贪图官爵，领兵向莫敬典投降。黎英宗逃回东山，任郑松为左丞相，调度众将，以抗击莫军。莫敬典对郑松久攻不下，日久军疲，被迫撤兵。而黎英宗为奖赏郑松抗敌有功，封其为太尉长国公，委以重任，郑松也因此逐步掌控黎氏的一切军政大权。后来，黎英宗觉察郑松权柄日重，深以为忧，便与大臣黎及第密谋铲除郑松。然不慎谋泄，郑松先后弑杀了黎及第、黎英宗等人，迎立英宗第五子黎维潭，史称黎世宗。此后十年间，郑松坚守清化、乂安一带，整饬军备，尽管莫敬典多次入侵，均是铩羽而归。万历七年（1579），莫敬典去世，莫敦让接管军权，对郑氏仍旧屡战屡败。

万历十一年（1583），这是安南南北政权情势转变的关键年。这一年，郑松觉得情势对己有利，便开始主动出击，先是进军山南，首获大捷。此后对莫战争，均是每战必克。万历十九年（1591），郑松决定率兵直捣升龙。次年占领了升龙，并俘虏了莫朝皇帝莫茂洽，押回升龙斩决。莫茂洽在被俘前，已感到形势不利，早将军政大权交予其子莫全。但莫茂洽被俘后，莫敦让却拥兵自重，自立为帝，驻于青林县，召集莫氏的文武旧将，广募军士，一时间拥兵六七万之众，莫全也不得不依附于他。

莫氏的败落，黎氏的复兴，使得明朝与安南的关系又陷入重新抉择的困局。万历二十一年（1593）春，莫氏在黎氏的军事威迫下，纷纷北窜，其中莫敦让从海上逃奔至防城向明朝告急，称"郑松假称黎氏，追迫亡命"，并请借驻钦州。当时地方守将担心难以操控，亦恐郑松追逐，侵凌内地，故"未便听许"。结果，莫敦让于大亥村为郑松所擒。随后广东钦州、广西思陵州、凭祥龙州成为莫氏逃避追杀的地方。对于安南内部纷争，明朝兵部要求两广地方官加紧侦探，但"毋得构引衅端"，对两广总督也只是叮咛"相机处置，务求安妥"[①]。

二 明朝"不拒黎、不弃莫"的构想

黎氏重掌安南大局后，于万历二十一年（1593）十月，黎维潭与大臣黄廷爱等抵达镇南关，要求以黎氏后裔的名义入贡请封，称："今莫氏支

---

① （明）张镜心撰《驭交纪》卷11，《丛书集成初编》第3503册，第138页。

孽殄亡，官目悉皆归顺，境土复为所有，人心咸戴黎维潭权署国事。"① 有了嘉靖朝的经历，两广地方官对于安南国内政局骤变已形成了较理性的认识，如广西巡抚陈大科等上言："蛮邦易姓如奕棋，不当以彼之叛服为顺逆。止当以彼之叛我服我为顺逆。今维潭虽图恢复，而茂洽固天朝外臣也，安得不请命而擅然戮之？窃谓黎氏擅兴之罪，不可不问。莫氏子遗之绪，亦不可不存。倘如先朝故事，听黎氏纳款，而仍存莫氏，比诸漆马江，亦不翦其祀，于计为便。"② 这一建议在朝廷也得到认可，成为处理安南关系的基本原则。然而，此次黎维潭叩关求贡，"来牒用国王金印封"，"牒中世次与故府所载稍异"③，在这些疑问尚未诘问清楚之前，明朝政府抱持观望的态度，暂时决定"以夷叵测，弗请命，戕我贡臣，即弗观之兵，宜闭关绝之"④。

次年，两广总督陈蕖上奏反映安南黎、莫相争的调查结果，并提出了处理的意见，称：

> 今窃揣大势，莫裔多人从上年奔播以来，屡经败衄，在黎怀灭此朝食之心，在莫有难必旦夕之恐，其境上折而之黎已近六七，似无振日。据黎维潭卑辞叩关，实欲藉我声灵，驱除噍类……今惟传檄黎人，责以不请之罪，问以失贡之期，听彼鹬蚌，相持有定，黎人匍匐请死，别为区处未晚也。⑤

从这一份奏书中可以看出，明朝封疆大臣虽然很清楚安南政局走向，但并不急于插手安南事务，而是"听彼鹬蚌"，伺机而行。同时责令边境守将加强情报的收集，密切关注安南的局势发展。越南史籍载："时，明国多使人来探访事情，殆无虚日。"⑥

---

① （明）张镜心撰《驭交纪》卷11，《丛书集成初编》第3503册，第140页。
② 《明史》卷321《安南列传》，第8335-8336页。
③ （明）张镜心撰《驭交纪》卷11，《丛书集成初编》第3503册，第139页。
④ （明）杨寅秋撰《临皋文集》卷1《绥交记》，《影印文渊阁四库全书》第1291册，第620页。
⑤ （明）张镜心撰《驭交纪》卷11，《丛书集成初编》第3503册，第141页。
⑥ 〔越〕吴士连等撰，陈荆和整理《大越史记全书·本纪》卷17，第900页。

第四章 / 晚明与安南关系的演变

万历二十三年（1595）七月，黎氏再次派遣使臣黎早用等从海路直趋肇庆请罪求贡。同时，莫敬用也派遣阮诤等人"以穷乞援"，并对黎氏臣服明朝进行挑拨，称"有谓维潭未必黎利后，或郑松牛易焉；即利后，利猾夏，负积怨，先朝亡国裔不宜再许"，还说："黎款诈也，惧我乘其后，姑缓我师。"① 其目的是要阻止明朝对黎氏的信任。

当时，陈大科刚从广西巡抚升任两广总督，其于两广任官多年，对安南的国情有较客观、清晰的认识，认为"安南传国不数十年，辄易一姓"，"安南僻在荒徼，夷长更置不常，嗣入我朝，断自以陈氏为正，而黎氏之代陈也，莫氏之代黎也，总之皆篡也"②。且认为调解安南黎、莫之争的时机已经成熟，于是命左江副使杨寅秋等主持与黎、莫使者交涉。杨寅秋从现实、伦理、道义以及交涉策略等方面上书督、抚、按察司三院，阐明交涉的思路与方向。他认为如今安南黎、莫相争，均"欲得中国之典为重"③，因此，必须借此机会，妥善处理。从现实来说，当时黎氏已经掌控安南的大部地区，实力占优，而明朝"物力未必能制黎夷死命，乘其乞哀求附，因以许之，使荒服之献珍如旧，中国之体统常尊，足矣"④。况且，"黎夷恢复之名义甚正，间关之款诚甚真，此而固拒之，或深求之，使彼负怏怏以去，异日毛羽既成，正朔不供，中朝弃之既不能，处之又甚难，而追咎前日之谢绝者，其何说之辞？"从伦理、道义而言，他认为：

> 执登庸之罪与黎利较，则黎利猾夏，屡抗王师，戕我重臣，黎重而莫轻；执维潭之罪与登庸较，则交南土宇系黎氏旧物，当日登庸为篡夺，今日维潭为恢复，其不可同语者一。登庸未降之先，绝贡路二十年，世庙御极诏使已不谕而返，僭号纪元，张官置吏，且以位号私禅其子莫方瀛，而黎维潭无一有焉，其不可同语者二；登庸为黎宁奏发寻为大庆事，世庙震怒，遣大臣重兵压境，登庸乃震怖请死，黎维

---

① （明）杨寅秋撰《临皋文集》卷1《绥交记》，《影印文渊阁四库全书》第1291册，第620页。
② （明）张镜心撰《驭交纪》卷11，《丛书集成初编》第3503册，第142、145页。
③ （明）谈迁撰《国榷》卷77"神宗万历二十五年"，第4795页。
④ （明）杨寅秋撰《临皋文集》卷4《绥交上三院揭帖（一）》，《影印文渊阁四库全书》第1291册，第739-740页。

> 潭首事即具夹板申款，天朝未有寸镞尺矢之加，而彼遣使蹈海，愿得称贡内附，此不可同语者三。①

虽然永、宣时期惨痛的历史记忆尤深，但鉴于莫、黎与明朝的关系，他认为，"祖宗以来，有积憾于黎，无深憾于莫"。然而，时下莫氏为"献珍之贡臣"，黎氏为"擅杀之叛臣"，因此认为"祖莫不失治乱持危之意，祖黎有与乱同事之嫌"②，更担心"当日势在莫则与莫，今日势在黎则与黎，书之史册，传之天下后世，国体谓何？"③ 如何在不失伦理，不损国威的情况下，找出既体面，又照顾双方实力优劣，实现调解双方矛盾的方法？杨寅秋认为，最好的办法是坚持"不拒黎，不弃莫"原则，只有这样，方可以做到"黎氏袭封之请于大义有名，于大体有光照远迩，垂简策有辞矣"④。

为了落实"不拒黎，不弃莫"的构想，在策略上，杨寅秋分别与黎氏、莫氏进行交涉。在接受黎氏请贡前，为了维护宗主国尊严，对黎氏决定采取"将欲与之，必固抑之；将坚彼恭顺之心，必折彼桀骜之气"⑤。要求黎氏一一如当年莫登庸事例，"不少假贷"，亦即黎氏必须满足四个条件，明朝才能接受其入贡请封：其一，黎维潭亲赴镇南关请罪、勘验；其二，缴还金印；其三，进献代身金人；其四，安插莫氏。⑥

为了让莫氏顺从明朝的邦交安排，杨寅秋对其软硬兼施，一方面针对其篡夺黎氏的原罪，直问其"今日安南之土宇，原是谁家之故物？"另一方面对莫氏的处境表示同情之意，并表示明朝的安排也是为莫氏着想，指出莫氏的衰败是内乱所致，是"自作之孽"，如果以为"人心未散，听尔厉兵秣马，

---

① （明）杨寅秋撰《临皋文集》卷4《绥交上三院揭帖（二）》，《影印文渊阁四库全书》第1291册，第740页。
② （明）杨寅秋撰《临皋文集》卷4《绥交上三院揭帖（一）》，《影印文渊阁四库全书》第1291册，第739页。
③ （明）杨寅秋撰《临皋文集》卷4《绥交上三院揭帖（二）》，《影印文渊阁四库全书》第1291册，第740页。
④ （明）杨寅秋撰《临皋文集》卷4《绥交上三院揭帖（一）》，《影印文渊阁四库全书》第1291册，第739-740页。
⑤ （明）杨寅秋撰《临皋文集》卷4《绥交上三院揭帖（二）》，《影印文渊阁四库全书》第1291册，第740页。
⑥ （明）杨寅秋撰《临皋文集》卷4《檄交南国黎维潭》，《影印文渊阁四库全书》第1291册，第742-743页。

为卷土重来之计。若大势已去，宜及时审己量力，存不绝如线之祀。漆马江故事具在，天朝尚能为尔图之"①。但明朝官员最初并不确定把莫氏安排在何处，后莫敬璋在永安被黎氏所败，海东、新安等地均相继沦陷，形势对莫越加不利，最后提出将高平地区作为莫氏栖身之地，以保全莫祀。②

三 明朝承认安南黎氏政权的交涉

明朝与安南黎氏原定于万历二十四年（1596）二月二十八日开关勘验，但于二十六日夜，突然收到黎维潭的奏文，取消会勘的计划。黎维潭连夜冒雨赶回升龙城。关于黎维潭突然取消会勘的原因，两广地方官的奏疏称："据黎维潭申称，安插莫氏之土地，先皇所与，先祖所受，未敢闻命；兵粮空竭，兼染岚障，函进奏本事件，途间未能卒办，暂且转出善地，整理完备，另请放关赐进。"③而越南主要史籍如《大越史记全书》则称："时明人牵延逾期，退托要索求取金人、金印事迹等物件，不肯赴勘，卒过期。三月帝还京。"④其他如《钦定越史通鉴纲目》等的记载大致相似，都将责任归咎于明朝。

其实，中越文献的记载并不矛盾，它反映了一个事实，即黎氏没有按照明朝开列的条件赴关。黎氏一开始就认为自己报仇复国，名正而言顺，要求在勘验时应与莫登庸的事例有所区别，所以没有完全按照明朝的条件准备。但迫于明朝权威，退而又欲以金银代替代身金人，以金印墨样代替金印原物。万历二十四年（1596）正月，冯克宽等携带"安南都统使司印"及前"安南国王印"墨样二件、金子一百斤、银子一千两，并率领黎氏政权的数十名老臣一起赴镇南关等候会勘，⑤企图蒙混过关。但明朝则

---

① （明）杨寅秋撰《临皋文集》卷4《檄交南亡国裔莫敬用》，《影印文渊阁四库全书》第1291册，第743–744页。
② （明）萧云举编《奖黎安莫集》，越南汉喃研究院藏本，编号A.948，第16页。
③ （明）萧云举编《奖黎安莫集》，第17页。
④ 〔越〕吴士连等撰，陈荆和整理《大越史记全书·本纪》卷17，第907页。《黎朝南北分治录》同样将责任推向明朝一方，曰："明人牵延要索，过期不赴。"（越南汉喃研究院藏本，编号A.2029。）
⑤ 〔越〕吴士连等撰，陈荆和整理《大越史记全书·本纪》卷17，第907页。同书第908页又称："（万历二十四年八月）时令工匠铸造金银人躯，各高一尺二寸，并重十斤。又铸银花瓶二双，小银香瓶五件。又备用土绢及诸贡献之物，以防北使。"说明二月黎维潭前往勘关时，并没有准备代身金人。

坚持要求黎氏满足先前提出的条件,方能开关勘验。所以,此次勘关在即,黎氏或许看出明朝官员没有妥协的迹象,也只能托词不接受莫氏的安插及勘关物件尚未准备好,单方面取消勘验。

在与明朝交涉的过程中,黎维潭的处境是相当微妙的。

首先,黎维潭出于安全原因,并不想亲自赴关。其安全的隐患来自两方面:一是对明朝缺乏信任,二是面临莫氏残余的威胁。自从莫敬璋被擒,边境亲莫土官讹言加害黎维潭。陈大科在奏疏中亦承认:"黎维潭乞款,虽其一念畏之,诚如江汉之朝宗,自不可遏。但夷性多疑,每有前却。而有莫氏之残孽百计阻挠,边境之土司多方鼓煽。"① 更有传言:"土夷冒莫屯兵七源,剽掠交境,扬言夺款。"② 因此,黎维潭于正月二十七日便可以此为借口提出"谨差族目率领臣耆赴关候勘"③。明朝官员则做如此理解,认为黎氏并没有真心归顺之意,所谓"阳为衔戴,阴欲以族目代款,无束身抵关意"④。

其次,黎维潭的皇位乃郑松所扶持,故朝政一切听命于郑松,因此,明朝有官员还认为,黎维潭中途遁回,乃郑松所为。两广总督陈大科上疏曰:"安南之事,一切称名虽黎维潭,其实权臣郑松主之也。莫弱而黎强,故今日不得不折而入于黎,然黎庸而郑狡,黎在他日将终为郑所有耳。"明确指出黎维潭撤离南关,"盖郑松星夜飞骑四次来追,维潭遂冒大雷雨以去,此实郑心害其事之成,唯恐维潭一朝被天朝之名,则彼将不得行其篡夺之谋"⑤。

黎维潭深夜拔营而去,使得明朝地方官一时不知所措,"人人相觑失色"。此一事件也引发明朝官员在对待黎氏问题上产生分歧,兵部认为"黎酋志在蓄威,当事不及时操割剪萌,恐遗养虎积薪忧",主张出兵征讨。当时主持勘验事务的黄纪贤则"发愤上疏",认为出兵安南,"请将求

---

① (明)萧云举编《奖黎安莫集》,第37页。
② (明)杨寅秋撰《临皋文集》卷1《绥交记》,《影印文渊阁四库全书》第1291册,第623页。
③ (明)萧云举编《奖黎安莫集》,第16页。
④ (明)杨寅秋撰《临皋文集》卷1《绥交记》,《影印文渊阁四库全书》第1291册,第622页。
⑤ (明)张镜心撰《驭交纪》卷11,《丛书集成初编》第3503册,第142页。

莫氏后立之乎？遗孽不振，死灰难燃，将遂郡县之乎？前鉴岂远，今可复蹈？妄揣归着，不过许以纳贡称臣而已。急而兵之，固可必得；缓而抚之，未必终失。兵而得之，固足扬威；抚而有之，宁遽不武，而劳逸镇扰，相距万矣。宜稍宽时日，再行檄勘"①。最终明廷同意继续与黎氏进行谈判。

鉴于黎维潭中途爽约，明朝地方官认为，有必要在其再次提出勘验时，"必抑揭之三而许之"②，以挫其锐气。因此，在万历二十五年（1597）四月三日黎维潭等再次到达镇南关外请求勘验时，明朝派出了黄宇、李陶成等前往黎营，诘问七事：

首诘：莫氏系我贡臣，何为拥兵擅杀？

回称：生长遐荒无识，惟思乘时恢复，且恐泄漏，委实失禀天朝，自甘万罪请死，恳望矜宥。

二诘：先将莫登庸称尔黎氏沦没已尽，今黎宁已称无后，尔系黎晖之世孙，查历朝册封，无黎晖之名，有何宗枝可考？

回称：先祖晖，一名𬬭，袭封为王，因莫逆篡夺，时黎宁差旧臣郑惟僚报奏请兵乞援，后蒙安插漆马江，黎氏何曾沦没？原奏可查。一面世守清化，不绝黎宠。继黎宁无后，旧臣推黎晖四世孙黎维邦承继。亲供世系可查。

三诘：郑松既是旧臣，其祖父为谁？有无诈冒奸谋？

回称：郑松乃郑检之子，郑惟僚之孙，世与黎共同患难，有何诈冒奸谋？随查该国耆黄廷爱、官目裴秉渊，递出奏函结状，情愿附戴旧主，阖口无异。

四诘：金印有无失落，描模有无销化？

回称：金印难凭描模，权用事了销化。就蒙追印，情愿铸换，已经奉文免铸，别无匿情。

五诘：先次启关已有期，何故又向宵遁？

---

① （明）杨寅秋撰《临皋文集》卷1《绥交记》，《影印文渊阁四库全书》第1291册，第622-623页。
② （明）杨寅秋撰《临皋文集》卷1《绥交记》，《影印文渊阁四库全书》第1291册，第621页。

回称：粮草缺乏，兵士疲困，本函事件卒难整办，且不敢闻安插莫贼之命，只得申明暂回，原非宵遁。

六诘：安插莫氏乃天朝继绝之仁，往年黎宁蒙天朝矜怜，以漆马江安插，莫登庸遵依罔违，今尔何得故违？

回称：莫篡我国，故安插我漆马江。今日我恢复故土，岂得比漆马江例？且天朝兵有除逆之法，无容逆之理。

七诘：彼在先虽系篡臣，在今即系贡臣，尔节次申报，一听天朝处分，岂得反覆？

对此各酋目语塞，无言以对，但"仍似执迷"，于是，黄宇等坦率指出，黎氏真正担心的是，残莫得一安身之处后，会依傍土司，成为黎氏的"祸本"。为此，明朝保证妥善安置莫氏后，土司不会助其为恶，黎氏自然"亦自无后患"，各酋目人等听后，"始有喜色"，最后，黎氏同意安插莫氏。① 黄宇等将此次谈判的结果带回，经三司研究，给黎维潭发出一份正式的谕文，强调开关的四个条件。

第一，强调黎维潭必须亲赴镇南关勘验。明朝在檄谕中明确提醒黎维潭，曰："黎氏失国垂六十年，一旦欲光复故土，再定永世称藩之典，不亲赴乞恩而委之族目乎？汝有擅杀贡臣之罪，不亲赴乞宥而委之族目乎？今日请封为谁？他日之蒙恩者为维潭乎？为族目乎？"② 因此，坚持要求黎维潭亲自勘关。这样做有两重目的：一是对郑松阴谋篡夺的防范，二是对莫氏指控"黎为松冒"有所交代，以挫莫氏之计较。至于黎氏亲自赴勘的安全问题，明朝官员一则"征调诸土司精锐，棋布要害，委参戎李君凤森扈扬干彰威严；请添委南太知府苏民怀、吴大绅，南宁同知黄淙，南太推官卢硕、黄喜之共效勷勤"③；二则申谕边境土司"敢有仍前畜异妄为者，土官定行褫职削地，犯人以军令处斩"④；三则对黎氏做出一定的让步，允

---

① （明）萧云举编《奖黎安莫集》，第19-21页。
② （明）杨寅秋撰《临皋文集》卷4《檄交南国黎维潭》，《影印文渊阁四库全书》第1291册，第742页。
③ （明）杨寅秋撰《临皋文集》卷1《绥交记》，《影印文渊阁四库全书》第1291册，第621页。
④ （明）萧云举编《奖黎安莫集》，第16页。

第四章 / 晚明与安南关系的演变

许其"陈兵擐甲入卫，成礼而退"①。

第二，关于缴还金印。黎氏托言"安南国王"的真印已经失落，彼时所用乃描模的假印。明朝官员对此虽存疑惑，最终同意其缴进假印，但必须书面说明真印失落之缘由。

第三，关于代身金人。本来一切如莫登庸事例，代身金人应是"囚首跪缚绑献之状"，明朝官员考虑到黎氏之罪与莫氏相比，轻重有间，因此也做了一定的让步，要求所进献金人"作俯伏乞恩状，凿'安南黎氏世孙、臣黎维潭不得匍伏天门，恭进代身金人，悔罪乞恩'字面"②。

第四，关于安插莫氏。明朝官员耐心开导，解释说，安插莫氏是明廷"一视同仁"的原则，必须"以一隅存莫祀"，这样做并非"独为莫计，亦为黎计，况称莫氏已无踪迹分割，亦属虚名"③。《徐霞客游记》载："初，莫彝为黎彝所蹙，朝廷为封黎存莫之说。黎犹未服，当道谕之曰：'昔莫遵朝命，以一马江栖黎，黎独不可以高平栖莫乎？'黎乃语塞，莫得以存，今乃横行。"④

经过反复交涉，黎氏表示愿听明朝处分。万历二十五年（1597）四月初十日，黎维潭"褫衣跣足，身系白组"入关勘验，黎氏及耆目均行五拜三叩礼，"先进伏罪本，次进代身金人，次进通国臣耆伏罪、乞恩本"⑤。

勘关后，黎氏派冯克宽等赴明廷朝贡。同时，两广地方官上疏，建议朝廷承认黎维潭的合法地位，至于官衔，建议"或照莫登庸例授以都统，或颁给别项名色"⑥。明神宗听取兵部的意见，最终授以黎维潭"都统使"名衔，并赐以银印一颗。黎氏使臣冯克宽得知后，深为不满，于是上表曰："臣主黎氏，是安南国王之胄，愤逆臣莫氏僭夺，不忍负千年之仇，乃卧薪尝胆，思复祖宗之业，以绍祖宗之迹。彼莫氏本安南国黎氏之臣，

---

① （明）杨寅秋撰《临皋文集》卷1《绥交记》，《影印文渊阁四库全书》第1291册，第622页。
② （明）杨寅秋撰《临皋文集》卷4《檄交南国黎维潭》，《影印文渊阁四库全书》第1291册，第742页。
③ （明）杨寅秋撰《临皋文集》卷4《檄交南国黎维潭》，《影印文渊阁四库全书》第1291册，第743页。
④ （明）徐弘祖撰《徐霞客游记》卷4《粤西游日记三》，上海古籍出版社，1987，第479页。
⑤ （明）萧云举编《奖黎安莫集》，第22页。
⑥ 〔越〕黎统撰《邦交录》，越南汉喃研究院手抄本，编号A.614，第93页。

杀其君而夺其国，实为上国之罪人，而又暗求都统之职。兹臣主无莫氏之罪，而反受莫氏之职，此何义也？愿陛下察之。"明神宗回复曰："汝主虽非莫氏之比，然以初复国，恐人心未定，方且受之，后以王爵加之未为晚也。汝其钦哉！慎勿固辞。"① 明廷坚持只授予"都统使"的名衔，一是在谈判勘验的过程中，黎氏多次反复、诡辩，对明廷并不"言听计从"，因此有必要继续挫其锐气；二是担心黎氏获封"安南国王"后，无法在处理安南事务方面占据主动。兵部在提议黎氏的名衔时，就曾表示："自今受命之后，果永肩恭顺，贡献依期，保境安民，别无生事，及有效劳功绩，许该督抚按查实代奏，加给奖赏。"② 这里可以看出，当时明朝官员对黎氏的顺服心存疑虑，因此，明廷要给黎氏套上一个"紧箍咒"，压制其可能的不恭行为，以维护大天朝的权威与尊严。

至于坚持要求给莫氏以"一线之祀"，学者多强调传统宗藩关系中的"兴灭继绝"原则，是出于保护贡臣地位的目的；③ 有的则强调明朝"以夷制夷"的策略。④ 笔者以为，邦交关系是一个复杂的系统工程，明朝在处理黎、莫事件过程中，既尊重了中国历代王朝对藩属国的承诺，也考虑到形势发展的状况与自身的利益，经过周详、全面的思考而制定出相应的策略。

首先是捍卫宗主国的信誉与尊严。天朝对属国负有"兴灭继绝"的义务，因此，在与黎氏的交涉中，明朝官员不厌其烦地阐明莫氏的贡臣地位，指出莫氏"在先为篡臣，今日却系贡臣"，既是贡臣，即"宜加保全"，这是涉及天朝的信誉与尊严的问题。但是，明朝官员（尤其是地方官）深谙安南的历史，所谓"交南以强弱为雄长，所从来久"⑤。在理想与现实发生矛盾时，他们只能迁就现实，对属国的责任感也随之减弱。明成

---

① 〔越〕吴士连等撰，陈荆和整理《大越史记全书·本纪》卷17，第916-917页。
② （明）萧云举编《奖黎安莫集》，第46页。
③ 张龙林：《浅析明代中国对莫、黎并存时期安南政策的建立》，《东南亚》1999年第4期。牛军凯《王室后裔与叛乱者：越南莫氏家族与中国关系研究》一书也认为晚明时期事实上"同时认可后黎王朝和莫氏高平政权为贡臣"。
④ 钟小武：《明朝与安南莫氏的政策（1529—1597）》，中山大学历史学硕士学位论文，2000，第30页。
⑤ 〔越〕黎统撰《邦交录》，越南汉喃研究院藏本，编号A.614，第88页。

祖承认胡季犛、宣宗承认黎利、世宗承认莫登庸，都说明在邦交关系中，更多的是不得不承认既成事实。在与黎氏谈判勘关的过程中，土司指责黎氏实际是郑氏的假冒，处处阻挠勘关，而杨寅秋为了说服土司，竟说出"与郑亦未尝不可"的话，并解释这是按照"祖宗之法"来处理的，使得土司一时"哑口输情"[1]。

其次是实施以莫抑黎策略。所谓"帝王之于夷狄，以不治治之，夷狄相攻，中国之利也"[2]。这种"坐山观虎斗"的思维模式，是人类在处理三角关系时常用的思考定式，我们也不必避讳。早在万历二十二年（1594）七月，莫玉辇临终前叮嘱莫敬恭曰："莫家气运已终，黎氏复兴，乃天数也。我民是无罪之民，而使自罹锋刃之中，何忍也？我等宜避居他国，养成威力，屈节待时，伺其天命有所归而后可。"[3] 当初莫敬用同意安插，亦称："伏蒙传檄安插，遵效勾践之谋……俟兴复后，照旧奉贡。"[4] 由此可见，莫氏同意接受安插，乃是权宜之计，打算长期与黎氏抗衡。杨寅秋在给莫氏的檄文里也说："惟理与势，果人心未散，听尔厉兵秣马，为卷土重来之计。"[5] 说明了明朝官员理解莫氏的权宜之计，因此，安插莫氏，不能说没有以其制衡黎氏的意思。事实上，至崇祯年间，兵部官员就明白说出以莫制黎的想法，曰："莫酋越在关外，亦中国之小藩屏也，莫折而入于黎，只益黎氏之强耳，是敬宽侵犯内地可诛也，留之牵制黎酋可议也。"[6]

再次是安抚边境土司。莫氏主政安南六七十年，此间与广西边境土司有着千丝万缕的关系，莫氏被黎氏赶出升龙以后，与广西土司的互动更为密切，《徐霞客游记》载："其土官岑姓，乃寨主也。以切近交彝，亦惟知有彝，不知有中国。彝人过，辄厚款之，视中国漠如也。交彝亦厚庇此

---

[1] （明）杨寅秋撰《临皋文集》卷3《与袁聚霞宪副》，《影印文渊阁四库全书》第1291册，第688页。
[2] （明）许重熙撰《嘉靖以来注略》卷3，《四库禁毁书丛刊·史部》第5册，第49页。
[3] 〔越〕吴士连等撰，陈荆和整理《大越史记全书·本纪》卷17，第902页。
[4] （明）萧云举编《奖黎安莫集》，第14页。
[5] （明）杨寅秋撰《临皋文集》卷4《檄交南亡国裔莫敬用》，《影印文渊阁四库全书》第1291册，第743页。
[6] 《明清史料》（庚编）"兵部《驭夷机宜》残稿"，第31页。

寨，不与为难云。"① 正所谓"莫依土司为逋薮，土司以莫为侵地"②。莫氏一直在利诱土司阻挠明朝对黎氏的承认，土司甚至还直接参与莫氏对黎氏的军事攻击。万历二十二年（1593），莫敬恭被黎氏逼逃龙州，随后"多率龙州人出掠谅山各州"③，明朝与黎氏实现勘验前，莫氏就曾勾结龙州土官乘夜纵火烧坡垒、谅山黎营，恫吓黎氏，以阻挠其顺利勘关。明朝的官员也很清楚，龙州土司"以兵翼莫而恐喝黎"④。安南史籍载："辰明土官多受敬恭重赂，奏请明帝安插敬恭于高平，明人累致书强逼朝廷，议以事大惟恭，不得已，姑从之。"⑤

明朝边境土司对国防安全的贡献不可忽视，明朝于周边防务严密，"独交南不设一卫堡，不置一戍守"，其原因除安南国力弱小外，更主要的是"镇南关以北，龙、凭诸州为之藩，维土兵强悍，素易交人"⑥。鉴于土司的作用、土司与莫氏的特殊关系，明朝官员在处理莫氏时，不得不考虑土司的意见。因此，安南史籍称，明朝执意安插莫氏是"曲徇下司土官受莫氏贿赂，公相容庇"⑦的结果，也不无道理。

第三节 晚明"一个安南"政策的实践

一 晚明奉行"一个安南"政策

在安南黎氏提出勘关的要求之初，明朝以"不拒黎，不弃莫"的原则来处理安南黎、莫的纷争。万历二十六年（1598）十二月，明神宗颁敕给

---

① （明）徐弘祖撰《徐霞客游记》卷4《粤西游日记》，第489页。
② （明）杨寅秋撰《临皋文集》卷1《绥交记》，《影印文渊阁四库全书》第1291册，第621页。
③ 〔越〕吴士连等撰，陈荆和整理《大越史记全书·本纪》卷17，第902页。
④ （明）杨寅秋撰《临皋文集》卷4《贵州左监军按察使临皋杨公墓志铭》，《影印文渊阁四库全书》第1291册，第760页。
⑤ 〔越〕潘清简撰《钦定越史通鉴纲目》卷30，第2849页。
⑥ （明）萧云举编《奖黎安莫集》，第46页。
⑦ 〔越〕黎贵惇撰《大越通史》卷34《逆臣传》，越南汉喃研究院藏本，编号A.1389，第48-49页。按：当时广西巡抚戴耀曾一度有"弃莫"的想法，但杨寅秋以"推亡固存之义"以应之。参见（明）杨寅秋撰《临皋文集》卷1《绥交记》，《影印文渊阁四库全书》第1291册，第623页。

黎维潭，正式授予安南都统使，同时指定安插莫氏于高平一带。基于此，有学者将明朝对黎、莫的政策定性为"双重承认"，认为"明朝中后期，中国与安南莫、黎两朝同时保持朝贡关系"①。

如前所述，明朝广东官员在安南局势没有明朗之前，确定了"不拒黎，不弃莫"的原则，有双重承认的构想，但从交涉结果而言，其实质已发生了变化。依照宗藩关系的原则，是否具有"贡臣"地位，最主要地必须符合三个条件：获得正式册封、获赐象征权力的印信、与明朝保持朝贡交往。黎维潭获封"都统使"的称号，有权力象征的银印，按照贡例入贡，明朝每年授予历书。如不按时入贡，明朝会派员催贡。因此，黎氏政权乃是获得明朝承认的安南国的合法代表。至于高平莫氏政权，就爵号名衔而言，莫氏先祖曾被授予"都统使"，但明朝承认黎氏政权后，高平莫氏的地位如何？它与明朝的关系又如何？史料并没有清晰的介绍。但从史料与史实来看，高平政权更像一个安南的地方政权，而不是一个与黎氏政权平行的王国政权。

首先，明代史料似乎可以解读为莫氏有"高平令"的职衔，如叶向高的《安南考》载："（万历二十四年夏）事下兵部议，如大科言，诏以维潭为都统使，予莫敬用以高平令，维潭毋得侵害，安南复定。"② 茅元仪《武备志》卷238《安南考》所载内容相同。③ 关于此段史料的解读，牛军凯经过严密的考证，认为学界断句存在问题，应该是"诏以维潭为都统使，予莫敬用以高平，令维潭毋得侵害，安南复定"。并不存在"高平令"的职衔。④ 笔者认为，即使这一考证成立，也无法说明高平莫氏仍然维持"都统使"的地位。因为万历四十六年（1618）六月，广西巡按俞海奏报广西边务，称："幸伏皇上威灵，檄都统使黎维新而朝禄就诛于谅山，檄高平府莫敬宽而谢文安等被擒恭献。"⑤ 明朝官员称黎维新为"都统使"，而莫敬宽并没有职衔爵号，并称高平为"府"，说明在明朝官员的理念中，

---

① 张龙林：《浅析明代中国对莫、黎朝并存时期安南政策的建立》，《东南亚》1999年第4期。
② （明）叶向高撰《苍霞草》卷19《安南考》，《四库禁毁书丛刊·集部》第124册，第521页。
③ （明）茅元仪撰《武备志》卷238《安南考》，台北华世出版社，1984，第10108页。
④ 牛军凯：《王室后裔与叛乱者：越南莫氏家族与中国关系研究》，第70—74页。
⑤ 《明神宗实录》卷538"万历四十三年十月己酉"，第10210—10211页。

黎、莫并不平等，高平充其量也只是安南的一个"府"级特殊行政区。

其次，中兴黎朝多次要求明朝册封王爵，其中一个理由就是高平莫氏"自恃彼祖都统使号以自矜夸"（笔者在此必须特别提醒，高平莫氏是"自恃彼祖都统使号"，而不是自称都统使），不服从黎氏统辖，所以要藉"圣主之威灵"来降服高平之莫氏。① 又《粤游见闻》载，莫敬宽于天启五年（1625）向黎氏归顺后，黎氏曾封其为"太尉通国公"。② 在中兴黎朝的意识中，高平始终是安南的一部分。勘关过后，黎氏虽然表面上同意安插莫氏，实际上并未停止过对莫氏的攻击，他们从东西两翼分别对莫敬用、莫敬恭进行军事行动，万历二十六年（1598）八月于安博擒获莫氏威王莫敬用。③ 十一月莫敬恭次子被俘，莫敬恭本人被迫逃避于龙州，寻求明朝的支持。④ 总体而言，黎、莫交战多年，只要不危及广西边境的安全，明朝基本听之任之，不予干预。后莫氏所据高平几乎陷没，莫氏求助于明朝，明朝才出于"贡臣之后，宜加保全"的初意，出面调解，要求黎氏归还高平之地。值得注意的是，明朝所保护者乃"莫氏孑遗之绪"，而不是其贡臣之地位。

有学者认为万历二十五年（1597）以后莫氏仍然保持"都统使"的名号，其史源依据多来自清人的记载，这也不足为奇。因为在顺治十六年（1659）九月，莫敬耀抢在黎氏之前率先向清朝归顺，在"投诚谒"中莫敬耀自称安南都统使，要求清朝可以助其"恢复旧疆"。⑤ 清朝接受莫氏的投诚，随后清朝广西地方官在给清廷的奏疏中，均以"都统使"冠诸莫敬耀及其先祖，乃合情合理。

再次，关于明朝是否授予莫氏后裔印信问题。中国士大夫素重印信之物，所谓"中国所以尊于四夷者，止此封爵印信耳"⑥。然而直至今天，笔者仍然没有搜集到明朝与高平政权的任何形式的"朝贡"交往信息，如入贡、催贡、授予历书等，更别说授印之事。越南文献《苏江志始》记载，

---

① 〔越〕黎贵惇撰《大越通史》卷34《逆臣传》，第60页。
② （明）瞿共美撰《粤游见闻》，巴蜀书社，1993，第8页。
③ 〔越〕吴士连等撰，陈荆和整理《大越史记全书·本纪》卷17，第913－914页。
④ 〔越〕吴士连等撰，陈荆和整理《大越史记全书·本纪》卷17，第916－917页。
⑤ 《明清史料》庚编《两广总督李栖凤揭帖》，第32－34页。
⑥ 《明神宗实录》卷428"万历三十四年十二月癸亥"，第8079页。

顺治十八年（1661）莫元清向清朝纳贡时，贡物中有"表笺一通，铜邳（印）一颗，抄敕二件……伪印原红帖一扣，伪印原红单一幅"①。笔者以为，这一颗铜印应该是明朝封莫登庸时赐给的"镀银铜印"，因为明朝承认中兴黎朝后，并没有要求败落之莫氏缴还印信。为表达诚意，莫氏呈缴祖先旧朝之物，目的是尽早获得清朝的承认与支持，以缓解黎氏追杀之窘境。

综上考述，不难发现，晚明对安南的政策已经脱离了"双重承认"的构想，实际上奉行了"一个安南"的原则。在晚明时期，安南没有存在两个地位平等的政权，中兴黎朝是安南唯一具有朝贡地位的政权，莫氏高平政权只是一个享有高度自治的安南地方政权，或者说是安南的一个"特区"。

二　"一个安南"政策下明朝对黎、莫关系的处理

明朝承认黎氏政权之后，对于与安南的关系主要关注两个方面：一是与黎氏政权的朝贡关系是否保持，也就是黎氏政权是否如期朝贡；二是明朝与安南边境是否安全。对黎、莫的纷争基本是持观望态度，没有直接进行干预。然而当黎、莫之争引发边境危机时，明朝则会积极介入，要求黎、莫给予配合，消除骚乱。

如明朝官员所担心的一样，黎氏勘关后，中兴黎朝内部矛盾也随之显现。其原因是，郑松在推翻莫氏政权、为黎氏重新夺回对安南的统治权过程中，功高盖主，威权日重。万历二十七年（1599），郑松要求册封为"都元帅总国政尚父平安王"，黎维潭"不得已许之"。自此而后，"国家事权皆自裁之，财赋兵民悉归王府"②。更有甚者，立例规定黎维潭的经济来源，制定所谓国王俸禄之例，限定国王收千社之税，称之为上进禄。郑松实际上掌控了黎氏政权的官吏任免、征税、抽丁、治民等事，黎维潭只是深宫中的一个傀儡，只有在朝谒时才得以现身。因此，安南中兴黎朝的统治形成了"黎氏为帝，郑氏执政"格局，史学界一般又称这一时期为黎郑时代。

---

① 〔越〕阮公宝撰《苏江志始》"附载本国贡物"，越南汉喃研究院藏本，编号 A.966，第75页。

② 〔越〕潘清简撰《钦定越史通鉴纲目》卷30，第2850页。

郑松为了巩固对安南政权的操控，对阮潢等在推翻莫氏的过程中立下战功的大臣进行迫害，许多官员对其所作所为，越发不满，黎氏政权内部的分化日益加剧。万历二十八年（1600）五月，太尉端国公阮潢与蓟郡公潘彦、枫郡公吴廷峨、美郡公裴文奎等密谋造反不成，潘、吴、裴三人逃脱归附于高平莫氏，对抗郑氏，而阮潢也乘机率部潜回顺化。①面对来自内部的压力，郑松害怕四面受敌，挟黎敬宗南撤回清化。此时莫氏乘机攻进升龙，并短暂移驻于此。郑松到清化后，一是派官员前往安抚阮潢，稳定后方，二是组织水陆大军北上，平定了叛乱，驱逐莫氏，重新夺回升龙。万历二十九年（1601）八月，黎敬宗返回升龙后，与郑松的矛盾更为激烈。适逢郑氏二子郑椿与郑梒争权，黎敬宗乘机联合郑椿，试图暗杀郑松，后事情败露，反遭逼害。郑松逼死黎敬宗后，立皇子黎维祺为帝，史称黎神宗。

阮潢回到顺化后，表面上仍顺从黎氏，但实际上正暗中积蓄力量，准备与北方黎氏抗衡。万历四十一年（1613），阮潢于临终之际，嘱其第六子阮福源曰："今顺广之地，北有横山、灵江，南有海云山与碑山，实乃天赐英雄用武之地也。故宜爱抚人民，训练士卒，以建万世之基业。"郑松去世后，阮福源对众将说："我欲乘此机会大举义兵以扶黎帝，但伐人之丧不仁，乘人之危不武，况我与郑有姻亲之义，莫若先使致赠以觇其势，然后徐为计耳。"②随着阮氏在南方独立势力的加强，在安南形成了莫、黎、阮三家分治的局势。而此时明朝为了应付国内骚动与北方女真的威胁，对安南的事务基本由两广地方官处理，而且目标只是维持边境的稳定，对安南内部事务并不干预。因此黎氏可以专志于国内政局。

在"三家分治"的政局下，黎朝只能实行重内轻外的政策。对与明朝的关系，黎氏保持若即若离的状态，朝贡方面基本是两贡并进，甚至有三贡合一贡的现象。自万历二十五年（1597）冯克宽入贡请封后，黎氏入贡的年份有万历三十四年（补万历二十八年、万历三十一年）、万历四十一年（补万历三十七年）、天启元年（补万历四十四年）、天启六年（补天

---

① 〔越〕吴士连等撰，陈荆和整理《大越史记全书·本纪》卷18，第923页。
② 〔越〕陈重金：《越南通史》，戴可来译，第212页。

启三年)、崇祯三年、崇祯十年(补崇祯七年)。虽然在理论上中兴黎朝对明朝仍然奉行"三年一贡",但进贡并不积极(出现了明朝多次派人前往催贡的情况),有时甚至对明朝产生不恭的心态,如崇祯三年(1630)十月,明朝遣使催贡,郑氏赐宴于东河津,"王亲诣讲武楼,旋陈贡物,使明使观之,因于水岸盛张船舶象马,振耀兵威,示以强盛之意"①。在国内则实施"南防北剿"政策。黎氏收复升龙后,对南方阮氏,藉着姻亲关系,容忍其军备的积蓄,集中军力对莫氏进行围剿。万历三十年(1602)四月,俘虏惠武王,并槛送京师斩之。万历四十年(1612)黎氏在天健山俘获莫氏的萧国公。次年又击败莫氏的军队,控制了安广地区。万历四十六年(1618)三月,黎军于武崖一带再败莫敬宽等。天启二年、三年(1622、1623)黎军已入据高平地区清剿莫氏的残兵。天启三年(1623)六月,黎氏内部因权力再分配而引发内斗,郑椿叛乱,郑梿挟帝南撤清化,升龙一度空虚,莫敬宽乘机召集残兵,一时间"乌合响应者,殆以万数"②,莫敬宽很快占据升龙。八月,黎军组织反攻,击退莫敬宽。经过短暂的调整,天启五年(1625)黎军大举进攻高平,俘虏了莫敬恭,并送还京师诛之。莫敬宽先是逃入明朝边境,最终还是不得不派人向黎氏投诚。黎氏于是废除莫氏的年号,封莫敬宽为太尉通国公,但仍驻守高平,奉黎朝为正朔,"世守一方,永为藩辅"③。

  黎氏很清楚,莫氏"阳虽称善,阴实狡谋","虽彼革面,未能回心",④ 其归顺也只是缓兵之计。为什么黎氏还要答应将其安插于高平,留下祸根呢?当时黎氏已经感到,莫氏虽不能彻底消灭,但经过多年的征剿,其残余力量已不能对黎氏政权构成严重威胁。相反,南方的阮氏则趁黎、莫相争,无暇南顾之机,积粮练兵,日渐坐大,成为黎氏政权的最大威胁。因此,黎氏有必要调整其政略,由"南防北剿"变为"北和南征"。此时莫敬宽示意归顺,为其战略的转移提供条件,所以即使莫氏要求继续驻守高平,黎氏虽不情愿,但迫于形势,只能屈从所请。

---

① 〔越〕吴士连等撰,陈荆和整理《大越史记全书·本纪》卷18,第941页。
② 〔越〕吴士连等撰,陈荆和整理《大越史记全书·本纪》卷18,第937页。
③ 〔越〕潘清简撰《钦定越史通鉴纲目》卷31,第2897页。
④ 〔越〕黎贵惇撰《大越通史》卷34《逆臣传》,第60页。

黎氏初步稳定北方局势后，便急于征服南方阮氏。天启七年（1627），黎氏想试探阮福源，颁谕劝其"整饬将士象马船艘，诣京拜谒"①，阮福源果真违命不听。二月，郑梉挟帝亲征，黎军数战不利，伤亡惨重，被迫北撤。此战乃揭开安南历史上黎、阮之争的序幕。此后黎、阮之间发生拉锯战，虽互有胜负，但均无法完全控制对方，从而形成了安南历史上阮、黎南北对峙的局面。

明朝对黎、莫之争，基本上是持消极的观望态度，但又并非全然不理。当莫氏在军事上处于劣势时，并没有落井下石，反而默许地方土司暗助莫氏，使其多次逃过黎氏的追杀，事实上已经有袒护莫氏之意。万历三十四年（1606）十二月，兵科右给事中宋一韩上疏言："其议安插莫氏，亦须督抚悉心计虑，无使朝君暮仇，一方重罹荼毒，庶其绦笼在我，而中国之势常尊矣。"②这就说明，明朝的官员为了明朝的安全与利益，要求地方官适度地加以干预，利用莫氏的存在，在一定程度上抑制黎氏。崇祯六年（1633），安南黎氏请求明朝协助剿灭莫氏残余，明朝大臣认为："安南越在炎海，为中国一大屏翰也。先年叛服不常，祖宗朝曾费几许征讨，今请剿莫酋，虽为报复世仇，亦欲效力中国，捧檄唯唯，忠顺可嘉。至莫敬宽夙与黎氏为难，及后黎氏日强，敬宽势蹙，播迁海上，无枝可栖，于万历二十五年蒙皇祖安插高平，微寓牵制，亦中国一小藩篱也。"③

崇祯十年（1637）十二月，黎氏趁朝贡明朝之机，再次请求恢复王爵。在求封表文中列举两大理由：一是黎氏多次协助明朝剿灭寇贼；二是黎氏遵守安插莫氏的承诺，但莫氏常使明朝边境遭受蹂躏，即便黎氏反复致书"告以祸福"，而莫敬宽自恃祖上亦曾受封都统使，并不听从黎氏的训令。黎氏认为造成这一局面的原因是"该国王爵未封，祖号未复，名分未正，威仪未重之所致也"。因此，请求明朝恢复黎氏的王爵封号，藉"圣主之威灵"降服高平之莫氏。④明朝官员对此大不以为然，礼部大臣建

---

① 〔越〕吴士连等撰，陈荆和整理《大越史记全书·本纪》卷18，第939页。
② 《明神宗实录》卷428"万历三十四年十二月癸亥"，第8080页。
③ 中国第一历史档案馆、辽宁省档案馆编《中国明朝档案总汇》第15册，广西师范大学出版社，2001，第303－312页。
④ 〔越〕黎贵惇撰《大越通史》卷34《逆臣传》，第60页。

议崇祯皇帝"止颁敕书奖励，不惟加封"①。而兵部大臣则建议曰："莫酋越在关外，亦中国之小藩屏也，莫折而入于黎，只益黎氏之强耳，是敬宽侵犯内地可诛也，留之牵制黎酋可议也。"② 由此可以说明，以莫抑黎的策略在晚明对安南的政策中始终还是一个重要的选项。

崇祯十一年（1638）以后，黎氏看到了莫氏残余对明朝边境的侵扰，多次请求贵州地方将士协助剿灭莫氏，称一旦"殄莫孽徒党，以安边地氓民，使外救内安"，亦可以"慰贵州期望之意"。越南史籍载："昨有信书使人将到贵州，所约以举兵之期，勉以共事之情。接见贵司翰来，深道夙昔之好，尤切颙緌之情，且有喜惧交并之意。"又载："今见贵司翰来，约以来会。"由此可见，贵州将官对黎氏的邀请确曾表示认同，亦有协同剿莫之意，但终归"依违不赴"③。其个中原因，史料没有记载，牛军凯认为"可能是受到上级的阻止"④。这是很有可能的。晚明朝廷对安南的政策，多缘于两广地方官员的意见，而两广官员基于对安南历史与现实的认识，不愿看到一个强大统一的黎氏政权，因此，不愿助黎灭莫，乃是对边境安全评估后的选择。

三 晚明对中越边境纷争的处理

与对安南国内纷争局势的消极观望相比，当明朝与安南边境发生骚乱后，明朝的干预就显得尤其积极。明朝承认中兴黎朝政权后，两国边境纠纷并没有平息（主要事件见表3）。

表3 万历以后明、安边境纠纷大事表⑤

时间	事件	处理结果
万历二十九年（1601）	安南禄平州土司韦达礼听叛目周佑勾引，攻打广西思陵州土司韦绍曾，掠走印信及人口等。	两广督抚两次檄令安南郑松擒捕韦达礼正罪。万历三十三年，郑氏刺死韦达礼，函首以献。

---

① 〔越〕黎贵惇撰《大越通史》卷34《逆臣传》，第61页。
② 《明清史料》（庚编）《兵部〈驭夷机宜〉残稿》，第31页。
③ 〔越〕黎贵惇撰《大越通史》卷34《逆臣传》，第64-67页。
④ 牛军凯：《王室后裔与叛乱者：越南莫氏家族与中国关系研究》，第69页。
⑤ 本表主要依据《驭交纪》卷12所载相关史料整理而成。

续表

时间	事件	处理结果
万历三十二年（1604）	思明府土司陆佑与韦达礼交易失信，招致骚动。陆佑自知罪重逃入安南。	广西地方官一面议剿，一面传檄安南擒献，陆佑势穷自刎。
万历三十五年（1607）	安南贼入掠钦州，万历三十六年，再寇龙门哨。起因：万历三十三年安南人驾船载货至钦州贸易，遭李游击扣留船货，以致寻仇报复。	两广总督戴耀、总兵杨应春革职戴罪立功。明军大力围剿，大败贼寇，安南亦助剿，解献贼首扶安等。此后，明设钦州守备官，罢交夷互市。
万历四十四年（1616）三月	安南土目刁春琪、刁春彦兄弟内讧，入据云南五邦五亩等寨。	云南调集汉土官兵围剿，大败之。两广总督传檄黎维新将刁春琪缚献正法。
万历四十四年（1616）六月	安南禄州土司韦酉入寇上思州。	明兵败之。两广总督严檄切责黎维新，请约束诸酋。
万历四十六年（1618）	安南翁朝禄等侵扰四峒，一掠遁去。	总督许弘纲疏参失事将领。
万历四十七年（1619）	思明府奸目勾引禄州酋何悖入掠。何犯归顺州二十余年，思明、南太二府无岁不被焚劫侵夺。	传檄黎维新擒何悖正罪。天启四年，禄州土官韦德成刺杀之。
天启六年（1626）	归顺州土官岑大伦趁莫敬宽被黎氏追杀之机，缚敬宽送黎氏，敬宽幸而走脱，故怀愤恨，构兵犯归顺，掳岑大伦及其子而去。	三院差指挥甘荣、千户李天培谕令莫氏。莫氏悔罪，归还印信等。崇祯八年始归侵地，定经界。
崇祯二年（1629）	莫敬宽遣夷官入寇下雷州。	慑于明兵声势，闻风退散。
崇祯二年（1629）五月	莫氏残将寇掠贴浪都等。	总督檄行左江道牌谕该夷退还掳掠人畜。
崇祯九年（1636）四月	龙英州赵廷猷勾引莫氏部将农贵签入寇。	总兵杨德等率兵追捕，乃遁去。仍严谕莫敬宽擒赵廷猷及归还所掠人畜。

晚明中越边境纠纷多缘自以下两个方面的原因：

一是明朝土官引狼入室，侵扰劫掠。徐霞客游历于广西与安南边境附近，对边境之纷乱的状况与原因有着深入的认识，兹摘数则《徐霞客游记》所载史料说明。曰：

> 莫彝之破龙英，在三年前（原注：甲戌年）。其破归顺，则数年前事也。今又因归顺与田州争，镇安复有所祖而来。……初莫彝为黎

第四章 / 晚明与安南关系的演变

彝所促，以千金投归顺，归顺受而庇之，因通其妻焉。后莫酋归，含怨于中，镇安因而纠之，遂攻破归顺，尽掳其官印族属而去。……后其弟署州事，其地犹半踞于莫彝，岁入征利不休。

又载：

镇安与归顺近族也，而世仇。前既纠莫彝破归顺，虏其主而去……未几，身死无后，应归顺继嗣，而田州以同姓争之。归顺度力不及田，故又乞援于莫。莫向踞归顺地未吐，今且以此为功，遂驱大兵象阵（原注：在万余人，象止三只）入营镇安，是归顺时以己地献莫，而取偿镇安也。

又载：

先是，镇安与归顺黄达合而拒田州，田州伤者数十人，故略交彝至，而彝亦狡甚，止结营镇安，索饷受馈，坐观两家成败，以收渔人之利，故不即动云。

又载：

田州与归顺争镇安，既借交彝为重，而云南之归朝与富州争，复来纠助之，是诸土司只知有莫彝而不知为有中国矣。①

由于莫氏缺乏劳力，土官还干起掠卖行人的勾当，所谓"（都康）土人时缚行道者转卖交彝，如壮者可卖三十金，老弱者亦不下十金，如佶伦诸土州隔远，则展转自近州递卖而去。（原注：土州争杀，每每以此。）"②，甚至部分土官主动投靠莫氏，侵害边民。如云南土酋沈文崇"因叛其主事

---

① （明）徐弘祖撰《徐霞客游记》卷4《粤西游日记三》，第478－479、479、487、488页。
② （明）徐弘祖撰《徐霞客游记》卷4《粤西游日记三》，第509－510页。

205

败",依仗莫敬耀之势,强据镇安,于万历十六年(1588)正月"掠去男妇,屠杀人民,尸横遍地"①。又如万历三十二年(1604)影响甚大的韦达礼事件,就是因思陵州土官陆佑在与韦达礼交易中失信而致,据史料记载,"春二月,思明叛目陆佑,因土官黄应雷懦弱,佑倒持事权,交通残莫。会与韦达礼交易牛货,达礼还货牵牛,佑固执不与,致达礼谋掳牛抵偿,延及思陵"。明朝广西地方官也认定了这场灾祸"佑实召之"②。

明朝土官之所以敢如此明目张胆地与安南莫氏及其流贼交结,乃明朝地方官吏贪婪腐败与因循苟安所致。徐霞客曰:"乃当事者惧开边衅,且利仍袭之例,第曰:'此土司交争,与中国无与'不知莫彝助归顺得镇安,即近取归顺之地。是莫彝与归顺俱有所取,而朝廷之边陲则阴有所失。其失镇安而不取,犹曰仍归土司,其失归顺赂莫之地,则南折于彝而不觉者也。此边陲一大利害,而上人乌从知之?"③

二是安南各势力之间内斗而殃及明朝边境。安南国内长期的政治纷争,导致边境土官失控,从而越境掳掠。这是晚明两国边境骚动的主要现象,也是对两广边疆为害最深的因素。尤其在万历中期以后,高平莫氏遭黎氏围剿,几无藏身之处,其残兵败将主要流窜于中越边界,《东粤疏草》载:"钦州孤悬边徼,界连交夷肆峒,而外万宁一带,尽是残莫余党,各有头目,僭称公侯伯,其间已附黎者拾之玖,如棯橘之武永祯等,犹倔强不附黎,自为枭张者也。"④这些散兵败将既不受莫氏集团的约束,有的即使已经归顺于黎氏政权,但实际上并不听从黎氏差遣。为了生存,各股势力四处抢掠,成了边境骚动的主要因素。这些侵扰具有流寇的性质,出没无常,一旦抢掠完成,立即返回安南境内。据载,经常入寇两广的安南流寇有多股力量,其"黎、莫俱有,在棯橘州则有朝郡公翁富,改名武永祯等;在花封县则有扶安侯,名段俊等;在观栏村则有企杨伯,名裴用等;在万宁则有黄目等;在涂山则有扶忠伯,名范漵等;在那漏则有该字等,

---

① 《两广总督李栖凤揭报交彝遣使投诚并乞释阵获原党请旨定夺》,《明清档案》第35册,编号A35-130(20-4、5),中研院历史语言研究所,1994,第20054-20055页。
② (明)张镜心撰《驭交纪》卷12,《丛书集成初编》第3503册,第149页。
③ (明)徐弘祖撰《徐霞客游记》卷4《粤西游日记三》,第480页。
④ (明)王以宁撰《粤东疏草》卷4,《四库禁毁书丛刊·史部》第69册,第237页。

第四章 / 晚明与安南关系的演变

在玠琘则有该资等,俱系贼首,原属莫夷残党,今皆附黎作恶。就各贼首之中,则扶安侯为大"①。

最初,明朝地方官处理边境危机时相当谨慎,万历三十二年(1604),两广总督戴耀上疏时曰:"若必欲行师,窃虑或生他患,似非长策。臣虽不敢惮于用兵,而兴师外国,事颇重大,殊未敢易言。"② 当时地方官对安南流寇认识不深,心存侥幸,而疏于防范,所谓"恃小丑之不敢深入,久疏墉户之防"。一旦有事却没能及时出兵剿灭,"遂长跋扈之性"③。

自万历三十二年(1604)起,安南的武永祯、段世康、扶忠等率领莫氏残兵散勇多次侵扰钦州。其中以万历三十五年(1607)武永祯带领一批残莫势力侵扰钦州影响至大。关于此事的简况,《东粤疏草》载:

> 是年,夷地灾荒,几不聊生。武永祯具文至钦,乞借渐凛峒暂住,以便买粮养士。明有狡焉狂逞之思,当事者持议尚未决,而戈矛已集于州城矣。计船叁拾肆只,计贼近千人,挟我逋逃以为向导,从鳌头龙门抵孟埔登岸,分为叁枝,张大盖径从坍城攻入,杀伤军民肆拾余命,学正李嘉谕死于刃下。先劫富民而后及其余。次日复入城大掠,至晚放火烧东门城楼及沿河居民壹百叁拾余间,饱载而去。诸贼已得志,曾不壹月而再图大逞,构党约肆千人,驾船捌拾余只,复从鳌头蜂拥至,龙门防守官兵祝国泰等独樱其锋,将卒俱没,直抵城下。觇知城中有备,遂罄掠城外叁乡,洋洋而去。再犯贼势,倍为猖獗。④

此次安南流寇的侵掠,引起朝廷的高度关注。朝廷以渎职罪革职两广总督戴耀及副总兵杨应春等一批地方官,要求其立功赎罪。

此时中越边境骚动事件基本上属于两种类型:一类是以劫掠财物为目标,一类是因为与中国边境土司或地方势力有矛盾而进行报复活动,基本

---

① (明)张镜心撰《驭交纪》卷12,《丛书集成初编》第3503册,第152页。
② (明)张镜心撰《驭交纪》卷12,《丛书集成初编》第3503册,第149页。
③ (明)王以宁撰《粤东疏草》卷4,《四库禁毁书丛刊·史部》第69册,第248页。
④ (明)王以宁撰《粤东疏草》卷4,《四库禁毁书丛刊·史部》第69册,第238页。

上没有以扩张土地为目标的侵略活动。① 总的来说，这不是安南黎氏政权蓄意所为，所造成的危害仅限于局部地区的财产损失。基于此，两广官员采用了两个方面的对策。一是加强边境防御，做到"犯则必杀，静则固守"，一旦边境骚乱波及明朝一方，两广地方官会坚决调集汉土官兵围剿，但兵不越界，努力做到"边衅不敢轻挑，兵机不坐失"②。其次，由于贼寇主要以劫财为目的，多是"一掠遁去"，逃回安南境内，两广地方官认为"入寇夷贼，据报残莫遗孽所有，擒剿机宜，委当亟为处置，但莫敬恭值中哀之际，孤弱不能自存，而黎维新当新袭之时，可以责令擒献"③。只能寻求安南黎氏政权的协助，以肃乱源。

黎氏对明朝地方官员的要求可以说是阳奉阴违，表面上全力协助明军，实际上则"虚应故事"。如万历二十九年（1601）韦达礼突入思陵州，掳去土官韦绍曾，并掠走印信人口，迅速逃回安南。次年，两广官员传檄郑松，要求缉拿韦达礼以正其罪。然而三年过去，并无结果。万历三十三年（1605），值黎敬宗（维新）求封，于是两广督抚严责郑松，务必擒解达礼正罪，"方许袭封颁印，否则闭关拒绝"，安南黎氏终于十月派人刺杀韦达礼，函首以献。④

钦州事件发生后，于万历三十六年（1608），两广地方官员传檄黎维新，要求协同征剿。安南方面擒解了扶安、企扬、扶忠等三人，原两广总督戴耀或是急于立功赎罪，立即上疏朝廷，陈述安南恭顺之状。⑤ 随后，戴氏又与安南黎氏相约，征调安南士兵对贼寇进行水陆夹击，但"及我兵至，彼方有水兵数十船到于海上，但未见有擒献功次。恐是虚应故事，庇护其党"⑥。事实上黎氏的所谓合作均有其目的。后据广东巡抚李应魁反映，黎氏所解送扶安等三人，"实非因谕而解"，而是因为钦州遭劫之时，安南使臣尚在明朝京城，"恐留质其人，故擒献此三贼。比贡黎出关，即

---

① 牛军凯：《王室后裔与叛乱者：越南莫氏家族与中国关系研究》，第226页。
② （明）张镜心撰《驭交纪》卷12，《丛书集成初编》第3503册，第160页。
③ （明）王以宁撰《粤东疏草》卷4，《四库禁毁书丛刊·史部》第69册，第226页。
④ （明）张镜心撰《驭交纪》卷12，《丛书集成初编》第3503册，第149页。
⑤ 《明神宗实录》卷451"万历三十六年十月庚午"，第8532－8533页。
⑥ 《明神宗实录》卷457"万历三十七年四月己巳"，第8625－8626页。

橄兵而不来，兵来而不剿"①。又如天启元年（1621），为顺利叩关进贡，安南同时解送犯边贼犯人督胜。② 总的来说，对于明朝要求协同平息边患，安南的态度相当消极、被动，有时则为了某种目的而故做合作的姿态。

安南黎氏对明朝的要求持消极态度，固然有其客观的因素，当时黎氏政权南与阮氏的广南政权连年交战，北有莫氏残余伺机复辟。但这种"苟且塞责"或者"虚应故事"的态度，加之崇祯初年，安南久疏进贡，两广总督熊文灿屡次传谕"晓以天朝之明威，责以忠顺之大义"，而黎氏仍然不贡，反而"以求旧封为词"，威胁明朝政府恢复其先祖王爵，③ 这必然加深明朝地方官员的不信任感。崇祯十三年（1640），兵科都给事中张晋彦曾对安南黎氏请封王爵发表意见，曰："虽朝廷字小，不靳殊典，而荒夷要挟，岂可徇情？使郑梉得其志，将遂悍横，忧及中土，即欲以茅土之券，塞溪壑之欲，岂可得哉？"④ 这正反映了明朝官员对黎氏政权的担心，及继续奉行抑黎政策的必要性。

第四节　安南对明清王朝更替的反应与抉择

清入关后，朱明遗族在南方相继建立了弘光、隆武、永历等流亡政权，控制南方多个省份，与清王朝抗衡。面对中国南北分治的局面，安南作为中国王朝的藩属国，其主政的中兴黎朝是与南明流亡政权保持关系，还是承认新的清王朝？必须做出抉择。关于明清之际中越关系演变的过程，现学界已有一定的成果，其最重要者，如牛军凯的《王室后裔与叛乱者：越南莫氏家族与中国关系研究》、孙宏年的《中越关系研究（1644-1885）》，他们对这一时期中越关系基本脉络做出了较清晰的分析，尤其是前者对一些细节进行了相当深入的探讨，但是，在这时局大变革中，越南中兴黎朝统治者的邦交心态与策略，仍有较大的讨论空间，有进一步探讨的必要。

---

① 《明神宗实录》卷459"万历三十七年六月甲子"，第8661页。
② 《明熹宗实录》卷9"天启元年四月癸酉"，第424页。
③ （明）张镜心撰《驭交纪》卷12，《丛书集成初编》第3503册，第160页。
④ 《崇祯实录》卷13"崇祯十三年春正月癸酉"，第389页。

一 南明政权与安南黎氏政权的互动

崇祯十七年（1644），李自成率义军攻陷北京，接着满族入主中原，标志朱明王朝的终结。随后，在一批批义士的支持下，朱氏遗族南逃，相继于南京、福州、肇庆建立了弘光、隆武、永历流亡政权，以抗衡清军的南下，使明朝的历史残延二十余年。这一时期，史称南明。

晚明时期，明朝面临内外交困，曾多次派使节到日本、澳门请求军事援助，但始终没有对传统属国——安南王国提出要求，究其原因，主要有两个方面：一是安南国内长期战乱，黎氏、莫氏、阮氏三权纷争，形成鼎立之势，各政权自顾不暇，对明朝事务自然难以照应；二是明、安关系复杂而微妙。虽然明朝于万历年间承认黎氏政权在安南的合法统治地位，但同时又迫使黎氏安插莫氏政权的残余于高平一带，以抗衡黎氏，黎氏对此心存不满。后来黎氏反复请求恢复王爵的封号，明朝均以各种理由搪塞，这就更加深了黎氏与明朝的隔阂。因此，黎氏对明朝表面恭顺，实则蔑视双方的传统宗藩关系，立新王不及时请封，朝贡不按时，甚至要明朝官员多次催贡；进贡时又常常提出条件，更有甚者，有时对催贡使者耀武扬威。

崇祯十七年、顺治元年（1644），明朝后裔福王朱由崧在南京监国，建立弘光政权。弘光朝廷延续了晚明的对外政策，欲依赖境外的军事援助以拯救业已覆没的王朝，除继续向日本、澳门等寻求支援外，对安南的态度也产生较大的改变。《明末纪事补遗》载：弘光二年[①]（顺治二年，1645）"王乃遣锦衣卫康永宁航海乞师安南，风逆，自崖而返。是时，安南入贡，使人衣冠颇类中国，但椎髻跣足，所贡惟金龟、银鹤、炉香、绡，无异物也"[②]。黄宗羲在《行朝录》中亦载，弘光二年正月，安南遣使入贡。[③] 说明安南贡使已经入谒南京，但福王乞师之使却因风暴不遂而返。

---

① 关于弘光纪年，各史籍说法不一，本书据《明末纪事补遗》等以1644年为弘光元年。
② （清）三余氏撰《明末纪事补遗》卷4，《四库禁毁书丛刊·史部》第13册，第250页。瞿其美《粤游见闻》载，隆武元年派康永宁出使安南，因"风逆不得泊岸，望涯而返"（明季稗史汇编本，巴蜀书社，1993，第8页）。
③ （清）黄宗羲撰《行朝录》，《四库禁毁书丛刊·史部》第44册，第597页。

第四章 / 晚明与安南关系的演变

弘光二年（1645）闰六月，唐王朱聿键在福州建立隆武政权，八月随即又派都督林参出使安南求援。① 安南也许认为，明朝在危难之际，向其求封或许容易成功，因此于次年二月派遣正使阮仁政，副使范永绵、陈概、阮滚等随唐王使节从海路前往福建，贺隆武帝即位，并求封王爵。② 但安南使者尚未抵达福州，隆武帝已经被清人所杀。

隆武元年（1646）十二月，永明王朱由榔在肇庆即皇帝位，改年号为永历。安南使者阮氏等在福州求封无果，听说永明王朱由榔在肇庆称帝，也顺道入谒永历帝。此次永历朝廷答应了安南使节的请求，同意恢复安南黎氏的王爵。永历元年（顺治四年，1647）五月，永历朝派翰林院编修潘琦、给事中李用揖赍敕书诰命并涂金银印前往安南，正式册封黎真宗为安南国王。③ 安南国被明朝撤销王爵近百年后，至此才得以恢复。

对于永历政权的好意，安南黎氏政权也给予了相应的回报。同年（1647）夏，安南派出300艘战船进逼广东廉州。驻守廉州的清兵将领闻讯后派人宣谕曰："天与人归，华夷一统，闻交王贤明，必能上顺天意，各守土地，安分守法，清朝无有苛求之意。"并明确指出："自河州以外至分茅铜柱，久系贵国耕牧之地，应为安南国；若借名侵管一步，即锢解正法。不可妄听流言，致生异念。"安南郑主辩称："本国旧境自分茅铜柱至桂州、浔州、南宁、太平、镇安、思明、思恩各府州县，已差兵巡守其地，烦为发牌来，得凭执守，以免天兵侵轶。"④ 从上述史料可以说明两个问题：其一，早于永历元年（1647），清朝就与安南黎朝发生了直接的接触，并确认两国边界，表明清兵无意入侵安南国土；其二，安南此次出兵恰在永历帝册封黎真宗为安南国王之后，虽然史料说安南有"并广东意"，

---

① 〔越〕吴士连等撰，陈荆和整理《大越史记全书·本纪》卷18，第950页。越南史籍《历朝宪章类志》卷46《邦交志上》记载，隆武朝派往安南的使者是都督林参，他成功会见了后黎国王，并招徕安南方面求封和朝贡的使节。（越南汉喃研究院藏本，编号A.2061，第291页）

② 〔越〕吴士连等撰，陈荆和整理《大越史记全书·本纪》卷18，第950页。

③ 越南史籍《大越史记全书·本纪》（卷18，第951页）与《钦定越史通鉴纲目》（卷32，第2927页）均载此次册封对象是："太上皇"，牛军凯在《王室后裔与叛乱者：越南莫氏家族与中国关系研究》中，考证册封的对象实为"黎真宗"，即黎祐，而非太上皇。此从牛军凯之说。

④ 〔越〕潘辉注撰《历朝宪章类志》卷49《邦交志下》。

但从另一侧面可以说明，很有可能这是应永历帝之请，以守护疆土为名，向永历朝进行军事援助。因为所列举桂州、浔州、南宁、太平、镇安、思明、思恩等地，正好是此时永历朝所控制的范围。只是清兵强盛，南明败退迅速，安南不得不退兵而已。

永历五年（顺治八年，1651）二月，永历帝为清兵所逼，移驾驻跸于南宁。同年，派张肃等出使安南，再次请求资助"兵象粮铳，以助恢剿"①；并且嘉封安南清都王郑梉为都统使大将军。但郑梉并不满足于此，他派使节前往南宁谢恩，缴还原来大将军的敕印，要求改封为安南副国王。② 郑梉的无理要求，缘自他在安南黎氏政权中的权威，以谋求与安南国王同等的地位。③

永历朝廷答应了郑氏的要求，以"特崇殊典"加封郑梉为安南副国王。永历朝此举，究其原因，可以从两个方面考察。一是亟须稳定安南。郑氏掌控安南黎氏政权的实际权力，而此时清已基本控制广东，让安南哪怕是表面顺服自己，至少不至于有后顾之忧，因此在册封郑氏的副国王的表文中强调曰："朝廷置外藩，所以抚要荒弘捍蔽，承平则渐濡德教，戡定则翊赞明威，维翰维城，无分中外。尔懋膺宠锡，务益忠贞，来辅黎氏，永修职贡，作朕南藩，永世勿替。"④ 二是希望郑氏给予更多的实质性的支持。从史籍记载来看，永历朝对郑氏的崇高礼遇，确实得到了郑氏的回报，郑氏答应每年助银二三万两。⑤ 在永历帝偏安于安龙府期间，"命使来求兴化诸州之地，王乃乞纳十州税例，半为内地（兴化东川簿全年供纳北聘一州金二笏、银一笏）"⑥。越南史籍载："中兴之第四叶，

---

① 〔越〕吴士连等撰，陈荆和整理《大越史记全书·本纪》卷18，第952页。
② 〔越〕潘辉注撰《历朝宪章类志》卷46《邦交志上》，第30页。
③ 〔越〕阮鹰撰《南国禹贡》，越南汉喃研究院藏本，编号A.830，第25页。原文为："元帅郑靖王久统国政，欲北朝策封，以自等威，乃私遣使求封于明，明封为副国王。"〔越〕范廷虎《雨中随笔》亦有"密授以奏书表求封副国王"（第497页）的记载，但记为丁酉年（1657）之事，疑纪年有误。
④ 〔越〕吴士连等撰，陈荆和整理《大越史记全书·本纪》卷18，第953页。
⑤ （清）陆圻撰《明末滇南纪略·移黔谋逆》，载方国瑜主编《云南史料丛刊》第4卷，云南大学出版社，1998，第714页。
⑥ 〔越〕阮鹰撰《南国禹贡》，第28页。

元帅清都王久统国政，私使使祈封于明，明封为副国王，王乃献以阳泉五县。"① 永历朝廷愿意放下尊严与郑氏交往，更多表现出永历朝的衰弱与无奈，安南史家潘辉注对于南明政权与安南关系的转变有过这样的评述：

> 中兴初，累求王封，明人未许，至是则既封国王，又有副王辅政王之命，册使叠来，有加无已，视前迥不同。盖当明人南奔，事势穷蹙，所以望救于我国者正在昕昕，故其宠命之加，不惜烦黩。今读其诰册，纵可想见情状，而一代盛衰之会，亦当为之一慨云。②

二 安南黎氏政权对永历政权的态度转变

永历六年（1652），清兵从桂林、柳州南下，直逼南宁，永历帝在孙可望的挟持下偏安安隆，并改名安龙府。永历十年（1656），又在李定国的护送下逃往昆明。同年安南的黎真宗去世，黎神宗复位。次年郑梉去世，其子郑柞承袭，成为安南新的掌权者。此后安南黎氏与南明永历政权的关系急转直下。

永历十一年（1657），秦王孙可望、鲁王朱以海都曾遣使出访安南，这些南明使节被迫向黎朝郑柞行跪拜礼。③ 次年，代表永历朝前赴罗马寻求西方军援的西方传教士卜弥格回到远东，此时澳门已向清朝投诚，便派人通知，不得在澳门登岸。卜弥格万般无奈，便欲转道安南进入广西，继续追随永历帝。郑柞对这位永历帝的使节百般阻挠，后经在安南的西方传教士的求情，卜弥格才得以通过安南。卜弥格到中越边境时，获悉清兵已经控制两广，永历帝也已西撤昆明，绝望之下，希望回到安南，却遭到拒绝，不得不徘徊在中越边境，终因忧郁成疾，于次年病故。这些事件可以说明，安南新主对南明的态度已经发生很大的变化。

永历十二年（1658），郑成功派使臣徐孚远等前往拜谒驻跸昆明的永

---

① 〔越〕阮廌撰《抑斋遗集》卷6《舆地志》，《阮廌全集》（1），第413页。
② 〔越〕潘辉注撰《历朝宪章类志》卷46《邦交志上》，第31页。
③ （明）徐孚远撰《交行摘稿》"附：小传"载："去岁秦、鲁二藩遣使来，用拜礼。"载吴省兰编《艺海珠尘》草集，第15页。

历帝,① 道经安南。郑柞引用先前鲁王、秦王的使节之例,提出在会见时徐孚远行跪拜之礼,为此,徐孚远去函表示不可接受。信中曰:

> 自我朝遣使至贵国,二百余年,载在国典,只行宾主礼,此贵国先王及贤大臣所共知者也。惟去岁秦、鲁二藩使来,用拜礼。二藩虽贵,乃大明之臣,与贵国敌体,其所遣使,仍奔走,未弁爵,不列于天朝,名不闻于闾巷。先王宴而资送之,不为薄矣。……伏惟殿下访诸大臣,得遣一两员来,与孚远等商定,使孚远等有以受教于殿下,有以不获罪于朝廷,不贻讥于天下万世。殿下之大惠也,孚远等之至愿也。②

后来,徐孚远还向前来议礼的安南礼部尚书范公著表达宁死不屈的决心,其"赠安南范礼部"诗曰:

> 十载风尘卧翠微,今来假道赴皇畿;
> 未闻脂秣遄宾驾,更有荆榛牵客衣;
> 生似苏卿终不屈,死如温序亦思归;
> 南方典礼惟君在,侨胗相期愿弗违。③

徐孚远此次安南之行,尤感国力衰弱、使臣受辱之悲愤,其诗有云"天威未振小夷骄",又曰:"千行涕泪王威弱,三月拘留臣节艰……安得禁申求

---

① 关于徐孚远前往云南拜谒永历帝的时间,还有一种说法,即1651年。其依据是徐孚远《交行摘稿》艺海珠尘本"序",钱澄之《所知录》,两者均记于"辛卯岁(1651)"。此说实为错讹。理由有二。一是清人黄宗羲《行朝录》载:"永历十二年戊戌正月朔,上在滇都,遣使赍玺书从安南出海,至延平王朱成功营,授张煌言兵部左侍郎兼翰林院学士,其余除授有差,徐孚远随使入觐,由交趾入安隆,交趾要其行礼,不听,不得过,孚远遂返厦门。"(《四库禁毁书丛刊·史部》第44册,第634页。)二是张煌言给徐孚远临别赠诗"徐闇公入觐行在取道安南闻而壮之"二首,其中有"旌旗如在昆明里""万里行朝古夜郎"〔(明)张煌言《张忠烈公集》卷8,《续修四库全书》第1388册。〕说明徐孚远出使的目的地是昆明,而永历帝到昆明的时间不可能是1651年。
② (明)徐孚远撰《交行摘稿》"附:小传",第15页。
③ (明)徐孚远撰《交行摘稿》"赠安南范礼部",第2页。

颇牧，早施长策定南蛮。"① 为了坚守臣节，他在安南滞留三个月后，无奈地原路返回厦门。郑成功闻讯后大怒，"遂禁商船不许往交趾贸易"②。安南中兴黎朝对永历朝使节态度转变的原因，有学者认为主要有三个方面：一是南明的衰落使安南了解到清军的强势；二是秦、鲁二王使节的先例；三是郑柞个人的原因，主要是对永历帝没有册封他为副国王心怀不满。③ 笔者认为，安南态度的转变主要还是时势使然。

安南对南明态度的变化，应当是对形势评估后做出的外交策略调整。早于顺治四年（1647），清朝以浙东、福建平定而诏示天下，曰："东南海外琉球、安南、暹罗、日本诸国，附近浙闽，有慕义投诚、纳款来朝者，地方官即为奏达，与朝鲜等国一体优待，用普怀柔。"④ 清朝首次对于包括安南在内的南海诸国释放善意，阐明其对外政策，依然遵循旧朝的"怀柔"原则。同年六月，清朝释放琉球、安南、吕宋等国入贡隆武朝的贡使。《清世祖实录》载：

> 初琉球、安南、吕宋三国各遣使于明季进贡，留闽未还，大兵平闽，执送京师，命赐三国贡使李光耀等衣帽缎布，仍各给敕谕遣赴本国，招谕国王。谕琉球国王敕曰：朕抚定中原，视天下为一家，念尔琉球自古以来，世世臣事中国，遣使朝贡，业有往例。今故遣人敕谕尔国，若能顺天循理，可将故明所给封诰印敕遣使赍送来京，朕亦照旧封赐。谕安南、吕宋二国文同。⑤

清朝通过优抚、释放贡臣，再度释放善意与诚意以招徕各国的信任与归顺，并明确指出，只要缴出明朝的封诰印敕，即可获得新的册封。

七月，清军基本上控制广东地区，清廷又一次特颁恩诏，其中有一节专门解释其对外关系的原则，重申其对南海藩国的"怀柔"政策不变，

---

① （明）徐孚远撰《交行摘稿》"舟中杂感"，第5—6页。
② （明）夏琳撰《闽海纪要》卷上，《四库禁毁书丛刊·史部》第35册，第13页。
③ 牛军凯：《王室后裔与叛乱者：越南莫氏家族与中国关系研究》，第93—95页。
④ 《清世祖实录》卷30"顺治四年二月癸未"，中华书局，1985，第3册，第251页。
⑤ 《清世祖实录》卷32"顺治四年六月丁丑"，第3册，第267页。

曰："南海诸国暹罗、安南附近广地，明初皆遣使朝贡，各国有能倾心向化，称臣入贡者，朝廷一矢不加，与朝鲜一体优待，贡使往来，悉从正道，直达京师，以示怀柔。"①

清廷多次对外宣示其优抚政策，南海诸国并没有立即做出回应。迟至顺治七年（1650）十二月十九日，澳门葡萄牙当局才正式向清军前山参将杨汝柏献"投诚状"②，三十日（1651年1月31日），靖南王耿精忠代表清政府接受了澳葡当局的归顺，并承诺保证澳门及其市民的安全。③ 顺治九年（1652）十二月暹罗国请求换给敕印勘合以便入贡。④ 顺治十三年（1656）七月，清廷准许荷兰"八年一次来朝"⑤。安南与这些国家或地区素有密切的经贸交往，周边国家向清朝的归顺，对安南执政者必然产生很大的影响。而郑梉之所以迟迟没有行动，缘于他得永历帝的恩惠至深。那么，郑梉之子郑柞则没有这个包袱，当他承袭父权之时，永历帝已退缩到西南，复兴已断无可能。在这种情况下，郑柞不得不为接受新主做准备。

三 安南黎朝政权弃明投清

顺治十六年（1659）六月，永历帝及其少量随从逃入缅甸，而大部分南明残部则逃散于安南与缅甸等地。八月，经略大学士洪承畴奏报，安南国都将、太傅、宗国公武公悆遣目吏玉川伯邓福绥、朝阳伯阮光华"赍启赴信阳郡王军前，摅忱纳款"⑥。安南西部割据政权武氏率先向清廷投诚。九月，莫敬耀差杜文簪、阮维新等人向驻守广西太平府的清朝官员何起龙递交了"投诚谒"，在谒文中，莫敬耀自称安南都统使，希望清朝"使本司得以恢复旧疆"。但清兵将领并没有即时接纳，而是提出两个纳顺的条件：一是交出南明德阳王、太监黄应麟、总兵阎永德、郭崇正、谭佐明、水师张仕朝、李联芳、副将饶仁素、户部庄应琚、锦衣卫张进忠等；二是

---

① 《清世祖实录》卷33"顺治四年秋七月甲子"，第3册，第272页。
② 《明清史料》（丙编第4册），第8页。
③ 〔葡〕施白蒂（Beatriz Basto da Silva）：《澳门编年史》，小雨译，澳门基金会，1995，第53页。
④ 《清世祖实录》卷70"顺治九年十二月戊午"，第3册，第555页。
⑤ 《清世祖实录》卷102"顺治十三年七月戊申"，第3册，第793页。
⑥ 《清世祖实录》卷127"顺治十六年八月丙申"，第3册，第988页。

归还所侵占的归顺、镇安、龙州、下雷、湖润、上冻、下冻等地。并威胁说："你看云南、贵州李定国俱已平定，你高平宁有多大地方，徒自取灭亡无益。"十月三十日，莫敬耀再次呈文"申前事"。十二月，两广总督李栖凤将莫氏投诚状上报清廷。① 广西巡抚于时跃建议："安南都统使莫敬耀向化投诚，请给印敕，应如所请。"顺治十八年（1661）四月，清顺治皇帝认为："授都统使、给与印敕，系故明之例，本朝不宜沿习。安南远方一国，莫敬耀倾心向化，自当另授官职，以示鼓励。应照何国归附例，授何官衔，给何印信？"② 要求兵部与礼部等拟出一个办法。五月，清廷兵、礼等部议定："安南国都统使莫敬耀带领高平等处地方效顺，应增本秩封为归化将军，以示鼓励。印信敕书，俟进贡到京之日给发。"③ 但莫敬耀未受封而卒。十一月，清廷将封号"归化将军"恢复为明朝的旧例"都统使"，并授予莫敬耀之子莫元清。

在安南国内两股割据势力武氏、莫氏相继向清王朝投诚的同时，实际掌控安南政权的中兴黎朝也不得不面对现实，为稳固其在安南的地位而做出抉择。顺治十七年（1660）七月，安南国王黎维祺向清朝表达了归顺之意。清朝对安南黎氏的归顺，也提出两个条件：一是缴还南明敕印，二是协助剿除南明残余。同年，南明败将邓耀逃入安南，清兵将领谕知黎氏，请求协助剿抚。黎氏出兵协助围剿，"杀溺贼众无算，邓耀削发，窜匿粤西"。最后被清兵擒获。④ 顺治十八年（1661），黎氏又将南明光泽王朱俨𫓧等人交出。对于安南的配合，清廷给予很高的评介，曰：

> 尔安南国王某，克殚厥猷，乃心王室，摅诚向化，贡使频来，列爵衔恩，勤劳茂著。近者禀我方略，益抒忠悃，擒俘伪王朱某归之，边吏以实上闻，朕甚嘉焉。夫功莫高于奸逆，而治有贵于销萌，维尔之勋于斯为最，是用赐敕奖励，兼赐王某某诸物。尔其永此忠献，祗

---

① 《明清史料》（庚编）《两广总督李栖凤揭帖》，第32-43页。
② 《清圣祖实录》卷2"顺治十八年四月壬寅"，第4册，第62页。
③ 《清圣祖实录》卷2"顺治十八年五月乙亥"，第4册，第68页。
④ 《清圣祖实录》卷2"顺治十八年五月乙丑"，第4册，第66页。

承周敦策勋之典，朕无靳于便蕃也。①

并谕令大加封赏以示勉励，礼部拟定赏银一百两、锦四端、纻丝十二表里。康熙帝继位后，认为安南国王"倾心向化，复协助剿贼，深可嘉尚，尔部以故明卑视外国之礼议复，殊不合礼，著另议"。随后议定，赏银五百两，大蟒缎、妆缎、锦各二匹，彩缎表里各十二匹。同时在敕文中赞扬黎维祺"古称识时俊杰，王庶几有之"②。

顺治十八年（1661）闰七月，黎维祺正式向清廷归顺，但对清廷要求缴印一事则表示"前代旧制，原不缴换敕印，惟待奉准贡例，依限上进"③。清廷要求缴出明朝印玺，只是在程序上证明安南放弃了对旧王朝的效忠。在这一原则问题上，清廷并没有丝毫让步的意思。因此，此后五年间，由于安南以种种托词拒绝缴印，即使安南与清朝的使臣往来频繁，甚至于在两国关系不明朗的情况下，清廷还派使臣前往吊祭黎维祺，但清廷始终没有册封黎氏的意思。迟至康熙五年（1666）二月，礼部向安南黎氏发出了最后通牒，表明了如果再不缴印，有可能断绝交往，曰："今岁安南国黎维禧例当进贡，所受永历敕印，屡谕缴送，迟久未至。始称无缴送之例；今复欲委官临关，当面销毁，殊非尊奉天朝之礼。请敕广西督抚移文再行晓谕，速将伪敕印送京，准其入贡，否则绝其来使。"④ 迫于清廷的压力，五月，安南国主黎维禧不得不将南明永历朝的"敕命一道，金印一颗"缴送两广总督卢兴祖。至此，清朝才谕令册封黎维禧为安南国王。⑤康熙六年（1667），清朝派遣内国史院侍读学士程芳朝、礼部郎中张易贲前往安南举行册封大典。这就标志着安南与清朝建立起传统的宗藩关系。

在古代中越宗藩关系中，无论是宗主国还是藩属国，于王朝更替之时，均谋求得到对方的承认，只有这样，其政权在国内才更具合法性。清朝替代朱明王朝，总的来说，基本沿袭旧明王朝的制度，承认安南黎氏的

---

① （清）张宸撰《平圃遗稿》卷2《奖谕安南王黎维祺敕命》，《四库未收书辑刊》第5辑第29册，北京出版社，1997，第569页。
② 《清圣祖实录》卷2"顺治十八年四月癸卯"，第4册，第62页。
③ 《清圣祖实录》卷4"顺治十八年闰七月庚子"，第4册，第82页。
④ 《清圣祖实录》卷18"康熙五年二月己卯"，第4册，第263页。
⑤ 《清圣祖实录》卷19"康熙五年五月壬寅"，第4册，第271页。

统治地位，册封为安南国王，而莫氏虽然投诚较黎氏早，却只以"都统使"赐之，并未能与黎氏享有同等的地位。相对而言，安南黎氏对于清王朝的态度就耐人寻味，其表现有三。一是安南黎朝向清廷的归化是迫于无奈。因为在安南的其他竞争对手武氏、莫氏均已先后归化于清廷，并获得了封号，安南黎朝不得不为争取"合法性"，主导安南政局，转而归顺于清。二是安南黎朝关于"缴印"问题，与清廷交涉了数年之久，最后也是在清廷强硬的立场下不得不妥协。三是当安南黎朝与清朝建立了传统的宗藩关系后，双方又在邦交礼仪上争持，安南黎朝坚持明朝时的"三叩五拜"之礼，而清朝则要求安南行"三跪九叩"之礼。安南自以为继承了中华正统，对清朝所代表的游牧文化有所鄙视，自然难以接受。因此，这一场邦交"礼仪之争"，实际上是关于文化正统论之争。回顾安南中兴黎朝与清王朝的交涉过程，从"缴印"问题到"礼仪之争"，可以透视出安南的某种复杂而矛盾的心态，一方面不得不屈服于清王朝的强势，另一方面对明王朝及其所代表的中华文化正统观有所眷恋。

第五章

明朝与安南宗藩关系的内涵与特征

学界在研究古代中国与周边国家的宗藩关系时，对维系这一关系的几个要素，如求封与册封、邦交礼仪以及所附带的经济活动等，均已做出了深入的研究，并取得了丰硕的成果，对了解古代中国的邦交关系政策以及相关的程序，无疑起了很大的作用。但是，大多数研究侧重于讨论政策层面或带有共性的问题，对个案研究则相对较为薄弱，尤其是古代中越宗藩关系。从现有成果来看，日本的山本达郎，中国的戴可来、陈双燕对中越宗藩关系的理论基础、历史发展脉络进行了全面性的论述，邵循正、牛军凯、孙宏年等则进行了专题性深入探讨。由于中越之间存在特殊的历史渊源，两国邦交关系的形式与内涵具有鲜明的特点，有些问题仍有待更深入的探讨。本章谨就明朝与安南的朝贡交往形式、内容与特点，谈谈个人的粗浅认识。

第一节 明朝与安南宗藩关系的内容与形式

历史上中国王朝素以天下共主自居，发展与周边政权的关系，多以宗主国与藩属国的关系视之，历经数代的演变，逐渐形成一套较为完整的理论体系与行为规范，并在明朝时臻于成熟。就安南而言，据史料记载，明代安南入朝的名目有岁贡、告哀、请封、谢祭、谢封、进香、贺即位、贺立太子、奏事、谢彩币、求冠服、谢赐冠服等，而明朝遣使安南的事由则

第五章 / 明朝与安南宗藩关系的内涵与特征

有告即位、宣谕册立太子、吊祭、册封、议事、赏赐等。在这些邦交活动中，最能体现宗藩关系精神的主要有三个方面：第一，求封与册封；第二，岁贡；第三，互访之礼仪。

一　求封与册封

求封与册封，是宗主国与藩属国建立关系的最基础内容，是确立双方地位的重要形式。一般而言，藩国求封存在两种情况，一是新朝求封，一是嗣位求封。

新朝求封指某个政治集团通过篡夺、战争等手段，推翻旧王朝，建立新王朝，而向明朝请求承认与册封。明朝经历过安南四次王朝更替，如建文年间，胡氏篡夺陈氏王朝后建立胡氏王朝；宣德年间，黎利击退明军，废除陈暠而自立，建立黎氏王朝；嘉靖年间，莫氏篡夺黎氏政权，建立莫氏王朝；万历年间，黎氏后裔推翻莫氏政权，光复黎氏王朝。明朝承认新王朝的手续一般经过以下几个程序：第一，新王朝请封；第二，明朝对新国主的身份勘验；第三，册封。

明朝十分重视册封前的身份勘验。建文二年（1400），胡季犛篡夺陈氏王位后曾遣使入明，谎称陈氏绝后，请求册封。或因当时明朝内乱，事未果。永乐元年（1403），趁贺明成祖登位之机，胡汉苍再次以陈氏外甥名义请封，成祖初以"安南邈远，未可遽信"，特遣使杨渤等前往勘查。① 然而，杨渤等人被胡氏及其耆老集体作假所蒙蔽，明成祖亦信以为实，便册封胡汉苍为安南国王。② 然而，事隔年余，安南陈氏王朝的旧臣上京控诉胡氏篡逆，陈天平自称是陈氏之后，要求明朝扶持亲政。此事造成了两国间的重大信任危机，最终导致一场灾难性的战争。经历此事后，明朝在处理安南的求封时，倍加谨慎。宣德年间，黎利弑杀陈暠，夺取安南的统治权，后虽多次向明朝请封，宣宗始终未予允诺，只授命权理安南国事，没有正式赐封国王爵号。这其中的一个重要原因，就是陈暠之死颇有蹊

---

① 《明太宗实录》卷19 "永乐元年夏四月辛酉"，第342页。
② 〔越〕潘简清等撰《钦定越史通鉴纲目》（正编）卷12载："明遣行人杨渤赍敕谕陪臣父老，以陈嗣有无及汉苍诚假，各以实闻。汉苍复遣使随递诸陪臣父老结状如汉苍所称。明帝信之，封汉苍为安南国王。"（第1454页）

跤，陈暠之后有无存世者，无从查实。

正统七年（1442），安南国王黎麟去世后，其子黎浚、黎琮、黎灏争位，互相残杀。天顺五年（1461），黎灏求封时，明廷知其内斗，便借故未行册封，并派锦衣卫及广西三司巡按御史联合勘查，务必确查"琮果没，灏果浚嫡弟，别无争端，然后可封"[①]。嘉靖年间的莫登庸求封以及万历年间黎维潭求封，明朝均要求他们亲自前往镇南关勘验身份（详情见第四章）。

新朝册封的内容包括遣使颁布册封诏书、赐予印玺等。而印玺最为重要，其乃王国合法权力的象征。明初"赐安南镀金银印，驼纽，方三寸，文曰'安南国王之印'"[②]。正统元年（1436）明遣兵部右侍郎李郁为正使，行在通政司左通政李亨为副使前往册封黎麟为安南国王，赐给印信，其"印重百两，纽象骆驼，以金为之"[③]。至莫登庸篡位，明朝降其封号为"都统使司都统使"，所赐印信乃镀银铜印。由此可见，印玺的质料与受封者的地位有着密切的关联。虽然莫朝、中兴黎朝初均授"都统使"之职，但事实上他们在安南国内称皇统治，所谓"虽称都统而帝制自若"[④]，明朝所赐印信只用于处理与明朝的邦交事务，在国内则另备金印行事。[⑤] 即使如此，他们对明朝所赐象征权力的印玺依然十分看重。万历二十六年（1598），明朝使者王建立破例赍敕书及印玺前往升龙，册立黎维潭为都统使，黎氏"见所颁银印一颗乃是铜印"，十分不满。[⑥] 然而，中兴黎朝经历艰难的交涉，才获明朝承认，不便申屈。后黎维新继位，安南以旧印在避乱中遗失江中为由，恳请以百金作赔偿，补赐银印。广西守臣经查"无

---

① 《明英宗实录》卷329"天顺五年六月癸巳"，第6774页。
② 《明史》卷68《舆服志四·印信》，第1663页。关于明朝赐予安南的印玺品质，史籍记载不一。据《明史》载，明初，赐高丽金印，赐安南镀金银印，赐占城镀金银印，赐吐蕃金印。很明显，明朝所赐印玺存在等级不同，反映了明朝对各国的不同态度。有史料称明朝赐安南金印，疑应为涂金银印之误。
③ 〔越〕吴士连等著，陈荆和整理《大越史记全书·本纪》卷11，第592页。
④ 《明神宗实录》卷431"万历三十五年三月庚辰"，第8143页。
⑤ （明）杨寅秋撰《临皋文集》卷4《绥交上三院揭帖》载："闻彼中以国王行事，不以都统行事；以银章修贡献，以金章行国事。"《影印文渊阁四库全书》第1291册，第739页。
⑥ 〔越〕吴士连等著，陈荆和整理《大越史记全书·本纪》卷17，第916-917页。参见《钦定越史通鉴纲目》卷30，第2847-2849页。《纲目》称所颁乃镀银铜印。

误",于是朝廷同意铸造银质新印授之。① 笔者以为,这是安南黎氏策略性地换取银质印玺而已,说明其对印玺的质料相当看重,显示其与莫氏的不同。至永历元年(1647),南明册封黎维祐,恢复"安南国王"的爵号,其印玺也恢复涂金银印的样式。②

至于嗣位求封,即是旧王已逝,依礼嗣子可以承袭王位。在两国关系处于正常化的状态下,"生有封,死有祭,此圣朝怀柔远人之盛典也"③。嗣位求封的程序是:第一,为已故国王告哀;第二,上表证实嗣子身份并请封;第三,明朝遣使致祭与册封。通常情况,告哀与求封几乎同时进行,而明朝也会即时派遣使臣前往吊祭,并随之册封新国王。但在特殊的情况下也有不祭不封的。明朝不祭的情况,一是对篡逆不顺者不祭。洪武二十九年(1396),陈叔明病逝,派人赴明告哀,礼部以其"怀奸挟诈,残灭其王,自图富贵"为由拒绝遣使吊祭,认为:"今叔明之死,若遣使吊慰,是抚乱臣而与贼子也。异日四夷闻之,岂不效尤,狂谋踵发,亦非中国怀抚外夷之道也。"④ 目的是为了警诫诸藩,勿得效法。二是"礼不吊溺"。天顺四年(1460),黎琮杀害嗣子黎浚,并向明朝谎称因溺而死,明朝援引礼经的精神,不予吊祭。⑤ 而不封的情况则比较复杂,一般情况下,明朝无法确定前王之后裔已经绝嗣,就会拒绝请封的要求。洪武四年(1371),陈叔明发动宫廷政变,夺得王权后,曾试图借入贡之机蒙混过关,礼部查清事件原委,拒绝其入贡。后因其奉表请罪,洪武六年(1373),明朝只同意其以前王印权理国事。⑥ 宣德三年(1428),黎利以虚诈逼退明军后,又残害陈氏后裔,夺取王权,经过两次求封,明朝均以

---

① 《明神宗实录》卷418"万历三十四年二月甲辰",第7889—7890页;卷431"万历三十五年三月庚辰",第8143页。
② 〔越〕吴士连等著,陈荆和整理《大越史记全书·本纪》卷17,第951页。
③ 《明英宗实录》卷332"天顺五年九月壬戌",第6820页。
④ 《明太祖实录》卷244"洪武二十九年二月壬寅",第3547页。
⑤ 《明英宗实录》卷317"天顺四年秋七月甲申",第6612—6613页。
⑥ 《明太祖实录》卷78"洪武六年春正月"载,是月,陈叔明遣使求封,明太祖曰:"日煃既病卒,国人当为之服。叔明且以前王印视事,俟能保安疆境,抚辑人民,然后定议。"第1434页。

陈氏后裔未必已绝为由，拒绝册封，最终也只是命其权理国事。①

明朝对求封有时表现出极大的灵活性。在明初与晚明时期，安南国内政局混乱，如明初陈睿宗、废帝、顺宗等，晚明时期莫福源、莫茂洽、黎神宗（维祺）等均不经请封而继承爵位。对于这一情况，明朝并不墨守成规，没有对安南的内政做太多的干预。遇到此类情形，明朝更关注的是安南统治者的"事大"之心是否诚恳。自洪武四年（1371）陈叔明篡位后，至永乐元年（1403），近三十年间，安南四次易位（陈睿宗煓、陈废帝𬀩、陈顺宗颙、陈少帝𤇮），并没有向明朝求封，但是朝贡从未间断。对于这种情形，明朝基本上予以默认。如洪武十年（1377），明朝曾遣使安南，赐上尊文绮给并未受封的陈煓。② 陈煓的继位者陈𬀩同样没有请封，但几乎每年入贡，尤其在洪武十七年（1384），明朝用兵云南，安南应明朝的要求，援助兵粮五千石。③ 明太祖对此自然心怀欣慰，认为安南"事大之心"真切诚恳，因此于洪武二十一年（1388），在没有安南求封的情况下，主动派遣邢文博等人前往册封陈𬀩为安南国王。④

二 岁贡与贡期

岁贡乃藩属国对宗主国的最基本的义务，它体现了宗主国与藩属国之间的稳定关系。岁贡的实行情况是衡量宗主国与藩属国关系是否正常的一个指标。按宗藩关系的规则，岁贡有定期，庆慰谢恩则无常期。所谓贡期，是中国历代王朝与藩属国交往过程中形成的一种约定，一般是依照其亲疏程度、距离远近而定。明代安南入贡的贡期，《明会典》及其他史书均记为三年一贡。因此，学界一般均据此而认为安南对明朝进行三年一贡，很少有学者对产生这种约定的过程、实际入贡的变化进行考察。

三年一贡之约，最早可追溯到汉朝与南越国的关系，汉武帝时，南越国"多不附太后。太后恐乱起，亦欲倚汉威，数劝王及群臣求内属。即因

---

① 《明宣宗实录》卷80"宣德六年六月己亥"，第1848－1849页。参见〔越〕吴士连等著，陈荆和整理《大越史记全书·本纪》卷10，第563－564页。
② 《明太祖实录》卷117"洪武十一年春正月"，第1908页。
③ 《明太祖实录》卷163"洪武十七年秋七月"，第2527页。
④ 《明太祖实录》卷189"洪武二十一年三月庚寅"载："复遣礼部郎中邢文博赍敕及文绮、布各百疋，往赐其王𬀩。"第2855页。

使者上书，请比内诸侯，三岁一朝"①。安南立国后，宋、元两朝都曾有过同样的要求，②因当时双方关系并不明朗，没有真正落实。明太祖立国之初，为了广泛招徕诸国朝贡，确立明朝的"天下共主"地位，并没规定朝贡的期限，加之，初期对来朝诸藩国礼遇有加，藩国来朝频繁。洪武七年（1374），明太祖在一次与大臣交谈中，对当时的邦交状况颇为满意，说："蛮夷在前代多负险阻，不受朝命，今无间远迩，皆入朝奉贡。"究其原因，太祖认为是"待远人厚往而薄来"③。这里除了太祖的自谦之外，④也是说了大实话。正是明初的"厚往薄来"政策，吸引了周边国家频繁来贡，如朝鲜、琉球、安南等国，几乎一年一贡，甚至一年数贡。藩国来贡频繁，这对新生的王朝来说，无疑是几分欣慰，又有几分不安。早于洪武五年（1372），由于财政的压力及频繁的应酬，明太祖就开始感到藩国贡使"往来烦数"，提出应该"遵三年一聘之礼，或比年一来"，并要求礼部向朝鲜、安南、占城等国传达此意。⑤

由于明太祖希望诸藩承认其正统与共主的地位，对于藩国来贡，明初确实给了许多优待，因此，对于明太祖的旨意，藩国并不理会，依然频繁入贡。洪武七年三月，明太祖再次向礼部抱怨，藩国"入贡既频，烦劳太甚，朕不欲也"。要求礼部移文各藩国，重申三年一贡之例。⑥洪武八年（1375）六月、九年（1376）五月、十二年（1379）二月、二十一年（1388）十二月等又多次向来贡的安南使者宣谕，约定安南的贡期为三年一贡。然而"番人利中国市易，虽有此令，迄不遵"⑦。洪武二十三年（1390）闰四月，安南如常请求入贡，明太祖对礼部尚书李原名曰："尝以海外诸国岁一贡献，转运之烦，实劳民力，已命三年一朝。今安南不从所谕，又复入贡，尔礼部其速令广西遣还，必三年乃来也。"⑧这是明朝对不

---

① 《史记》卷113《南越列传》，第2972页。
② 《元史》卷209《安南》载："复降诏曰：卿既委质为臣，其自中统四年为始，每三年一贡。"第4635页。
③ 《明太祖实录》卷87"洪武七年春正月己亥"，第1546页。
④ 张亦善：《明帝国与南海政略》，载《东南亚史研究论集》，第23页。
⑤ 《明太祖实录》76"洪武五年冬十月甲午"，第1400—1401页。
⑥ 《明太祖实录》卷88"洪武七年三月癸巳"，第1565页。
⑦ 《明史》卷324《外国五·占城》，第8386页。
⑧ 《明太祖实录》卷201"洪武二十三年闰四月乙丑"，第3011页。

遵贡期的藩国而做出的最强硬的态度与果断的行动。三年后（即洪武二十六年），安南依约申请入贡，但因明朝发现其国内曾于洪武二十一年（1388）发生弑主擅立事件而却其贡。洪武二十七年（1394），安南欲从海路借道广东入贡，明朝以其国内篡弑事件尚未解决而拒绝纳贡。直至洪武二十八年（1395），明朝因广西发生赵氏骚动，为寻求安南的协助才允许其入贡。此后明朝与安南均发生宫廷皇位之争，从而影响了朝贡关系的发展。

宣德初，在与安南谈判两国关系正常化的过程中，安南反复强调一定遵照洪武旧制，即三年一贡的规定。至宣德六年（1431），明朝放弃追讨滞留安南的军民、军械以及立陈氏之后等条件，授予黎利权署国事，承认其在安南的统治地位，使两国恢复了传统的宗藩关系。然而，当安南黎利获得明朝的承认后，双方在岁贡金的问题上产生歧见，明朝曾遣使前往责问，黎利则反复以洪武年间所定"三年一贡"的约定来搪塞。[①]

"三年一贡"之例，定于洪武初年，而当时安南屡次破例，频繁来贡。至宣德初年，安南方面主动提出要按洪武旧例入贡。这种态度的转变，笔者以为主要有两方面原因。一是由于贡物的变化。宣德以后，贡物以金银器皿为主，而赏物也相对减少，安南方面在入贡中得不到物质实惠（详见后论）。二是安南统治者心态的变化。安南统治者从建国以来的历史已经意识到，维系宗藩关系固然对稳定其统治地位有一定的作用，但决定性的因素乃是实力。尤其是黎利迫使明朝撤军后，其对明朝的认识必然产生微妙的变化，称臣于明实乃无奈之举。这种情绪表现在两国宗藩关系上，就产生一种矛盾的心态，一是要借这种关系来获得政治伦理上的正名，二是不甘于对战败者百依百顺，所以对明朝的入贡采取走形式主义的路线，表面上顺服，事实上是为了躲避与强邻的摩擦。在这种认知的影响下，从宣德六年（1431）至正德十年（1515），将近百年的时间，安南完全按照"三年一贡"的规定入贡，从未减少或增加。

至嘉靖中叶，莫登庸篡夺黎氏政权后，迫于明朝的压力，降服于明。

[①]〔越〕吴士连等著，陈荆和整理《大越史记全书·本纪》卷10载："先是，明数遣使来，多索岁金。高皇帝乞依洪武三年贡例，明帝反复不从。"（第566页）。

明朝虽然贬其封号,但仍要求其"三年一贡"。初期,莫朝基本上也能按照约定入贡,但后来安南国内战乱,直接影响莫朝对明朝的进贡。万历九年(1581)安南莫氏政权恢复入明朝贡,并"补贡嘉靖三十六、三十九年分正贡,万历三年、六年分方物",出现四贡并进的现象。① 万历十二年(1584),安南莫氏派遣使臣阮允钦等入朝,并向明朝提出六年两贡并进的请求,得到了明朝的允许。② 黎朝中兴后,亦遵此例,对明朝实行两贡并进。

晚明时期,安南对明朝进贡出现数贡并进的现象,其主要原因乃是国内政局不稳,自从莫氏篡夺黎氏政权后,安南内战不息。越南史臣在解释莫朝补贡原因时说:"是时,莫氏与黎朝抗衡,戎事正紧,二十年间,贡例两缺,至是国内稍静,始行顶补。"③ 有学者曾从经济负担的方面来解释其中原因,认为由于朝贡所耗人力、财力甚巨,招致安南各地人民的反对,所以"朝贡次数减少的根本原因可能还在经济方面"④。安南向明朝进贡是两国宗藩关系的重要表现形式,此时黎、莫相争,正需要明朝在道义上的支持,不可能因为些小的经济负担而开罪于明朝。事实上,不管是莫朝或中兴黎朝,其进贡实际次数虽然减少,但所需上贡的贡品并没有减少(见后文贡物的分析)。而明朝也不因为安南的朝贡次数减少而认为其有不恭之处,相反,礼部还因为安南能主动补足贡额,认为其"忠顺可嘉",提议明神宗予以褒奖。⑤

入清以后,于康熙二年(1663)也曾想恢复三年一贡的旧制,⑥ 但安南中兴黎朝已习惯于两贡并进,康熙八年(1671),安南使臣阮润如等请求"依明朝万历故事,康熙六年两贡并进"。礼部虽坚持按《会典》规定

---

① 《明神宗实录》卷113"万历九年六月辛亥",第2157页。〔越〕潘辉注等撰《历朝宪章类志》卷47《邦交志》载:此年"莫茂洽使四部使凡十六人如明岁贡,及补上年缺贡"。但据《明神宗实录》卷41、卷42、卷45载,万历三年,安南都统使莫茂洽曾遣使入贡,并贡方物。可能是这一年贡物不如额,所以要补贡。
② 〔越〕潘辉注等撰《历朝宪章类志》卷47《邦交志》,第65—66页。
③ 〔越〕潘辉注等撰《历朝宪章类志》卷47《邦交志》,第65页。
④ 牛军凯:《王室后裔与叛乱者:越南莫氏家族与中国关系研究》,第194页。
⑤ 《明神宗实录》卷113"万历九年六月辛亥",第2157页。
⑥ 《钦定大清会典》(康熙朝),第14页。

进行，但康熙帝最后还是同意其请求。① 至康熙五十八年（1719），乃演变为六年一贡。综上所述，安南依照"三年一贡"的规定入贡明朝，实际也只有不到一百年的时间。

三 贡物与赏赐

贡物与赏赐，是宗主国与藩属国关系的物化形式，就安南国而言，其政治意义大于经济意义。而学界将这种贡献与赏赐视为贸易形式看待，热衷于进行经济成本核算，试图说明哪一方获利，哪一方吃亏了。并且，由于出发点的不同，计算方法不一，得出的结论迥然不同。中国学者认为，中国历代帝王一般遵循"厚往薄来"的原则，加之承担了诸藩使臣入贡途中的庞大消费，因此，朝贡国应该得到较大的利益。而越南学者认为，从明代安南向中国朝贡的事实中看出，中国获得了很大的利益。② 笔者无意在此做锱铢较量，只想探讨明朝与安南之间贡物与赏赐变化与特点。

1. 安南贡物

明代安南的贡物基本分为两个类型：一是常规性的方物，如金银器皿、熏衣香、降真香、沉香、速香、木香、墨线香、白绢、犀角、象牙、纸扇等；一是特殊性的贡物，如象、马、树苗、阉者、阉竖、象奴、代身金人等。从《明实录》的记载可知，安南以象、马、树种、阉者、阉竖、象奴等为贡品进贡的大多集中于洪武时期，其中贡象共六次（洪武四年、五年、十一年、二十年、二十一年、二十八年），在贡象时，多数会伴有象奴。明太祖对进贡象犀之类，深感扰民最重，便于洪武二十一年（1388）十二月安南陪臣阮完入贡时，敕谕"象犀之属毋或再进"③。故而

---

① 〔越〕潘辉注等撰《历朝宪章类志》卷47《邦交志》载：康熙六年，安南派遣阮润入清进贡，并乞请"依明朝万历故事，六年二贡并进"。（第66页）始初礼部不许，要求按《会典》进行，最后，康熙同意了安南的请求。据《清圣祖实录》卷26"康熙七年五月甲子"载，康熙曰："览王奏称，该国僻居禹服之外，道路悠远，山川阻深，贡役劳苦，三年、六年，先后虽异，礼意恭敬则一等语。该国遵奉教化，抒诚可嘉，此进贡着照该王所奏行。"第361页。
② 〔越〕Ta Ngoc Lien, *Quan He Giua Viet Nam Va Trung Quoc The Ky XV – Dau The Ky XVI*, Tr72 – 82。转引自牛军凯《王室后裔与叛乱者：越南莫氏家族与中国关系研究》，第195页。
③ 《明太祖实录》卷194"洪武二十一年十二月癸丑"，第2918页。

此后进象甚少。进贡树种仅有一次，据越南史籍载，明人听信越南籍宦官阮宗道所言，以为南方花果多佳种，于洪武十九年（1386）春二月，派使臣林孛到达安南，要求槟榔、荔枝、波罗蜜、龙眼等树苗。但因树木不耐寒，途中皆枯死。①

进贡阉者、阉竖是安南朝贡中的一大特色。据史书载，明初安南送进宦官，如阮道、阮算等，在明廷中得到极高的信任，在他们的推荐下，明廷多次要求安南进献。② 其中洪武十五年（1382）五月进阉者十五人，③ 洪武十七年（1384）十二月进献阉竖三十人，④ 洪武十九年（1386）十二月又进阉竖十九人。⑤ 这只是有据可查的数字，其实安南进献之特色人物远不止此数。据史籍载，黎季犛执政后，就对明朝的需索甚为不满，多数情况是敷衍了事。⑥

宣德以后，黎利夺取了安南政权，建立后黎王朝。在所进献的贡物中，特殊性的贡品已经少见，进贡的物品一是金银器皿，一是土产如香料、丝织品、象牙等（参见表4）。

表4 明代安南的贡物情况

时间	安南贡物
洪武年间（1368－1398）	主要是方物如：熏衣香、降真香、沉香、速香、木香、黑线香、白绢、犀角、象牙、纸扇、象、马等⑦
宣德三年（1428）	代身金人、银人各一个（各一百两，共二百两），银香炉一个、银花瓶一个（共三百斤），土绢三百匹，象牙十只，薰衣香二十罐（共一百八十斤），线香二万支，沉香、速香二十四块⑧

---

① 〔越〕吴士连等著，陈荆和整理《大越史记全书·本纪》卷8，第459页。《明太祖实录》卷182载："（洪武二十年五月丙子）安南陈炜遣其臣杜日墪贡槟榔、波罗蜜、蕉栽。"第2743页。
② 〔越〕吴士连等著，陈荆和整理《大越史记全书·本纪》卷8，第458页。
③ 《明太祖实录》卷145"洪武十五年五月丙子"，第2281页。
④ 《明太祖实录》卷169"洪武十七年十二月"，第2580页。
⑤ 《明太祖实录》卷179"洪武十九年十二月戊申"，第2718页。
⑥ 〔越〕吴士连等著，陈荆和整理《大越史记全书·本纪》卷8载："明又遣使求僧人、按摩女、火者，皆少遣之。"（第470页）
⑦ 《明会典》卷105《礼部六十三·朝贡一·安南国》，第572－573页。
⑧ 〔越〕阮廌撰《抑斋遗集》"进贡呈情谢罪表文壹道"，《阮廌全集》（1），第801－802页。

续表

时间	安南贡物
正统四年（1439）	黄金一百两，白金二百两，沉香一百斤，土绢、降真香、线香、象牙、牙扇各数百①
嘉靖二十一年（1542）	金香炉花瓶四副（重百九十两）；金龟一个（重九十两）；银鹤银台各一件（重五十两）；银香炉花瓶二副（重一百五十两）；银盘十二口（重六百四十一两）；沉香六十斤，速香一百四十八斤，降真香三十株，犀角二十座，象牙三十支。岁贡方物亦如之，遂为例②
万历二十六年（1598）	黎氏贡仪代身金人一个、银香炉一个、银花瓶一双、象牙十四枝、薰香二十罐（连银罐二十八斤）、黑线香二万枝、生绢二百匹、沉香一百三十六斤③
天启六年（1626）	金香炉花瓶四副（共重二百零九两）、银盘十六只（重六百九十一两）、沉香六十斤、速香一百四十八斤、降真香三十根、白木香五十件、黑线香八千株、白色土绢二百匹、犀角十二座、象牙十二枝④

2. 代身金人的缘由及其蕴意

在中外关系史中，安南进贡"代身金人"是一种十分独特的现象。越南史籍认为，元代安南国王陈日烜进献"代身金人"是偿元军将领乌马儿之命，而明代安南军事首领黎利进献"代身金人"则是偿明军将领柳升之命，并说："明人定为贡品，中间始换作香炉、花瓶，金银亦如之，至是莫氏略依旧制，而银器各物则又增加于前云。"⑤ 这使学者对"代身金人"的特定含义产生误解。为此，有必要对"代身金人"的起源及随后之使用进行考证，以寻找这一现象背后的文化象征。

安南贡献"代身金人"之事，始于元朝。安南自宋朝即已独立建国，但在中国帝王与士大夫的思维中并没有摆脱长期所形成的历史情结，郡县

---

① 《明英宗实录》卷54"正统四年四月戊寅朔"，第1033页。
② 〔越〕黎贵惇撰《大越通史》卷31《逆臣传（中）》，第55-56页。
③ （明）朱国桢辑《皇明大事记》卷15《安南叛服》，《四库禁毁书丛刊·史部》第28册，第267页。按：本次安南贡使于万历二十五年（1597）四月入关，十月至京，万历二十六年（1598）回国。同书又载，天启六年，黎维祺贡仪与万历年同。
④ （清）谈迁撰《谈氏笔乘·逸典·安南》，泰山出版社，2000。其中"银盘十六只"疑为"银盘十二只"之误。
⑤ 〔越〕潘辉注等撰《历朝宪章类志》卷47《邦交志》，第65页。

第五章／明朝与安南宗藩关系的内涵与特征

的记忆从来没有消退，因此，宋元两朝帝王均想方设法对安南内政施加影响，却始终无果。至元四年（1267），元朝派遣张立道、宁端甫出使安南，向安南"诏谕六事"，即"俾使其君长来朝，子弟入质，编民，出军役，纳赋税，置达鲁花赤统治之"①。元朝对安南所提出的六个要求，很明显，其目的是要依照传统的羁縻制度，将安南重新划归中国王朝的统治之下，尤其是把"使其君长来朝""子弟入质"作为最优先的要求。但安南国王陈圣宗（光昺）以拖延策略，回避元朝的要求。至元十五年（1278），元朝柴椿出使安南，"以帝（陈仁宗）不请命而自立为辞，谕命入觐"②。陈仁宗则以"予生长深宫，不习乘骑，不谙风土，恐死于道路"为由拒绝听命。③ 由于陈仁宗托词不朝，元朝几乎要出兵惩讨。至元十六年（1279），柴椿等再次出使安南，"谕安南国世子陈日烜，责其来朝"④。但陈日烜又以疾病为辞，婉拒元朝。柴椿则"以理诘难之"。元朝反复要求安南国王或世子亲自入朝不成，不得不做出妥协，想出了一个折中办法，"若果不能自觐，则积金以代其身，两珠以代其目，副以贤士、方技、子女、工匠各二，以代其土民"⑤。这是元朝要求"代身金人"之肇始。

对于元朝的妥协，陈仁宗认为"其事非古"，并没有应允，但迫于元朝的压力，为了缓和与元朝的矛盾，转而遣族叔陈遗爱等人代己朝觐。元主对此十分不满，决意废除陈仁宗，并册立其族叔陈遗爱为安南国王，又命柴椿率兵护送回国即位。然而，事情发展并不顺利，立陈遗爱之事，遭遇陈仁宗的武力反抗，使臣柴椿在战乱中受伤逃回国内。此事激怒了元朝的统治者，继而发动了对安南长达五六年的战争。至元二十五年（1288），元军在安南战场上虽节节失利，但是，为了降服安南国，又派礼部侍郎李

---

① 《元史》卷6《世祖本纪三》，第116页。
② 〔越〕潘简清等撰《钦定越史通鉴纲目》正编卷7"戊寅陈圣宗宝符六年"条，《域外汉籍珍本文库》第三辑，史部第6册，第542页。《元史》卷10《世祖本纪七》载："遣礼部尚书柴椿等使安南国，诏切责之，仍俾其来朝。"（第203页）
③ 《元史》卷209《安南列传》，第4639页。
④ 《元史》卷10《世祖本纪七》，第217页。
⑤ 《元史》卷209《安南列传》，第4640页。〔越〕潘简清等《钦定越史通鉴纲目》正编卷7载："若果不亲至，当具金珠为代，贤士、工匠、方技各二以副之。"（《域外汉籍珍本文库》第三辑，史部第6册，第544页）

思衍、兵部郎中万奴出使安南，"诏谕陈日烜亲身入朝，否则必再加兵"①。陈日烜迫于元朝的威吓，于是无奈地"遣使来谢，进金人代己罪"②。明显地，这是安南国为了免遭更大的武力打击而做出让步的结果。

对于安南此次进贡"代身金人"，后来一些越南史籍解释为，陈朝以金人代偿被杀的元军将领乌马儿之命，以此来回避其对元朝臣服的事实。其实陈朝进贡代身金人，如上所述，其意起自至元十六年（1279）柴椿的建言，最终落实于元至元二十五年（1288）十月。而乌马儿之死，据越南史籍载，至元二十六年（1289）二月"遣内书家黄佐寸送乌马儿等还国，用兴道王计，以善水者充船夫，夜钻船沉水，乌马儿等溺死"③。因此，乌马儿之死是在进献"代身金人"之后，"偿命"之说，明显与史实不符。

据史籍记载，安南第二次进贡代身金人是在明朝宣德年间。此前，于永乐四年（1406），明成祖为征讨黎季犛篡逆、侵邻、扰边，命朱能率师吊伐。朱能到广西龙州后，曾派行人朱勍往谕黎季犛父子，"许其以金铸身，纳款赎罪"④，如此则可避免战争的灾难。然而，黎季犛父子并不接受明朝的和解要求。至宣德元年（1426），黎利所率起义军虽然在与明朝的抗争中占据主动，但要以武力将明军驱赶出安南，并非容易，况当时明廷正拟增派援军。为了尽快促成明朝从安南撤军，安南头目黎利主动提出"遣人奉表陈情谢罪，贡代身金人银人等物"⑤。后明军逼于形势，与黎利达成撤军协定，安南也如约朝贡明朝。这次进贡的正使是黎少颖，贡物中有代身金人、银人两尊，同时还有银香炉一个、银花瓶一双。⑥ 关于这次进贡金人，越南史籍解释为"代偿柳升之命"，并认为后来明人将其换作香炉、花瓶，或金银器皿。⑦ 这是对史实的歪曲。

---

① 《元史》卷15《世祖本纪十二》，第317页。
② 《元史》卷209《安南列传》，第4639页。
③ 〔越〕吴士连等著，陈荆和整理《大越史记全书·本纪》卷5，第365页。
④ （明）严从简撰《殊域周咨录》卷5《安南》，余思黎点校，第178页。
⑤ 《明宣宗实录》卷36"宣德三年二月庚申"，第898页。
⑥ 〔越〕佚名《慕泽黎氏谱》"附录"，越南汉喃研究院藏本，编号A.658。
⑦ 〔越〕佚名《蓝山实录续编》，越南汉喃研究院藏本，编号Vhc.01667，第21页。为了说明进贡金人是代偿柳升之命，此书还补充说："至熙宗正和间，东岸县扶轸社进士、吏部尚书、朔郡公阮公沆北使，不肯偿纳，北朝诘之，公沆曰：支棱不败，柳升于今存乎？辞气壮直，北人叹服，遂弛其制。"

第五章 / 明朝与安南宗藩关系的内涵与特征

首先，金人的形制"囚首面缚"①，金人、银人重共二百两。这样的形制与重量，用以抵偿柳升之命，相比于永乐初年爪哇杀死明朝士卒一百七十人，明朝索偿六万两黄金，②于理于情，似甚不合宜。

其次，在中国的文献中，从未有明朝官员提出要求安南国抵偿柳升之命的记载。相反，我们可以在安南士大夫阮廌《阮廌全集》中得出反证，在宣德元年（1426）底，柳升等率援军七万进入安南境内，黎利曾致书柳升说："于本年十一月，本国招铸金人二枚，备进贡方物，差人赴京陈奏。"③表示黎利集团愿意对明朝称臣纳贡，希望明朝撤军。从此可以看出，黎利进献"代身金人"是早就预备了的事，所谓"偿命"之说，纯属民族虚荣心的托辞。

越南史籍指出，从此以后"历代迁革之初，须有金人代谢"④，进献"代身金人"成为安南新朝获得明朝承认的礼仪制度之一。从历史事实来看，进贡金人与否，则要视情势而定。在与安南关系紧张时，作为中国官员用以检验其忠诚度或逼其臣服的一种手段，存在一定的随意性。以下二例可以佐证。在宣德三年（1428），明朝派李琦、罗汝敬赍诏大赦交阯，并封陈暠为王。当李琦与罗汝敬到达安南时，黎利则告知："暠死，别无有陈后，国人共推利守国。"罗汝敬听了，勃然大怒。加之在宴饮时，黎利设有"女乐"款待，罗汝敬更是愤然责骂，曰："吾等往来数月耳，暠安得遽死？且尔即言暠死，尔国嗣亡，岂用吉礼时耶？"于是"尽击破其尊垒乐器"。此时天气突然由晴转阴，雷雨交加，黎利居室亦遭雷电焚毁，因而"利惧，起谢汝敬，复进代身金人银人，上表求哀"⑤。仅过五年，即宣德八年（1433），黎利死，其子黎麟继位，亦曾进贡"代身金人"。"帝（宣宗）以安南贡赋不如额，南征士卒未尽返，命琦复往。时黎利已死，其子麟疑未决，琦晓以祸福，麟惧，铸代身金人贡方物以谢。"⑥《明宣宗实录》亦载"其权署安南国事黎利死，利子麟遣头目黎傅随琦等来告丧，

---

① 《明史》卷321《安南列传》载："先是黎利及登庸进代身金人皆囚首面缚。"（第8337页）
② 《明太宗实录》卷71"永乐五年九月癸酉"，第998页。
③ 〔越〕阮廌撰《抑斋遗集》"与柳升书"，《阮廌全集》（1），第676页。
④ 〔越〕吴时仕等撰《邦交好话》，越南汉喃研究院藏本，编号 Vhv.1831，第23页。
⑤ （明）何乔远撰《名山藏·王享记》，《四库禁毁书丛刊·史部》第48册，第254页。
⑥ 《明史》卷158《章敞列传》，第4316页。

且献金人及方物"①。

至于说，此后将"代身金人"换成金银器物进贡，②这种说法也是缺乏史实依据，应该是一种误会，因为在宣德六年（1431），明朝同意黎利权署国事，当时黎利即"遣使请岁贡金三百斤，以拜明赐"③，而且此后明朝每年都去追讨这笔岁金。④

此后近一百年时间，明朝与安南关系相对平稳，也没有进贡"代身金人"的记载。直至嘉靖年间，莫登庸篡夺黎氏政权，安南国内战乱，加之明朝欲兴兵问罪，在内外交困之时，莫登庸迫于无奈，向明朝献代身金人、银人各一尊，表示愿意臣服，并接受明朝撤销王爵，采用相当于中国二品官的"都统使"。莫氏的"代身金人"形制为"囚首跪缚绑献之状"⑤。

万历年间，黎维潭击败莫氏，重夺政权，史称中兴黎朝。黎氏为得到明朝的承认，要求朝贡，明朝则以"勘验"为名，检验黎氏的诚信，要求：一是安插莫氏后裔，二是如莫氏前例，束身镇南关，献代身金人。黎氏对此很不以为然，认为自己"正派恢复，与莫事体有间"，起初曾欲以"金子一百斤、银子一千两"来代替"代身金人"，谋求通过勘验。但是，明朝官员坚持要求进贡"代身金人"，⑥经过一番交涉，黎维潭最终不得不顺从明朝的意见，于万历二十五年（1597），派冯克宽等为使臣贡献"代身金人"，谢罪请封。

关于黎维潭所进代身金人的形制，中越史籍记录颇为不一，《明史》载："先是，黎利及登庸进代身金人，皆囚首面缚。维潭以恢复名正，独立而肃容，当事嫌其倨，令改制，乃为俯伏状，镂其背曰：安南黎氏世孙、臣黎维潭不得蒲伏天门，恭进代身金人，悔罪乞恩。"⑦很明显，明朝

---

① 《明宣宗实录》卷110"宣德九年夏四月己未"，第2465页。
② 〔越〕吴时仕等撰《邦交好话》，越南汉喃研究院藏本，Vhc.1831，第24页。
③ （明）何乔远撰《名山藏·王享记》，《四库禁毁书丛刊·史部》第48册，第254页。
④ 《明史》卷158《章敞列传》载："帝（宣德）以安南贡赋不如额，南征士卒未尽返，命琦复往。"（第4316页）
⑤ （明）杨寅秋撰《临皋文集》卷4《檄交南国黎维潭》，《影印文渊阁四库全书》第1291册，第743页。
⑥ 〔越〕吴士连等著，陈荆和整理《大越史记全书·本纪》卷17，第907页。
⑦ 《明史》卷321《安南列传》，第8337页。

官员认为冯克宽所进"代身金人"是"独立而肃容",有傲慢之意,要求改变形状。后在安南使臣的论辩下,为了区别黎氏政权与莫氏政权性质的差异,同意所进代身金人的形制由传统的"囚首面缚"改为"俯伏状"。但越南史籍则载:"(冯克宽)既至燕京,礼部堂责以代身金人不遵俯形旧样,俾正使不许进觐。克宽抗言:莫氏篡夺,其名逆;黎氏恢复,其名顺。莫氏得以俯形代身,已属恩幸。至如黎氏累世方臣,金人容仰,成规具在。今若以莫氏为例,系如昭安劝不恋剑。状闻明帝,率从前黎之式,克宽乃得入朝。"① 这里将黎氏所进贡代身金人的形制由"俯"变"仰"。黎氏此次贡献代身金人,不是正常情况下的朝贡,而是前来谢罪求封,"仰容"岂能表达恭顺悔罪之意?

其实,关于金人的形状问题,早在万历二十五年(1597)勘关谈判时,双方已有共识。明朝官员考虑到黎氏之罪与莫氏相比,轻重有间,因此也做了一定的让步,要求所进献金人"作俯伏乞恩状,錾'安南黎氏世孙、臣黎维潭不得匍伏天门,恭进代身金人,悔罪乞恩'字面"②。明廷官员只是遵照既有约定来做。因此,《明史》的记载较符合史实,而越南史籍的描述,渗入太多的民族情绪,以此显示其独立与尊严。

中越史籍关于安南国所进代身金人的形制记载与意义解释,各有不同,其中蕴含一种特殊的意义。从中国方面考虑,越南虽在宋代已独立成国,而且也得到了中国各王朝的认可,历代均有封赐,但事实上,中国各代王朝从皇帝到士大夫均抱有深刻的历史情结,安南曾是中国的一部分,因此,虽然安南已立国,但仍是中国的羁縻之地,属于中国的外藩。据《明实录》载,自天顺元年(1457)起,安南使臣即藉朝贡之机,多次提出要"依朝鲜国王例",赐予安南国王"衮冕"③,明朝始终不同意。直至弘治十四年(1501),安南国使臣再次提出要求时,明朝才道出不同意的缘由,礼部官员说:"安南僻处南荒,素慕文教。我祖宗朝以其能守臣节,仍封其主为安南国王,盖使之统制一方,藩屏中国耳。然名为王,实则臣

---

① 〔越〕潘辉注等撰《历朝宪章类志》卷8《人物志》,第40页。
② (明)杨寅秋撰《临皋文集》卷4《檄交南国黎维潭》,《影印文渊阁四库全书》第1291册,第742页。
③ 《明英宗实录》卷279"天顺元年六月甲午",第5969页。

也。是以前后相承百有余年，其名位衣冠之品式，朝贡燕赉之礼仪，俱有定制。凡彼国王有故，乞恩嗣立，朝廷俯念远人，遣使诏封谕祭，并赐王者弁服一副，使不失君主一国之荣；又赐一品常服一袭，使不忘臣服中国之敬。盖恩礼兼隆，名分不紊。今陪臣刘孝兴等不谙大体，欲将钦赐国王常服通易王爵冠服，使得异于其臣，是不知彼国之王，其名分亦为臣，而朝廷之制，其名器固有在也。然此非孝兴等实为之，乃彼国通事范怀瑾饰诈怀奸倡为。此奏请并加究问，以警将来。"① 在这种思想指导下，中国皇帝与士大夫认为"代身金人"所蕴含的意义即是"恭顺"与"臣服"。因此，清乾隆年间，安南国王阮光平亲身（一说是替身）朝觐，为此，乾隆帝多次赋诗以示盛德威仪。后闻阮光平身故，特诗以赐诔，曰："外邦例以遣陪臣，展觐从无至己身；纳款最嘉来玉阙，怀疑堪笑代金人。秋中尚忆衣冠肃，膝下诚如父子亲。七字不能罄哀述，怜其忠悃出衷真。"并附注："安南在元明时，如陈日烜、莫登庸、黎维潭等，俱以怀疑不敢亲身入觐，皆进代身金人，盖中朝威信既不能畏服其心，徒贻黩货之讥，最堪鄙笑。若阮光平亲至山庄瞻觐，爱戴之情，不啻家人父子，为史牒所未有。朕之礼遇亦不忍不加优异耳。"② 由此可以想象，中国皇帝对安南国的态度。

而反观安南国士大夫，从丁部领独立称国后，不仅在形式上谋求独立，而且在精神上也追求自主。虽然事实上，安南难以摆脱强大近邻的影响，但士大夫可以通过文字阐释，至少在精神上谋求与中国的"平等"地位，因此，对"代身金人"的意义一旦贴上"偿命"的标签，"恭顺""臣服"的真义自然会被淡化。后来关于冯克宽所进贡金人的描述，一是为了显示冯氏面对强国不屈不挠的民族英雄气节，二是展现安南民族独立与自尊的精神。

事实上，关于"偿命"一说，晚至中兴黎朝后才出现，现代学者也多是依据越南史籍《邦交好话》《历朝宪章类志》的表述，可信程度值得怀疑。现代越南著名史学家陈金重在其著作《越南通史》中，对"代身金

---

① 《明孝宗实录》卷175 "弘治十四年六己亥"，第3198-3199页。
② （清）爱新觉罗·弘历撰《御制诗集·五集》卷78《安南国王阮光平故，诗以赐诔》，《影印文渊阁四库全书》第1131册，第169页。

人"的阐释也颇为模糊，说："可能是支棱之役曾杀明将柳升和梁铭，因必铸金人两尊以抵命。"①

进贡代身金人的现象，是中国古代"羁縻"观念延续的产物。唐宋时期的羁縻制度中，规定各部族入贡天朝时，头目必须亲自前往。当土司头目不能亲觐天颜时，也曾有过以陶人、木雕人代身入觐的故事。中国各朝士大夫均认为安南是"古羁縻之地"，后虽变为"夷国"，但实质不变，因此，宋元时反复要求其国王亲自入觐，而安南国王始终抗命不遵，随后以"代身金人"入觐，那是双方妥协的结果，体现了中国王朝在处理安南事务时的灵活性。

3. 明朝的赏赐

明朝对安南的赏赐分国王赏赐、使团成员赏赐。

明朝对安南国王的赏赐，按《明会典》记载，主要有两种：一是《大统历》，二是彩段。② 但实际上每次赏赐并不完全一样，如在洪武初年，除《大统历》外，主要是织金文绮、纱罗四十匹。③ 宣德三年（1428），则赐彩段十表里、锦四段。④ 如于景泰五年（1454），则赏赐"帛四缎，织金纻丝、彩绢各十匹"。⑤ 天顺元年（1457）六月，安南国王黎浚在求封王爵时，恳请"依朝鲜国王例"赐予"衮冕"，明英宗不许。天顺八年（1464），黎灏再次提出同样的请求，为了表示安抚之意，明朝赐予皮弁冠服一袭，红罗常服一袭，纱帽、犀带各一。⑥ 此后，安南新王均可获赐同样的冠服等。万历以后，安南常常两贡并进，因此，在回赐时会适当有所追加。

对使团成员的赏赐，依《明会典》规定，其中陪臣每人彩段二表里、纱罗一匹、织金纻丝衣一套，折钞绢五匹；行人彩段一表里、纱罗一匹、素纻丝衣一套，折钞绢二匹；从人每人绢三匹、绢衣一套、靴袜各一双。

---

① 〔越〕陈重金：《越南通史》，戴可来译，第167-168页。
② 《明会典》卷111《礼部六十九·给赐二·外夷上》，第592页。
③ 《明太祖实录》卷43"洪武二年六月壬午"，第847-848页。
④ 《礼部志稿》卷37《安南国》，《影印文渊阁四库全书》第597册，第693页。
⑤ 《明英宗实录》卷244"景泰五年八月癸未"，第5296页。
⑥ 《明宪宗实录》卷3"天顺八年三月丙辰"，第70-71页。

同样地，明朝对安南使臣及其从人的赏赐也不是一成不变的，如洪武二年（1369），赐同时敏、段悌、黎安世、阮法四人文绮线罗各一匹、纱二匹，其副阮勋及从人二十三人赐有差。① 万历四年（1576），赏给安南陪臣每员彩段二表里、纱罗各一匹、织金纻丝衣一套，折钞绢五匹、靴韈各一双，行人从人有差。②

据典籍记载，明朝的赏赐是遵循一定原则的，即"四夷朝贡到京，有物则偿，有贡则赏"③。在中国文献来看，安南并没有附贡货物，而正贡的意义在于体现藩国的诚心臣服之情，一般不予论价；赏品只是表达礼尚往来之意，不一定与贡品等值。

一般藩国使团入京，其人数少则一百，多则两三百人，甚至更多。与此相比，由于安南官方并不支持附带性贸易，其入京使团的人数相对较少。洪武二年为二十八人，④ 洪武三年为十四人，⑤ 宣德三年则为八人，⑥ 万历八年为十六人⑦。这些人员均可领取赏赐。

四 贡道

明朝入越的道路主要有三条：西线由云南进入，中线从广西进入，东线从广东方向的水路进入。但明朝的贡道详情如何，中国的史籍并没有明确的介绍。据黄福《奉使安南水程日记》载，永乐年间出兵安南的路线有两条：其中大军行进路线由南京龙江驿出发，溯江而上，经安庆、武昌、岳阳入洞庭湖、湘水，又经长沙、衡阳、零陵、桂林，出桂江到苍梧，溯西江、郁江达南宁，舟至大卢后，起马赴龙州，抵坡垒关入越境，复前进至丘温堡、隘留关、鸡灵堡、隘庞关、芹站堡、昌江保、市桥堡；而总兵官朱能所率部队则从长江取道鄱阳湖，溯赣江到赣县，然后越大庾岭，经

---

① 《明太祖实录》卷43 "洪武二年六月壬午"，第848页。
② 《礼部志稿》卷37《安南国》，《影印文渊阁四库全书》第597册，第693页。
③ 《明宪宗实录》卷63 "成化五年二月甲午"，第1281页。
④ 《明太祖实录》卷43 "洪武二年六月壬午"，第847-848页。
⑤ 《明太祖实录》卷51 "洪武三年夏四月壬申"，第1007页。
⑥ 〔越〕阮鹰撰《抑斋遗集》"进贡呈情谢罪表文壹道"，《阮鹰全集》（1），第802页。
⑦ 〔越〕潘辉注等撰《历朝宪章类志》卷47《邦交志》，第65页。此次为两贡并进。到北京时间在万历九年。

第五章 / 明朝与安南宗藩关系的内涵与特征

南雄县，溯西江到达太平府、龙州。①

元朝以前，中国王朝的使臣多经湖南过灵渠，到达桂林，然后从桂江出苍梧，逆西江而上至南宁，或从陆路经柳州到达南宁。但考于史籍可知，明初也有使臣沿袭由湖南入广西的线路，②但从明人文集的零散资料考察，明朝使臣基本上是从江西南安过大庾岭，到韶州、肇庆，然后溯江而上，到达南宁，与总兵官朱能所走路线基本一致。至于进入安南后所经路线，据潘希曾《竹涧集》所存"使交诗"分析，自镇南关出关后，潘氏所经驿站有：坡垒驿→北峨驿→不博驿→卜邻驿→丕礼道→寿昌驿→市桥驿→吕瑰驿→升龙。③ 这与越南史籍《大越史记全书》所载路线，即界首→寿昌驿→市桥驿→吕瑰驿→升龙，基本一致。④

安南入贡路线，与明朝使臣行进路线一致。万历二十五年（1597），中兴黎朝派遣冯克宽等人入明求封，沿途皆有诗作，后整理成集，名为《梅岭使华诗》⑤。据此诗集，其回程路线为：北京城→通州城→武堵［清］县城⑥→直露［沽］城（在天津卫）⑦→静海县城→青县城（在河南［间］府）⑧→典［兴］济县城（青州）⑨→沧州城→吴桥县城（景州）→德州城（景州）→临清县→东昌府城（山东）→张社镇城→济宁州城→鼓

---

① （明）黄福撰《奉使安南水程日记》，中华书局，1985。
② 《明史》卷151《严震直传》载："（洪武）二十八年讨龙州。使震直偕尚书任亨泰谕安南。还，条奏利病，称旨。寻命修广西兴安县灵渠。审度地势，导湘、漓二江，浚渠五千余丈，筑溪潭及龙母祠土堤百五十余丈，又增高中江石堤，建陡闸三十有六，凿去滩石之碍舟者，漕运悉通。归奏，帝称善。"第4175页。按，从这一史实可以肯定，严震直出使安南曾走湖南入广西的驿道。
③ （明）潘希曾撰《竹涧集》卷2，《影印文渊阁四库全书》第1226册，第666-667页。明末徽商黄汴编纂的《天下水陆路程》卷7《广东至安南水陆》记载，进入安南的路线为：凭祥州凭祥驿→（三十里）界首关→（三十里）坡唯站（旧名坡叠站）、洞濮站、不濮站、不博站→（界首起二百四十里）卜邻站→（一百里）濮上站、丕礼站、昌江站、市桥站、吕瑰站（共二百十里）→渡富良江至安南城。（杨正泰校注，山西人民出版社，1992，第218页）按：此虽为商人所记，但与明朝贡道基本吻合。所记地名为今何地，尚待进一步考证。
④ ［越］吴士连等著，陈荆和整理《大越史记全书·本纪》卷14，第766-767页。
⑤ ［越］冯克宽撰《梅岭使华诗》，越南汉喃研究院藏本，编号A.241。
⑥ 武堵县城，应是武清县之误。武清县属顺天府，明代置有杨村驿。
⑦ 直露城，疑为直沽之误。
⑧ 河南府，应是河间府之误。
⑨ 典济县城，应是兴济县之误，是属河间府，非属青州，明代置有乾宁驿。

［彭］城（山东、徐州）①→邳州城→宿山［迁］县城②→桃花［源］县城③→清河县城→淮安府城→镇州府城→丹阳县→常州府→无锡城→苏州府城→吴江县城→崇德县城→杭州府城→福［富］阳县城④→严州府城→兰溪县城→衢州县城→常州［山］县城⑤→玉仙［山］县城⑥→上绕［饶］县城⑦→弋阳县城→贵溪县城→安山［仁］县城⑧→丰城县城→剖涂［新淦］县城⑨→吉安府城→泰山［和］县城⑩→峡安县城→万安县城→赣州府城→南雄府城→韶州府城→英德县城→清远县城→肇庆府城→梧州府城→口胜［藤］县城（控［梧］州府城）⑪→平南县城（浔州）→浔州府城→贵县城→横州城→永淳县城→南宁城府→临［左］州城⑫→太平府城→思明府→镇南关。

明朝对各国入贡的官道有明确的规定，朝贡国必须严格遵守。而安南方面曾两次试图另走他道，均遭拒绝。洪武二十六年（1393），明廷探知安南于洪武二十一年（1388）的篡逆事件后，曾下谕广西地方官，拒绝安南的朝贡，洪武二十七年（1394），安南为了突破禁令，派遣陪臣阮均等奉表由广东入境。明太祖审阅奏报后，即时敕谕礼部官曰："安南篡弑不许朝贡，已谕广西布政司毋纳其使。今又从广东来，有司不先请命而擅纳其使，亟遣人诘责之。"结果拒绝了安南的朝贡。⑬另一次发生在成化十一年（1475），在太监钱能的利诱下，安南欲借道云南入明，兵部以"云南自祖宗朝以来，不系交人通贡道路"为由，拒绝其要求。⑭弘治年间，安

---

① 鼓城，应是彭城之误，明代置有彭城驿。
② 宿山，疑为宿迁之误，明代置有钟吾驿。
③ 桃花，应为桃源之误，明代置有桃源驿。
④ 福阳，应是富阳之误，明代置有会江驿。
⑤ 常州，应是常山之误，明代置有草坪驿。
⑥ 玉仙，应是玉山之误，明代置有怀玉驿。
⑦ 上绕，应是上饶之笔误，明代置有葛阳马驿。
⑧ 安山，应是安仁之误，明代置有紫云驿。
⑨ 剖涂，应是新淦之误，明代置有金川驿。
⑩ 泰山，应是泰和之误，明代置有白下驿。
⑪ 口胜，应是藤县之误，明代置有藤江驿。控州，应是梧州之误。
⑫ 临州城，疑为"左州城"之误。左州属太平府，明代置有驮芦驿。
⑬ 《明太祖实录》卷232"洪武二十七年五月甲寅"，第3401页。
⑭ 《明宪宗实录》卷141"成化十一年五月辛酉"，第2628页。

南使臣多次以受凭祥土官李广宁索求为由，请求绕开凭祥，从安南的广源州直趋龙州，明朝官员认为"国初设镇南关于凭祥而路必由龙州，甚有深意"①，仍令安南使臣按规定的贡道经凭祥出镇南关。

第二节　使臣来往的礼仪规范

礼仪制度是中国历代王朝的重要政治制度之一，它是维持社会秩序的保证。在发展邦交关系时，礼仪也是一项重要的内容，其相关内容则是国内尊卑秩序规定的向外延伸。"中国统治者和其他国家之间的宗藩关系表现出传统的'文化主义'……简言之，把外国的统治者纳入尊卑关系以及按礼仪这样做，仅仅是把中国统治者企图在国内保持的儒家社会制度在外部世界的延伸。"② 安南作为中国的藩属国，长期以来，深受儒家文化的影响，对这一政治规则也十分熟悉，不得不表示认同与接受。但是，这些政治规则也会因时而异。中国历代王朝会因对传统认识的不同，在新王朝初建时，对礼仪的内容有所修订。而作为属国的安南，对中国新王朝的规则也有一个认同与接受的过程，有时还会发生激烈的辩论。就现有的学术成果而言，学者往往以静态的观点审视此问题，却忽略了其中变化的过程以及所表现的文化含义。

使节的迎接仪注，是邦交礼仪的重要内容之一，其中又分藩使朝贡仪注、遣使藩国之仪注。

一　藩使朝贡仪注

洪武二年（1369）制定藩使朝贡礼，这一套仪注曾参考了从殷汤以迄元代各朝的朝贡史实而厘定出来。藩使朝贡礼的内容，大致分五大部分。③

1. 到达京郊

（1）使者至龙江驿。驿官呈报应天府。

---

① （明）陈全之撰《蓬窗日录》卷2《安南贡路》，顾静标校点，上海书店出版社，2009，第107页。
② 〔美〕费正清（John King Fairbank）、赖肖尔（Edwin O. Reischauer）：《中国：传统与变革》，陈仲丹等译，第194页。
③ 《明太祖实录》卷45"洪武二年九月壬子"，第896-900页。

(2) 遣侍仪、通赞二员接伴，由应天府知府至驿礼待，宴以酒食。设藩使座于厅西北东向，知府座于厅之东南西向。

(3)（藩使到达次日早上）同知与藩使至会同馆。接伴舍人引藩使由西、同知由东入。报中书省，省臣以闻，命礼部侍郎于馆中礼待。宴毕，藩使送侍郎出，藩使还馆。侍仪司以藩使于天界寺习仪三日，择日朝见。

2. 朝见场所的布置（在朝见前一日安排完毕）

(1) 奉天殿设御座、香案（内使监负责）。

(2) 宝案设于御座前（尚宝司负责）。

(3) 表案设于丹墀中道之北及殿上正中，方物案设于丹墀表案之南（侍仪司负责）。

(4) 使者位置：使者拜位位于中道方物案之南，通使位于使者之西，俱北向。

3. 朝见仪式

(1) 初严：百官具公服，侍仪、舍人入陈设。

(2) 次严：执事者以方物各置于案昇之前，舍人引使者服朝服奉表后从午门西门入，至殿前丹墀西东向俟立。

(3) 三严：文武官入就侍立位。

4. 仪式进行

(1) 皇帝服皮弁服出。乐作，升座；乐止，鸣鞭，报时讫。

(2) 执事者置方物案，退立于左右，舍人引使者置表于案，就拜位，赞拜，乐作，使者及众使皆四拜，乐止。

(3) 舍人引使者诣表案跪取表授受表官，又取方物状授受方物状官。

(4) 受表等官俱由西阶升至殿廷，以表置于案；赞宣表官取表跪宣于殿西；宣讫，兴，置表于案，退立殿西。宣方物状官亦如之。俱由殿西门复位。使者皆俯伏，兴，复位。

(5) 承制官承制自中门出，降诣使者前称有制，使者皆跪，宣制曰：皇帝问使者，来时国王安否？使者答毕，俯伏，兴，乐作；再拜，乐止。

(6) 承制官称有后制，使者皆跪，宣制曰：皇帝又问尔，使者远来勤劳？使者答毕，俯伏，兴，乐作；再拜，乐止。

(7) 承制官升殿中，跪，复命讫，复侍立位。

（8）乐作，使者皆四拜；乐止，礼部收表及方物，礼毕。

之后，藩国使臣拜见东宫皇太子，礼部奉旨赐宴于会同馆，皇太子则择日赐宴。接着中书省宴于左司，都督府、御史台俱宴于经历司。

5. 使者回国，陛辞，陈设如朝见仪。如有赐物，礼部官于午门外置于案；赐诏则设诏书案于礼物案之北。拱卫司用黄盖遮覆。使者行，礼部官捧礼物及诏书自丹陛中道出，至午门外，付使者。礼部官率应天府官送至龙江驿，设宴如初。宴毕，驿官送起行。

洪武十八年（1385）定藩国进表礼仪，规定：

> 凡蕃国初附，遣使奉表进贡方物，先于会同馆安歇，礼部以表副本奏知。仪礼司引蕃使习仪，择日朝见。其日锦衣卫陈设仪仗，和声郎设大乐于丹陛如常仪；仪礼司设表案于奉天殿东门外丹陛上，方物案于丹陛中道之左右；设文武百官侍立位于文武楼南，东西相向。蕃使服其服捧表及方物状至丹墀，跪授礼部官，礼部官受之，诣丹墀置于案。执事者各陈方物于案，毕，典仪内赞外赞，宣表展表官、宣方物状官各具朝服，其余文武官常服，就位。仪礼司官奏请升殿，皇帝常服出。乐作，升座；乐止，鸣鞭。讫，文武官入班，叩头礼毕，分东西侍立。引礼引蕃使就丹墀拜位，赞四拜。典仪唱进表序班举表案由东门入至于殿中，内赞赞宣表，外赞赞蕃使跪，宣表宣方物状。讫，蕃使俯伏，兴，四拜。礼毕，驾兴，乐作，还宫，乐止。百官及蕃使以次出。其蕃国常朝及为国事谢恩，遣使进表贡方物，皆如前仪，唯不宣表。①

同年九月，因诸藩国入贡，朝廷均有赏赐，太祖命礼部同仪礼司以赐物陈设殿廷行礼，于是礼部定行礼之仪。其仪：

> 凡赐诸蕃金帛等物，皆先陈于庭，引受赐者至前列跪，主客以盘盛所赐授之。先受者俯伏，兴，立，俟于傍。余人以次受。讫，复序

---

① 《明太祖实录》卷172"洪武十八年三月庚辰"，第2628–2629页。

立，置赐物于拜位之前，五拜三叩头乃退。若一人则跪于中，受赐讫，就俯伏以物置地，亦五拜三叩头而退。①

洪武二十七年（1394）四月，明太祖下令改革藩国的朝贡仪式。新制订的仪式其实是简化原来烦琐的礼节。经过修订的仪式为：

> 凡蕃国王来朝，先遣礼部劳于会同馆。明日，各服其国服，如尝赐朝服者则服朝服，于奉天殿朝见，行八拜礼。毕，即诣文华殿朝皇太子，行四拜礼。见亲王亦如之。亲王立受后，答二拜。其从官随蕃王班后行礼。凡遇宴会，蕃王班次居侯、伯之下，其蕃国使臣及土官朝贡，皆如常朝仪。②

这一次朝礼的改革，对一位保守的君王来说，无疑是革命性的。其中最开明的一项措施是藩王或藩使不须服皮弁朝觐，而能够各随其国俗。促使此种改革的原因，似与来朝藩国繁多与频数不无关系。③

二 奉使藩国之礼

相对而言，藩国来朝之仪具有一定的强制性，不管藩国使臣同意与否，在觐见前必须在会同馆习礼三日；如有异见，则可能无法完成使命，所以一般使臣均会按照中国的礼官吩咐而行。但是，中国使臣出使安南，由于天朝对藩国接待使者并没有明确的规定，通常情况是，使者进入藩国的境内后，才与藩国礼官商议迎接的仪注，因此，常常因为对迎接的仪注存有分歧，而发生一些辩论。

安南立国后，宋元时期对属国迎接使臣的仪式并没有做出规定，当时迎接仪式简单而随意。据史籍载，元至元二十五年（1288）十一月二十六日，徐明善等出使安南。越南史籍《芸台类语》载：

---

① 《明太祖实录》卷175"洪武十八年九月甲申"，第2661页。
② 《明太祖实录》卷232"洪武二十七年四月庚辰"，第3395－3396页。
③ 张亦善：《明帝国与南海政略》，载《东南亚史研究论集》，第32页。

第五章 / 明朝与安南宗藩关系的内涵与特征

> 国王见使者，礼甚简质。公馆驲后有重屋，王由后门先至其中，启中扃延使者，立揖，问圣躬万福，并慰问使者道途安好而已。集贤殿宣诏，礼亦简略，前再拜，上香；又再拜，宣诏书。闻者王之左右亲信，无大集文武百官僧道耆老之事。礼毕，宴使者。翌日，延使者观表稿；次日又延观万佛情文，颇为周洽。①

洪武三年（1370），明廷制定了"蕃国受印物礼"，规定使臣至藩国后，藩国迎接的规范仪式。② 洪武八年（1375）二月，明朝又制定了颁诏诸藩及藩国迎接仪式。③ 但这些礼仪并没有在安南顺利地施行。事实上，明使到了安南，其迎使仪式或简约，或庄严，完全看使臣个人的理解与魄力而定。

洪武三年（1370）八月，王濂、林弼出使安南，吊祭陈日煃，册封陈日熞。在议授受之礼时，日熞"心萌犯上，慢朝使以示尊武"，因此"往返数四"而未能达至共识，王濂厉声呵之，才逼迫其接受。④《名山藏》载："以宁乃入，日熞郊迎，为日熞位北向，使者南向授诏，日熞俯伏谢。其明日长跪稽首受印。"⑤ 安南人素"以长揖为敬，至是始稽首顿首成礼去"⑥。张以宁等人的表现深得太祖赞赏，"赐以敕书，比之陆贾、马援，并御制诗八以奖谕之"⑦。明太祖在赐诗序中曰："安南国中人民官属，以我中国揖为大礼，见人长揖为礼。毕为我以宁能评之以礼，使彼国中今行稽首顿首之拜。睹其所以，我以宁非独抱忠贞而能使者（其）事者，速能化夷行中国之礼，可谓智哉！"⑧

但是，洪武十一年（1378），安南派遣陪臣阮士谔来朝，明太祖出于对属国的尊重，"恐待王之礼薄"，故特派内臣陪送回国，然而，明使入其

---

① 〔越〕黎贵惇撰《芸台类语》卷3，汉喃研究院藏本，编号 Vhv.1169。
② 《明会典》卷58《礼部十六·蕃国礼·蕃国迎诏仪》，第362页。
③ 《明太祖实录》卷97"洪武八年二月壬寅"，第1659页。
④ （清）谈迁撰《国榷》卷4，第439页。
⑤ （明）何乔远撰《名山藏·王享记》，第247页。
⑥ （明）张镜心撰《驭交纪》卷3，《丛书集成初编》第3502册，第34页。
⑦ （明）黄佐撰《翰林记》卷15，中华书局，1985，第195页。
⑧ （明）李文凤撰《越峤书》卷17，《四库全书存目丛书·史部》第163册，第269页。

国境后，阮士谔却不知所踪，明使"出门入户之礼、排筵席宴之间，异端非一，此果礼之诚欤，抑侮之设欤？"① 明朝深为不解。鉴于明使出使安南时，受礼不一，于洪武十二年（1379），礼部尚书朱梦炎建议制定"遣使外国仪注"，颁行于安南实施，规定："凡使者抵境，先报，王遣人郊迎，设香案王府正堂，龙亭置公馆，王率寮属至馆，具鼓吹，身前导，使者从至王府，使者立龙亭左，王与寮属就位，行五拜三叩头礼，使者与抗礼居左，王居右。"② 岂料明太祖态度暧昧，一方面认为统一礼仪规范安南接待使臣，可以让使臣获得更多的尊严，但另一方面，他又不同意朱梦炎的建议，认为："中国之于四夷，惟推诚待之，不在乎礼文之繁也。自今无故，制诰文移不须频至。"③

直至洪武十八年（1385），明廷检讨藩国的迎接仪式，并做了统一的规定：

> 凡使者入蕃国境，先遣人驰报于王，王遣官远接诏。前期，令有司于国门外公馆设幄结彩，设龙亭于正中，设香案于龙亭之南，备金鼓仪仗鼓乐伺候迎引。又于国城内街巷结彩，王宫内设阙庭于殿上正中，设香案于阙庭之前，设司香二人于香案之左右，设诏使立位于香案之东，设开读案于殿陛之东北，设蕃王拜位于中道，北向；设蕃国众官拜位于蕃王拜位之南，异位重行，北向；设捧诏官位于开读案之北，宣诏官位于捧诏官之南，展诏官二人位于宣读官之南，俱西向。司礼二人位于蕃王拜位之北，引礼二人位于司礼之南，引班四人位于众官拜位之北，俱东西相向。陈仪仗于殿庭之东西，设乐位于众官拜位之南，北向。远接官接见诏书，迎至馆中，安诏于龙亭中。遣人驰报王。王即率国中众官及耆儒僧道出迎于国门外。至馆中，具冕服，众官具朝服，行五拜礼，讫，迎诏出馆。至国门，金鼓在前，次僧道耆儒，次众官，次王，次仪仗鼓乐，次诏书龙亭，使者常服行于龙亭

---

① （明）姚士观编《明太祖文集》卷8《谕安南来使敕》，《影印文渊阁四库全书》第1223册，第76页。
② （明）王世贞撰《弇州史料·前集》卷17，《四库禁毁书丛刊·史部》第48册，第705页。
③ 《明太祖实录》卷122"洪武十二年二月己酉"，第1976页。

后。迎至殿中，金鼓分列门外之左右，置龙亭于殿上正中，使者立于东。引礼引王入就拜位，引班引众官人等各就拜位。使者诣前，南向立，称有制。司赞唱拜，乐作，蕃王及众官以下皆四拜；乐止，引礼引蕃王由西阶升诣香案前，北向立。引礼唱跪，司赞唱众官皆跪。引礼唱上香，司香捧香跪进于王之左，王三上香，讫，引礼唱俯伏，兴，平身，蕃王及众官以下皆俯伏，兴，平身。引礼引蕃王复位，司赞唱开读。宣诏官、展诏官升案，使者诣龙亭捧诏书授捧诏官。捧诏官前受诏，捧至开读案，授宣诏官。宣诏官受诏，展诏官对展。司赞唱跪，蕃王及众官以下皆跪。宣诏官宣诏书，捧诏官于宣诏官前捧诏书，仍置于龙亭。司赞唱俯伏，兴，平身，蕃王及众官以下，皆俯伏，兴，平身。司赞唱拜，乐作，蕃王及众官以下皆四拜，乐止。司赞唱搢笏，鞠躬三，舞蹈三，拱手加额，山呼万岁，山呼万岁，再山呼万万岁。出笏，俯伏，兴，乐作，四拜，兴，平身，乐止，礼毕。引礼引蕃王退，引班引众官以次退。蕃王及众官释服。使者以诏书付所司颁行。蕃王与使者分宾主行两拜礼，使者居东，蕃王居西。如蕃国陪臣行礼，使者立受。①

然而自宣德至天顺初年，有些仪注仍旧不一，尤其是坐序方面，如徐琦用"东西向坐"，边永用"南北向坐"，黄谏则用"并南向坐"，使者每次至安南，均要进行一次"礼仪之辩"，甚至为了坐序，相互辩论七天之久。②造成仪注混乱的主要原因，多应归咎于部分明朝使臣的个人行为，如黄谏就被安南国王讥为"颇看好名"，为了坐序而"辩论数四"，结果安南国王"不得已而勉从"。③

---

① 《明会典》卷58，第362页。
② （明）李文凤撰《越峤书》卷11，《四库全书存目丛书·史部》第163册，97–98页。
③ （明）李文凤撰《越峤书》卷11《安南国王回复》，《四库全书存目丛书·史部》第163册，第96页。又见（明）郭棐撰《粤大记》卷13："天顺初，以尚宝卿出使安南，辩论礼席及谕请正朔，凡为书十一通，悉按经史，风节凛然。"（黄国声、邓贵忠点校，广东人民出版社，2014，第378页。）（明）薛鏊修、陈艮山撰《正德淮安府志》卷13："以尚宝司卿兼侍讲。出使安南，诘迂路，定礼仪，辨坐席，辞馈赆，谕请正朔，凡为书十一通，国王不敢违。"（荀德麟等点校，方志出版社，2009，第349页。）

天顺六年（1462），钱溥出使册封黎灏为安南国王，黎灏"初有国耻屈下，欲杀见使臣礼。溥七为书贻之，往复甚苦，乃定"①。钱溥自持"天子侍从密勿之臣"，依照《大明集礼》与"礼制及古礼之可行者"，拟定仪注六条，要求安南遵行。

第一，奉诏敕入界首关，一路迎接官及所过衙门官俱行五拜三叩头礼。其道路官员人等遇见，即于道傍俯伏，过毕方起。

第二，前期二日，结彩于殿庭及公廨街衢，众官及耆秀僧道照《大明集礼》仪注习仪。是夕王宿于斋所，众官各斋宿于衙门；次日早，王与众官皆冠带便服，率耆秀僧道出郊迎至吕瑰站，望诏敕叩头；王随入站，其众官候朝使下轿入站，捧置龙亭中，南向，王与众官等北向，行五拜三叩头礼；众官分东西班立，王入与朝使行两拜礼；设席向南，王北面劝酒；饭毕，率众官回，留执事官演礼。留官宿卫。

第三，令有司于国门外迎恩亭设幄结彩，设二龙亭、一香案于正中，备金鼓仪仗鼓乐，迎入亭安奉，龙节于一亭，诏敕共一亭。是日王与众官具朝服，及耆秀僧道止叩头迎龙亭；出，金鼓在前，次耆秀僧道行，次众官行，次王靠东行，次仪仗鼓乐，次龙亭，朝使分行于龙亭之后；迎至府中，众官等分列于东西，司赞唱排班，引礼引王等各就位，唱班齐东边，使者学士诸前南向立，称有制，唱鞠躬，乐作，四拜，唱三上香；开读宣诏令官二人，一用汉音，一用国音；展读官二人俱升案，使者诣龙亭捧诏与捧诏官，捧诏官跪受，诣开读官宣读；讫，奉还使者，复置龙亭中，赞四拜，搢笏鞠躬，三舞蹈，山呼者三，出笏，俯伏，兴，四拜；讫，西边使者太监诣前南向立，称有敕谕，赞跪，王与众官以下皆跪，使者诣龙亭捧敕授王，王开讫，收敕，叩头，起赞；礼毕，王复升诣龙亭前，跪问圣躬，太监鞠躬答曰：圣躬万福。王及众官退，复设香案于殿台上，向北，王易九章服

---

① （明）朱国桢辑《皇明大事记》卷15《安南叛服》，《四库禁毁书丛刊·史部》第28册，第260页。

第五章／明朝与安南宗藩关系的内涵与特征

行五拜三叩头礼谢恩,然后易王者冠带与朝使分东西行两拜;众官见,朝使向南立,受两拜。毕,王率众官具鼓乐仪仗送诏节入天使馆。

第四,宴亭之礼,四位朝使并东坐向西,王西坐向东,对第四位。此按《大明集礼》内载,元至元二十六年礼部尚书张立道使安南,宴于集贤殿,东西相向坐,国朝仿而行之。及洪武二十六年指挥王麟使朝鲜,礼部定到仪注,亦东西相向坐,此我祖宗之定制,敢不谨而行之。如旧有侍臣同宴于殿者,今当少置殿外两傍,以次升劝,盖君既分坐,臣当退避故也。

第五,王与国之贤而有学者,各赋诗为文送朝使还京,此古者使于四方,必采列国之诗,以见其俗之美恶。至晋韩宣子归自郑,其六卿饯于郊,宣子曰:二三子请皆赋,起亦以知郑志,及赋不出,郑志皆昵燕好。倘有所作,岂惟得观所志,抑将采而献之于上。

第六,濒行之日,王率众官以下送诏节至郊外,行五拜三叩头礼,还,择日遣陪臣赍表诣阙谢恩。①

钱溥为了让黎灏接受自己列出的仪注,反复七次致书黎灏,阐明此次仪注的理据。通过此次与安南国王的"仪礼之辩",明使在最大程度上规范安南迎诏的行为,其中两个方面的内容颇值得注意:

一是确定了"五拜三叩"为最高的礼仪。"五拜三叩"是明初国内政治活动中最高的仪礼,但并不推行于藩国,如上所述,张以宁出使安南时迫使安南国王"行稽首顿首之拜"。洪武十二年(1379),朱炎提议改革礼制,要求安南国王行五拜三叩,但明太祖并不接纳。洪武十八年(1385)的改革中,只要求行五拜之礼。此次将"五拜三叩"贯彻于整个迎接仪式的过程中,并强迫其接受。后来安南人也逐渐接受了"五拜三叩"这一礼式,② 后以此为国俗,在清初坚拒清朝的"三跪九叩"之礼,并引发了长

---

① (明)李文凤撰《越峤书》卷11,《四库全书存目丛书·史部》第163册,第97-98页。
② 〔越〕范廷虎撰《雨中随笔》卷下《拜礼》,载孙逊、郑克孟、陈益源主编《越南汉文小说集成》第16册,第263页。

249

达百年的"礼仪之争"。①

二是明确了使者与安南国王的坐序为东西向坐,"朝使并东坐向西,王西坐向东"。

此外,钱溥此次出使也解决了一个长期困扰的问题,即在宣读诏书时是使用"汉音"还是"国音"(安南地方语言)?钱溥强调在宣诏时必须使用"汉音",这是要显示明朝的宗主国地位与权威。

第三节　宗藩体制下的明、安经济交流

学界对于明朝与安南关系的研究较多侧重于政治交往与文化交流,而在经济流通方面则碍于史料之匮乏,研究论文甚少,分歧也较大。通常学者都认为朝贡与贸易犹如孪生兄弟,互为依存。② 在这种认识的指导下,大多数学者认为,明朝与安南的贸易主要是官方贸易。③ 事实上,朝贡与贸易互为依存的情形,在某种意义上来说,对于大多藩国是适用的,但对安南而言,很值得商榷。美国学者伍德赛德(A. B. Woodside)就认为,在古代中越关系中,政治与商业从未搅在一起。④ 牛军凯亦曾说在研究安南朝贡时"发现安南政府似乎并没有进行贸易活动"⑤。由此可见,安南对明朝的朝贡与贸易之生态如何,仍然有待深入的探研。

将安南与明朝朝贡与贸易捆绑在一起,且认为官方基本垄断两国之间的贸易,持这种观点的学者,主要基于两点:一是将贡物与赏赐视为贸易行为,二是以明朝对东南亚的政策完全套用于安南。这一部分学者在研究古代中国对南海诸国的经济交往中,忽略了安南自身的特殊性。而认为安南对明朝政治与贸易分离,不存在官方贸易,持这一观点的学者主要基于两个理由:一是否认贡物与赏赐是一种贸易行为,二是注意到安南有别于其他东南亚国家,安南政府并没有参与对明朝的贸易活动。经过对安南历

---

① 牛军凯:《三跪九叩与五拜三叩:清朝与安南的礼仪之争》,《南洋问题研究》2005年第1期。
② 王正毅:《世界体系与中国》,商务印书馆,2000,第322－325页。
③ 山本達郎編『ベトナム中国関係史』,281页。
④ A. B. Woodside, *Vietnam and Chinese Model*, Havard university press, 1988, p.272.
⑤ 牛军凯:《王室后裔与叛乱者:越南莫氏家族与中国关系研究》,第198页。

史的考察，笔者基本同意后一种观点。为了更好地了解明朝与安南的经济交往情况，有必要在此做更细致的分析。笔者将明朝与安南之间的物资交流分为三种主要形态，谨分别论述如下。

一 馈赠与援助

明朝政府明文规定，对于藩属国前来朝贡，理应给予优待，这种优待主要表现于赏赐时"厚往薄来"。同时明朝在对外经济活动中，还实施了垄断性的政策，因此，对于东南亚多数国家而言，必须通过朝贡的形式，才能与明朝发生经济关系，一是通过贡献礼品来收获等价的或更多的赏赐；二是利用朝贡的机会，从事朝贡附带性贸易。可以肯定，大部分藩属国入贡明朝，更多是从经济上考量，所谓"番人利中国市易"。因此，这些藩属国对明朝进贡本身就是一次贸易行动。

然而，安南与东南亚其他国家有着明显的不同，安南朝贡的目的主要是出于政治的考量。安南各王朝与中国王朝有着传统的、特殊的宗藩关系，无论其国内政治如何变化，当权者均寻求中国王朝的承认与支持，其地位才能巩固，从而形成了一定的政治依赖性。安南为了与明朝保持稳定的政治关系，付出的经济代价分为两部分：一是经常性的贡品，在常贡中除了土特产外，金银器皿占了相当的比重，每次至少二百两以上；二是特殊性支付，安南与朝鲜一样，作为与明朝相邻的属国，有时还要对宗主国承担一些特殊的义务与责任，尤其是涉及边疆的安全。如洪武十七年（1384）秋七月，明朝用兵云南，明太祖认为安南若"能坚事大之心，当助粮饷以佐兵食"。结果，这一次安南支助了兵粮五千石。[①] 洪武二十八年（1395）十月，明朝征讨土司赵宗寿的骚动，再次向安南请求支援军粮八万石，安南回应曰："本国地狭民稀，田赋仅可自给，愿输米一万石，余以金千两、银二万两代输。"后因赵宗寿接受招抚，事件很快得以平息，

[①] 《明太祖实录》卷163"洪武十七年秋七月甲寅"，第2527页。〔越〕潘简清等《钦定越史通鉴纲目》正编卷11载："帝命行遣陈尧俞运粮五千石至水尾界首，送之官军，因瘴死者甚众。"域外汉籍珍本文库编纂出版委员会编《域外汉籍珍本文库》第三辑，史部第6册，第627页。

所进献金银退还安南。① 又于宣德六年（1431），明使章敞、徐琦赍印往封黎利，命其权署安南国事。随后，黎利遣使谢恩，"并解岁贡金五万两"②。而明朝所回赐的赏品以丝织品为主，回赠的数量并不巨大。其他则有象征地位身份的冠服等。

从上述列举的史料可知，虽然双方的贡品与赏赐的价格无法精算，但可以想象得知，在宗藩关系背景下，明朝与安南互赠的"政治礼物"，与所谓"厚往薄来"相悖逆，安南在与明朝保持宗藩关系中似乎并没有获得经济利益。

二 "合法"的走私贸易

如上所言，大多藩国入贡明朝是以经济利益为其主要目标，因此，在入贡时必然跟随一支庞大的贸易商团。这些商团多为朝贡国王室组织，或由王室授权，官方性质明显。而安南王室是否参与这样的活动，令人生疑。从现有的史料看，得以支持安南存在朝贡附带贸易的证据不多，如：建文四年（1402），明成祖遣使诏谕安南、暹罗、爪哇等南海诸藩国，鼓励各国遣使来朝，规定："其以土物来市易者，悉听其便。或有不知避忌而误干宪条，皆宽宥之，以怀远人。"③ 宣德年间，宣宗敕谕总兵官都督山云及广西都司布政司按察司："今后外夷遣人朝贡及奏事者，须验其真伪及所贡方物马匹多寡，所奏事体轻重，酌量遣其正副及从人来京，少者二三人，多者不过二十，其余从人悉留在彼，日给口粮，馆待，候赴京使人回日带领同归。"④ 此项规定，与广东、福建、浙江等设有市舶司的地方一样，而且《明会典》亦有规定，安南国"开市贸易与暹罗国同"⑤。此后明朝士大夫唐冑之在谈及对安南政策时亦曾言："夫夷狄入贡，乃彼之利。

---

① 《明太祖实录》卷242"洪武二十八年冬十月癸卯"，第3521页。〔越〕吴士连等著，陈荆和整理《大越史记全书·本纪》卷8载："明遣任亨泰等来乞师五万人，象五十只、粮五十万石，搬运至界首以给军。时明人讨龙州奉义州叛蛮，阴设此计，欲托以粮米不足，掩捕国人，亨泰密告知之。以故不与兵象，所给粮不多，差官送至同登而还。"（第470页）
② 〔越〕吴士连等著，陈荆和整理《大越史记全书·本纪》卷10，第563-564页。
③ 《明太宗实录》卷12"洪武三十五年八（九）月丁亥"，第205页。
④ （明）汪森撰《粤西文载》卷2《宣德十四年四月敕》，《影印文渊阁四库全书》第1465册，第458页。
⑤ （正德）《大明会典》卷101《礼部六十·给赐一·安南国》。

一则奉正朔以威其邻，一则通贸易以润其国。"① 天顺年间，钱溥出使安南，与安南国王发生礼仪之辩，钱溥曾辩驳说："凡遣使至京，翱翔万里，听其所往，懋易有无，入市不变，如子于父母家，任便取适而已。"②

从上述史料来看，似乎安南在朝贡时附带有贸易的状况。然而，翻阅中越史籍后，发现明朝并没有在中越边境上设置类似市舶司的关税机构，也无法找到安南王室参与或支持这些贸易活动的史料。应该说，这些史料说明了明朝在"一视同仁"的原则下，赋予安南与其他藩国一样的政策，但是，安南政府并没有充分使用这些权利，这正是安南与其他南海藩国区别之处。之所以存在这样的区别，主要有以下三个方面的原因。（1）安南与古代中国一样，均为农业社会，经济上以自给自足为主。在轻商抑商的思想影响下，自陈朝以来，安南一直实施锁国政策，在与中国交往时更多的是展现其"纯政治"的一面。（2）安南的物产与中国南方省份相似，安南政府所需，如金属、硝磺、药材等，是明朝禁止出口的商品。明朝允许大宗交易的物品主要是丝绸、陶瓷之类，安南国内也能生产，并有大量出口。况且，中国的丝绸以华贵为尚，并不适合处于热带地区的安南消费者。（3）中越是毗邻国家，边境贸易比较便捷，不必借助朝贡的机会从事附带性贸易来解决百姓所需。正是出于上述三方面的原因，安南官方并没有像其他南海诸藩一样，积极寻求与明朝发展附带性的朝贡贸易。

这里所说安南政府没有参与贸易活动，并不等于在朝贡过程中不存在贸易活动。事实上，安南使臣一直在利用贡使的身份，从事"合法的走私贸易"。有关此方面的活动，中越史籍均有较多的记载。如宣德九年（1434）正月，阮富等出使明朝，回国时"多买货至三十余担"，安南政府"恶其商贩，欲愧其心，使人收验，暴于殿廷，然后还之"③。同年，阮宗冑同样利用北使的机会"多赍金帛贩北货，帝恶其违禁营财，尽散其装赐百官"④。正统年间，安南海西道同知阮叔惠多次奉使明朝，诡计营私，

---

① 《明世宗实录》卷195"嘉靖十五年闰十二月壬子朔"，第4116页。
② （明）李文凤撰《越峤书》卷11，《四库全书存目丛书·史部》第163册，第94页。
③ 〔越〕吴士连等著，陈荆和整理《大越史记全书·本纪》卷11，第581页。
④ 〔越〕吴士连等著，陈荆和整理《大越史记全书·本纪》卷11，第586页。

"人以鬼头目之"①。天顺年间阮如堵、陈封入贡明朝,"鬻买千计,开阛百端"②。这些事例可以说明,安南统治者对于"朝贡贸易"并不提倡,甚至是反对的。

安南使者贩卖的货物为何?因史料缺如,已难以全部考证,但可以肯定,书籍与药材必在其中。天顺元年(1457)六月,安南国陪臣黎文老向明朝奏请:"诗书所以淑人心,药石所以寿人命。本国自古以来,每资中国书籍、药材,以明道理,以跻寿域。今乞循旧习,以带来土产香味等物,易其所无,回国资用。"明帝从之。③《东西洋考》"交阯·交易"条曰:"士人嗜书,每重赀以购焉。"④ 也有个别从事丝织品交易者,弘治七年(1494)七月,鸿胪寺通事序班范峻因纵容安南贡臣私自交易及织造违禁缎匹而受到惩治。⑤

安南对使者利用出使机会进行"合法"的走私贸易,一直视为有损国格的行为,曾加以明令禁止。但实际上,安南使臣的走私贸易,从未停止过,而且日趋严重,至成化、弘治年间,并因此而演化为邦交事件。成化十三年(1477),安南国王黎灏奏称,其国使臣入贡明朝途中,屡受龙州知州赵源、凭祥土官李广宁等索财阻滞,且有陪臣陈瑾即时以亲身经历作证。明朝廷为此责令广西地方官从严查处。然而,经广西地方官调查,认为这是因为"安南朝贡,赍装甚多。而边境民少,不足运送,以致构怨"⑥。据载,安南国历年进贡方物,按例合用扛抬红绎行李等项人夫六百名。但是,到了成化年间,由于使臣夹带私货过多,"动用人夫少则二千,多则三千"⑦。也就是说,安南使臣藉入贡之机,假公济私,夹带私货之严重,是导致边关矛盾的主要原因。

为缓解安南使臣与广西边界镇守土官的矛盾,明廷特别派人护送安南使臣出关,并敕令凭祥县等衙门依限递送方物,以示柔远之意。但同时传

---

① 〔越〕潘简清等撰《钦定越史通鉴纲目》卷18,第1908页。
② 〔越〕吴士连等著,陈荆和整理《大越史记全书·本纪》卷12,第651页。
③ 《明英宗实录》卷279"天顺元年六月甲午",第5969页。
④ (明)张燮撰《东西洋考》卷1《交阯·交易》,中华书局,1981,第20页。
⑤ 《明孝宗实录》卷90"弘治七年七月壬子",第1664页。
⑥ 《明宪宗实录》卷176"成化十四年三月辛未",第3174页。
⑦ (明)汪森撰《粤西文载》卷5《土官阻留贡物疏》,《影印文渊阁四库全书》第1465册,第506页。

谕安南国王，对安南将来入贡也做出了明确的规定："敕令贡使人等今后官扛各宜从轻，每扛不过八九十斤，此外止许将带随身衣服行李，不许夹带私货。"① 但是，明朝的禁令对遏制安南使臣的"走私"活动，效绩不彰。使臣与龙州、凭祥土官的矛盾依然存在，据安南使臣揭发，在成化二十三年（1487）至弘治十八年（1505），阮宗、范福昭、覃文礼、黎俞、武旸、潘琮等，均受到李广宁的刁难与索取，他们控诉的问题主要有：一是克扣伙食，"凡所食用，皆随身带来之物，李广宁所给十不见一"，二是漫天索求，从数百两到数千两不等，多者达二万两之巨。然而，明朝勘查官经调查，认为"李广宁所索银子似乎顾脚之价"②。

从上述史实可以看出，在安南黎朝约一百年的历史里，安南使臣以入贡明朝的机会，从事走私贸易活动，始终没有间断过，而且规模越来越大。李广宁能索求数百或数千，甚至二万两银子的"顾脚之价"，足见其贸易量之巨大，影响之深远。

三 活跃的边境贸易

除了使臣的走私贸易外，安南与明朝的经济活动还表现在边境的民间贸易。从某种意义上讲，安南政府一直推行着闭关锁国的政策，除了云屯作为唯一合法的对外贸易港外，禁止包括中国人在内的任何外国人入境贸易。③ 然而，中越有着漫长的边界，无论是陆路还是海上交通均极为便利，从唐、宋至元，边境贸易十分繁荣，明朝以后，即使采取了一些强硬的措施，但并无法从根本上杜绝两国百姓之间从事边境贸易活动，其中一个主要的原因，乃是明朝与安南地方官的纵容。明中叶后，朝廷对开放贸易一直存有两种对立的观点，一是主张开放，一是主张加强海禁措施。但两广地方官从实际出发，多主张实行有效管理，因势为财。《蓬窗日录》载：

> 近日宪臣在钦州开通互市，其东都、山南、海阳、安邦、海东、

---

① （明）汪森撰《粤西文载》卷5《土官阻留贡物疏》，《影印文渊阁四库全书》第1465册，第506页。
② （明）李文凤撰《越峤书》卷11，《四库全书存目丛书·史部》第163册，第108－113页。
③ 山本達郎編『ベトナム中国関係史』，281頁。

万宁、永安一迤民夷，各衷土产，俱集彭城港，岁时抽分，足给司府不常支用。若用心抚怀，倾国必赴，岁税所得或有侔于雷、廉常赋矣。窃欲广其意，推此政于边方，若龙、凭镇南、南交两关、太平海口、云南临安府之蒙自、宁远州之龙门，教化长官司之宣光，与夫车里、老挝及占城之新州，召商聚货，任其互市，一如近日钦州之故，绸缪经理，始终无伪，吾见忠信孚于蛮夷，番商不远自至。是故镇南、南交两关之商通，而谅山七州十二县，北江三州十二县，及左右前后之迤于谅山、北江者皆会矣。太平海口之商通，而桄榔等县、白藤沿江等州，水陆咸会太平矣。互市开于蒙自，则归化州石廪关，安丘、文盘、文振、水尾四县，嘉兴州龙门四忾三县，咸出蒙自矣……金、银、犀、象、椒、桂、香、蜡皆北逾横山，直来新州矣。由新州循海而东，历广南、升华、顺化、新平四府，直至俄山，则升华、思义、顺化、南埂、南布政等州，黎江、万安、开平、义纯、和调、蒲浪、福康、古邓、左平等十三县，南风起时，我可以往；北风起时，彼偕我来。其物产土赟，山藏海错，吾皆得而兼有也。①

这是当时士大夫对开放中越边贸最大胆的设想，这种设想虽然没能得到朝廷的全面支持，但明代中越边境贸易是真实存在的。

在明朝，中越民间边境贸易，可谓海陆并存。在陆地主要分散于三个区域：

一是西路，即与云南交界之地。蒙自是云南与安南交通的要冲，而莲花滩则是此处的主要互市场所，史料称："交人以莲花滩为市，专一收买云南贩去生铜，铸造短枪。"② 成化十七年（1481），都御史王恕奏称，安南派遣间谍扮成商人在云南边境活动，以窥探我国边境防务情况。③ 可以想见，云南与安南边贸有一定的规模。

一是中路，即与广西交界的地方。从南宁经龙州、凭祥到达安南之升

---

① （明）陈全之撰《蓬窗日录》卷2《安南贡路》，第108页。
② （明）万表辑《皇明经济文录》卷30《处置边务事》，《四库禁毁书丛刊·集部》第19册，第342页。
③ 《明宪宗实录》卷219"成化十七年九月癸巳"，第3793页。

第五章 / 明朝与安南宗藩关系的内涵与特征

龙，这是明、安的官方交通要道，同时也是百姓交通贩卖的重要地区。正统十三年（1448），广西左参议甄完曰："所属思明、镇安、龙州，与交阯连接。虽有兵守把，无官提督，年久不免懈怠。土民贪图微利，潜从小路往来交易，诚恐招致边患。"① 同年，安南方面传言明朝遣使前来勘界，黎仁宗命司寇黎克复，左右纳言阮梦荀、阮文富，右司侍郎陶公僎，中丞何栗并海西道同知阮叔惠、阮兰、裴擒虎、程昱，审刑院副使程昳，内密院参知黎文前往会勘。但这些安南官员到达边境后，逗留十余日，了无动静，发现消息错误后，众官"各以财货至市北物，重载而还"②。而嘉靖年间，翁万达在处理莫登庸事件时，发现边官如孙继武等，常以"整兵为名，挟土人而黩其货"。又称："思明府土官男黄朝，今春以来，计同奸商，节次令人前往广东贩买硝磺，以座船装载，令人不疑，直抵该府，搬运至安南国变卖，见得排草八百担，象牙五对，堆积在彼，又仍往广东贩买前项货物。"③ 可见，边境贸易已是两国官员、百姓习以为常的事。万历年间，明朝曾欲加强广西边境的管理，禁止边境贸易活动，但广西地方官称"惟是豪丫、啼鸡、松径三村属夷，向倚通市为命，一旦禁绝，能无怨心？"④ 事实上，边贸活动已经成了两国边境百姓主要的生存手段，任何强制性措施都难以禁绝。

一是东路，即与广东交界之地。钦州地区，自宋朝起便是中越民间贸易重要据点。《明神宗实录》载："钦州、防城夷汉互市，岁收额税银二百两。第近年防商货物屡被劫夺，商人遂移货城内，夷寇垂涎，纠众劫城，实因贸易以为祸胎。今议防城互市即时停罢，仍严禁各处隘口，不许私通往来。但岭南夷汉互市，其来已久，今一旦遏绝，彼既不得贸易之利，将益逞其不肖之心。"⑤ 由此可见，边境贸易在钦州地区有着悠久的传统，已经成为边境百姓重要的谋生方式之一。晚明时期，莫氏在黎氏的追逼下，把此地作为其活动据点，其原因与此地贸易兴盛不无关联。

在东路，除了陆上贸易，海上贸易更为重要。据日本学者山本达郎研

---

① 《明英宗实录》卷163"正统十三年二月庚申"，第3157页。
② 〔越〕吴士连等著，陈荆和整理《大越史记全书·本纪》卷11，第612－613页。
③ （明）翁万达撰《翁万达集·文集》卷15《上半洲蔡中丞书（其一）》，朱仲玉等校点，第532－533页。
④ 《明神宗实录》卷509"万历四十一年六月己酉"，第9644页。
⑤ 《明神宗实录》卷472"万历三十八年六月庚子"，第8921页。

究，尽管明朝与安南都在不同程度地实施禁海政策，但是两国海上贸易始终在秘密进行。明朝商人常常前往安南的云屯港交易，而安南商人则主要来到广东的钦、廉等州的港口贸易。① 在这些地区，两国不法之徒还互相勾结，从事盗珠活动，一度成为明朝与安南重要的邦交矛盾。天顺元年（1457）六月，广东守臣奏称："（安南人）掌驾三桅船只，往来广东珠池。或二只，或三只，多至一百五十余只，窃取珍珠，岁无虚日。致被守者擒获四人，其人招称范员、程留、武廉、范竟，俱系尔国南策、下路、峡山等县人民。"② 此时，明朝与安南关系因边界纠纷与占城问题，十分紧张，对于明朝的指控，安南不得不做出回应。天顺四年（1460），特派使臣黎景徽等入朝解释盗珠事件，称犯人范员等系迤东濒海村民，为捕鱼而出航海外，其间曾与钦、廉之商贾相勾结，盗采珠池，互为贸易。③ 据史料记载，此后明朝与安南又进行了多次交涉，但盗珠事件仍然时有发生。

明正德以后，由于中日贸易的中断，以及葡萄牙等西方商人的逐渐东来，环南海地区的贸易格局发生了很大的变化，安南对外贸易结构也产生较大的变化，这主要表现为安南与日本、安南与葡踞澳门之间贸易份额的增加。④ 对于安南政权而言，对日贸易或对西洋商人的贸易互补性更强，利益更为优厚。据称，安南以土产的生丝、丝织品等换取其急需的铜、铅、铁、硫黄、硝石、武器等。⑤《大南实录》载："顺（化）、广（南）二处，惟无铜矿，每福建、广东及日本诸商船有载红铜来商者，官为收买，每百斤给价四、五十缗。"⑥

综上所述，可以发现，明朝与安南的宗藩关系发展过程中，朝贡与贸易是分离的，官方从没有进行有组织的贸易活动，安南社会所需明朝的生活及文化消费品，则主要通过使臣的走私贸易及民间贸易来满足。

---

① 山本達郎编『ベトナム中国関係史』，281 頁。
② 《明英宗实录》卷 279 "天顺元年六月丁未"，第 5980 - 5981 页。
③ 《明英宗实录》卷 317 "天顺四年七月己丑"，第 6614 - 6615 页。
④ 陈文源：《明清时期澳门耶稣会士在安南的传教活动》，《澳门历史研究》第 1 辑，澳门历史文化研究会，2002。
⑤ 陈荆和：《十七、十八世纪之会安唐人街及其商业》，《新亚学报》1957 年第 3 卷第 1 期。
⑥ 〔越〕张登桂等撰《大南实录》（前编）卷 2《熙宗孝文皇帝实录》"丁巳四年春正月条"，日本庆应义塾大学语学研究所，1961，第 32 页。

第六章

明朝与安南关系的人文思考

　　唐天祐三年（906），安南曲承裕自称节度使（静海军节度使），此时安南虽名义上仍是中国的一个行政区，但实际上曲氏已割据一方，开始游离出中国王朝的行政体系。南汉大有五年（930），吴权自立为王，置百官，定服色，初具独立国家之雏形。宋开宝元年（968），丁部领平定十二使君之乱，统一安南地区，自称皇帝，建国号"大瞿越"。史学界多以此事件作为安南脱离中国王朝统治的标志。安南要实现真正的独立，其主要阻力无疑来自中国王朝，因此，如何处理与中国王朝的关系，便成为其首先面对的问题。从安南的角度来说，他们在努力谋求建立一个具有独立行政系统、不受外来干预的封建王国，并以宋与西夏的关系模式，发展与中国王朝的关系。但中国王朝的统治者及其士大夫由于历史的原因，怀着深刻的"安南记忆"，要从意识上接受安南作为一个独立、平等的国家，并非一蹴而就的事情。因此，两国从一开始便围绕安南国的地位，进行邦交与意志的博弈，从宋、元至明，两国之间反复多次地经过危机→冲突→妥协的循环，两国关系不断调整，而每次调整，都意味着安南独立性有所增强。因此，越南学者认为，其国家意识的形成与发展，伴随着与中国王朝的对抗过程，其内涵主要体现为对抗外国军事干预的爱国主义精神。[①] 中国王朝与安南的宗藩关系也在邦交博弈中，经历雏形、发展与成熟的过

---

① 参见〔越〕明峥《越南社会发展史研究》、越南社会科学委员会编著《越南历史》。

程，至明朝，这种关系基本上得到完善与规范。

明宣宗弃守安南后，黎利建立后黎政权，选择了一条务实的对华政策，即内政独立与文化认同，与中国王朝保持一种形式上的、稳定的朝贡关系，维持双方之间的和平局面。对于中越之间的朝贡关系，越南学者多认为是一种平等的、小国对待大国的关系，没有君臣、上下的涵义，这种认识，至今仍是越南学界解析越南史与中越关系史的主基调。而中国学界大多认为，中越宗藩关系的理念来源于五服制，宗主国与藩国具有君臣、父子的等级关系，在这种认知下研究中华文化在安南的传播形式与影响，在学理上论述了越南乃中华文化圈之一分子。也有部分学者关注到安南追求独立自主的努力，并认为在安南士人的意识中，明、安关系是华夏系统内部的大国与小国的关系。[①] 因此，探讨在"天下同文"的时空环境下两国士大夫的相互认知，对了解中越朝贡关系的表征与实质具有一定的意义。

第一节 安南的文化认同与自立意识

一 明朝治理下的安南文教建设

安南立国以后，经历丁氏、前黎、李朝三代的发展，逐步建立了一套独立的行政管理体系。并试图在文化意识上创建有别于中国的知识体系，如创造字喃，成立国史院编修国史，以及建立与中原主流文化有别的文化阐释路径，通过对中原文化主流意识的批判来强调其本土化的认知。这些本土化的教育应该说已经取得了相当的成效。洪熙元年（1425），交阯布政司曾感触地说："（交阯）诸生颇知读书，然皆言语侏离，礼法疏旷。虽务学业，未习华风。"[②] 永乐四年（1406）明成祖以"兴灭继绝"为旗号，出兵安南，推翻了胡氏政权，明朝进行了二十余年的直接管治。针对安南陈朝、胡朝时所采取的脱离中国王朝文化建设，明成祖在安南推行了一系

[①] 牛军凯：《王室后裔与叛乱者：越南莫氏家族与中国关系研究》，第271页。
[②] 《明宣宗实录》卷3"洪熙元年秋七月己卯"，第91页。

列的汉化政策，将明王朝的行政系统、文化教育政策延伸至安南。在行政上设三司管治，形同内地。将安南前朝的苛政暴敛，悉皆除之，"擢用贤能，优礼耆老，赈恤穷独，革去夷俗，以复华风"①。在文化建设上，首先消除陈朝、胡朝所营造的独立氛围，对安南文化进行了大幅度的整肃。永乐四年（1406），明成祖下令南征总兵官朱能，一旦攻入安南，"除释道经板经文不毁外，一切书板文字以至礼俗童蒙所习，如上大人丘乙己之类，片纸只字，悉皆毁之。其境内凡有古昔中国所立碑刻则存之，但是安南所立者，悉坏之，一字勿存"②。永乐五年（1407）五月，又诏令总兵官张辅"遇彼处所有一应文字，即便焚毁，毋得存留"③。其次，明成祖决定将安南的文化精英内迁。早于是年二月，就曾诏令张辅将"安南境内有怀才抱德、贤能智谋之人及有一善可称、一艺可用者，即广为询访，尽数以礼敦请，起送赴京，以备擢用"④。据实录记载，张辅确曾落实明成祖的旨意，于九月，解送安南"诸色工匠七千七百人至京"⑤。十月，又将"怀才抱德、明经能文、博学有才、聪明正直、孝悌力田、贤良方正、练达吏事、明习兵法及材武诸色"者九千人，遣送到南京。⑥再次，将明朝的郊祀、科举制度移植到安南。如在安南各府州县广开学校，设立文稷庙、百神、社稷等神坛，皆仿明俗，四时行祭礼。永乐十四年（1416），在安南各府、州、县分设儒学及阴阳医学、僧纲道纪等司，⑦完备安南的教育体系。同时，又把明初官修理学书籍，如《四书大全》《五经大全》《性理大全》等送至安南，颁发给各州县士子学习，勉励安南人参与明廷的科举考试。在管治安南的二十余年里，明朝逐渐建立了一套较完备的行政、教育制度，其目的是要使安南"再睹华夏之淳风，复见礼乐之盛治"⑧。惠特莫尔认为，15世纪初，明朝对安南的管治为宋明理学在当地立足和发展铺平道

---

① （明）邱濬撰《重编琼台稿》卷20，《影印文渊阁四库全书》第1248册，第417页。
② （明）李文凤撰《越峤书》卷2，《四库全书存目丛书·史部》第162册，第695页。
③ （明）李文凤撰《越峤书》卷2，《四库全书存目丛书·史部》第162册，第708页。
④ （明）李文凤撰《越峤书》卷2，《四库全书存目丛书·史部》第162册，第703页。
⑤ 《明太宗实录》卷71"永乐五年九月癸酉"，第997页。
⑥ 《明太宗实录》卷72"永乐五年十月丁亥"，第1001页。
⑦ 《明太宗实录》卷176"永乐十四年五月丙午"，第1924页。
⑧ （明）李文凤撰《越峤书》卷2，《四库全书存目丛书·史部》第162册，第705页。

路，导致安南接受明朝的管治模式，其影响具有划时代的意义。① 明朝对安南的管治虽然失败了，但其治理架构与措施，客观上也成为安南复国后的管治基础。

二　安南黎朝统治者的文化取向

宣德三年（1428），明宣宗弃守安南，明朝军队撤离安南，使安南重新获得独立，其军事首领黎利建立了安南历史上的后黎朝。黎利在审视中越关系发展历程后，并没有沿袭陈朝、胡朝与中国对抗的政策，相反，在很大程度上，承袭与发扬了明朝治理时期的管治体制与文化成果。从黎朝的历史来考察，不难发现，黎利及其继承者对明朝的策略就是主张文化认同、政体独立。这种策略无疑是理性、务实的，而且又不失其自主性，也使得中越关系在此后近百年间能稳定、平和地发展。

黎利的治国方略，与陈朝、胡朝有明显不同。在文化理念上不再追求标新立异，凸显其与明朝的对立意识，而是务实地处理与明朝的关系，特别是文教与行政，一切奉明朝制度为圭臬。越南史学家认为："封建政权以儒教作为建国的典范，作为建立各种政治和社会制度的金科玉律。"② 黎利于立国之始便选择儒家学说作为统治思想，确立了孔子的地位。《大越史记全书》载："太祖立国之初，首兴学校，祠孔子以太牢，其崇重至矣。"③ 此后，黎朝诸帝多次扩建京都的文庙，坚守孔子与儒学的尊崇地位。宣德十年（1435年）二月五日，黎太宗"命少保黎国兴释奠于先师孔子，后以为常"。成化八年（1472），黎圣宗又将每年祭孔的盛典推广至地方，规定各府每年春秋两次举行祭典。④ 其有诗曰："九州何莫非王土，志大蛟螭孰可拘；敦笃化原贤孔孟，商量诡道薄孙吴。"⑤ 表明其对孔孟圣

---

① 〔美〕约翰·K. 惠特莫尔（John K. Whitmore）：《交趾与程朱理学：明朝改革越南的尝试》（*Chiao-chih and Neo-Confucianism: The Ming Attempt to Transform Vietnam*），《明代研究》第 4 卷，1977，第 51—91 页。
② 越南社会科学委员会编著《越南历史》，第 323 页。
③ 〔越〕吴士连等撰，陈荆和整理《大越史记全书·本纪》卷 11，第 577 页。
④ 〔越〕潘清简撰《钦定越史通鉴纲目》卷 22 载："旧制诸路文庙丁祭未有定期，至是准定各府递年以春秋两仲上丁行礼。"（第 2234 页）
⑤ 〔越〕国家社会科学与人文中心汉喃研究室编《黎圣宗总集（汉文诗）》（*LÊ THÁNH TÔNG TỔNG TẬP*），越南文学出版社，2003，第 182 页。

第六章／明朝与安南关系的人文思考

学的倾慕，及对孙吴诡道之术的鄙视。《蓝山实录》对黎圣宗有这样的评价："（圣宗）自入继大统，天资聪睿，圣学高明，凡五经四书、百家诸子，无不贯通；崇师重道，爱民好士，内迪文教则修政立法，以为太平之制。"①

黎朝诸帝对儒家学说的认受可谓身体力行。黎利曾与群臣检讨其成功之道，一致以为关键在于施行"仁政"②。受其影响，黎朝的精英阶层中普遍认为，儒家学说是立国立人的根本。黎利的开国谋臣阮廌在《贺归蓝山》一诗中写道："权谋本是用除奸，仁义维持国世安；台阁有人儒席暖，边陲无事柳营闲。"③黎朝著名史臣吴士连对胡季犛的文化导向曾提出尖锐的批判，曰："前圣之道，非孔子无以明；后圣之生，非孔子无以法。自生民以来，未有盛于孔子者，而敢轻议之，亦不知量也。"④即使后来被斥为篡逆之臣的莫登庸亦认为："三纲五常，扶植天地之栋干，奠安生民之柱石，国而无此，则中夏而夷狄；人而无此，则衣裳而禽犊。自古及今，未有舍此而能立于覆载之间也。"⑤可以说，有黎一朝，在其主流意识中，儒家思想占据了绝对主导的地位。

为了向全社会推广儒家学说，黎朝首先从教育入手，扩充学校，修葺文庙，设立秘书库以贮藏儒学经典及雕版印书。黎圣宗鉴于当时监生治《诗》《书》经者多，而习《礼记》《周易》《春秋》者少，成化三年（1467）特设"五经博士，专治一经以授诸生"⑥。而在所有的措施中，完善科举取士制度成为黎朝诸帝的重要政务。黎朝模仿明朝的科举制度，规定"三年一大比"，共设四场：第一场试"经义""四书"；第二场试"制、诏、表"，规定用"古体四六"文答；第三场试"诗、赋"，规定"诗用唐律，赋用古体骚选"；第四场试"策"，规定由经史时务中出题。⑦

---

① 〔越〕阮廌撰《蓝山实录》"附：大越黎朝帝王中兴功业实录"，越南汉喃研究院藏本，编号Vhc.01356。
② 〔越〕吴士连等撰，陈荆和整理《大越史记全书·本纪》卷11，第565页。
③ 〔越〕阮廌撰《抑斋遗集》"贺归蓝山"（其一），《阮廌全集》（1），第119页。
④ 〔越〕吴士连等撰，陈荆和整理《大越史记全书·本纪》卷8，第469页。
⑤ 〔越〕吴士连等撰，陈荆和整理《大越史记全书·本纪》卷15，第815－816页。
⑥ 〔越〕吴士连等撰，陈荆和整理《大越史记全书·本纪》卷12，第662页。
⑦ 〔越〕吴士连等撰，陈荆和整理《大越史记全书·本纪》卷11，第577－578页；卷12，第646页。

安南士大夫曾曰："前黎学规试法，详载于《实录》，始以试策为乡会、庭试，诚决科之准，盖亦因明制而斟酌之。"①

同时，黎朝的统治者还以儒家学说来统一社会的价值观，颁布了官吏与百姓的共同行为准则。弘治十二年（1499）秋七月初五日，敕谕官员百姓："世道隆污，系乎风俗；风俗微恶，系乎气数。《易》曰：'君子以居贤德善俗。'《书》曰：'弘敷五教，式和民则。'《诗》曰：'其仪不忒，正是四国。'《礼》曰：'齐八政以防淫，一道德以同俗。'圣经垂训，炳炳足征。古昔帝王，御历膺图。抚己酬物，莫不迪兹先务也。我太祖高皇帝，辑宁家邦，肇修人纪；太宗文皇帝，懋昭天宪，笃叙民彝；圣宗淳皇帝，敷贲前功，和沦大化。神传圣继，矩袭规重。仁心仁闻，洋溢乎华夏；善政善教，渐被于际蟠。兆民孚嘉靖之休，亿载衍登宏之盛。朕尊临宝位，祗绍光猷，躬孝敬以端建极之原，首纲常而阐敷言之训。上行下效，既式底于咸宁；长治久安，欲永跻于丕绩。"② 为此特申条约，以规范官民社会行为之准则。

其次，文化认同还表现为在朝纲构建上追步于明朝。安南独立以后，其国家管理体制的建设一直在不断地完善，至明成化七年（1471），黎圣宗进行一次大规模的机构革新，其诏谕文武官员百姓等曰："今之土宇版章，视之昔时，大相迳庭，不得不躬制作之权，尽变通之道。内而军卫之众，则五府分掌之；机务之繁，则六部参综之。禁兵守御三司，以备爪牙心膂；六科审驳百司，六寺承行庶务。通政使司以宣上德、达下情，御史宪察以纠官邪、灼民隐。外而十三承司与总兵方面都司守御，控制要冲；府州县以亲民堡所关以备御。联常事体，互相维持，故征发督府事也。"还规定："以太师、太尉、太傅、太保、少师、少尉、少傅、少保为大臣重职。"③ 黎圣宗所设五府、六部、六科、六寺、十三承司的管理架构，基本上与明朝的体制相仿。明人王世贞曰："安南王所居国都及其宫室郡县

---

① 〔越〕范廷虎撰《雨中随笔》卷下《策问》，载孙逊、郑克孟、陈益源主编《越南汉文小说集成》第16册，第248页。
② 〔越〕吴士连等撰，陈荆和整理《大越史记全书·本纪》卷14，第762页。
③ 〔越〕吴士连等撰，陈荆和整理《大越史记全书·本纪》卷12，第687页。

取士养兵之制，皆窃拟中国或仿汉唐宋名号。"① 也因为这一原因，安南使臣入贡明朝时，为避称谓相同，一般不以其官衔相称，只称"陪臣""头目"。② 黎圣宗的另一重要举措乃是制定了一部系统的法典——《洪德法典》（又称《黎朝刑律》），共分六卷十六章七百二十一条。越南史学家认为，"它标志着越南法权史已进入了一个很重要的新的发展阶段"③。而这部法典实际上是以中国的唐律、唐令为基础，结合当时安南社会风俗习惯制定出来的。④ 尽管黎圣宗的"革新"多是模仿，但对安南来说，这已是一项伟大的成就，所以，士大夫给予了极高的评价，曰："其规模之略，中兴之功，可以比肩夏少康，蹈迹周宣王，薄汉光唐宪于下风矣。"⑤

对于黎朝的政治、法律、教育及习俗的变革，严从简曾做过较为清晰的概括，曰："其三纲五常及正心、修身、齐家、治国之本，礼乐文章，一皆稍备。乃制科举之法，定立文武官僚。本国自初开学校以来，都用中夏汉字，并不习夷字。及其黎氏诸王自奉天朝正朔，本国递年差使臣往来，常有文学之人则往习学艺，遍买经传诸书，并抄取礼仪官制、内外文武等职，与其刑律制度，将回本国，一一仿行。因此，风俗文章、字样书写、衣裳制度，并科举学校、官制朝仪、礼乐教化，翕然可观。"⑥ 黎朝使馆的对联曰："何以见之，虞夏商周礼乐；可与言者，孔颜曾孟文章。"⑦ 正体现了黎朝统治者对明朝的文化认同理念。而且这种认同是安南人在自觉、自主下进行的，明朝并没有干预与强迫。

三 安南黎朝统治者的政治诉求

黎朝对儒学的尊崇，以及对明朝制度的仿造，并不说明安南甘于"藩属国"的地位。黎利在与明朝谈判两国关系常态化的过程中，对明王朝提

---

① （明）王世贞撰《弇州史料》"前集"，《四库禁毁书丛书·史部》第48册，第257页。
② （明）都穆撰、陆采辑《都公谭纂》卷下载："朝鲜设官，名与天朝殊，故以官通。安南则同名，故总称陪臣、大头目而已。"《续修四库全书》第1226册，第683页。
③ 越南社会科学委员会编著《越南历史》，第318页。
④ 戴可来：《越南历史述略》，《印支研究》1983年第1期。
⑤ 〔越〕吴士连等撰，陈荆和整理《大越史记全书·本纪》卷13，第746页。
⑥ （明）严从简撰《殊域周咨录》卷7《安南》，余思黎点校，第237页。
⑦ 〔越〕佚名《故黎乐章诗文杂录》，越南汉喃研究院藏本，编号A.1186，第11页。

出的条件大多没有接受，可见其对安南地位、皇权地位的独立性的坚持。阮廌在《平吴大诰》中，将黎利塑造成为一个"民族英雄"的形象。① 对于黎利的贡献，古代越南史家认为，与赵氏、丁氏、李氏、陈氏各代王朝相比，黎利"自蓝山而起义，愤北寇以举兵，卒能以仁而诛不仁，以正而伐不正，复我国于明僭之余，取天下于明人之手，迄于一戎大定，四海底清，诞布大诰，以即帝位。其得天下也，如此甚正"②。特别强调黎利政权非嗣、非篡，而是以"枪杆子"从明军手中夺来的，以此凸显其正统性。

经历了明初战争的洗礼，安南复兴后，黎氏子孙对明朝均表现得较为恭顺，"数十年来，职贡必修，传世必请，君命之临必畏，天使之辱必敬，亦不敢蹈宋元之故辙"③。然而，安南的顺服在某种意义上来说更多的只是一种形式，它只是吸取了四百年来建国历程的教训，黎朝统治者找到了一条与中原政权和平相处之道。正如有学者所说："中越传统关系中的和平是战争的结果而不是关系和谐。它是战争记忆的制度化而不是帝国美德的制度化。"④ 这是一个较为理性的评述。正如后来安南士大夫在邦交公馆所撰对联："往来信使常通，三接礼文相款曲；大小交邻有道，一家仁智共怡愉。"⑤ 又曰："华夷言语殊，共四书五经之文字；南北山川阻，总千红万紫之阳春。"⑥ 这些对联正反映了安南的邦交理念，即在"天下同文"的基础上，突出其大小国间的交邻之道与"独立""平等"的追求。

首先，安南王国从历史上塑造与中国王朝的平等性。安南后黎政权成立之初，以其首席谋臣阮廌等知识精英，对安南的历史做了重要的修订，认为安南人乃炎帝之后裔。在其所撰《舆地志》中曰："我越之先祖，相传始君曰泾阳，炎帝之裔。王父帝明巡狩，至海南，遇婺仙女，纳之，生

---

① 越南社会科学委员会编著《越南历史》称"《平吴大诰》是一首举世无双的英雄歌"。（第302页）。
② 〔越〕阮廌撰《重刊蓝山实录》卷3，《阮廌全集》（2），第306页。
③ （明）屠勋撰《屠康僖公文集》卷5《送洗马梁先生使安南诗序》，《四库全书存目丛书·集部》第40册，第221-222页。
④ Alexander L. Vuving, *Operated by World Views and Interfaced by World Orders: Traditional and Modern Sino-Vietnamese Relations*, In Reid and Zhang, Negotiating Asymmetry, 81. 转引自牛军凯《王室后裔与叛乱者：越南莫氏家族与中国关系研究》"孙来臣代序"，第29页。
⑤ 〔越〕佚名《邦交公馆对联》，越南汉喃研究院藏本，编号A.2261，第30页。
⑥ 〔越〕佚名《故黎乐章诗文杂录》，越南汉喃研究院藏本，编号A.1186，第11页。

子禄续,神采端正,有圣德,帝奇爱之,欲立为嗣。王固让其兄,帝明口封之越南,是为泾阳王。"① 这一说法源自中国古代典籍如《淮南子》《大戴礼记》等之传说记载。《淮南子·主术训》有载:"昔者神农之治天下也……其地南至交趾,北至幽都,东至旸谷,西至三危,莫不听从。"② 安南士大夫首次将安南人与汉人的鼻祖炎黄二帝扯上关系,要说明古代越南民族堪与华夏为伍,非入于"被发左衽"之列的"夷行者"。③ 洪德年间,吴士连在续修国史《大越史记全书》时,将这一观点编入正史之中,其序曰:"大越居五岭之南,乃天限南北也。其始祖出于神农氏之后,乃天启真主也。"④ 将传说视作信史,在意识上为其民族的祖源寻找到高贵的出处,足以与中原相媲美。随后黎圣宗尤致力于凝聚国家意识,一是着手解决国家的祖源问题。他以王朝的力量搜集民间关于"雄王"的传说,建构起一套完整、权威的雄王叙事——《雄图十八叶圣王玉谱古传》。此后又颁布一系列法令与措施,确立雄庙的国家公祭地位。⑤ 安南王国祭雄王而不祭炎帝,也说明其强化与中国王朝相区隔的意图。二是续修《大越史记》,以官方的力量编修国史,统合国人对国史的认识。《拟进大越史记全书表》中明确称:"大越史记之全书,载前代帝王之政,粤肇南邦之继嗣,实与北朝而抗衡。"⑥ 实际也是为了强调安南的独立性。

在这种意识的影响下,安南士大夫阶层在处理与中国王朝关系时有了新的认识,所谓"我越当文明之邦,地联中土,天生圣人与尧周并世"⑦。洋溢着对其历史文化的优越感,说明安南国之历史文化与中原一样源远流长,从而产生与中国王朝平等的观念。在越南被誉为第二个独立宣言的《平吴大诰》中,开章便称:"惟我大越之国,实为文献之邦。山川之封域既殊,南北之风俗亦异。自赵、丁、李、陈之肇造我国,与汉、唐、宋、

---

① 〔越〕阮廌撰《抑斋遗集》卷6《舆地志》,《阮廌全集》(1),第398页。
② (汉)刘安撰《淮南子·主术训》,陈广忠译注本,中华书局,2012,第421页。
③ 于向东:《民族记忆与信仰:从古史传说的雄王到神殿祭拜的雄王》,载徐方宇《越南雄王信仰研究·序一》,世界图书出版公司,2014,第34页。
④ 〔越〕吴士连等撰、陈荆和整理《大越史记全书》卷首,第55页。
⑤ 徐方宇:《越南历史上的雄王叙事及雄王形象的嬗变》,《解放军外国语学院学报》2013年第3期。
⑥ 〔越〕吴士连等撰、陈荆和整理《大越史记全书》卷首《拟进大越史记全书表》,第57页。
⑦ 〔越〕佚名《诸舆志杂编》,越南汉喃研究院藏本,编号Vhv.1729,第2页。

元而各帝一方。"① 表达了其强烈的独立与平等意识。正基于此，后之士大夫便给中越关系定性为"兄弟之国"，所谓"江山有垠分南北，胡越同风各弟兄"②。

其次，基于上述的独立与平等意识，安南在其国内政治生活中千方百计地消除对中国的臣服形象。黎利在与明朝谈判撤军的过程中，自愿要求恢复洪武旧制，甘处藩属国地位，其目的是让明军尽早撤退。安南复国后，黎利与其子孙在近一百年里，严格遵守三年一贡之例，使明、安关系处于少有的和平局面。但是，其国内的政治生活，俨然一个独立的大越王朝。主要表现为三个方面。

第一，宗藩关系的意义，表现为藩属国在其政治活动中必须使用宗主国纪年，即"奉正朔"。如朝鲜受封于明朝，无论是与明朝，抑或是与日本、琉球等国交往，其来往文书中均用明朝的年号，以示朝鲜国王受封于大明皇帝而奉大明正朔。据《李朝实录》载，其实早于崇祯十年（1637）朝鲜已屈服于清，奉清正朔"崇德"年号上表大清皇帝，但于崇祯十六年（1643），在致日本书信中却继续使用"崇祯"年号，以表明朝鲜国对明朝的忠诚。③ 但安南国的做法则明显不同，除与明朝交往的表文上使用明朝的纪年外，其他均强制使用安南自订的纪年。宣德三年（1428）四月十五日，黎利宣布建都东京（即升龙），改元顺天，建国号大越。十七日，即下诏规定："凡军民有上书言事，即依诏书内年号、国号、都号，违者以杖贬论。"④ 翻阅越南的史籍，如《大越史记全书》《钦定越史通鉴纲目》等官修史书，其纪年方式乃先安南帝王纪年，次附中国纪年。考于《蓝山实录》，多用黎太祖之"顺天"年号，而《天南余暇录》所录发往周边小国文书也使用了黎圣宗的"洪德"年号。⑤ 又据日本近藤守重所编《外蕃

---

① 〔越〕阮廌撰《重刊蓝山实录》卷2，《阮廌全集》（2），第296页。
② 〔越〕裴之宽撰《坐花摘艳上集》，第7页，阮子成撰《北使时吟》，越南汉喃研究院藏本，编号 A.844。
③ 何慈毅：《明清时期琉球日本关系史》，江苏古籍出版社，2002，第90－91页。
④ 〔越〕吴士连等撰，陈荆和整理《大越史记全书·本纪》卷10，第553页。
⑤ 〔越〕杜润等撰《天南余暇录》，越南汉喃研究院藏本，编号 A.334。（明）黎日久《五边典则》卷20亦载："得安南伪敕于车里，称洪德十年。"（《四库禁毁书丛刊·史部》第26册，第519页）

268

通书》中的"安南国书",晚明时期安南国致日本国的书札均署安南国王的年号,如"弘定""永祚"等。① 在士子科试中,试题用的也是安南国王的年号。②

第二,在与明朝交涉的表文中,安南国王一般使用假名,而在国内则用真名。对此,明朝士大夫也有所察觉,叶向高在《苍霞草》曰:"其君长尤狡狯,有二名,以伪名事中国。自黎氏以来,虽奉贡称藩,然自帝其国中,如赵佗故事,死则加伪谥。"③ 李文凤评曰:"为利者,不思输诚悔罪,乃外为臣服,衷怀不轨,僭号改元,以与中国抗衡。其子若孙,辄有二名……其正名以事天地神祇,播告国中;伪名以事中国,以示不臣。虽以黎柽颠沛之余,尚伪名以相欺诳。是百余年间,其心未尝一日肯臣中国也。"④ 依照中国传统的礼法,地位卑微者对位尊者必须使用真名。安南乃藩属国,对古代中国理应以真名交往,然而,安南国王以假名与中国王朝交往。究其原因,日本学者山本达郎认为,中国礼制的要求对于自封为帝的安南君主来说,无疑是难以忍受的屈辱,因此,安南的君主在朝贡时使用别名,目的是尽可能不致破坏对等的形式。⑤

第三,安南在谋求与明朝的平等形式上,还表现为在越南的史籍中以"报聘""如明"等词来记载入贡明朝的事件,把入贡明朝的活动称为"交邻",明朝所赐印玺只用于与明朝交往的文书,而在处理其国内事务时则使用本国自铸的金印。⑥

综上所述,安南在走向成熟国家的过程中,较为务实地处理与中国王

---

① 「安南国書」近藤守重編『外蕃通書』11-14册,国書刊行会,明治三十八年。按:"弘定"乃中兴黎朝黎敬宗(维新,1600-1618年)之年号,"永祚"乃黎神宗(维祺,1619-1628年)之年号。
② (明)孙绪《沙溪集》卷14载:"余尝见《安邦乡试录》一册。安邦者,安南国一道之名。其国凡几道,如中国省藩。然试录题曰'洪德二年辛卯',盖其境土去中国万里,虽名为秉声教,而其实则自帝其国,建元更制自若也。"《影印文渊阁四库全书》第1264册,第631页。
③ (明)叶向高撰《苍霞草》卷19《安南考》,《四库禁毁书丛刊·集部》第124册,第522页。
④ (明)李文凤撰《越峤书·序》,《四库全书存目丛书·史部》第162册,第663页。
⑤ 山本達郎編『ベトナム中国関係史』,637-638頁。
⑥ (明)沈德符撰《万历野获编》卷17《安南纳款》载:"其十三司改为宣抚,然而仍帝其国,不用所赐印,且名入贡曰交邻。"《四库禁毁书丛刊·史部》第4册,第334页。

朝的关系，一方面确保安南政权的独立自主性，在形式上"称臣纳贡"，给予明朝"面子"，实质上在国内并不使用明朝所颁赐的历法与印玺，而使用极具独立意味的称号、纪年与国玺，显示其本质的独立性；另一方面采取了"文化认同"的政策，吸取了中华文化的精髓，将自身塑造为"文化中国"的一分子。当然，安南对文化中国的解读，也有其特殊的政治意蕴。由于受到中原的政治伦理与学术文化的影响，在安南人的意识中，有着一种较强的华夏文化情结。在黎朝草创之初，安南人称明军为"吴贼"，称明人为"吴人"①，或"唐人"②，称明朝为"明国"，而自称"中国"。《蓝山实录》载："明主先已自料彼军穷窘，事已若此，无可奈何，乃遣使臣赍敕书晓谕众将领兵北回，还安南地；其朝贡复依洪武旧例，通使往来。自是干戈顿息，疆土尽复，中国乂安，人民按堵如故。"③ 成化十五年（1479），黎灏下诏亲征哀牢，诏书曰："比朕丕绳祖武，光御洪图，莅中夏，抚外夷，广大舜敷父之治；阐帝猷，开王志，迪周文辟国之规。"④ 安南人自称"中国"，自谓"中夏"，表明其自认深得儒学之正宗，与中国王朝同属文化中国的一分子，双方是独立、平等的兄弟国关系，其与"东夷、南蛮、西戎、北狄"有着本质的区别。在安南人看来，他们与明朝之间是"邦交关系"，而与其他毗邻小国则是"藩属关系"，虽然两者均用"朝贡"之名往来，但是两者的文化身份与地位却完全不同，认为明朝与安南之间的朝贡关系，是中华体系内部的平等的"兄弟国"关系，而安南与其周边小国的朝贡关系则是"华夷"之间的宗藩关系。或许正是居于这种文化心理，安南在处理与中国王朝的关系时，在朝贡的框架下，通过使用假名，以及纪年、王玺使用的内外有别，来表达其平等与独立之意志。

第二节　明朝精英阶层的安南观

纵览明人文集，有关安南的吟颂之作不可谓不多，记载安南的文字亦

---

① 〔越〕阮廌撰《重刊蓝山实录》卷2，《阮廌全集》（2），第296页。
② 〔越〕阮廌撰《抑斋遗集》之《地舆志》载："唐人乃两广客商居庯也。"《阮廌全集》（1），第398页。
③ 〔越〕阮廌撰《重刊蓝山实录》卷2，《阮廌全集》（2），第283页。
④ 〔越〕吴士连等撰，陈荆和整理《大越史记全书·本纪》卷13，第708页。

为不少，然而，具有实质意义的史料，却相当有限。有关安南事件的记录，重复转抄甚多；其诗词多是士大夫风雅之词，其意蕴无非是叹安南之鄙俗，颂天朝皇恩之浩大，叙使臣之任重而道远。即使是所谓的使交诗文集，作品亦多是国内山河文物之颂，入交后的作品甚少。其中原因，朱国桢曾有这样的分析，曰："国朝使朝鲜者有诗及赓和甚多，使安南者，大臣如罗惟敬等、词臣如刘戬等，都未之闻。要见自镇夷关外，崎岖榛莽，虽有江山，荒芜不治，且奉迎止于车马，绝无文物威仪，已自沦于夷矣。"① 明太祖对安南曾褒扬为"文献之邦"，而朱氏却斥之"绝无文物威仪"，这种认知的变化是否意味着明朝士大夫对明、安宗藩关系的不满与无奈，它对于明朝处理与安南的相关政策有何影响，这是很值得探讨的问题。

一 明朝士人对安南自然与人文的认知

明朝士大夫对安南之自然条件与人性的认识基本源于历代的记载或传说，其地之瘴疠，人之犷悍与狡黠，是明朝士大夫对安南的最深刻印象。在士大夫的笔下，安南地区被喻为"炎徼""炎荒"，就像一处未曾开化的蛮荒之地，更有甚者，将其形容为"圣人不居之地，贤者不游之处"②。明初高得旸的《题严震直尚书奉使南国图》曰："尚书昔使安南国，名士作为安南图，山重水复，路险阻，岚深嶂，厚云模糊，金牛触石，散熠耀香……计程万里，本绝域，通语三译……风俗乖嚣，人犷戾，凭陵敢尔趁狼心，当辙公然奋螳臂。"③ 林弼两次出使安南，对其自然条件的恶劣有着切身的体验，曰："去年春，被命使安南。五月至其国，瘴乡暑道，感触既深……弼曩以使事两至安南，稔其山谷之险恶，竹树之蔽翳，一遇灾暑，则毒蛇猛兽之气蒸而出林莽，流而出涧谷，虽水泉蔬茹，皆不可食。"④ 正德年间尹襄《巽峰集》曰："夫行乎蛮烟瘴雨之域，以接鸟言兽面之人，计其殊形异态，纷然吾目。自非有主于中，不为彼所侵乱者几

---

① （明）朱国桢撰《皇明大事记》，《四库禁毁书丛刊·史部》第 28 册，第 268 页。
② （明）严从简撰《殊域周咨录》卷 5《安南》，余思黎点校，第 171 页。
③ （明）高得旸撰《节庵集》，《四库全书存目丛书·集部》第 29 册，第 251 页。
④ （明）林弼撰《林登州集》卷 10《送韩君子煜之官海门序》，《影印文渊阁四库全书》第 1227 册，第 90 页。

希。"① 又万历年间邓球编《皇明泳化类编》曰："窃观安南之俗，夷獠杂居，不知礼义，犷悍喜斗，不解耕种，惟髽剪发，好浴善水。"②

从明初、明中、晚明个别士大夫的记述来看，明人对安南的自然与人性的认识基本上是负面的，并突出其"夷化"的特征。正德八年（1513），翰林院编修湛若水、刑科给事中潘希曾出使册封黎晭为安南国王，潘氏归国后，曾写下一首纪事诗，表达其对安南的整体观感，曰：

> 往返南交道，东风浃二旬；谘询虽未广，风土亦堪陈。
> 汉将标铜地，尧官致日辰；鄙夷甘异习，凋谢尽遗民。
> 祝发无男女，加冠别缙绅；黑牙喧乌雀，赤脚走荆榛。
> 席地多盘膝，操舟悉裸身；野栖茅覆屋，露积竹为囷。
> 断雪无牟麦，分秧及早春；槟榔生咀嚼，橘柚杂芳辛。
> 蕉实黄初熟，椰浆白颇醇；珍奇难得象，臝度易占鹑。
> 沈水来犹远，生金出岜频；盛陈兵肃肃，绝少马駪駪。
> 蛇虺当筵舞，螺虾入鼎珍；稍依濒海利，难与大方伦。
> 文亦同王制，圭仍析帝臣；方言时假译，职贡岁常亲。
> 自适飞潜性，相忘覆载仁；我歌聊志异，何日尽还淳。③

潘氏以其亲身所历所见，描述一个真实、客观的安南社会，有对其习俗鄙陋的蔑视，对其恭顺天朝的赞赏。总的看法是"地方僻小，风俗鄙陋"，"习尚诡谲"④。

朝鲜与安南均为明朝较为亲近的藩国，受中华文化影响最深，但在士大夫心目中的形象却迥然不同，《三才图会》所述就是最为典型的一例。此书介绍朝鲜曰：

---

① （明）尹襄：《巽峰集》卷10，《四库全书存目丛书·集部》第67册，第238页。
② （明）邓球编《皇明泳化类编》卷128《四夷·安南》，《北京图书馆古籍珍本丛刊》第50册，第1307-1308页。
③ （明）潘希曾撰《竹涧集》卷2《南交纪事》，《影印文渊阁四库全书》第1266册，第668页。
④ （明）潘希曾撰《竹涧集》卷1《奏议·求封疏》，《影印文渊阁四库全书》第1266册，第758页。

高丽国，古名鲜卑，周名朝鲜。武王封箕子于其国，中国之礼乐、诗书、医药、卜筮，皆流于此；衙门官制衣服，悉随中国各朝制度。俗尚儒仁柔，恶杀，刑无惨酷。但礼貌与中国有差，如见王亲贵戚则扯嗓跪朕在地，如小见大则蹲身俯首为礼，如中国人见贼寇不敢仰视之类。此夷狄之风俗，习以为常焉。①

"交趾国"附图 　　　　　　　　"高丽国"附图

同书对安南的描述：

交趾，一名安南。其人乃山狙瓠犬之遗种，其性奸狡，剪发跣足，宵目仰喙，极丑恶。其状类襦广，人称为夷鬼。貌类人者，汉马援兵之遗也。国俗：父子不同居共爨，凡嫁娶不通媒妁，男女自相乌合，以槟榔为信，然后归家。若妻与他人相通，即休其前夫，令其别娶。……男子尚贼盗，女子好淫乱。②

---

① （明）王圻、王思义编辑《三才图会·人物》卷12，上海古籍出版社，1985，第817页。
② （明）王圻、王思义编辑《三才图会·人物》卷12，第820页。

再从所绘两国的图像来看，显然，朝鲜人则较为儒雅，安南人相对较为鄙俗。明朝士大夫还常将安南与朝鲜相比，对安南的总体印象是负面的，茅元仪说：

> 安南，故我之封疆也，以国家之威德再续其祀，然时亦有狡心焉，故又次之。曰朝鲜，虽不入版图，而其恭顺为最。①

明人对安南人最深刻的印象就是"狡诈"。安南曾沾王化近千年，士大夫在主观意识中，对安南寄予较高的期待。然而，安南虽然没有对明朝"共主"的地位公然提起挑战，但其对明朝的所作所为，被认为缺乏诚意，使明人尤为反感，称其国"夷獠杂居，犷悍喜斗，君长尤狡狯"。洪武四年（1371），陈叔明篡逆事件发生后，在入贡表文中不言王位更替之事，私下修改国王名讳，企图蒙混过关。对此，明太祖严厉斥责，称其"动以侮诈为先，非以小事大之诚，乃生事之国"②。黎朝开国之君黎利，被明朝士大夫指责为"猾夏"之徒，③ 黎灏（黎圣宗）是安南黎朝最有作为的国王，明人给其评介却是"凡王三十余年，最为桀骜"④。

当然，也有对安南心存好感的士大夫，如洪武十年（1377）吴伯宗出使安南，回国后，太祖询问安南国事，其有诗曰：

> 上问安南事，安南风俗淳；衣冠唐日月，礼乐舜乾坤。
> 瓦瓮呈醇酒，金刀破细鳞；年年二三月，桃李一般春。⑤

这是洪武四年陈叔明篡权后，明朝首次遣使赐安南国王"上尊文绮"，且

---

① （明）茅元仪撰《石民四十集》卷46《海防·四夷》，《续修四库全书》第1386册，第445页。
② （明）姚士观编《明太祖文集》卷8《命中书谕止安南行人》，《影印文渊阁四库全书》第1223册，第49页。
③ （明）杨寅秋撰《临皋文集》卷4《绥交上三院揭帖（二）》，《影印文渊阁四库全书》第1291册，第740页。
④ （明）朱国桢撰《皇明大事记》，《四库禁毁书丛刊·史部》第28册，第261页。
⑤ （明）吴伯宗撰《荣进集》卷3《上问安南事》，《影印文渊阁四库全书》第1233册，第246页。

此时安南国王陈𤐡刚逝，陈炜新嗣，对吴伯宗等自然礼遇有加，"其国王炜郊迎玺书至宫，北面拜跪，受上赐如礼"①。又如极力主张嘉靖皇帝出兵安南的林希元，在阐述出兵之得失利害时称："其地土沃而民富，象犀、翡翠、香药之利被于上国，得其地正足以富国，犹胜于今之贵州、广西，非敝中国以事远夷也。"②但像这些正面评述并不多，且有特殊的背景，故而无法代表明人的主流意识。

二 明朝士人的安南情结

古代中国士大夫对安南的情结，源于一个悠久的历史记忆。安南内属于中国有千年之久，那段历史已经铭刻于古代中国士大夫的记忆中，且世代相传。即使安南在某种形式上得以独立，但士大夫们并没有在意识上接受这一事实。宋、元王朝对安南之定位，依然比之内地羁縻州县。③ 宋以柔性政策，通过封予官爵来虚拟其内属；元朝采用强硬的政策，强设达鲁花赤以协同管治，又试图逼迫安南国王亲朝或王子入质。为了使安南诚心臣服，元朝不惜对其进行了一系列的军事征伐。当这些措施均未能达到预期目的时，为了体现元朝与安南的君臣关系，元中后期，对安南国王一直以"世子"称呼。但不管是软性策略或强硬措施，并没能阻止安南独立性的增强。

至明初，明太祖强烈地意识到传统的道德和政治哲学的光辉无法涵化安南独立之意志，以及宋、元两朝在安南方面的挫败经验，在处理明朝与安南关系时采用了颇为矛盾的中庸之道，一方面从现实出发，明确将安南列入不征之国，甚至认为，即使安南不派使臣前来朝贡，也不会进行任何干预，以表示对安南作为独立国家的接受；另一方面，传统的理想天下秩序蓝图又常常浮现，明太祖试图以传统道德与行为范式来规范明、安关

---

① （明）林弼撰《林登州集》卷10《送韩君子煜之官海门序》，《影印文渊阁四库全书》第1227册，第90页。
② （明）林希元撰《林次崖先生文集》卷4《陈愚见赞庙谟以讨安南疏》，《四库全书存目丛书·集部》第75册，第505页。
③ 〔越〕黎崱撰《安南志略》卷5《延祐三年中书省枢密使遣邓万翼刘亨字道宗并广西帅府遣官赵仲良体察安南侵地事刘千户谕安南书》曰："惟安南为羁縻之地，独专废置之权，朝廷宽宥之恩，比之其他，可谓独隆矣。"武尚清点校，中华书局，1995，第110页。

系，明初大张旗鼓地派出大臣对安南山川进行封祭，证明在意识上维持对安南的拥有，安南之情结可谓根深蒂固。

对安南历史的记忆，对所有的知识阶层始终是挥之不去的梦魇。这种记忆，在永乐年间化作一股潜在力量，支持或默许明成祖对安南出兵。虽然明太祖的祖训字迹未干，但成祖仍然果敢出征，如果没有精英阶层的支持，那是难以想象的。宣宗弃守安南之所以得以落实，并非士大夫们对历史的群体失忆，而是时势所迫，茅元仪曰：

> 昔当宣德间，西东杨称名臣哉，然其劝宣皇帝之弃安南，先臣谓良策也，我敢同声而和耶？文皇帝两出师，损士众，倾府库、竭仓廪，当是时天下良苦之。数公者固心腹帷幄之臣也，岂不可置一语哉？及郡邑之、戍守之，章章有程，士大夫便于朝、农便于野、商贾便于道，一夫跳梁，委而弃之，肯堂肯构，其谓之何？是役也，实基于文皇，以辅得之，使以辅守之如黔于云南也，安得屡叛哉？其议弃之也，辅实为元老，不敢坚其说，将有望耶，抑不得已耶？①

字里行间，表达了对弃守安南的无奈与惋惜。他认为："国家拓境，匹于汉唐。而安南既得复失，有遗憾焉。或谓英国肤功屡奏，即留镇如黔国，南人当不复反，而以刑余荼毒，隳彼成绩；且计黎利纵横，英国尚蹩踱，令虎旅再发，应如子仪之走回纥，而竟引弃珠崖为例，盖天子既厌兵，而伏波前车，英国当亦筹之熟矣。"② 对于茅元仪来说，宣帝之弃守安南，实为明朝"大业之首亏也"③。李文凤在《越峤书》中评论此事时亦言：

> 是时交阯复为中国有者几二十年，蛮夷狃于习见，以是数反，然所悼者英国威名耳。使当时有识者，请令英国开府交州以镇之，如黔国之在云南，虽百黎利，其何能为计？不出此，乃藉口于珠崖之议，

---

① （明）茅元仪撰《石民四十集》卷46《安南考》，《四库禁毁书丛刊·集部》第109册，第383－384页。
② （明）朱国桢撰《皇明大事记》，《四库禁毁书丛刊·史部》第28册，第266页。
③ （明）茅元仪撰《掌记》，《四库禁毁书丛刊·集部》第110册，第372页。

捐已成之业，弃数万之命，是太宗以百万而取之，谋国者以片言而弃之，遂使死者之仇不复，国耻不雪，岂非千载之恨哉？①

士大夫们大多因为当时宣宗没有重用张辅，以沐氏驻守云南的模式，让张氏镇守安南而耿耿于怀。因此，对做出弃守决策的宣帝，士大夫或不敢过多非议，但是支持弃守决策的大臣杨荣、杨士奇，便成了众人攻击的对象，霍韬斥之为"陋儒"，视之为"太宗皇帝之罪人"②。茅元仪也认为宣宗弃守安南"以文贞、文敏罪大矣"③。

即使后来士大夫对宣宗的决策表示理解，但是，部分士大夫仍会因为没有对安南给予一定的惩戒而心存芥蒂，田汝成曰："章皇帝不忍黔元之涂炭，捐其故宇以安反侧，百年以来，塞徼宁谧，无斥堠之警，不可谓无大造于南土也。惜乎当其时无有倡弃绝之义，以少示贬谪而仍以王爵受其贡献，为稍靡尔。"④

宣宗弃守安南后，不管理解或不理解宣宗的决定，所有的评述都透射出明朝士大夫对安南的复杂心结，一种期望与无奈的矛盾心态。在他们的意识中，安南仍然是明朝的"羁縻之地"，是明朝的外臣，与一般的藩属国不可相提并论。因此，当安南的黎圣宗、黎宪宗反复请求给予与朝鲜国同等的地位、赐予代表王爵身份之"衮冕"时，⑤ 明朝始终没有应允，反而指责其使臣"不知彼国之王，其名为王，实亦为臣，而朝廷之制，其名器固有在也"⑥。

与宣宗时期所蒙受的军事耻辱相比，晚明时期，趁安南黎、莫易位之机，明朝不费一兵一卒，对其削藩降爵，授予"都统使"之职，虽然黎、莫仍"自帝其国"，但对明朝士大夫而言，其意义十分重大。张镜心对莫

---

① （明）李文凤撰《越峤书》，《四库全书存目丛书·史部》第163册，第29页。
② （明）邓球撰《皇明泳化类编》卷128《四夷·安南》，《北京图书馆古籍珍本丛刊》第50册，第1307—1308页。
③ （明）茅元仪撰《掌记》，《四库禁毁书丛刊·集部》第110册，第392页。
④ （明）田汝成撰《田叔禾小集》卷7《安南论（下）》，《四库全书存目丛书·集部》第88册，第503页。
⑤ 《明英宗实录》卷279"天顺元年六月甲午"载："安南国王黎浚奏：'钦蒙朝廷封以王爵，臣祗承朝命已十余年。伏望赐臣衮冕，依朝鲜国王例。'上不从。"，第5969页。
⑥ 《明孝宗实录》卷175"弘治十四年六月己亥"，第3198页。

登庸的降服有这样的评论,曰:

> 肃皇威德遐被,遂举其土地分制之,俾受汉官,而莫且缚跪伏罪,无敢仰视。一时之功,何燿燿也!夫中夏驭戎,俾知仰命,斯礼存而功可久,黎莫易姓,皆欲借上国名号以慑束其部,夷景天朝尊也。①

反观安南自丁部领立国以来"骄蹇而王,历代因之",宋、元、明虽多次以兵压境,尚不能使之屈服,而明世宗、神宗不费兵卒,对安南削藩降爵,迫其接受内地之官衔,使之名义上已经归属于内地。虽然安南莫、黎两氏仍然"自帝其国",但也使明朝士大夫至少获得一场精神上的胜利,邓球对嘉靖之役颇有感触地说:"嘉靖中,坐享其降,不役一卒,真可谓神武矣。"② 这不能不说是安南情结的一种无奈之表现。

三 明朝士人对安南地位的思考

安南由古代中国封疆之地演变为藩属国,中国士大夫接受这一事实经历了一段漫长的过程。宋元时期对安南的定位及采取的相应对策,历史已经证明是失败的。洪武初年,明太祖吸取这种历史的教训,重新审视了明、安关系,对安南的地位有了新的认识,曰:

> 安南僻在西南,本非华夏,风殊俗异,未免有之,若全以为夷则夷难同比,终是文章之国,可以礼导。若不明定仪式,使知遵守,难便责人。中国外夷若互有道,彼此欢心,民之幸也,何在繁文?③

明太祖的言论其实就是在文化意义上给安南定位,这对有明一代具有深远

---

① (明)张镜心撰《驭交纪》卷10,《丛书集成初编》第3502册,第136页。
② (明)邓球撰《皇明泳化类编》卷128《四夷·安南》,《北京图书馆古籍珍本丛刊》第50册,第1307-1308页。
③ (明)姚士观编《明太祖文集》卷8《命中书回安南公文》,《影印文渊阁四库全书》第1223册,第75页。

的影响。宣德以后之士大夫对安南的思考,基本上沿袭这一基调。嘉靖中,霍韬在谈及与周边国家关系时曰:"交趾自秦汉迄唐入中国,为衣冠文物之邦者千年矣,非土官郡县化外之夷之比也。"① 也就是说,在明朝士大夫的意识里,安南属于非夷非华、亦夷亦华的藩国。

基于这一认识,为了使对安南的政策更具合理性,明朝士大夫对传统的天下观又做了新的阐发,邱浚《大学衍义补》曰:

> 天地之大德曰生,而其所以生者以人为贵,而人之中有居中者焉,有处外者焉。中者混而同,其性禀习俗虽有少异,而其大略则同也。外者环而绕之,有接续之际,而无混同之势,故其性禀习俗也,始而近也,则大同而小异;终而远也,乃至于背戾而悬绝焉,惟其势异而情殊。故帝王所以治之也,修其教不易其俗,齐其政不易其宜,随机而应变,因事而制宜,要在使之各止其所而已。彼既止其所而不为疆场之害,则吾之内地华民得其安矣。②

这种学说无疑是对明太祖观点的进一步阐发,对古代邦交理论的发展做出了重大的贡献。其精义主要有三个方面:一是周边诸藩国"各止其所",明朝不宜妄加干预;二是明朝对这些国家的影响主要表现为"修其教不易其俗,齐其政不易其宜";三是发展邦交关系的目的不再追求其听命于中国王朝,而是"不为疆场之害",边民得以安居乐业。在这种理论认识的基础上,明朝士大夫对于安南的"狡诈",就可以从容应对。

从明朝的历史可以看出,宣德以后的安南政策,传统的理想主义色彩在减弱,一种务实的精神占据主流。明朝士大夫对安南问题的处理,更多地考虑明朝边疆的安宁,而不再拘泥于传统宗藩理念,田汝成说:

> 尔不为之颁政以易俗也,雄其酋长,别其部落,上下辑睦,以奉

---

① (明)邓球撰《皇明泳化类编》卷128《四夷·安南》,《北京图书馆古籍珍本丛刊》第50册,第1307页。
② (明)丘浚撰《大学衍义补》卷153《四方夷落之情》,金良年整理,上海书店出版社,2012,第513页。

我边围，如是而有不轨于其主者，责让之而已。尔不为之勤兵以骚远也，晓以顺逆，儆以祸福，悯其无知，而俟其自定。如是而有不从者，弃绝之而已。尔不受其乞怜之求、淫巧之贡，因而与之也。①

此时，不管是思想家邱浚，还是地方官员田汝成，在对待四夷的问题上，认识几乎是一致的：一是对外关系的最高目标乃是维护国家边疆安宁；二是制定对外关系的政策务令四夷"各止其所"，明朝要尊重四夷的治权，对待四夷要采取因俗而治，"不以中国之法律之也"②。交涉、劝说成为明朝处理藩国内部及藩国之间事务的指导原则，不再直接干预四夷的内部事务。

事实上，与明太祖所描绘的世界秩序相比，自宣德以后，明、安的宗藩关系仅是维持一种形式，利益成为两国关系的基础。安南能接受洪武旧制，按时三年一贡，不仅仅是出于对中国的世界秩序的认同，更主要的是基于对自身政治利益的考量。正是因为安南对明朝"恭顺"，明朝对安南在中南半岛谋建"小天朝"的举动，熟视无睹，有时更表现出事实上的"偏袒"，如处理占城对安南的投诉最为明显，士大夫常以明太祖的祖训为借口，并不积极调查与干预。③ 而明朝的利益主要表现为边境的安宁。明中后期北寇的威胁、沿海的倭患，都使明朝不希望在南方与安南发生纠纷。王世贞对明朝周边形势考察后，对明朝的国防战略曾有这样的论述，曰："先北边，次南倭志，大害也。又次安南志，大举也；又次哈密志，大谋也。夫哈密末矣，闭玉关而绝西贡之路可也。安南故虽版图，夷之久矣，弗复可也。北边不易胜者也，倭能胜而不得所以胜之者也。"④ 在王世贞的意识中，安南在明朝的国防中居于次要的地位，还特别指出，安南虽然曾是中国的故土，但夷化日久，断不可强力恢复，所以能维持边境安宁，则为上策。至晚明时期，熟悉安南事务的两广地方官张岳也有同感，

---

① （明）田汝成撰《田叔禾小集》卷7《安南论（上）》，《四库全书存目丛书·集部》第88册，第500-501页。
② （明）田汝成撰《田叔禾小集》卷7《安南论（中）》，《四库全书存目丛书·集部》第88册，第501页。
③ （明）徐日久撰《五边典则》卷20，《四库禁毁书丛刊·史部》第26册，第519页。
④ （明）王世贞撰《弇州四部稿》卷80，《影印文渊阁四库全书》第1280册，第339页。

曰："就今日四夷言之，士大夫果有深谋奇略，能为国家建万世之策，亦不在于安南，何也？泰宁三卫，肩项之疾也；河套，腰胁之疾也；若安南则肤爪之末尔。舍肩项腰胁之疾而治肤爪，失其等矣。"①

在这样的认识之下，明朝对安南不再以"德治""事大字小""兴灭继绝"的传统宗藩关系规则来要求，只要安南对明朝表现出哪怕只有形式上的"恭顺"，明朝士大夫均可以"容忍"其国内之篡逆以及对周边小国的侵扰，② 这一态度在晚明尤为明显。关于莫登庸篡逆一事，田汝成曾提出这样的处理意见，曰：

> 莫氏之于安南亦犹是也，其得民深矣，其自卫固矣，征之则失《春秋》详内略外之体，因而与之，又非天王正名定分之心，故不若先之以责之词，诘其篡弑之由，晓以君臣之义，以观其臣民向背之机而徐为之……吾故曰：征之不若弃绝之为得策也。③

晚明时期，现实主义在对外关系中起了决定性作用。面对安南黎、莫之争，有士大夫甚至认为："蛮邦易姓如弈棋，不当以彼之叛服为顺逆，止当以彼之叛我服我为顺逆。"④ 因此不管黎、莫谁主政，"直宜问其不庭，责以称臣，约之修贡"⑤。

明朝士大夫的天下观从传统的理想主义向务实的现实主义转变，究其原因，主要有两点。一是国力的变化。明初从明太祖、成祖到宣宗，都称得上是强势皇帝，他们构建了一整套强力有效的行政管治体系，经过励精图治，国力明显增强。但明中期以后，官僚体系日趋腐败，内外矛盾加剧，国力日渐萎缩。表现在对待安南的问题上，明初正是凭借新兴王朝的

---

① （明）张岳撰《小山类稿》卷8《答王蘖谷中丞》，林海权、徐启庭点校，第138－139页。
② 《明孝宗实录》卷105"弘治八年十月丁丑"载，占城来告安南侵边，要求明朝出面调解，当时有朝臣反对遣使讲和，曰："安南虽奉正朔，修职贡，终是外夷，恃险负固，违越侵犯之事，往往有之。累朝列圣，大度兼包，不以为意。"第1922－1923页。
③ （明）田汝成撰《田叔禾小集》卷7《安南论（下）》，《四库全书存目丛书·集部》第88册，第503页。
④ 《明史》卷321《安南列传》，第8335页。
⑤ 《明世宗实录》卷205"嘉靖十六年冬十月壬子"，第4278页。

强劲活力，明太祖、成祖才得以主导两国关系的发展方向；明中叶后，随着国力的减弱，在处理安南的相关问题时，多表现为有些力不从心。嘉靖年间，虽然熟悉安南事务的两广地方官极力反对，但明世宗仍然倾向于出兵干预安南黎、莫的权力之争，但当两广地方官提出二百万的军事预算后，主战派不得不屈从于招抚派的建议。由此可见，国力决定着外交政策的走向。王庚武教授在分析明朝与东南亚关系发展的历程后，十分感慨地说："多么难以捉摸的朝贡制度啊！……没有力量，没有持久的力量，无疑也就不存在什么稳定的制度。"[①] 二是学术意识的变化。明初以理学治国，体现在对外关系上则是试图构建一个以明朝为主导，有一定等级秩序的、和谐的朝贡体系，明朝与藩国的关系是以"德""礼"为基础。明中叶后，一方面国内主流学术意识由心学向实学过渡；另一方面西方传教士的东来，不仅带来了科技知识，而且带来了真正的世界观，西方地理学的引进，如利玛窦的《万国全图》、艾儒略的《职方外纪》等，使明朝士大夫狭隘的天下观受到了极大的冲击。叶向高看了《舆地全图》后，不无感慨地说："凡地之四周皆有国土，中国仅如掌大。"又说："要以茫茫堪舆，俯仰无垠，吾中国人耳目闻见有限，自非绝域奇人，躬履其地，积年累世，何以得其详悉若是乎！"[②] 在国势式微、学术不明的情势之下，士大夫不得不重新审视传统的华夷秩序理念，一种务实作风自然成为实干型士大夫的思想倾向。

[①] 王庚武：《明初与东南亚的关系——背景论述》，载《南京大学百年学术精品·历史学卷》，第1239页。
[②] 〔意〕艾儒略撰，谢芳校释《职方外纪校释·叶向高〈职方外纪序〉》，中华书局，1996，第13页。

附录 明朝与安南使臣交往纪事年表

时间		安南遣使明朝		明朝遣使安南	
		使臣	任务	使臣	任务
洪武元年（1368）	十月	陶文的	报聘。		
	十二月			汉阳知府易济	颁大明建国诏书。
洪武二年（1369）	六月	少中大夫同时敏、正大夫段悌、黎安世、阮法	请封。	翰林院侍读学士张以宁、典簿牛谅	封陈日煃为安南国王。至界，陈日煃已逝。
	十二月			翰林院编修罗复仁	劝谕安南与占城息兵构和。
洪武三年（1370）	正月			朝天宫道士阎原复	祭祀山川。
	四月	杜舜钦	陈日煃卒，告哀。	不详 翰林院编修王濂 吏部主事林唐臣	颁封建诸王诏。 吊祭陈日煃。 册封陈日熞为安南国王。
	五月			不详	颁科举诏于安南。

283

续表

时间	安南遣使明朝		明朝遣使安南	
	使臣	任务	使臣	任务
洪武三年（1370）六月	上大夫阮兼、中大夫莫季龙、下大夫黎元普	谢恩。	秘书监直长夏祥风	诏定岳渎海镇城隍诸神号。
正月	陶宗会	贺克沙漠。		颁平定沙漠诏。
洪武四年（1371）二月	阮汝亮	谢册封。	不详	
十月	胡宗鹜	报聘。		
洪武五年（1372）二月	阮汝霖	奉表贡驯象。（因陈叔明篡夺故，却其贡。）		
洪武六年（1373）正月	谭应昌	因陈叔明篡夺事奉表谢明，且请命陈叔明权署国事。（明廷命陈端代署国事。）		
洪武七年（1374）三月	正大夫阮时中	上表谢恩。陈叔明自称年老，以弟陈端代署国事。		
五月	黎必先	为陈端奉表谢恩。		
洪武八年（1375）六月	通议大夫阮若金	请贡期。（明朝定制三年一贡。）		
洪武九年（1376）五月	通议大夫黎亚夫	入贡方物。		
洪武十年（1377）			礼部员外郎吴伯宗	赐陈端上尊文绮。既至而陈端已死，转赐陈炜。
洪武十一年（1378）正月	陈建琛、阮士鹗	陈端战死占城，告哀。	中官陈能	吊祭陈端。

续表

时间		安南遣使明朝		明朝遣使安南	
		使臣	任务	使臣	任务
洪武十二年(1379)	十二月	不详	岁贡。		警诫安南侵夺占城之事。
洪武十三年(1380)	六月	不详	谢恩。		
洪武十四年(1381)	六月	大中大夫罗伯长	岁贡方物。（因思明府边境矛盾，却其贡。并敕广西布政使司自今毋纳其贡。）		
洪武十五年(1382)	五月	大中大夫谢师言	奉表进阉者十五人。		
	六月	黎与仪	上表。		
洪武十七年(1384)	七月	黎亚夫	贺正旦，贡阉竖三十人。	国子助教杨盘	向安南征粮饷助云南平乱。（安南助以粮五千石。）
	十二月			不详	征求僧人。
洪武十八年(1385)	不确				
	三月	阮宗道	入贡，安南选僧人二十名送金陵。		
洪武十九年(1386)	二月			林孛	征求槟榔、荔枝、波罗蜜、龙眼等树苗。
	十二月	中大夫杜英弼	奉表贡金银酒器等并阉竖十九人。		

续表

时间	安南遣使明朝		明朝遣使安南	
	使臣	任务	使臣	任务
洪武二十年（1387）五月	杜日暾	贡槟榔、波罗蜜、蕉栽等树苗。		
八月	阮太冲、通议大夫陈叔衡	贺天寿圣节，贡象及黄金酒罇。		
洪武二十一年（1388）二月	黎仁统	贡象及金银器。		
三月	阮完	上表谢所赐书及文绮	礼部郎中邢文博	册封陈炜为安南国王。
洪武二十二年（1389）十一月	阮同叔	贡方物及银器。		
洪武二十三年（1390）闰四月	不详	入贡。（因木守三年一贡之制被却）		
洪武二十六年（1393）正月	阮宗亮	岁贡。（四月因弑主擅立事发，绝其贡。）		
洪武二十七年（1394）五月	阮均	岁贡。（由广东入境，因篡弑事仍却其贡。）		

286

续表

时间	安南遣使明朝		明朝遣使安南	
	使臣	任务	使臣	任务
洪武二十八年(1395) 五月	大中大夫黎宗澈、朝仪大夫裴鉴	上表贡象。		
八月			礼部尚书任亨泰、监察御史严震直	告谕征伐龙州叛逆赵宗寿之事。
十月			前刑部尚书杨靖	征粮八万石至龙州助军饷。（安南输米一万石，余以金千两、银二万两代输。）
不确			不详	征求僧人、按摩女、火者。
洪武二十九年(1396) 二月	通奉大夫陶全金、少中大夫阮应龙	岁贡。		
十二月	不详	陈叔明卒，告哀。	行人陈诚、吕让	诏谕安南归还所侵思明府之地。
建文二年(1400) 十二月	不详	告明陈氏已绝，胡汉苍权国事。		
建文四年(1402) 九月		奉表贺即位。告陈氏绝后，胡汉苍权署国事，请封。	邬修	诏谕明成祖即位。
永乐元年(1403) 四月	不详		行人杨渤	调查陈氏后裔及胡汉苍的身份。
八月			行人吕让、丘智	赐国王绫锦、织金文绮、纱罗等。
十一月	不详	重申陈氏无后。	礼部郎中夏止善等	封胡汉苍为安南国王。

287

续表

时间		安南遣使明朝		明朝遣使安南	
		使臣	任务	使臣	任务
永乐元年(1403)	十二月	潘和甫	贺正旦，且为侵占城事上章谢罪。		
	二月			监察御史李琦、行人王枢	赍谕安南国王，警告其侵夺思明之地及安南侵占城国。
永乐二年(1404)	四月	不详	谢恩。	浙江布政司右参政赵钰	为陈天平事诘安南国王。
	六月	不详	贺明年正旦		
	十二月	阮景真	为陈天平事上表谢罪。	不详	责问掳掠云南宁远州事。
永乐三年(1405)	二月				
	六月		恭贺正旦，且迎回陈天平。	行人聂聪	商议迎陈天平回安南。
	七月	左刑部郎中范耕、通判刘光庭			
永乐四年(1406)	闰七月	三江安抚使陈恭、爱州通判权秀夫、金判蒋资	解释伏击陈天平之事，并请通贡如故。	未动	求金象，要求安南认罪。（安南伏击明朝护送陈天平的军队。）
宣德二年(1427)	十一月			礼部左侍郎李琦、工部右侍郎罗汝敬为正使，鸿胪寺卿徐永达、通政司右通政黄骥为副使	赍诏抚谕安南，大赦交阯，寻陈氏后嗣，另行册封。

288

续表

时间		安南遣使明朝		明朝遣使安南	
		使臣	任务	使臣	任务
宣德三年(1428)	三月	黎少颖	进表求封,请立陈暠为王。		
	五月	户部郎中黎国器、范诚枢密佥事何甫、何萘	奉表谢大赦之恩。告陈暠卒。	工部侍郎罗汝敬、鸿胪寺卿徐永达	复谕黎利寻觅陈氏后裔及搜查明朝遗留安南的军民。
宣德四年(1429)	二月	佥事何栗、郎中杜如熊	贡方物,奏陈氏无嗣。		
	三月			礼部左侍郎李琦、鸿胪寺卿徐永达、行人张聪	赍敕谕安南头目黎利求访陈氏后祀。
宣德五年(1430)	四月	陶公撰、黎德辉、范克复	贡金银器皿及方物,求封。		
	五月	黎汝览、吏部尚书何栗、黎柄	求封。		
宣德六年(1431)	六月			礼部右侍郎章敞、通政司右通政徐琦	命黎利权署安南国事。
宣德七年(1432)	二月	阮文绚	谢命权署国事之恩。		
宣德八年(1433)	八月	陈舜俞、阮可之、裴擒虎	奉表进贡,并解岁事。		
	闰八月	门下司右侍郎富、右邢院郎中范时中		兵部侍郎徐琦、行人郭济	安南岁贡不如额,索要岁金。
宣德九年(1434)	正月	黎傅、程真宣抚使阮宗宵、中书黄门侍郎蔡君实、耆老戴良弼	解岁金。		
	五月		黎利卒,告哀。	行人郭济、朱弼	吊祭黎利。
			奉表为黎麟求封。		
	十月			礼部右侍郎章敞、行人侯班	命黎麟权署安南国事。

附录 / 明朝与安南使臣交往纪事年表

289

续表

时间		安南遣使明朝		明朝遣使安南	
		使臣	任务	使臣	任务
宣德十年（1435）	二月	管领潘子日、大夫程元偓、黎桷、阮天锡	奉表谢命权署国事之恩。谢赐祭。		
	五月			朱弼、谢经	告宣宗哀，英宗即位。
	四月	内密院阮文绚、殿中侍御史梁天福、管领黎笼、左刑院大夫丁兰	贺英宗即位。进香。		
正统元年（1436）		审刑院兼礼部尚书陶公僎、内密院副使阮叔惠	如明求封，要求恢复王爵。		
	闰六月			兵部右侍郎李郁、行在通政使司左通政李亨	册封黎麟为安南国王。
正统二年（1437）	九月				
	正月	管领蔡士明、同知审刑院事何甫、右刑院大夫阮日升	谢册封之恩。		
正统四年（1439）	闰二月	审刑院副使阮廷历、金知内密院副院事程垦显、殿中侍御史阮天锡	岁贡。		
	四月	中官军同知黎伯骑、中丞裴摛虎	谢罪。奏安平州土官纷争事。		
正统七年（1442）	二月	内密院副使阮田、金知内密院副院事阮有光、金知审刑院黎智	岁贡黄金银器皿。（明朝许之。）求冠服。		

290

续表

时间		安南遣使明朝		明朝遣使安南	
		使臣	任务	使臣	任务
正统七年(1442)	十二月	海西道同知阮叔惠、佥知审刑院事杜时晔、侍御史赵泰、参知阮廷谕、参知阮黎傅、都事阮文杰、御前学生阮有孚	谢赐弁皮冠服一副、常服一套。奏钦州地方事。告哀。求封。		
	五月			行人程璥 光禄寺少卿宋杰、兵科给事中薛谦	吊祭黎麟。册封黎麟子浚为安南国王。
正统八年(1443)	十一月	御史中丞何甫、翰林院知制诰阮如堵、御前学生局长梁如鹄	谢祭。		
		参知簿籍程昱、内密院正掌程清、翰林院直学士阮克孝	谢册封。		
正统十年(1445)	四月	左侍郎陶公譔、御前震雷军指挥黎造、东道参知阮兰	岁贡。		
正统十一年(1446)	六月	海西道参知审刑院事程真、同知审刑院事程廷惠、清威县转运使阮廷美	奏钦州地方事。奏龙州土司赵仁政侵化州事。占城人寇化州事。		
	九月	海西道同参议程宗仁、政事院同参议程弘毅	告占城人寇事。		

291

续表

时间	安南遣使明朝		明朝遣使安南	
	使臣	任务	使臣	任务
正统十二年（1447）九月	御史中丞何甫、同知审刑院丁兰、翰林院侍御史程驭殿中侍御史程驭	岁贡及告钦州地方事。告钦州地方事。		
景泰二年（1451）六月	海西道参知何栗、翰林院直学士阮如堵、国子监助教同亨发	岁贡。		
景泰二年（1451）十月			行人边永、进士程惠	告郕王祁钰即位，英宗北征被虏。
景泰三年（1452）六月	同知东道程真、中书黄门侍郎阮廷美、同知审刑院事冯文达	贺即位，贡金银器皿。	刑部湖广司郎中陈金、行人郭仲南	宣谕册立皇太子。
景泰三年（1452）十月	审刑院范谕、翰林院直学士阮伯骧、礼部外郎朱未车震雷军指挥黎尚、侍御史黎专	贺立皇太子。谢赐彩币。		
景泰五年（1454）三月	陪臣阮原桥、阮旦、陈允徽	岁贡。		
天顺元年（1457）三月	黎文老、阮廷美、阮居道、邓惠	岁贡并谢赐冠服。		
天顺元年（1457）九月			尚宝寺卿兼翰林侍读黄谏、大仆寺丞邹允隆	诏谕英宗复位，立太子。

292

续表

时间	安南遣使明朝		明朝遣使安南	
	使臣	任务	使臣	任务
天顺二年（1458）二月	左纳言知军民簿黎希葛、翰林院侍讲郑铁长、中书起居舍人阮天锡、监察御史陈鹫	贺英宗复位并立皇太子及谢赐彩币。		
四月	黎景徽、阮如堵、黄清、阮尧咨	岁贡，告解余珠事。		
天顺四年（1460）八月	陈封、梁如鹄、陈伯龄	求封。	通政使司左参议尹旻、礼科给事中王豫	册封黎麟庶长子琮为安南国王。至广西得知琮已弑前王，发自尽，使回。
天顺五年（1461）三月	阮升、潘维祯、阮似丁兰、阮复、阮德精	求封。	行人刘秩	吊祭黎浚。
二月		奏事。	翰林院侍读学士钱溥、礼科给事中王豫	册封黎麟子灏为安南国王。
天顺六年（1462）十二月	黎公路	谢致祭。	司礼太监柴升、指挥佥事张俊、奉御张荣	收买香料。
	陈盘	奏事。		
	裴祐	谢册封。		
	黎文显、黄文午、谢子颜	岁贡。并求赐冠服。		
天顺八年（1464）三月			尚宝寺卿亦陂信、行人部震	告笕宗即位。并赐弁冠服一袭，红罗常服一袭，纱帽、犀带各一。（灏遣陪臣请免服，上不允，而有是赐。）

293

续表

时间		安南遣使明朝		明朝遣使安南	
		使臣	任务	使臣	任务
成化元年(1465)	八月	范伯珪、范琚、陈文真	进香。（命谐裕陵行礼。）谢赏彩币。		
	十月	黎崇荣、范琚、陈文真			
成化五年(1469)	八月	黎友直、杨宗海、范庆庸、阮士兴	贺宪宗登极。岁贡谢保乐城事。		
成化七年(1471)	五月	杨文旦、范鉴、黄仁	岁贡。		
成化八年(1472)	九月	郭廷宝、阮廷英	以占城袭边事告于明。奏盗珠事。		
	八月	裴日良、阮览、阮德贞、范穆	奏贡。奏占城袭边事。		
成化十一年(1475)	十一月	黎弘毓、阮敦复、吴雷、阮仁寿、阮廷美	岁贡。奏占城扰边事。	礼部郎中乐章、行人张廷纲	
成化十二年(1476)	十月	裴山王克述、黎进、翁义达、阮济	贺立太子。谢赐彩币。奏占城地方事。		宣谕册立太子，赐彩币，并劝还占城地。
	三月	陈谨	来朝奏事。		
成化十三年(1477)	十一月	兵部左侍郎陈中立、翰林院检讨黎彦俊、潘贵	岁贡。		

294

续表

时间	安南遣使明朝		明朝遣使安南	
	使臣	任务	使臣	任务
成化十七年（1481）八月	阮文质、尹宏濬、武继教	岁贡并奏占城事。		
成化二十年（1484）八月	黎德庆、阮忠、杜觐	岁贡。乞如遣罗、爪哇、占城等国使臣事，给赐冠带。		
成化二十三年（1487）九月	黎能让、范福昭、郭扶	岁贡。		
十二月			翰林院侍讲刘戬、刑科给事中吕献	告以孝宗即位事。
弘治三年（1490）四月	覃文礼、王克述、范勉麟 黄伯阳 宋福林 黄德良	贺孝宗即位。 奏占城地方事。 进香。 谢赐彩币。		
闰九月	刑部左侍郎阮克恭、监察御史阮汉廷	岁贡。		
弘治五年（1492）三月			刑部郎中沈冔、行人董振	以册立皇太子颁诏安南。
十月	黎俞、裴崇道、阮彦克、孔愚 郑葵	岁贡。 奏边境及交通贩卖等事。		
弘治六年（1493）十一月	户部侍郎阮弘硕、户给事中黎嵩	谢赐彩币。		

295

续表

时间	安南遣使明朝		明朝遣使安南	
	使臣	任务	使臣	任务
弘治九年(1496) 三月	工部右侍郎黎汉廷、翰林院侍书武赐	岁贡。		
十一月	户科给事中范兴文、翰林院校理阮德顺	黎灏卒,以讣闻。		
弘治十一年(1498)		为黎晖求封。	行人徐钰	吊祭黎灏。
闰十一月			司经局洗马兼翰林侍讲梁储、兵科给事中王缜	册封黎晖为安南国王。
弘治十二年(1499) 十一月	阮观贤、范盛、黎俊茂	岁贡。		
弘治十四年(1501) 五月	刑部左侍郎阮维贞、礼科都给事中黎兰馨、尚宝少卿阮儒宗	谢致祭。		
弘治十五年(1502) 十月	东阁学士刘兴孝、翰林院侍书兼秀林司训杜绸	奉表谢册封,并求冠服。		
弘治十六年(1503) 十月	吏部左侍郎阮郁、翰林院侍书兼秀林司训邓鸣谦	岁贡。		
	太常寺卿郭有严、监察御史阮事和、给事中陈茂材	奉表谢赐冠服。		

296

续表

时间	安南遣明朝		明朝遣使安南	
	使臣	任务	使臣	任务
弘治十八年(1505) 八月	吏部左侍郎邓讚、检讨屈琼玖、户科都给事中刘光辅	岁贡。	修撰伦文叙、户科给事中张弘至	诏谕武宗即位。
十一月	兵部右侍郎阮麒、监察御史阮敬严 礼部右侍郎阮宝珪、东阁校书陈日良	黎晖卒，赴明告哀。 为黎谊求封。		
十二月			行人何露 翰林院编修沈焘、中许天锡	吊祭黎晖。 册封黎晖次子谊为安南国王。
正德三年(1508) 二月	户部左侍郎杨直源、东阁校书朱宗文、翰林院检讨梁佩 鸿胪寺少卿阮铨 工部右侍郎阮、翰林院检讨尹茂魁、户部给事中黎挺之等	贺武宗即位。 谢赐彩币。进香。 谢致祭。		
五月	清华承宣使黎嵩、检讨丁贞、监察御史黎孝忠等	谢册封。		

297

续表

时间	安南遣使明朝		明朝遣使安南	
	使臣	任务	使臣	任务
正德四年(1509) 五月	黎渊（首次贡表，与皇太后表文一人承担）	岁贡。		
正德五年(1510) 二月	刑部尚书谭慎徽、东阁校书阮文泰、兵科给事中阮文俊等 礼部左侍郎阮绸、侍书阮允干、提刑阮允文等	奏事。 为黎晭求封。		
正德七年(1512) 六月	御史台副都御史杜履谦、翰林院读讲兼史官阮秉和、提刑监察御史阮德光等	岁贡。		
正德八年(1513) 正月			翰林院编修湛若水、刑科给事中潘希曾	册封黎晭为安南国王。
正德九年(1514) 九月	礼部右侍郎阮庄、翰林院检讨阮师传、礼科给事中张孚	谢册封。		
正德十年(1515) 十月	兵部右侍郎许三省、翰林院御史阮贵雅	岁贡。		
正德十三年(1518) 十月	阮时雍、阮俨、黎懿、吴焕	岁贡。（后因国乱，未成行。）		
正德十六年(1521) 八月			翰林院编修孙承恩、礼科给事中俞敦	诏告世宗即位。（因安南国乱中途返回。）

298

续表

时间	安南遣使明朝		明朝遣使安南	
	使臣	任务	使臣	任务
嘉靖十二年(1533)	黎朝旧臣郑惟憭等	告莫登庸僭乱窃国，阻绝贡道，乞师同罪。		
嘉靖十四年(1535)	不详	莫登庸遣使到广西求封被拒。		
嘉靖十五年(1536)	黎朝旧臣郑垣	备陈莫氏弑逆及黎氏播迁事状，请兵讨之。		
嘉靖十八年(1539) 正月	阮文泰	(莫氏)赍表乞降，并听处分。	礼部尚书黄绾	以恭上皇天上帝大号及皇祖谥号诏谕安南。不果行。
嘉靖十九年(1540) 十一月	莫文明、阮文泰、许三省	为莫登庸请罪，求封。		
嘉靖二十一年(1542) 八月	阮典敬、阮公仪、梁僩、阮照训、武侚、谢定光	谢封莫登庸为都统使，岁贡。		
嘉靖二十三年(1544) 五月	宣抚同知段师直	谢封莫福海为都统使。		
嘉靖二十四年(1545) 八月	宣抚同知阮诠	岁贡。		
嘉靖二十六年(1547) 十二月	宣抚副使阮秉谦	莫福海卒，告哀，请封莫宏瀷。		

续表

时间	安南遣使明朝		明朝遣使安南	
	使臣	任务	使臣	任务
嘉靖二十七年（1548）	黎光贲	岁贡。（光贲于嘉靖四十三年方能至京，嘉靖四十五年回到安南。）		
万历三年（1575）八月	宣抚同知黎如虎	岁贡。		
万历九年（1581）六月	宣抚同知梁逢辰、阮仁安等	岁贡。朴嘉靖三十六年、三十九年分正贡，万历三年、六年分方物。		
万历十二年（1584）	阮允钦、阮水祈、邓显等	岁贡。		
万历十八年（1590）八月	赖敏	岁贡。		
万历二十五年（1597）三月	工部左侍郎冯克宽、太常寺卿阮仁瞻	为中兴黎朝进代身金人，求封。接受明封都统使之印。		
万历二十六年（1598）十二月			王建立	册立黎维潭为安南都统使
万历二十七年（1599）三月			王建立	贺良马玉带冲天冠赐节制郑松。内文二帖，柬文曰"光兴前烈，定国元勋"。

300

续表

时间	安南遣使明朝		明朝遣使安南	
	使臣	任务	使臣	任务
万历三十四年（1606）	黎珦四、阮用、阮克宽、吴致和、阮实、范鸿儒、阮名世、阮郁、阮惟时	进谢恩礼。		
万历四十一年（1613）四月	刘廷质、阮登、阮德泽、黄琦等	岁贡。补万历二十八年、三十一年额贡。		
天启元年（1621）四月	阮世标、阮拱、裴文彪、吴仁澈	岁贡。补万历四十四年额贡。		
天启六年（1626）七月	阮进用、陈珦、杜克敬等	岁贡。补天启三年额贡。		
崇祯三年（1630）十月	不详	岁贡。		
崇祯十年（1637）十一月	陈有礼、杨致泽、阮经济、裴秉钧等	岁贡。补崇祯七年额贡。		
	阮惟晓、江文明、阮光明、陈沂			
弘光二年（1645）一月	不详		锦衣卫康永宁	请求军事支援。
			都督林参	请求军事支援。
隆武二年（顺治三年，1646）二月	阮仁政、范永绵、阮滚	往福建求封。（隆武帝亡，另求封于肇庆永历帝。）		

301

续表

时间	安南遣使明朝		明朝遣使安南	
	使臣	任务	使臣	任务
永历元年（顺治四年，1647）五月			翰林院编修潘琦、给事中李用楫	册封安南国王。
永历五年（顺治八年，1651）十月			不详	封郑柞为安南副国王。

参考文献

一　中国史籍

《明实录》，中研院历史语言研究所，1962。

《清实录》，中华书局，1986。

《明清史料》，中研院历史语言研究所，1987。

《明清档案》，中研院历史语言研究所，1994。

中国第一历史档案馆、辽宁省档案馆编《中国明朝档案总汇》，广西师范大学出版社，2001。

（春秋）左丘明撰《国语》，鲍思陶点校，齐鲁书社，2005。

（汉）司马迁撰《史记》，中华书局，1982。

（汉）班固撰《汉书》，中华书局，1962。

（南朝）范晔撰《后汉书》，中华书局，1973。

（晋）陈寿撰《三国志》，中华书局，1959。

（唐）房玄龄等撰《晋书》，中华书局，1974。

（唐）姚思廉撰《陈书》，中华书局，1972。

（梁）沈约撰《宋书》，中华书局，1974。

（南朝）萧子显撰《南齐书》，中华书局，1987。

（唐）魏徵等撰《隋书》，中华书局，1973。

（后晋）刘昫等撰《旧唐书》，中华书局，1975。

（宋）欧阳修等撰《新唐书》，中华书局，1974。

（元）脱脱等撰《宋史》，中华书局，1985。

（明）宋濂等撰《元史》，中华书局，1976。

（清）张廷玉等撰《明史》，中华书局，1974。

（宋）司马光撰《资治通鉴》，中华书局，2007。

（唐）杜佑撰《通典》，中华书局，1984。

（宋）宋敏求撰《唐大诏令集》，中华书局，2008。

（宋）王溥撰《唐会要》，中华书局，1955。

（明）李东阳撰，申时行重修《明会典》，中华书局，1988。

（明）徐一夔撰《明集礼》，《影印文渊阁四库全书》第649册，上海古籍出版社，2003。

（明）林尧俞等撰《礼部志稿》，《影印文渊阁四库全书》第597册，上海古籍出版社，2003。

（明）茅瑞徵撰《皇明象胥录》，华文书局，1968。

（明）茅瑞徵撰《万历三大征考》，《四库禁毁书丛刊·史部》第70册，北京出版社，1997。

（明）徐学聚辑《国朝典汇》，学生书局，1965。

（明）王圻撰《续文献通考》，文海出版社，1979。

（明）朱国桢辑《皇明大事记》，《四库禁毁书丛刊·史部》第28册，北京出版社，1997。

（明）陈子龙编《皇明经世文编》，中华书局，1985。

（明）张镜心撰《驭交纪》，《丛书集成初编》第3502、3503册，中华书局，1985。

（明）李文凤撰《越峤书》，《四库全书存目丛书·史部》第162册，齐鲁书社，1997。

（明）佚名《安南弃守始末》，陶凤楼校印本。

（明）王世贞撰《弇山堂别集》，中华书局，1985。

（明）王世贞撰《弇州史料》，《四库禁毁丛书·史部》第48册，北京出版社，1997。

（明）何乔远撰《名山藏》，《四库禁毁书丛刊·史部》第48册，北京出版社，1997。

（明）徐日久撰《五边典则》，《四库禁毁书丛刊·史部》第26册，北京出版社，1997。

（明）王在晋撰《越镌》，《四库禁毁书丛刊·集部》104册，北京出版社，1997。

（明）郑大郁撰《经国雄略》，广西师范大学出版社，2003。

（明）王以宁撰《粤东疏草》，《四库禁毁书丛刊·史部》第69册，北京出版社，1997。

（明）沈德符撰《万历野获编》，《四库禁毁书丛刊·史部》第4册，北京出版社，1997。

（明）许重熙撰《嘉靖以来注略》，《四库禁毁书丛刊·史部》第5册，北京出版社，1997。

（明）黄佐撰《翰林记》，中华书局，1985。

（明）夏琳撰《闽海纪要》，《四库禁毁书丛刊·史部》第35册，北京出版社，1997。

（明）都穆撰，陆采辑《都公谭纂》，《续修四库全书》第1226册，上海古籍出版社，2002。

（明）陈全之撰《蓬窗日录》，顾静标校点，上海书店出版社，2009。

（明）王圻、王思义编辑《三才图会》，上海古籍出版社，1985。

（明）王夫之撰《永历实录》，上海古籍出版社，1987。

（清）王夫之撰《读通鉴论》，中华书局，1975。

（清）赵翼撰，王树民校证《廿二史札记校证》，中华书局，1984。

（清）高熊征撰《安南志原》，法国远东学院修订，河内，1931。

（清）高宗撰，刘统勋等编《评鉴阐要》，《影印文渊阁四库全书》第694册，上海古籍出版社，2003。

（清）黄宗羲撰《行朝录》，《四库禁毁书丛刊·史部》第44册，北京出版社，1997。

（清）三余氏撰《明末纪事补遗》，《四库禁毁书丛刊·史部》第13册，北京出版社，1997。

（清）夏燮撰《明通鉴》，沈仲九标点，中华书局，1959。

（清）谈迁撰《国榷》，上海古籍出版社，1958。

（清）谷应泰撰《明史纪事本末》，中华书局，1977。

（清）佚名《越史略》，中华书局，1985。

（清）查继佐撰《罪惟录》，浙江古籍出版社，1986。

（清）谈迁撰《谈氏笔乘》，泰山出版社，2000。

（北魏）郦道元撰，陈桥驿校证《水经注校证》，中华书局，2007。

（唐）张鷟撰《朝野佥载》，中华书局，1985，

（宋）周去非著，杨武泉校注《岭外代答校注》，中华书局，1999。

广州地方志编纂委员会办公室编《元大德南海志残本》，广东人民出版社，1991。

（明）黄福《奉使安南水程日记》，中华书局，1985。

（明）严从简撰《殊域周咨录》，余思黎点校，中华书局，1993。

（明）黄佐纂《（嘉靖）广东通志》，广东省地方史志办公室，1997。

（明）林富修、黄佐纂《（嘉靖）广西通志》，明嘉靖十年刻本。

（明）苏浚纂修《（万历）广西通志》，明万历二十七年刻本。

（明）胡邦直纂，方世业辑《方舆胜略》，《四库禁毁书丛刊·史部》第21册，北京出版社，1997。

（明）应槚编，刘尧诲重修《苍梧总督军门志》，全国图书馆文献缩微复制中心，1991。

（明）茅元仪撰《武备志》，华世出版社，1984。

（明）冯时旸等《安南来威图册》，书目文献出版社，1987。

（明）徐弘祖撰，褚绍唐、吴应寿整理《徐霞客游记》，上海古籍出版社，1987。

（明）郭棐撰《粤大记》，黄国声、邓贵忠点校，广东人民出版社，2014。

（清）王锡祺辑《小方壶斋舆地丛钞》（第10帙），光绪辛卯（1891）本。

（清）顾炎武撰《天下郡国利病书》，上海科学技术文献出版社，2002。

（清）张燮撰《东西洋考》，谢方整理，中华书局，2000。

（明）黄汴撰《天下水陆路程》，杨正泰校注，山西人民出版社，1992。

［意］艾儒略撰，谢芳校释《职方外纪校释》，中华书局，1996。

（汉）蔡邕撰《蔡中郎集》，《影印文渊阁四库全书》第1063册，上海古籍出版社，2003。

（唐）张九龄撰《曲江集》，刘斯翰校注，广东人民出版社，1986。

（唐）欧阳询撰《艺文类聚》，汪绍楹校，上海古籍出版社，1999

陈尚君辑校《全唐文补编》，中华书局，2005。

（宋）韩元吉撰《南涧甲乙稿》，《影印文渊阁四库全书》第1165册，上海古籍出版社，2003。

（宋）李曾伯撰《可斋杂稿》，《影印文渊阁四库全书》第1179册，上海古籍出版社，2003。

（元）许有壬撰《许有壬集》，傅瑛、雷近芳校点，中州古籍出版社，1998。

（明）姚士观编《明太祖文集》，《影印文渊阁四库全书》第1223册，上海古籍出版社，2003。

（明）宋濂撰《文宪集》，《影印文渊阁四库全书》第1223册，上海古籍出版社，2003。

（明）张以宁撰，游友基编《翠屏集》，鹭江出版社，2012。

（明）吴伯宗撰《荣进集》，《影印文渊阁四库全书》第1233册，上海古籍出版社，2003。

（明）方孝孺撰《逊志斋集》，徐光大校点，宁波出版社，2000。

（明）解缙撰，（清）解悦编《文毅集》，《影印文渊阁四库全书》第1236册，上海古籍出版社，2003。

（明）林弼撰《林登州集》，《影印文渊阁四库全书》第1227册，上海古籍出版社，2003。

（明）王世贞撰《弇州四部稿》《续稿》，《影印文渊阁四库全书》第1280册，上海古籍出版社，2003。

（明）归有光撰《震川先生集》，周本淳校点，上海古籍出版社，1981。

（明）杨寅秋撰《临皋文集》，《影印文渊阁四库全书》第1291册，上海古籍出版社，2003。

（明）杨士奇撰《东里文集》，刘伯涵等点校，中华书局，1998。

（明）杨荣撰《文敏集》，《影印文渊阁四库全书》第1240册，上海古籍出版社，2003。

（明）夏原吉撰《忠靖集》，《影印文渊阁四库全书》第1240册，上海古籍出版社，2003。

（明）李贤撰、程敏政编《古穰集》，《影印文渊阁四库全书》第 1244 册，上海古籍出版社，2003。

（明）丘浚撰，丘尔谷编《重编琼台稿》，《影印文渊阁四库全书》第 1248 册，上海古籍出版社，2003。

（明）丘浚撰《平定安南录》《说郛三种·续四十六卷》，上海古籍出版社，1988。

（明）丘浚撰《大学衍义补》，金良年整理，上海书店出版社，2012。

（明）王鏊撰《王鏊集》，吴建华点校，上海古籍出版社，2013。

（明）王守仁撰《王阳明全集》，吴光编校，上海古籍出版社，2012。

（明）潘希曾撰《竹涧集》，《影印文渊阁四库全书》第 1226 册，上海古籍出版社，2003。

（明）张岳撰《小山类稿》，林海权、徐启庭点校，福建人民出版社，2000。

（明）夏言撰《夏桂洲文集》，《四库全书存目丛书·集部》第 74 册，齐鲁书社，1997。

（明）万表辑《皇明经济文录》，《四库禁毁书丛刊·集部》第 19 册，北京出版社，1997。

（明）吴士奇撰《绿滋馆稿》，《四库全书存目丛书·集部》第 173 册，齐鲁书社，1997。

（明）田汝成撰《田叔禾小集》，《四库全书存目丛书·集部》第 88 册，齐鲁书社，1997。

（明）张煌言撰《张忠烈公集》，《续修四库全书》第 1388 册，上海古籍出版社，2002。

（明）叶向高撰《苍霞草》《余草》《续草》，《四库禁毁书丛刊·集部》第 124 册，北京出版社，1997。

（明）姚广孝撰《逃虚子集补遗》，《续修四库全书》第 1326 册，上海古籍出版社，2002。

（明）茅元仪撰《石民四十集》，《四库禁毁书丛刊·集部》第 109 册，北京出版社，1997。

（明）茅元仪撰《掌记》，《四库禁毁书丛刊·集部》第 110 册，北京出版社，1997。

（明）郭应聘撰《郭襄靖公遗集》，《续修四库全书》第 1349 册，上海古籍出版社，2002。

（明）谢肇制撰《小草斋集》，江中柱点校，福建人民出版社，2009。

（明）屠勋撰《屠康僖公文集》，《四库全书存目丛书·集部》第 40 册，齐鲁书社，1997。

（明）翁万达撰《翁万达集》，朱仲玉等校点，上海古籍出版社，1992。

（明）高岱撰《鸿猷录》，孙正容、单锦珩点校，上海古籍出版社，1992。

（明）林希元撰《林次崖先生文集》，《四库全书存目丛书·集部》第 75 册，齐鲁书社，1997。

（明）尹襄撰《巽峰集》，《四库全书存目丛书·集部》第 67 册，齐鲁书社，1997。

（明）张宸撰《平圃遗稿》，《四库未收书辑刊》第 5 辑第 29 册，北京出版社，1997。

（明）徐孚远撰《交行摘稿》，吴省兰编《艺海珠尘》草集。

（明）邓球编《皇明泳化类编》，《北京图书馆古籍珍本丛刊》第 50 册，书目文献出版社，1987。

（明）瞿其美撰《粤游闻见录》，巴蜀书社，1993。

（清）汪森撰《粤西文载》，《影印文渊阁四库全书》第 1465 册，上海古籍出版社，2003。

（清）董诰等编《全唐文》，中华书局，1983。

（宋）王钦若等《册府元龟》，中华书局，1960。

二　越南史籍

〔越〕潘文阁（Phan Khắc）、苏尔梦主编《越南汉喃铭文汇编》（第 1 集）"干尼山香岩寺碑铭"，（巴黎）远东学院，（河内）汉喃研究院，1998。

〔越〕吴士连等撰，陈荆和整理《大越史记全书》，日本东京大学东洋文化研究所，昭和 59 年。

〔越〕潘清简撰《钦定越史通鉴纲目》，台北"中央图书馆"，1969。

〔越〕黎崱撰《安南志略》，武尚清点校，中华书局，2000。

〔越〕黎贵惇撰《大越通史》，越南汉喃研究院藏本，编号 A.1389。

〔越〕吴士连等撰《大越史记续编》，越南汉喃研究院藏本，编号 A.1189/1-3。

〔越〕潘辉注等撰《历朝宪章类志》，越南汉喃研究院藏本，编号 A.2061。

〔越〕佚名《蓝山实录续编》，越南汉喃研究院藏本，编号 Vhc.01667。

〔越〕阮祐恭撰《高平实录》，越南汉喃研究院藏本，编号 Vhc.01438。

〔越〕胡士杨撰《大越黎朝帝王中兴功业实录》，越南汉喃研究院藏本，编号 Vhc.1478。

〔越〕吴士莲撰《国史纂要》，越南汉喃研究院藏本，编号 A.1923。

〔越〕黎统撰《邦交录》，越南汉喃研究院藏本，编号 A.614。

〔越〕阮廌撰《蓝山实录》，越南汉喃研究院藏本，编号 Vhc.01356。

〔越〕阮廌撰《重刊蓝山实录》，NGUYÊN TRÃI TOÀN TÂP (2). NHÀ XUÁT BẢN VĂN HỌC TRUNG TÂM NGHIÊN CÚU QUÓC HỌC, 1999。

〔越〕阮廌《抑斋遗集》，NGUYÊN TRÃI TOÀN TÂP (1). NHÀ XUÁT BẢN VĂN HỌC TRUNG TÂM NGHIÊN CÚU QUÓC HỌC, 1999。

〔越〕阮廌撰《南国禹贡》，越南汉喃研究院藏本，编号 A.830。

〔越〕阮廌撰《南越舆地志》，越南汉喃研究院藏本，编号 A.2185。

〔越〕阮公宝撰《苏江志始》，越南汉喃研究院藏本，编号 A.966。

〔越〕陈文为撰《黎史纂要》，越南汉喃研究院藏本，编号 A.1354。

〔越〕范安甫撰《高平纪略》，越南汉喃研究院藏本，编号 A.999。

〔越〕阮德雅撰《高平事迹》，越南汉喃研究院藏本，编号 A.89。

〔越〕佚名《洪德版图》，越南汉喃研究院藏本，编号 Vhc.02076。

〔越〕黎贵惇撰《抚边杂录》，越南汉喃研究院藏本，编号 A.184。

〔越〕黎贵惇撰《芸台类语》，越南汉喃研究院藏本，编号 Vhv.1169。

〔越〕黎贵惇撰《见闻小录》，越南汉喃研究院藏本，编号 A.32。

〔越〕杜润等撰《天南余暇录》，越南汉喃研究院藏本，编号 A.334。

〔越〕陈新嘉撰《炎邦年表》，越南汉喃研究院藏本，编号 A.2436。

〔越〕黎澄撰《南翁梦录》，纪录汇编本。

〔越〕武琼等撰《岭南摭怪》，中州古籍出版社，1991。

〔越〕吴时仕等撰《邦交好话》，越南汉喃研究院藏本，Vhc.1831。

〔越〕佚名《慵轴市先师遗事考》，越南汉喃研究院藏书，编号 A.1161。

〔越〕范廷琥撰《雨中随笔》,《越南汉文小说丛刊》,上海古籍出版社,2010。
〔越〕佚名《邦交公馆对联》,越南汉喃研究院藏本,编号 A. 2261。
〔越〕冯克宽撰《梅岭使华诗》,越南汉喃研究院藏本,编号 A. 241。
〔越〕裴之宽撰《坐花摘艳上集》,越南汉喃研究院藏本,编号 A. 844。
〔越〕黎灏撰《天南形胜明良墨录》,越南汉喃研究院藏本,编号 A. 952。
〔越〕黎灏撰《黎圣宗总集》,越南文学出版社,2003。
〔越〕裴辉碧撰《皇越文选》,越南汉喃研究院藏本,编号 A. 3163。
〔越〕佚名《古今交涉事宜考》,越南汉喃研究院藏本,编号 A. 260。
〔越〕佚名《黎朝与明人往复书集》,越南汉喃研究院藏本,编号 A. 1973。
〔越〕佚名《诸舆志杂编》,汉喃研究院藏本,编号 Vhv. 1729。
〔越〕佚名《慕泽黎氏谱》,越南汉喃研究院藏本,编号 A. 658。
〔越〕佚名《翰阁丛谈》,越南汉喃研究院藏本,编号 A. 768。
〔越〕佚名《名臣传记》,越南汉喃研究院藏本,编号 A. 506。
〔越〕佚名《黎朝南北分治录》,越南汉喃研究院藏本,编号 A. 2029。

三 论著类

1. 中文著作

王小盾:《越南汉喃文献目录提要》,中研院中国文哲研究所,2002。

吴晗辑《朝鲜李朝实录中的中国史料》,中华书局,1980。

王玉德等编《明实录类纂》(涉外史料卷),武汉出版社,1991。

广西壮族自治区民族研究所编《明实录广西史料摘录》,广西人民出版社,1990。

中国社会科学院历史研究所编《古代中越关系史资料选编》,中国社会科学出版社,1982。

王继光校注《陈诚西域资料校注》,新疆人民出版社,2012。

邵循正:《中法越南关系始末》,河北教育出版社,2002。

张秀民:《中越关系史论文集》,台北文史哲出版社,1992。

黄国安、杨万秀等《中越关系史简编》,广西人民出版社,1986。

吕士朋:《北属时期的越南》,台北华世出版社,1964。

郭廷以等:《中越文化论集》,台北中华文化出版事业委员会,1956。

陈修和：《中越两国人民的友好关系和文化交流》，中国青年出版社，1957。
郭振铎、张笑梅主编《越南通史》，中国人民大学出版社，2001。
耿慧玲：《越南史论》，台北新文丰出版公司，2004。
金旭东：《越南简史》，中国国际友好联络会和平与发展研究中心，1989。
郑永常：《征战与弃守：明代中越关系研究》，成功大学出版组，1998。
郑永常：《汉文文学在安南的兴替》，台北商务印书馆，1987。
牛军凯：《王室后裔与叛乱者：越南莫氏家族与中国关系研究》，世界图书出版广东有限公司，2012。
孙宏年：《清代中越宗藩关系研究》黑龙江教育出版社，2006。
徐方宇：《越南雄王信仰研究》，世界图书出版公司，2014。
陈文：《越南科举制度研究》，商务印书馆，2015。
包遵彭：《明代国际关系》，台北学生书局，1968。
陈学霖：《明代人物与史料》，香港中文大学出版社，2001。
王庚武著，姚楠编《东南亚与华人——王庚武教授论文选集》，中国友谊出版公司，1986。
中国东南亚研究会编《东南亚史论文集》，河南人民出版社，1987。
张亦善：《东南亚史研究论集》，台北学生书局，1976。
冯汝陵：《东南亚史话》，香港上海书局，1960。
吴俊才：《东南亚史》，中华文化出版事业委员会出版，1956。
余定邦、喻常森等：《近代中国与东南亚关系史》，中山大学出版社，1999。
黄枝连：《亚洲的华夏秩序：中国与亚洲国家关系形态论》，中国人民大学出版社，1992。
陈尚胜：《闭关与开放：中国封建晚期对外关系研究》，山东人民出版社，1993。
陈尚胜主编《中国传统对外关系的思想、制度与政策》，山东大学出版社，2007。
李云泉：《朝贡制度史论：中国古代对外关系体制研究》，新华出版社，2004。
何慈毅：《明清时期琉球日本关系史》，江苏古籍出版社，2002。
王正毅：《世界体系与中国》，商务印书馆，2000。

王承文：《唐代环南海开发与地域社会变迁研究》，中华书局，2018。

刘统：《唐代羁縻府州研究》，西北大学出版社，1998。

张显清、林金树：《明代政治史》，广西师范大学出版社，2003。

葛兆光：《宅兹中国：重建有关"中国"的历史论述》，中华书局，2011。

杨正泰：《明代驿站考》，上海古籍出版社，1994。

黎蜗藤：《被扭曲的南海史：二十世纪前的南中国海》，台北五南图书出版股份有限公司，2016。

邓昌友：《宋朝与越南关系研究》，暨南大学历史学博士学位论文，2004。

2. 译著

越南社会科学委员会编著《越南历史》，北京大学东语系越南语教研室译，北京人民出版社，1977。

〔越〕陈重金：《越南历史》，戴可来译，商务印书馆，1992。

〔越〕潘辉黎等：《越南民族历史上的几次战略决战》，戴可来译，世界知识出版社，1980。

〔越〕陶维英：《越南古代史》，刘统文、子钺译，商务印书馆，1976。

〔越〕明峥：《越南史略初稿》，范宏科译，生活·读书·新知三联书店，1958。

〔加拿大〕克里斯多佛·高夏（Christopher Goscha）：《越南：世界史的失语者》，谭天译，新北市联经事业股份有限公司，2018。

〔越〕陶维英：《越南历代疆域》，钟民岩译，商务印书馆，1973。

冯承均编译《西域南海史地考证译丛》，商务印书馆，1995。

（新）尼古拉斯·塔林（Tarling, Nicholas）主编《剑桥东南亚史》，贺圣达等译，云南人民出版社，2003。

〔英〕丹尼尔·霍尔（D. G. E. Hall）：《东南亚史》，中山大学东南亚历史研究所译，商务印书馆，1982。

〔美〕牟复礼（Frederick W. Mote）等：《剑桥中国明代史》，张书生等译，中国社会科学出版社，1992。

〔美〕约翰·F. 卡迪（John F. Cady）：《东南亚历史发展》，姚楠、马宁译，上海译文出版社，1985。

〔美〕费正清（John King Fairbank）、赖肖尔（Edwin O. Reischaccer）编《中国：传统与变革》，陈仲丹等译，江苏人民出版社，1992。

〔美〕费正清（John King Fairbank）编《中国的世界秩序：传统中国的对外关系》，杜继东译，中国社会科学出版社，2010。

〔美〕乔万尼·阿里吉（Givoanni Arrighi）等编《东亚的复兴——以500年、150年和50年为视角》，马援译，社会科学文献出版社，2006。

〔葡〕施白蒂（Beatria Basto da Silva）：《澳门编年史》，小雨译，澳门基金会，1995。

〔日〕滨下武志：《近代中国的国际契机：朝贡贸易体系与近代亚洲经济圈》，朱荫贵等译，中国社会科学出版社，1999。

〔澳〕安东尼·瑞德（Anthony Reid）：《东南亚的贸易时代（1450－1680年）》，孙来臣、李塔娜、吴小安等译，商务印书馆，2010。

3. 外文著作

Le Mau Han Chu Bien, *Dai Cuong Liich Su Viet Nam*, Nha Xuat Ban Giao Du, Ha Noi, 2000.

Nguyen Luong Bich, *Luoc Su Ngoai Viet Nam Cac Thoi Truoc*, Nha Xuat Ban Quan Doi Nhat Dan, Ha Noi, 2000.

Ta Ngoc Lien, *Quan He Giua Viet Nam Va Trung Guoc The Ky XV-Dau The KyXVI*, Nha Xhat ban Khoa Hoc Xa Hoi, Ha Noi, 1995.

山本達郎『安南史研究』山川出版社，1950。

山本達郎編『ベトナム中国関係史』山川出版社，1975。

近藤守重編『外蕃通書』国書刊行会，1905。

岩村成允『安南通史』富山房，1941。

桃木至朗『中世大越国家の成立と変容』大阪大学出版会，2011。

John E. Wills, *Embassies and Illusions: Dutch and Portuguese Envoys to K'anghis, 1666－1687*, Harvard University Asia Center Press, 1984.

A. B. Woodside, *Vietnam and Chinese Model*, Havard University Press, 1988.

William J. Duiker, *China and Vietnam : The Roots of Conflct*, Unversity of California, 1986.

Mark W. Mcleod, *Culture and Customs of Vietnam*, Greenwood Press, London, 2001.

Stanley Karnow, *Vietnam : A History*, The Viking Press, New Yourk, 1983.

Keith Weller Taylor, *The Birth of Vietnam*, University of California Press, 1983.

Nhung Tuyet Tran, Anthony J. Reid, eds., *Viet Nam: Boedless Histories*, Madison, The University of Wisconsins Press, 2006

Keith Weller Taylor. *A History of the Vietnamese*. Cambridge University Press, 2013.

四 论文类

张宗芳：《越南臣服中国考》，《河北第一博物院》（半月刊）1932年第10－15期。

何炳贤：《中国与安南贸易问题的研究》，《国际贸易导报》1934年第6卷第5期。

彭胜天：《中越关系之史的考察》，《南洋研究》1940年7月、10月第9卷第2、3期。

刘伯奎：《中越关系之史的探讨》，《新南洋》1943年1月第1卷第1期。

黎正甫：《明代安南郡县建置》，《真理杂志》1944年1月第1卷第1期。

凌纯声：《明代在中南半岛所置十宣慰司》，《大陆杂志》1950年7月第1卷第1期。

吕谷：《中国和越南的历史关系》，《历史教学》1951年第2、3期。

周一良：《中越两国人民的传统友好关系》，《新华月报》1955年7月。

陈以令：《明代与越南、南棉、寮国的邦交》，《中国外交史论文集》（1）1957年11月。

陈荆和：《十七、十八世纪之会安唐人街及其商业》，《新亚学报》第三卷第一期，1957年。

罗香林：《明代对东南亚各国关系之演变》，《南洋大学学报》1967年第1期。

陈璋：《明代安南复置郡县及其弃守之始末》，《香港大学历史学会年刊》1961年3月。

黎东方：《越南历史略谈》，《大陆杂志》1961年7月第23卷第2期。

张效乾：《明清两代与越南》，《大陆杂志》1967年8月第35卷第3期。

童书业、陈云章：《越南陈氏王朝得国经过考》，《山东大学学报》1962年第3期。

赵令扬：《记明代中国人在东南亚之势力》，《联合书院学报》1968 年第 6 期。

赵令扬：《贺凯：明代之中国政府》，《香港中文大学中国文化研究所学报》1971 年第 9 期。

罗荣邦：《安南之役——明初对外政策的检讨》，台湾《清华学报》第 8 卷第 1-2 期，1970 年 8 月。

徐玉虎：《明代与东南亚关系之研究》（上、下），《人文学报（辅仁大学）》1976 年第 5 期、1977 年第 6 期。

陈存仁：《三保太监七次下西洋之四——抵达安南影响深远》，台湾《大成》第 53 卷，1978 年 4 月。

陈玉龙：《略论中越历史关系的几个问题》，《印支研究》1983 年第 1 期（总 17 期）。

吕名中：《汉族南迁与岭南百越地区的早期开发》，《中国史研究》1984 年第 4 期。

戴可来：《越南历史述略》，《印支研究》1983 年第 1 期（总 17 期）。

戴可来：《略论古代中国和越南之间的宗藩关系》，《中国边疆史地研究》2004 年第 2 期。

李立冰：《评越南史学界歪曲中越关系史的几个谬论》，《印支研究》1985 年第 1 期（总 25 期）。

洪建新：《〈徐霞客游记〉中所反映的明末中越边境情况》，《印支研究》1985 年第 2 期（总 26 期）。

张秀民：《交趾阮勤、何广传》，《印支研究》1988 年第 4 期（总 40 期）。

孔嘉：《越南立国始于何时》，《东南亚纵横》1993 年第 3 期。

楚汉：《五代宋初越南历史三题》，《东南亚纵横》1992 年第 4 期。

何芳川：《"华夷秩序"论》，《北京大学学报》1998 年第 6 期。

毛汉光：《中晚唐南疆安南羁縻关系之研究》，载《严耕望先生纪念论文集》，台北稻乡出版社，1998。

马明达：《元代出使安南考》，载《中西小识》，大象出版社，1999。

薛玉萍：《明朝永乐年间对安南政策之演变》，台湾师范大学《史学会刊》第 37 卷，1993 年 6 月。

吕士朋：《明代制度文化对越南黎朝的影响》，《史学集刊》1994年第1期。

吕士朋：《明成祖征伐安南始末考》，油印本，未刊。

梁志明：《论越南儒教的源流、特征和影响》，《北京大学学报》1995年第1期。

梁志明、黄云静：《越南研究纵横谈》，《社会科学家》2000年第5期。

李福君：《明嘉靖朝征安南之役述论》，《天津师范大学学报》1997年第2期。

冷东：《明嘉靖朝之安南事件》，《中国边疆史地研究》1998年第3期。

张龙林：《浅析明代中国对莫、黎朝并存时期安南政策的建立》，《东南亚》1999年第4期。

陈尚胜：《论宣德至弘治时期（1426—1505）明朝对外政策的收缩》，《山东大学学报》1994年第2期。

朱亚非：《明初中越关系与成祖征安南之役》，《烟台大学学报》1994年第1期。

王承文：《唐代"南选"与岭南溪洞豪族》，《中国史研究》1998年第1期。

王庚武：《明初与东南亚的关系——背景论述》，载《南京大学百年学术精品·历史学卷》，南京大学出版社，2002。

王颋、张玉华：《郎官湖与安南旅寓士人黎崱》，《湖北大学学报》2004年第2期。

王颋：《元代两江及其与安南国的界壤争端》，载《龙庭崇汗：元代政治史研究》，南方出版社，2002。

赵大新：《交、广分治考》，《唐都学刊》2008年第3期。

李天锡：《安南李朝世家新考——兼考安南陈朝一世陈日煚籍属》，《华侨华人历史研究》2002年第1期。

王继光：《洪武三十年中越领土交涉的原始文件》，《中国边疆史地研究》2004年第4期。

袁运福、尤建设：《论秦汉时期汉文化对交趾的影响》，《天中学刊》2003年第3期。

牛军凯：《安南莫氏高平政权初探》，《东南亚》2000年第3期。

牛军凯：《南明与安南关系初探》，《南洋问题研究》2001年第2期。

牛军凯：《三跪九叩与五拜三叩：清朝与安南的礼仪之争》，《南洋问题研究》2005年第1期。

陈双燕：《中越宗藩关系的历史发展述论》，《南洋问题研究》2000年第4期。

陈双燕：《试论历史上中越宗藩关系的文化心理基础》，《历史教学问题》1994年第2期。

郭振铎、张笑梅：《越南丁、黎朝的兴亡》，《黄河科技大学学报》2001年第1期。

何仟年：《中国历代有关越南古籍考述》，《西南师范大学学报》2002年第6期。

钟小武：《明朝对安南莫氏的政策》，《江西师范大学学报》2002年第2期。

庄国土：《略论朝贡制度的虚幻：以古代中国与东南亚的朝贡关系为例》，《南洋问题研究》2005年第3期。

陈欣、张其凡：《南汉与安南交往考》，《东南亚研究》2009年第1期。

于向东：《〈刺安南事诗〉与〈三羞诗〉（之二）》关系略考，《史学月刊》2011年第7期。

古小松：《中越文化关系略论》，《东南亚研究》2012年第6期。

徐方宇：《越南历史上的雄王叙事及雄王形象的嬗变》，《解放军外国语学院学报》2013年第3期。

左荣全：《略论越南亚朝贡关系》，《南洋问题研究》2014年第2期。

辛德勇：《秦汉象郡别议》，刘东主编《中国学术：清华国学院九十周年纪念专号》（总第36辑），商务印书馆，2016。

叶少飞、田志勇：《宋代中央政府对越南政权转移政策略论》，《吕梁学院学报》2012年第4期。

叶少飞、田志勇：《越南古史起源略论》，《东南亚南亚研究》2013年第2期。

叶少飞：《丁部领、丁琏父子称帝考》，《宋史研究论丛》第16辑，河北大学出版社，2015。

叶少飞：《越南古代"内帝外臣"政策与双重国号的演变》，《形象史学研究》2016年（上半年）。

叶少飞：《十世纪越南历史中的"十二使君"问题考论》，《唐史论丛》第26辑，三秦出版社，2018。

陈健梅：《从象郡到安南国——论历史时期中国对交州的地理认识与地域解读》，《暨南学报》2015年第8期。

李胜伟：《古代中越关系史的多重解读与正确定位》，《河南师范大学学报》2011年第3期。

梁允华：《越南出土之唐代贞元时期钟铭——青梅社钟》，《中原文物》2014年第6期。

张锋：《解构朝贡体系》，《国际政治科学》2010年第2期。

李征鸿：《论明朝万历时期对安南的"不拒黎、不弃莫"政策》，《思想战线》2018年第4期。

〔法〕司马帛洛：《安南史研究》，《法国远东学院学报》1916年第16卷—1918年第18卷。

〔法〕德徽理亚：《16世纪至19世纪的中越关系》，鹤云摘译，《印支研究》1988年第2期（总38期）。

〔法〕吉尔：《中越冲突的历史根源》，鹤云摘译，《印支研究》1987年第3期（总35期）。

〔越〕常海辽：《从历史上看中越关系》，《史学月刊》1960年3月第3期。

〔越〕潘辉黎：《〈大越史记全书〉的编纂过程和作者》，曾广森译，《印支研究》1985年第1、2期（总25、26期）。

〔越〕陈文甲：《〈天南余暇集〉——一本关于黎朝的典例书》，郭振铎节译，《印支研究》1983年第4期（总20期）。

〔越〕武元甲：《关于"越南学"的一些思考》，戴可来译，《东南亚纵横》1998年第4期。

〔俄〕D. V. 德奥皮克：《俄罗斯的越南学》，黄云静译，《东南亚纵横》2000年增刊。

A. B. Woodside, *Early Ming Expansionism (1406 - 1427): China's Abortive Conquest of Vietnam*, in Papers on China, Vol. 17, 1963.

John King Fairbank and Ssu-yu Teng, *On the Ch'ing Tributary System*, Harvard Journal of Asiatic Studies 6, June 1941.

后　记

本书稿形成有年，因未达意旨，原想再动手术，打扮打扮，却因才智不逮，兼之懒散，一拖再拖，故迟迟未能出阁，令关心的人不解，上面的人生气，布告通牒。无奈之下，匆忙粉饰一番，算是了却一事。即将付梓，犹如出阁之"剩女"，有几分不甘与无奈。

虽然我的家乡离越南不远，但青少年时期，越南仅是地理知识中的国名而已，对其了解甚少。即使1979年炮声依稀可闻，20世纪80年代求学于长春，因身材矮小，肤色黝黑，操着一口南方"鸟语"，常被同学戏称为"越南难民"，但越南历史与文化仍然未能吸引我的注意力。2002年，蒙业师汤开建教授的厚爱，收纳门下。一次偶然的机会，我开始关注古代中越关系。2004年赴越调研，初步对越南有了直观的印象，对古代中越关系萌生更大的兴趣，并有计划地搜集相关的研究成果与文献资料。

随着对中越关系史了解的深入，常受两个问题困扰：一是中国王朝管治越南北部地区长达千年之久，为何无法将其融入王朝的统治体系之内？二是安南独立之后，中越宗藩关系也维持长达千年之久，而两国关系既不像中国所描述的"父子""君臣"关系，也不像越南所形容的"兄弟"关系，冥冥之中，似乎存在某种说不清道不明的"心魔"，令双方难以和谐坦然地交往。中越关系糅杂着太多历史情感，因此相较于其他周边关系更为复杂。研究中越关系史，既不能完全以现代国际法则来考察，也不能沉浸于传统的谜一样的情义，需要坚守立场，超越中国格局。2013年，本人以明代中越关系的初步构想，申请教育部人文社会科学研究基金，并有幸得以立项。经数年的努力，草成此书。但必须指出的是，本书无力回答上

后 记

述两个问题，谨就某些事件稍做梳理，提供个人千虑一得之见而已。

我天赋鲁钝，本非笔耕之人，而能缀成此书，离不开师友之关爱与帮扶。刚到暨南大学古籍研究所之初，商潮汹涌，路在何方，茫然而不觉。业师汤开建教授知我学浅，引导我从基本功做起。十年间，我协助汤师整理了《东坡事类》《明清时期澳门问题档案文献汇编》，编写了《港澳大百科全书》《香港6000年（远古—1997）》《今日澳门》等。最令人难忘者，其间暨大一群"愤青"常聚汤府，有奋进偏激者，有固守传统者，也有玩世不恭者。不为五斗食之辩，而是畅叙西方学术之先进，指陈现实学术之迷途。从传统的学术精神到现代西方的各种思潮，即兴而论，各抒主张，间中激辩，尤为精彩。令人欣慰，并无"邪术"，多数怀着一种时代的焦虑，思索拨雾见天之术，寻找路的方向。于是乎，陋室之中酝酿出学术讲座、纯正的学术论集。一腔热情在暨大激起一股商潮逆流，各种讲座，听者爆棚，反响热烈。1989年而后，稍事沉寂，随之汤师又与马明达教授、王颋教授一起，一壶清茶，三把椅子，撑起了"星期一史学沙龙"。每周一讲，激情、思辨与诙谐，吸引众多学子，场地也从小会议室转到教室、学术报告厅。之后又邀约海内外各路名家主讲，为暨大学子奉献学术盛宴，在校园内形成一股清流，曾被誉为"暨南大学的一道美丽风景"。我有幸经历这一切，从中收益良多，学术觉悟也日渐提升。吾师之恩，一是言传身教，传道解惑；二是凝聚学术场景，滋养学术旨趣。

在中越关系史的研究过程中，我庆幸结识了一群质朴、奋进的学友。记得首次赴越调研时，得到了谭志词与陈文的极大帮助。在那一个多月里，我们进行异域三人行。顶烈日，冒风雨，戴笠骑车，穿梭于河内的大街小巷，追索史籍，探寻胜迹。越南汉喃研究院的陈文明教授及诸位图书管理员的耐心与友善，令人印象深刻，至今仍历历在目。回国时，面对满满一箱的资料，情满意足，所有的艰辛都成为快乐的谈资。中山大学牛军凯教授，在中越关系史研究领域，乃同龄中的翘楚，对我这样一位半路出家者，可谓有求必应，无私地奉献其多年的珍藏与心得。青年才俊张明亮博士，以其睿识与热情，组建了"粤越坛"，这是一个专业、有情怀的朋友圈。各位圈友，各显神通，时常上传学术资源，发布学术动态，抒发胸臆，从中受益匪浅。

本书在最后的校订阶段，由于时间急迫，得助于门下学棣林晓蕾、吴祖敏、叶宇昊、李敏、江奇等人的支援，他们在繁重的论文写作中，抽出时间，帮助一一校核引文资料。可以说，他们为"剩女"出阁进行了最后的装扮。

在学术的道路上，我走得很慢，感悟也不多，令悯我者不解，但我自知天赋有限，乐在领略路上的风景，还有周遭的温情。努力过，知足了。在此谨对曾经帮助过我的所有人致以由衷的谢忱！

2019年春于珠海岭南世家缘来阁

图书在版编目(CIP)数据

明代中越邦交关系研究/陈文源著. -- 北京：社会科学文献出版社，2019.6
（暨南史学丛书）
ISBN 978-7-5201-5022-4

Ⅰ.①明… Ⅱ.①陈… Ⅲ.①中越关系-国际关系史-研究-明代 Ⅳ.①D829.333

中国版本图书馆CIP数据核字（2019）第115489号

暨南史学丛书
明代中越邦交关系研究

著　　者 / 陈文源

出　版　人 / 谢寿光
组稿编辑 / 宋月华
责任编辑 / 胡百涛

出　　版 / 社会科学文献出版社·人文分社（010）59367215
　　　　　 地址：北京市北三环中路甲29号院华龙大厦　邮编：100029
　　　　　 网址：www.ssap.com.cn
发　　行 / 市场营销中心（010）59367081　59367083
印　　装 / 三河市龙林印务有限公司
规　　格 / 开　本：787mm×1092mm　1/16
　　　　　 印　张：20.5　字　数：324千字
版　　次 / 2019年6月第1版　2019年6月第1次印刷
书　　号 / ISBN 978-7-5201-5022-4
定　　价 / 128.00元

本书如有印装质量问题，请与读者服务中心（010-59367028）联系

版权所有 翻印必究